Os Mistérios Sagrados dos Celtas

A Magia do Ogham e a Tradição Druídica

Aviso

A editora e seus escritores não se responsabilizam por eventuais lesões ou prejuízos sofridos pelo leitor que possam decorrer da utilização do conteúdo presente nesta obra e sugerem prudência ao ponderar sobre as práticas apresentadas neste livro. O conteúdo desta leitura não tem como objetivo substituir orientações de profissionais da área médica ou psicológica. Recomenda-se aos leitores procurarem seus especialistas em saúde pessoal para tratamentos. O uso de ervas, plantas e óleos essenciais deve ser feito com cuidado, e uma investigação detalhada acerca de qualquer planta citada neste livro deve ser conduzida pelo leitor antes de manuseá-la. Ao lidar com fogo, siga as medidas de segurança contra incêndios e jamais deixe velas ou outras fontes incandescentes sem supervisão.

Osvaldo R Feres
Os Mistérios Sagrados dos Celtas
A Magia do Ogham e a Tradição Druídica
ARDANE

Publicado em 2024 pela Editora Ardane

Editor: Claudiney Prieto
Coordenação Editorial: Luciana Papale
Capa: Priscila Souza
Diagramação: Andréa Guimarães
Revisão: Papale's Editorial

DADOS INTERNACIONAIS DE CATALOGAÇÃO NA PUBLICAÇÃO (CIP)
CÂMARA BRASILEIRA DO LIVRO, SP, BRASIL

F349 Feres, Osvaldo R
Os Mistérios Sagrados dos Celtas: A Magia do Ogham
e a Tradição Druidíca/ Osvaldo R Feres;
Editora Ardane | 1ª edição | São Paulo | 2024

ISBN: 978-65-85370-38-7
1. Druidismo. 2. Ogham 3. Paganismo. 4. Magia. I. Título.
CDD 133.43
CDU 133.4

Índice para catálogo sistêmico:
1. Paganismo: Druidismo 133-43

ARDANE

EDITORA ARDANE
www.ardane.com.br
Tel.: (11) 97774-4013
E-mail: contato@ardane.com.br
Instagram: @ardanebooks

Viva como uma árvore andante!

Austin Osman Spare

SUMÁRIO

PARTE 3 | Jornada da Alma

PREFÁCIO

Escrever sobre a espiritualidade celta nos dias de hoje é um grande desafio. Apesar de toda a riqueza de informações que temos sobre a espiritualidade desse povo, pouca coisa está de fato clara para nós. Os celtas antigos não nos deixaram registros de seus costumes religiosos, assim, resta-nos buscar em outras fontes o que realmente se passava na Antiguidade.

As principais fontes escritas sobre espiritualidade celta antiga provêm dos gregos e romanos e de seus contemporâneos. Contudo, deparamo-nos com uma visão tendenciosa, distorcida e muitas vezes fantasiosa sobre o assunto, o que torna essas fontes pouco confiáveis. Outra importante referência são os textos medievais registrados pelos próprios celtas cristianizados. Mais uma vez, deparamo-nos com distorções causadas pelo preconceito cristão.

O folclore e os costumes de povos que hoje habitam o que era o antigo território celta está completamente contaminado por diversos outros costumes não celtas. Apesar de encontrarmos práticas que aparentemente se assemelham a antigos rituais pagãos, elas são, em verdade, festividades tipicamente cristãs que celebram algum fato histórico popular, sob forte viés supersticioso, comuns praticamente no mundo todo. A arqueologia, por sua vez, mostra-nos um cenário mais fiel, mas pouco compreensível, uma vez que não há como afirmar com certeza o que os antigos celtas acreditavam ou quais eram os propósitos de seus rituais. Para compreender amplamente a espiritualidade celta, é necessário cruzar todas as informações das fontes anteriormente citadas e tirar suas próprias conclusões.

A primeira coisa que temos que ter em mente é que os celtas nunca formaram uma nação única, sob o comando de um único governante ou sacerdote. Ao contrário disso, o que sabemos sobre os celtas mostra que, apesar da semelhança de sua língua, arte, cultura e espiritualidade, cada tribo era autônoma. Guerras entre tribos celtas eram comuns, o que certamente contribuiu para que os tornassem vulneráveis a outros conquistadores, como os romanos e os saxões.

Por não formarem uma única nação e não terem um corpo mitológico conciso e contínuo, é quase impossível reconstruir fielmente a religião e a espiritualidade celta antiga. O que temos é um vislumbre do passado, uma vez que todo conhecimento antigo era transmitido oralmente, de boca a ouvido, por instruídos sacerdotes, conhecidos como "Druidas". Com o fim do druidismo, muita coisa se perdeu permanentemente, mas muito conhecimento também se fundiu nos mitos, no folclore e na cultura popular. Essa fusão está tão intrínseca a outros costumes, que é quase impossível distinguir o que é celta do que não é.

Não por acaso os celtas são conhecidos como o "povo da neblina", pois há ainda muitos aspectos envoltos em mistérios no que tange à sua espiritualidade. O mundo viu diversos renascimentos dos costumes e tradições celtas, mas nada que possa se comparar a original espiritualidade céltica ou druídica, devido à pluralidade desses costumes.

Na baixa idade média, os romances cavaleirescos, o ciclo do Rei Artur e as demandas do Santo Graal foram fortemente influenciados por conceitos celtas, assim como de outros povos, mas definitivamente não representam a história ou a espiritualidade celta original. A verdade é que esses romances, tão populares em toda a Europa Ocidental, não diziam absolutamente nada sobre Celtas e Druidas. Posteriormente é que foram encontrados elos evidentes entre esses romances e os mitos irlandeses e galeses. No final do século 18, houve um renascimento druídico no País de Gales, propagado por Iolo Morganwg, com base em alguns obscuros textos galeses medievais cristãos e muita falsificação, mas pouco ou quase nada disso é de fato druídico (referente ao druidismo original). No final do século 19 e começo do século 20, novamente houve um renascimento céltico. Dessa vez o foco não era apenas sobre a glória dos heróis do passado, mas também sobre uma espiritualidade pura, original, elevada e, sobretudo, mística. Esse renascimento mais recente foi observado nas artes, na poesia e na identidade nacionalista, mas é na espiritualidade que toda a magia e mistérios dos antigos celtas foram exaltados.

Entre o final do século 19 e começo do século 20, ordens ocultistas, mágicas, místicas e esotéricas tornaram-se a sensação do momento. Fortemente influenciados pela mística oriental, esses grupos esotéricos exaltavam uma verdade esquecida, guardada por misteriosos povos do passado. Somente poucos Iniciados tinham acesso a esse conhecimento. Seu foco era o até então proibido Tibete e a desconhecida mística hindu. No Ocidente, a necessidade de retornar às origens e costumes levou muitos a buscarem verdades perdidas entre povos que habitavam essas regiões e, claro, mais uma vez, os celtas se destacaram como uma das mais importantes fontes de pesquisa dos ocultistas.

A poesia de William Butler Yeats, membro da Ordem Hermética da Aurora Dourada, a Golden Dawn, contribuiu fortemente para o renascimento literário irlandês e o nacionalismo desse país. Muitos outros ocultistas também se voltaram para os celtas no intuito de resgatar esse conhecimento milenar perdido, como Dion Fortune, que influenciou e continua influenciando o esoterismo no mundo todo, apesar de evidentes erros históricos. Mas não devemos culpar os esotéricos e ocultistas do começo do século 20 pela fantasia histórica atribuída aos celtas.

Nomes como Sir James George Frazer, Jessie L. Weston, Margaret Murray, Robert Graves e tantos outros, contribuíram grandemente na formação de conceitos que temos sobre a espiritualidade pagã, conceitos esses refutados por diversos acadêmicos contemporâneos e tidos como errôneos. Contudo, também não devemos culpá-los por contribuírem com erros históricos, ao contrário, foi graças a esses historiadores, antropólogos e folcloristas do século passado, que houve o renascimento da espiritualidade pagã como a conhecemos hoje.

Foi somente a partir das décadas de 1970 e 1980 que as coisas começaram a mudar na área acadêmica e toda essa concepção romanceada sobre os celtas foi deixada de lado. Vários fatores históricos menos atrativos foram evidenciados, o que deixou muita gente decepcionada. Lembre-se, estamos falando de teorias que são mais aceitas hoje no meio acadêmico e não de verdades absolutas.

Mas a base da atual espiritualidade celta, também conhecida como "neodruidismo", já estava firmada e muito arraigada em nossas mentes para simplesmente serem descartadas como erros históricos. Um exemplo de como teorias históricas podem ser aceitas ou não no meio acadêmico fica claro no caso da famosa arqueóloga Marija Gimbutas. Marija acreditava, com base em seus estudos, que o antigo sistema europeu estava centrado na Deusa Mãe, que foi substituída por uma invasão indo-europeia patriarcal. Essa teoria foi apontada pela comunidade acadêmica como meramente especulativa e sem fundamentos. Recentemente, estudos genéticos indicaram que algumas teorias apresentadas por Marija têm fundamento, o que traz à tona a veracidade de suas conclusões.

Mas afinal, onde quero chegar com isso?

Há alguns anos, conversando com uma amiga, confidenciei que meu filme preferido sobre lendas arturianas era "Excalibur", de 1981. Ela, decepcionada comigo, disse que não gostava do filme, pois havia cavaleiros de armaduras reluzentes e muita fantasia, o que não condizia com a realidade histórica da época em que supostamente o verdadeiro Rei Artur viveu. Então demonstrei a ela a importância do significado simbólico do filme, até então, o mais fiel aos contos medievais. Em outras palavras, não podemos relegar toda a simbologia, magia e espiritualidade de um povo apenas sob uma visão histórica.

Espiritualidade é algo que vai além da reconstrução histórica, assim, concluo que este não é um livro histórico ou acadêmico! Não é minha intenção promulgar verdades absolutas ou querer provar que aquilo em que acredito seja melhor ou superior a outras visões de druidismo e espiritualidade celta. Este é sim um livro sobre espiritualidade celta, esoterismo e autoconhecimento, mas que também abrange muitos outros conceitos históricos não lineares, carregados de experiências pessoais sobre Magia, Mitologia, Filosofia, Psicologia e Arteterapia.

Antes de finalizar esta introdução, é importante dizer também que as traduções e interpretações presentes neste livro são minhas, recolhidas em diversas fontes como livros (alguns, inclusive, considerados obsoletos) e websites. Muitas dessas traduções são de segunda ou terceira mão, ou seja, foram traduzidas para outras línguas antes de serem traduzidas para o português, portanto, deve-se ter em mente que muita coisa se perdeu ou que a interpretação de textos ou poemas seja distinta de seu sentido original. Isso, no entanto, não deve ser encarado como uma interpretação fantasiosa ou falsa, mas como uma nova visão de uma antiga Tradição. Além disso, muitos dos textos antigos considerados "pagãos", na verdade, são textos cristãos ou histórias antigas interpretadas sob uma forte perspectiva cristã, o que, por si só, já descaracteriza um corpo mitológico consistente. Sempre que possível, procuro ser o mais fiel possível aos textos originais em respeito à Tradição Celta, sem necessariamente ser demasiadamente acadêmico ou purista.

Espero que este livro seja uma porta para a atual espiritualidade celta, mas que seja, também, antes de tudo, um guia para a sua jornada de autoconhecimento, livre de preconceitos e limitações.

Osvaldo R Feres

INTRODUÇÃO

Este livro é sobre Espiritualidade Celta e Ogham. Entende-se por ogham, um antigo alfabeto irlandês supostamente criado pelos Druidas para fins mágicos, oraculares e secretos. Utilizo o termo "supostamente", pois não há consenso acadêmico se o ogham foi realmente criado pelos Druidas e utilizado para tais fins ou não. Há, sim, muito material na mitologia e no folclore irlandês que corrobora tal afirmação, além das práticas da atual espiritualidade celta que comprovam sua eficácia como ferramenta oracular e auxiliar no processo de autoconhecimento e desenvolvimento espiritual.

Cada letra desse alfabeto, também conhecido como "Alfabeto Celta das Árvores", possui diversas correspondências, assim, a finalidade deste livro é estudar essas diversas correspondências sob a luz da mitologia, filosofia, sabedoria e espiritualidade celtas, e aplicá-las em nossas práticas diárias através de meditações, jornadas, arte, magia e práticas oraculares.

Hoje, o ogham se popularizou como um oráculo celta, assim como as runas são para os nórdicos. Contudo, os propósitos deste livro vão além do uso oracular. Para mais informações sobre o ogham em seu aspecto oracular recomendo meu primeiro livro *Ogham: o Oráculo dos Druidas*[1], onde há uma boa introdução e aspectos nunca antes abordados sobre o tema. Um dos meus objetivos, é que os dois livros sejam complementares, desta forma, procuro evitar repetir aqui o que foi dito no livro anterior, salvo raras exceções. Apesar disso, este livro é completamente independente e pode ser lido sem nenhum conhecimento prévio sobre ogham ou espiritualidade celta.

Deve-se ressaltar, no entanto, que o ogham é um fenômeno irlandês, portanto, sua origem é irlandesa e a língua em que foi originalmente utilizado foi o gaélico-irlandês, mais precisamente o irlandês primitivo. Isso significa que sua interpretação será abordada majoritariamente sob a perspectiva da

---

[1] FERES, Osvaldo R *Ogham: O Oráculo dos Druidas*. São Paulo: Editora Alfabeto, 2018.

mitologia celta irlandesa. Os irlandeses levaram seus costumes e seu alfabeto para outras localidades, como o País de Gales, a Ilha de Man, Escócia e Inglaterra, assim, valho-me também da mitologia e do folclore dessas regiões para endossar as interpretações míticas e filosóficas das letras, além de me valer de alguns paralelos com a cultura e arte celtas de outras regiões, como as da Gália, por exemplo. Em raras exceções, farei interpretações paralelas com outras culturas, em especial as indo-europeias, apenas para elucidar algumas passagens, tornando-as mais ricas em simbolismo.

As práticas sugeridas, assim como as interpretações de antigos contos, mitos e lendas, são modernas, ou seja, adequam-se ao nosso modo de vida atual, apenas se inspirando no antigo druidismo. Isso significa que não pretendo (e não recomendo) reviver as práticas antigas, o que seria impensável e impraticável hoje em dia.

Para facilitar a compreensão e ordenar os temas de forma simples, este livro foi dividido em três partes:

A primeira parte, intitulada "Névoas do Druidismo", abordará aspectos do antigo druidismo e suas crenças, assim como práticas e crenças do neodruidismo, comparando-os. Nesta parte do livro, pretendo expor minha própria interpretação sobre o que é druidismo e como o pratico hoje. Através do meu próprio entendimento e experiência, incentivo o leitor a tirar suas próprias conclusões, pesquisando mais sobre o tema, criando, assim, fundamentos para suas próprias práticas dentro da espiritualidade celta.

Na segunda parte, intitulada "Bosque Sagrado", serão abordadas as origens históricas e míticas do ogham, principalmente os significados das 25 letras e suas diversas correspondências. Essa é a parte mais extensa do livro, na qual serão apresentadas as correlações entre mitologia, filosofia e sabedoria celtas às letras do ogham, além de uma nova tradução e interpretação para as "Palavras Ogham", a principal fonte de informação que temos sobre esse alfabeto. É importante dizer que, apesar do título, o ogham não é o alfabeto das árvores! Evidentemente, há uma forte ligação entre o ogham e as árvores, por isso mantive o título, mas o alfabeto não se limita apenas a isso, como veremos no decorrer do livro.

Por fim, na terceira e última parte, intitulada "Jornada da Alma", abordarei práticas para o autoconhecimento e o desenvolvimento espiritual com base na espiritualidade celta e no ogham, explicados nos capítulos anteriores. É importante que o leitor dedique um tempo para estudar as duas primeiras partes deste livro antes de começar suas práticas nos exercícios e jogos propostos no final, pois sem o devido fundamento, as práticas podem se tornar vagas, complexas e sem sentido. As práticas serão apresentadas a partir de exercícios simples de meditação a complexos jogos oraculares, ou seja, o processo de aprendizado e autoconhecimento será, naturalmente, do mais fácil ao mais difícil. Também serão abordados temas sobre magia, arte e terapia.

Em algumas meditações e jogadas será requisitado o uso do ogham físico, por isso é importante que o leitor mantenha um conjunto ogham por perto, sempre que necessário. Não importa se ele é feito de varetas, pedras, cartas ou de qualquer outro material, mas que tenha as vinte e cinco letras. No meu livro anterior, ensino como confeccionar e consagrar um conjunto ogham, mas sinta-se à vontade para comprar e consagrar o seu ogham da forma que achar mais adequado.

Algumas passagens deste livro usam termos comuns na psicologia, como "inconsciente", "subconsciente" e "arquétipo", apenas para fins comparativos. Entende-se subconsciente e inconsciente como tudo aquilo que não é consciente, portanto, utilizo os termos como sinônimos para designar algo que está fora da nossa consciência normal, muitas vezes para indicar o Outromundo ou o Reino Interior.

Este livro foi concebido para ser um guia. Como tal, você deve consultá-lo sempre que se sentir perdido ou desamparado. Talvez algumas passagens possam ser redundantes, mas acredite, isso tem um propósito. Utilize-o sempre como uma fonte de inspiração em sua própria jornada de autoconhecimento e não como verdades absolutas.

Seja bem-vindo ao mundo mágico do ogham e da sabedoria celta.

PARTE 1

NÉVOAS DO DRUIDISMO

Três coisas delicadas
que sustentam o mundo:

O delicado fio de leite que verte
do úbere da vaca para o balde;

A delicada folha de trigo verde
que brota do chão;

A delicada linha de lã nas mãos
de uma mulher habilidosa.

Tríades da Irlanda

NÉVOA DO PASSADO

Os Misteriosos Druidas

Muito já se ouviu falar sobre os Druidas. Normalmente envoltos em fantasia e folclore, esses peculiares seres foram descritos como macabros sacerdotes ávidos por sacrifícios humanos, feiticeiros misteriosos; herdeiros da Civilização Atlante; bondosos conselheiros de reis e, mais recentemente, como magos ecológicos. Mas quem realmente foram esses homens e mulheres e quais eram suas crenças? Essa é uma pergunta impossível de responder em poucas palavras. Há dezenas de livros, acadêmicos ou não, que pretendem esclarecer essas e outras perguntas, mas, ainda assim, há muitos mistérios sem resposta sobre os Druidas.

Poderíamos dizer, apenas, que os Druidas foram os Sacerdotes dos antigos povos celtas, mas isso seria um grande equívoco. Primeiro, porque os celtas, como dito, não formavam um único grupo que respondia sob o comando de um único rei, logo, apesar da unidade cultural, é difícil dizer que todos os celtas tinham como Sacerdotes os Druidas. Sabemos, no entanto, por meio de registros históricos de autores greco-romanos, que os Druidas atuavam em tribos da Gália (França, partes da Bélgica e da Alemanha e norte da Itália), Britânia (País de Gales e Inglaterra) e talvez na Galácia (Turquia), mas não há registros de Druidas, por exemplo, na Península Ibérica (Portugal e Espanha) habitados igualmente por tribos celtas[2]. Sabemos, também, com base em registros cristãos posteriores, que havia Druidas na Irlanda, na Ilha de Man e na Escócia. Assim sendo, não há como confirmar com certeza que os Druidas eram Sacerdotes de todas as tribos celtas. Curiosamente, foi suposto um caso em que um Sacerdote Druida, no caso uma Sacerdotisa, exercia suas funções em territórios não celta, como é o caso de Veleda, a Sacerdotisa vidente dos Bructeri, um povo germânico[3].

---

[2] É importante frisar que, apesar de carecer de registros, isso não significa que não havia druidas entre os celtas que habitaram a Península Ibérica ou outras regiões, como a República Tcheca, a Romênia, a Áustria e a Eslovênia.

[3] Acredita-se que Veleda não era exatamente uma druidesa, mas uma *vate*, um cargo intimamente ligado à casta druídica, como veremos adiante.

Outra questão a ser observada é que os Druidas não eram apenas Sacerdotes. É de conhecimento que eles exerciam, além dos ritos sacrificiais – talvez a função mais importante dentro da sociedade celta – outras importantes funções. Além de Sacerdotes, os Druidas eram considerados como professores, mestres, físicos, médicos, artesãos, artífices, astrônomos, astrólogos, mistagogos, ferreiros, juízes, teólogos, contadores de histórias, músicos, poetas, juristas, legisladores, filósofos, embaixadores, adivinhos, profetas, feiticeiros, magos, dentre outras qualificações. Dizer que os Druidas eram os Sacerdotes dos celtas é um reducionismo que não faz jus à grandiosidade e importância que esses homens e mulheres exerceram sobre a sociedade celta e não celta da antiguidade.

Autores modernos sugerem que os Druidas eram herdeiros de antigos xamãs[4] que migraram das estepes russas para a Europa Central, junto à expansão dos povos indo-europeus. De fato, existem interessantes paralelos entre as práticas gerais do xamanismo e do druidismo. Um exemplo é a visão animista que eles tinham do Universo. Não podemos deixar de considerar, no entanto, o fato de que tanto Druidas quanto xamãs eram guardiões da tradição oral de suas tribos, além de atuarem como intermediários entre as pessoas e os espíritos do Outromundo. Contudo, o druidismo não pode ser classificado apenas como uma religião xamânica, pois sua estrutura assemelha-se mais às características de uma religião organizada com castas e funções sacerdotais distintas e bem definidas. Desta forma, podemos dizer que o druidismo, assim como diversas outras religiões ao redor do mundo, sofreu importantes influências do xamanismo. Talvez não somente do xamanismo das estepes da Rússia, mas também daquele praticado por povos que habitaram a Europa Ocidental antes da chegada dos celtas, que certamente os influenciaram posteriormente na formação de suas crenças espirituais.

Isto posto, tecerei comentários sobre algumas citações de autores greco-romanos[5] sobre os Druidas e suas crenças à luz do neodruidismo, da atual espiritualidade celta, da mitologia e de minhas próprias experiências. Faz-se necessário dizer, que os temas aqui abordados são apenas alguns de uma infinidade de assuntos relacionados, e que, devido às limitações deste livro, escolhi aqueles que acho mais pertinentes.

---

4 Xamã é um termo tungúsico siberiano para designar seus sacerdotes/curandeiros. Hoje o termo é utilizado para se referir a qualquer sacerdote, feiticeiro ou curandeiro nativo ou indígena de qualquer região do mundo.

5 Todas as citações de autores greco-romanos deste capítulo foram retiradas e adaptadas do livro *Les Druides* de Françoise Le Roux e Christian J. Guyonvarc'h.

DRUIDISMO COMO ESCOLA DE MISTÉRIOS

Os Druidas mantêm-se distantes de guerras e não pagam tributos como o resto dos gauleses. Eles estão isentos do serviço militar e livres de qualquer obrigação. Motivados por essas grandes vantagens, muitos vêm por conta própria receber instrução, outros são enviados por seus pais e familiares. Dizem que aprendem ali muitos versos decorados: alguns, todavia, passam vinte anos estudando, mas consideram proibido registrar por escrito seus conhecimentos religiosos; contudo, para outros assuntos, como em contas públicas e privadas, utilizam o alfabeto grego. Parece-me que eles estabeleceram esse costume por duas razões: porque não querem que sua doutrina se espalhe entre as pessoas, nem que seus discípulos confiem na escrita e negligencie a memória, uma vez que o uso da escrita resulta em menos aplicação ao aprendizado e menos memória.

César, *Comentários sobre a Guerra da Gália*[6]

Eles (os gauleses) têm, no entanto, seu próprio tipo de eloquência e mestres de sabedoria, chamados "Druidas". Afirmam eles conhecerem o tamanho da Terra e do mundo, e a vontade dos Deuses. Eles ensinaram muitas coisas aos nobres da Gália, em segredo, por vinte anos, em cavernas ou em florestas remotas.

Pompônio Mela, *De Chorographia*

Os Druidas, por sua vez, prevalecem por sua genialidade, unidos por comunidades fraternais, como determinou a autoridade de Pitágoras.

Pompônio Mela, *De Chorographia*

COMENTÁRIOS

Nos "Comentários de César" sobre a Guerra da Gália, fica evidente que os Druidas formavam uma das classes mais privilegiadas entre os celtas. Mas há dois pontos importantes neste pequeno trecho que corrobora que o

---

6 *De Bello Gallico* por C. Julius César (100 – 44 AEC).

druidismo possa ter sido uma Escola de Mistérios: 1. Que seus conhecimentos não poderiam ser registrados por escrito, para que não se espalhassem entre as pessoas leigas. 2. A importância da memória e da tradição oral.

Mas antes, devo esclarecer o que entendo por "Escola de mistérios" ou "Religião de Mistérios". No mundo greco-romano, as Escolas de Mistérios eram crenças e ritos místicos, não oficiais e não públicos, onde somente pessoas iniciadas participavam. Sua origem é incerta, mas devido ao seu caráter iniciático, acredita-se que remontam às antigas sociedades tribais, em que os ritos de passagens eram comuns. As religiões de mistérios mediterrâneas perduraram até os primeiros séculos da Era Comum, algumas, inclusive, tiveram origem ou foram influenciadas por crenças místicas médio-orientais mais antigas.

Por serem fechadas e misteriosas, poucas informações sobreviveram aos dias atuais de como eram os ritos e crenças dessas escolas. A principal Religião de Mistérios da Antiguidade Grega era, sem dúvida, os Mistérios de Elêusis. Sabe-se que os mistérios eleusinos giravam em torno do culto à Deusa Deméter e sua filha Perséfone, conhecida como "Kore". Outra famosa escola de mistério grega era a religião dionisíaca em honra ao Deus Dioniso. Além dessas, o orfismo, o pitagorismo, o platonismo, o mitraísmo, o hermetismo e até mesmo o cristianismo primitivo possuíam elementos característicos de uma Escola de Mistérios.

As Escolas de Mistérios eram alternativas para as crenças e religiões oficiais do estado, muitas vezes já desgastadas e impostas à população. Além de preencher lacunas das religiões oficiais, abrangendo temas como vida após a morte e sexualidade, as Escolas de Mistérios também reforçavam os laços entre as pessoas, tornando-as "irmãs", ou seja, o indivíduo se sentia de fato membro de uma grande família, assim como sugere Amiano Marcelino ao afirmar que os Druidas se reuniam em comunidades fraternais. Como veremos mais adiante, os Druidas foram diversas vezes associados pelos autores greco-romanos a Pitágoras e aos pitagóricos, o que reforça a teoria de que o druidismo era uma Escola de Mistérios.

Pompônio Mela diz claramente que os Druidas ensinavam as suas doutrinas em segredo, em cavernas e florestas distantes[7], semelhante às religiões de mistérios greco-romanas, e que tinham uma especial predileção por realizar seus rituais e cultos secretos em lugares remotos, como topos de montanhas ou cavernas. Lucano, em sua *Farsália*, diz que os Druidas "habitam

---

7 Isso evidencia que os druidas atuavam como mistagogos.

santuários em florestas remotas", referindo-se ao *nemeton*, o bosque sagrado dos Druidas. Também é possível encontrar passagens semelhantes nas lendas irlandesas e galesas referentes às florestas sagradas habitadas por Druidas. Contudo, a arqueologia já identificou diversos templos celtas pré-romanos tanto na Gália quanto na Grã-Bretanha e na Irlanda, evidenciando que as crenças e os ritos druídicos não eram os mesmos da população celta comum. Os ritos misteriosos dos Druidas eram realizados em bosques e florestas ou em lugares remotos, longe dos olhares profanos, e o culto público da tribo acontecia, como era de se esperar, nos templos. Diferentemente de outras Escolas de Mistérios, os próprios Druidas presidiam os ritos sacrificiais da religião pública, isso fez deles únicos entre seus contemporâneos. Desta forma, claramente há aspectos tanto esotéricos como exotéricos no druidismo antigo.

A questão agora é: "se os Druidas não registravam suas crenças, por medo de que seus conhecimentos fossem profanados, então por que criaram o Alfabeto Ogham?" Como veremos, o ogham possivelmente foi criado pelos Druidas como uma ferramenta de memorização, que visava facilitar o longo e árduo aprendizado de suas crenças, não através de registros escritos, mas por meio das correspondências das letras com o vasto e rico conhecimento druídico. Isso ressalta a importância que a memória exercia sobre os antigos Druidas, uma vez que seus conhecimentos secretos eram passados de forma oral, por meio de versos, símbolos e mitos.

A Tradição druídica a qual eu sigo, ensina que o druidismo, tanto antigo quanto moderno, é uma Escola de Mistérios, portanto, os conhecimentos arcanos da Tradição são reservados apenas aos Iniciados e transmitidos oralmente. Ainda assim, não desencorajamos a escrita, pois entendemos hoje, que a chave do conhecimento só é dada aos que já estão preparados, em outras palavras, mesmo que leigos tenham acesso a textos sagrados, pouco lhes será útil. Mas isso não impede que simpatizantes e estudantes de druidismo, ou ainda aqueles que queiram seguir seus próprios caminhos, possam mapear suas jornadas rumo ao conhecimento da espiritualidade celta.

Infelizmente, as crenças druídicas originais se perderam, assim como os conhecimentos secretos das Escolas de Mistérios greco-romanas. O que temos hoje é apenas um vislumbre do passado. Desta forma, convido o leitor a pesquisar sobre:

- Iniciação e ritos de passagem
- Métodos de memorização
- As diferenças e semelhanças entre Xamã e Sacerdote

Renascimento, Reencarnação e Vida Após a Morte

O que eles (os Druidas) pretendem persuadir é que as almas não perecem, elas passam depois da morte de um corpo para outro: isso lhes parece particularmente propício para excitar a coragem, suprimindo o medo da morte.

César, *Comentários sobre a Guerra da Gália*

Eles (os Druidas) afirmam – assim como outros – que as almas e o Universo são indestrutíveis, mas que um dia o fogo e a água prevalecerão.

Estrabão, *Geografia*

Uma de suas doutrinas se espalhou entre as pessoas: que as almas são imortais e que há outra vida depois da morte, tornando-os mais corajosos na guerra. É por essa razão também, que eles queimam ou enterram com seus mortos tudo o que é necessário em vida. Normalmente era deixado para o Outromundo as contas dos negócios e o pagamento das dívidas. Havia alguns que se jogavam na pira de seus entes queridos, como se estivessem indo morar com eles.

Pompônio Mela, *De Chorographia*

Conforme sua doutrina, as sombras não ganham a morada silenciosa de *Érebo*[8] e os reinos pálidos de Dispater[9], o mesmo espírito governa um corpo em outras regiões do mundo. Se você sabe o que está cantando, a morte é o meio de uma longa vida. Certamente os povos que olham a Ursa Maior[10] são felizes em seu erro, pois o medo da morte, o maior dos medos, não os comove. Por isso seus guerreiros atiram-se sobre o ferro das espadas, uma alma disposta a morrer, porque é vergonhoso poupar uma vida que deve retornar.

Lucano, *Farsália*

8 Termo grego para "escuridão", "trevas".

9 Deus romano do Submundo.

10 Referência à constelação da Ursa Maior, visível apenas no Hemisfério Norte.

A doutrina pitagórica prevalece entre eles (os Druidas), ensinando que as almas dos homens são imortais e vivem por vários anos em outro corpo.

Diodoro da Sicília, *História*

Comentários

Como vimos, muitos autores greco-romanos mencionam a doutrina druídica da imortalidade da alma e o destemor que os celtas tinham diante da morte, pois tinham a plena certeza de que a vida teria continuidade. Contudo, é preciso cautela ao analisar as citações anteriores. Primeiro, porque, como também já vimos, o druidismo era possivelmente uma Escola de Mistérios, assim, suas crenças e doutrinas não eram comuns a toda a população; segundo, porque os autores greco-romanos certamente não compreenderam os mistérios da religião druídica e as interpretaram de acordo com suas próprias crenças, uma vez que muitos desses autores que registraram os costumes e crenças celtas, nunca estiveram realmente na presença de um verdadeiro Druida, talvez com exceção de César e Posidônio; e terceiro, porque há fortes indícios de que as crenças druídicas eram variadas e livres de um único dogma. Mas o que todos estão de acordo, e podemos confirmar através dos mitos e lendas irlandeses e galeses, é que os Druidas acreditavam na imortalidade da alma. Para compreender essa complexa doutrina de vida após a morte celta, é preciso ir por etapas.

O primeiro fator perceptível nos relatos anteriores é a ênfase sobre a imortalidade da alma. Se o conceito de imortalidade da alma já era bem conhecido entre os greco-romanos, por que eles enfatizaram tanto nas descrições dos Druidas, como se fosse algo incomum? Temos que ter em mente que esse conceito de imortalidade já era conhecido, mas não era unânime nas crenças greco-romanas. Por exemplo, os filósofos Pitágoras, Platão e Sócrates pregavam o conceito de imortalidade da alma e sua natureza divina, já Epicuro e Aristóteles não acreditavam na imortalidade da alma, acreditavam, sim, que a alma fenecia com o corpo material após a morte. Assim, é evidente que os Druidas estavam de acordo com as doutrinas pitagóricas e platônicas.

Outra ênfase apresentada nas citações anteriores, é que os Druidas pregavam a imortalidade da alma para incentivar os guerreiros a serem corajosos e não temerem a morte. Aqui, vemos uma pequena confusão, pois não há nenhuma evidência de que os Druidas pregavam a transmigração das almas[11] para incentivar guerreiros, ao contrário, há muitas evidências, tanto de seus vizinhos indo-europeus, como nos contos e mitos irlandeses, de que os guerreiros mortos em batalha desfrutavam um pós-vida de alegria em uma região paradisíaca. Essa região paradisíaca, para onde se dirigiam as almas dos heróis e guerreiros mortos em batalha, é muito bem atestada na mitologia irlandesa e galesa, conhecida na Irlanda como Tír na nÓg, "a Terra da Juventude", Mag Mell, "a Planície do Prazer" e Tír fo Thuinn, "a Terra sob as Ondas", dentre muitas outras denominações para designar, talvez, o mesmo local no além. No País de Gales, a descrição mais conhecida do "paraíso" celta é a famosa Ilha de Avalon, local de repouso do Rei Artur, após sua morte. Semelhante aos Campos Elísios dos gregos e ao Valhala dos nórdicos, tratava-se de uma região no Outromundo provavelmente destinada apenas aos heróis e guerreiros. É importante citar que essas ilhas paradisíacas celtas eram situadas no Oeste, lugar onde o sol se põe, simbolicamente o local onde o sol "morre" (possivelmente há aqui uma simbologia que liga o sol aos heróis).

Lucano, provavelmente referindo-se à transmigração da alma, diz que as almas não vão para o Érebo ou Submundo, mas, sim, que elas mudam de corpos. Contudo, isso contradiz o que sabemos sobre as crenças celtas do Submundo. Na Irlanda, é de conhecimento que as almas dos mortos se dirigem à Tech Duinn, a casa de Donn, que significa "escuro" ou "negro". A mitologia explica que Donn é o ancestral dos irlandeses, semelhante ao Dis Pater romano. No País de Gales, encontramos Annwn, o não mundo, o Submundo dos galeses, governado por Arawn e provavelmente correlato de Antumnos, o abismo dos gauleses. Pompônio Mela, está de acordo com a crença celta num Submundo e diz que objetos do cotidiano são enterrados ou queimados para acompanhar seu possuidor no Outromundo, o que é comprovado pela arqueologia, onde foram encontrados diversos objetos valiosos em túmulos da Idade do Ferro celta.

Diodoro da Sicília diz que os Druidas compartilhavam com os pitagóricos a crença na transmigração da alma. Além de Diodoro, o estudioso Alexandre de Mileto também afirmava que a filosofia dos Druidas provinha de Pitágoras. Há, de fato, algumas semelhanças entre o druidismo e o pitagorismo, como, por exemplo, a transmissão de ensinamentos através de enigmas e símbolos, assim como a crença na transmigração e imortalidade

---

11 Uma antiga crença, comum entre os pitagóricos, de que a alma, após a morte do corpo físico, pode habitar outros corpos, tanto de homens quanto de animais ou de outros elementos da natureza. Evidente semelhança ao conceito oriental de reencarnação.

da alma já citadas. No entanto, a doutrina druídica definitivamente não se originou dos pitagóricos, como sugeriu o cristão Hipólito de Roma ao associar Zamolxis[12] aos Druidas. Assim, pode-se afirmar que as crenças druídicas são semelhantes às crenças de diversas outras escolas filosóficas da Europa e do Oriente Médio. Isso não significa que uma deu origem à outra, mas que talvez tenham uma origem em comum.

Como vimos, as Escolas de Mistérios caracterizavam-se por admitir seus membros através de ritos iniciáticos e exigir deles segredo sob juramento. No entanto, há outra característica perceptível nessas Escolas de Mistérios: a crença em uma figura divina alegórica que morre e retorna dos mortos, num eterno ciclo. O exemplo mais claro é novamente o mito de Perséfone, que é raptada e levada ao Submundo por Hades e depois retorna para sua mãe, Deméter. Assim como a semente, que é plantada no subsolo e ressurge como trigo que será ceifado e voltará à terra como semente novamente. Muitos estudiosos veem nesse e em outros mitos uma explicação para a ciclicidade da natureza, as estações do ano e o ano agrário.

Encontramos esse tema do eterno retorno da divindade em diversas culturas ao redor do mundo. Na Assíria, o mito de Ishtar fala de sua descida ao Submundo, reino de sua irmã Ereshkigal e seu retorno como Rainha do Céu; na Epopeia de Baal, dos cananeus, o Deus da Fertilidade e da Chuva, Baal Hadad, é morto pelo Deus do Deserto, Moth. Baal foi trazido de volta à vida pela Deusa do Sol, Shapash; no Egito, Osíris é morto por seu irmão Seth e é ressuscitado pela sua irmã/esposa Ísis; Baldur, o Deus da Luz entre os nórdicos, é morto devido uma artimanha de Loki, é levado ao mundo dos mortos e retornará no Ragnarok; entre os cristãos, Jesus é morto na cruz, mas ressuscitou no terceiro dia e a festa de sua ressurreição é celebrada anualmente na primavera, no Hemisfério Norte, como símbolo de renascimento da natureza.

Entre os celtas não foi diferente, há diversos mitos e contos folclóricos que relatam histórias parecidas, de Deuses que morrem ou desaparecem e retornam, trazendo consigo a renovação da natureza como símbolo sazonal. Um exemplo muito conhecido é o mito de Mabon, "a Criança Divina". Mabon é levado de sua mãe, Modron, a Grande Deusa Mãe, e resgatado posteriormente para estabelecer a ordem sobre o caos representado pelo javali. Infelizmente, nenhum mito gaulês ou britano[13] sobreviveu, mas é possível que o mito

---

12 Zamolxis foi um personagem mítico da Trácia, ora descrito como um Deus, ora como um filósofo, discípulo ou escravo de Pitágoras que, supostamente, passou seus conhecimentos aos druidas da Gália.
13 Povo celta que habitava a Grã-Bretanha da Idade do Ferro no período pós-romano.

de Mabon e Angus Mac Óg sejam herdeiros de um mito anterior envolvendo Maponus e Matrona, encontrados na Gália e na antiga Britânia.

Certamente, para os leigos, esses mitos e ritos não passavam de alegorias que pretendiam explicar os ciclos da natureza, como a origem do inverno e do verão, assim como as passagens da vida humana da infância à maturidade. Contudo, acredito que os ensinamentos dessas Escolas de Mistérios falavam, na verdade, do renascimento da alma humana em outra existência. Podemos supor, portanto, que o grande mistério pregado nessas escolas era que, da mesma forma que os Deuses retornavam da morte, em um ciclo de vida, morte e renascimento, as almas dos mortos também retornariam à vida, semelhante à ideia de reencarnação[14]. Esse ensinamento possivelmente era dramatizado através do Rito de Iniciação, quando o neófito simbolicamente morria para o mundo profano e renascia como Iniciado.

Na mitologia celta irlandesa há poucos exemplos que podem ser interpretados como "reencarnação", isso porque a doutrina druídica era restrita a poucos iniciados e os temas sobre reencarnação e renascimento eram mais comuns em alegorias e nas histórias dos Deuses, como no conto de Mabon, citado anteriormente. Talvez, o melhor exemplo de reencarnação ou transmigração nos mitos irlandeses consta na história de Tuan mac Cairill, que sobreviveu por eras sob formas de diversos animais até renascer como filho de Cairill. No País de Gales, a história de Taliesin também pode ser interpretada como um tipo de reencarnação, onde Gwion, renasce da Deusa Cerridwen como Taliesin. Alguns acreditam que o famoso poema irlandês conhecido como *A Canção de Amergin* e um trecho do poema galês *A Batalha das Árvores* sejam exemplos sobre a doutrina druídica da reencarnação ou da transmigração da alma, contudo, acredito que esses poemas tratam de assuntos relacionados à unicidade sagrada, ou seja, o homem como microcosmo.

No meu entendimento, a doutrina druídica pregava a reencarnação, ou pelo menos algo muito parecido[15], não a todas as pessoas, somente àqueles que eram iniciados em tais mistérios. Assim também acreditavam seus vizinhos indo-europeus, que as almas dos celtas comuns, aqueles que morreram de velhice, doença ou acidentalmente, dirigiam-se para o

---

14 Dependendo da Escola de Mistérios, o retorno à vida poderia ser compreendido como renascimento, ressurreição, metamorfose ou transmigração da alma.

15 Entendo por reencarnação o retorno da alma à matéria. Contudo, diversos druidas modernos enfatizam a diferença entre reencarnação e transmigração da alma, sendo este último considerado parte da doutrina druídica original.

Submundo, um lugar escuro, semelhante ao Hell dos nórdicos e ao Hades dos gregos, porém distinto do inferno cristão, não exatamente um lugar de tristeza e aflição, mas uma continuação desta vida. E aos heróis, aos destemidos que morriam em batalha, suas almas estavam destinadas às ilhas do Outromundo, onde desfrutavam de todos os prazeres[16].

Hoje, muitos Druidas acreditam em reencarnação não como uma doutrina religiosa imposta, uma vez que estamos em uma sociedade de livres pensadores e cada um pode tirar suas próprias conclusões e acreditar no que bem entender. Normalmente, no neodruidismo e nas diversas vertentes da atual espiritualidade celta, a reencarnação é aceita sob a visão da doutrina espírita kardecista ou segundo o espiritualismo, influenciado pelo hinduísmo e outras religiões orientais. Há também quem acredite que a alma, após a morte do corpo físico, passa a habitar objetos inanimados ou outros elementos da natureza, como árvores, pedras, lagos ou animais, isso muitas vezes é interpretado como a verdadeira transmigração da alma citada pelos greco-romanos. Outros Druidas sequer acreditam no retorno da alma ao mundo físico, mas, sim, numa vida imortal no além.

No neodruidismo, os conceitos de carma e darma de origem hindu estão ausentes, contudo, há interessantes passagens, tanto no *Táin Bó Cúailnge*[17] (a história de Rucht e Friuch) quanto no *Mabinogion*[18] (a história de Gwydion e Gilfaethwy) que nos leva a refletir como a experiência em outros corpos, ou sob outras formas, pode nos ajudar a compreender o Universo e nos tornar seres mais íntegros. Isto posto, convido o leitor a responder às seguintes perguntas:

- Por que a alma é imortal?
- O que você compreende como Outromundo?
- Qual o propósito da reencarnação (ou da transmigração da alma)?

---

16 Essa é uma visão muito particular e que não se fundamenta exclusivamente em fatos históricos, até porque, os textos antigos e os mitos dão margens a diversas interpretações e não há, definitivamente, apenas uma verdade absoluta quanto à espiritualidade druídica.

17 "O Roubo do Gado de Cooley". Antigo épico irlandês registrado pela primeira vez talvez no século 8 da Era Comum, a partir da antiga tradição oral celta.

18 Coletânea de contos infantis, datados entre os séculos 12 e 13 da Era Comum, onde é possível encontrar fragmentos da antiga mitologia celta.

Classe Sacerdotal: Magia e Divinação

Eles (os Druidas) também discutem os movimentos dos astros, o tamanho do mundo e da Terra, a natureza das coisas, o poder e a essência dos Deuses imortais, e transmitem isso aos jovens.

César, *Comentários sobre a Guerra da Gália*

Há também filósofos e teólogos a quem as maiores honrarias foram pagas e que se chamam "Druidas". Além disso, fazem uso de adivinhos, a quem concedem grande autoridade. Esses adivinhos preveem o futuro observando pássaros e imolando vítimas. Eles mantêm toda a população em sua dependência. Mas é quando eles consultam os presságios em busca de grandes interesses que geralmente seguem um rito bizarro e incrível. [...] Frequentemente, no campo de batalha, quando os exércitos se aproximam com as espadas desembainhadas e as lanças para frente, esses Bardos avançam entre os adversários e os apaziguam, como fazem com bestas selvagens com encantamentos. Assim, entre os bárbaros mais selvagens, a paixão dá lugar à sabedoria e Ares respeita as Musas.

Diodoro da Sicília, *História*

De modo geral, para todos os gauleses, três classes desfrutam de honras excepcionais, os Bardos, os Vates e os Druidas. Os Bardos são cantores e poetas sagrados, os Vates assumem ofícios sagrados e praticam as ciências naturais, os Druidas também estudam as ciências naturais e dedicam-se à parte moral da filosofia. Estes últimos são considerados os mais justos dos homens e, como tal, são encarregados da tarefa de julgar disputas públicas e privadas.

Estrabão, *Geografia*

(A magia) reinava na Gália até onde podemos nos lembrar. Pois foi na época do imperador Tibério, através de ***senatus-consultum***[19], que os Druidas e toda a raça de Vates e médicos foram abolidos. Mas por que

19 Decreto do Senado.

> eu mencionaria tudo isso em conexão a um costume que atravessou o oceano e alcançou as regiões mais remotas da Terra? Hoje, a Bretanha ainda está sob o domínio da magia e realiza seus rituais com tanta cerimônia, que parece que foi ela quem trouxe o culto aos persas.
>
> Plínio, o Velho, *História Natural*

> No entanto, o estudo de ciências dignas foi encorajado por homens cultos, os Bardos, os Vates e os Druidas. Os Bardos cantaram com o doce som da lira, compondo versos heroicos sobre as façanhas dos mais valorosos; os Vates se esforçaram em suas pesquisas para obter acesso aos mais altos eventos e segredos da natureza; os Druidas, por sua vez, prevalecem por sua genialidade, unidos por comunidades fraternais, como determinou a autoridade de Pitágoras.
>
> Timagenes em Amiano Marcelino, *História*

COMENTÁRIOS

Os Druidas sempre estiveram associados à magia, desde suas remotas origens xamânicas às lendas medievais de Magos e adivinhos, como Merlin, o Mago, conselheiro do Rei Artur. Na mitologia irlandesa e galesa há diversos relatos de Druidas e seus poderes mágicos. Os Druidas, como vimos nos relatos anteriores, davam grande importância à memória e utilizavam-se dos versos e rimas como ferramenta mnemônica para seus mitos e crenças. Contudo, os versos e poemas não serviam apenas para memorização, eram também largamente utilizados na magia, como bem atestado na mitologia.

Para compreender a importância da magia e da divinação entre os celtas, é preciso compreender como era a divisão da classe sacerdotal druídica. Segundo Estrabão e Amiano Marcelino, a classe druídica era dividida entre Bardos, ou seja, os cantores e poetas; Vates, adivinhos e filósofos naturais; e Druidas, os mais elevados, que além de dominar a filosofia natural, presidiam os sacrifícios e eram os responsáveis pelas leis e pela justiça.

Os Bardos, segundo os registros, não presidiam os sacrifícios, logo, não tinham posição tão elevada como os Vates e os Druidas. Eles eram os responsáveis por manter a tradição oral, através da recitação de poemas épicos e, possivelmente, também eram os responsáveis pelos encantamentos mágicos. Segundo Diodoro Sículo: "Existem entre eles (os gauleses) poetas líricos a quem chamam de 'Bardos': esses poetas acompanham suas canções com instrumentos semelhantes às liras e entoam hinos ou sátiras", assim, os

Bardos possuíam o poder tanto de exaltar quanto de depreciar uma pessoa. Encontramos algo muito semelhante na Irlanda, onde a sátira era levada em grande consideração, pois a reputação de uma pessoa poderia ser destruída se uma sátira fosse entoada por um Bardo. Deve-se frisar, que a sátira só poderia ser entoada por motivos justos, caso contrário, seria o Bardo a perder sua reputação. Após o advento do cristianismo e com o fim do druidismo na Irlanda, os Bardos foram relegados a uma classe inferior de poetas, contudo, a poesia e a tradição oral dos antigos Druidas sobreviveram na figura dos *filid* (sing. *filí*). Acredita-se que os *filid* fossem os reais herdeiros dos antigos Bardos, responsáveis por manter a tradição oral da tribo viva, outros, contudo, acreditam que os *filid* eram herdeiros dos Vates, pois a palavra *filí* significa "vidente", ou "aquele que vê", semelhante à palavra *vate*, "profeta". De qualquer forma, os *filid* formavam uma classe privilegiada de poetas e, talvez, videntes. Além dos *filid* havia uma classe de poetas ainda mais importantes na Irlanda, os *ollamhs*, considerados grandes doutores e especialistas em poesia. Havia, inclusive, o *Ard-Ollamh*, ou seja, o grande *ollamh*, comparado em poder ao próprio grande rei da Irlanda.

Os Vates, por sua vez, presidiam os sacrifícios rituais sob a supervisão dos Druidas e tinham grande destaque na antiga religião celta. Como dito, a palavra *vate* significa "profeta" e seu correspondente exato em irlandês é *fáith* "profeta, vidente", possivelmente associados aos *filid*. Nos textos clássicos, os Vates, assim como os Druidas, são descritos como filósofos naturais. A filosofia natural, basicamente pretendia explicar as causas dos fenômenos naturais, assim, os Druidas e os Vates eram os responsáveis por estudar e esclarecer fenômenos da Física, da Biologia, da Astronomia e assuntos da Cosmologia, como explica César, ao afirmar que os Druidas detinham o conhecimento "dos movimentos dos astros, do tamanho do mundo e da terra, e da natureza das coisas". Por deter o conhecimento do mundo natural e estar intimamente associado à natureza em suas diversas facetas, acredita-se que os Vates eram também curandeiros, aqueles que conheciam o poder medicinal das ervas e, possivelmente, as empregavam em seus encantamentos mágicos.

Diodoro da Sicília diz que, além dos Druidas, os celtas "concediam grande autoridade a adivinhos", que se valiam dos augúrios, ou seja, da observação do voo dos pássaros, para fazer suas previsões. Esses adivinhos não eram outros senão os próprios Vates, que tinham como função a observação da natureza e como ela se comportava. É interessante notar, que dentre as diversas associações, as letras ogâmicas também foram associadas a aves e pássaros, o que talvez indique uma herança dos antigos augúrios druídicos.

Os Druidas sempre foram descritos como os mais elevados e mais inteligentes dentro da classe sacerdotal. Por vezes, suas funções são confundidas com as dos Vates, contudo, possivelmente os Druidas incorporavam as funções dos Bardos e dos Vates, além de exercer um importante papel como juiz e mediador, destacando-se dentre as demais classes. César diz que entre os gauleses só há duas classes de prestígio, as dos cavaleiros e a dos Druidas, ele não menciona os Bardos e os Vates. Muitos estudiosos interpretam que tanto os Bardos quanto os Vates eram membros da casta druídica, portanto, eram igualmente prestigiados na sociedade celta de então.

De tal modo, com a divisão da classe sacerdotal druídica, é possível compreender melhor a importância que a magia exercia na sociedade celta por meio do poder mágico da poesia e dos encantamentos em forma de rimas, assim como da adivinhação, através da observação dos fenômenos naturais e suas interpretações.

Apesar de diversos equívocos, a magia e a divinação sempre foram fatores importantes no druidismo antigo e moderno. Mesmo após a cristianização, os Druidas eram descritos como hábeis Magos, muito versados na arte de criar ilusões para conseguir seus intentos, assim, convido, mais uma vez o leitor a refletir sobre:

- O que é magia para você?
- É possível prever acontecimentos?
- Reflita sobre a importância da natureza e da poesia na espiritualidade celta.

SACRIFÍCIOS

Toda a nação gaulesa é muito devotada aos ritos. Por isso, todos aqueles que sofrem de doenças graves ou estão sob o golpe de um perigo ou de um combate, oferecem homens como vítimas, ou prometem oferecê-los. Eles recorrem ao ministério dos Druidas para esses tipos de sacrifícios, porque, sem uma vida humana em troca de uma vida humana, a ira dos Deuses imortais não pode ser aplacada. Eles instituem sacrifícios públicos como este. Outros fazem grandes figuras humanas com membros de vime trançado e as enchem de homens vivos. Eles ateiam fogo e os homens morrem cercados por chamas. Pensam que os tormentos daqueles que foram pegos no delito de roubo ou assassinato, ou algum outro crime, são mais agradáveis aos Deuses imortais, mas se esses criminosos faltam, eles também sacrificam inocentes.

César, *Comentários sobre a Guerra da Gália*

Quando eles consultam os presságios sobre alguns assuntos importantes, é que geralmente seguem um rito bizarro e estranho. Depois de consagrar um homem, eles o golpeiam com uma espada de combate na área acima do diafragma e, quando a vítima é atingida, eles adivinham o futuro pela maneira como ela caiu, pela convulsão de seus membros e pelo fluxo do seu sangue. É uma forma de observação antiga, muito praticada e na qual eles ainda têm fé. O costume entre os gauleses é que nenhum sacrifício é realizado sem a ajuda de um filósofo, porque acreditam que devem usar a intermediação desses homens que conhecem a natureza dos Deuses e falam, pode-se assim dizer, sua língua, para oferecer sacrifícios de agradecimento e implorar suas bênçãos. Não apenas nas necessidades da paz, mas também e, acima de tudo nas guerras, confiam nesses filósofos e nesses poetas cantores, amigos e inimigos.

Diodoro da Sicília, *História*

Os romanos acabaram com esses costumes, bem como com os sacrifícios e as práticas divinatórias em oposição às nossas instituições. De tal modo, um homem era dedicado aos Deuses e atingido pelas costas com uma espada de combate, e o futuro podia ser adivinhado pelas convulsões do moribundo; nunca se sacrificava sem a ajuda dos Druidas: às vezes, matavam as vítimas a flechadas ou as crucificavam em seus templos, ou então faziam um colosso com feno e madeira, e introduziam ali animais domésticos, selvagens e de todos os tipos, assim como homens, e queimavam tudo.

Estrabão, *Geografia*

Depois de preparar ritualmente o sacrifício e um banquete sob a árvore, dois touros brancos são trazidos, cujos chifres são amarrados pela primeira vez. Vestido com uma túnica branca, o Sacerdote sobe na árvore e corta com uma foice dourada o visco que é recolhido pelos outros em um pano branco. Eles então imolam as vítimas orando à divindade para que ela receba a oferta benéfica para aqueles por quem é feita. Eles acreditam que o visco, ingerido pela bebida, dá fertilidade aos animais estéreis e constitui um remédio contra todos os venenos.

Plínio, o Velho, *História Natural*

Comentários

É inegável que os Druidas presidiam todos os sacrifícios, os ritos mais importantes da sociedade celta, inclusive sacrifícios humanos. Contudo, esses sacrifícios não eram exatamente como os greco-romanos descreveram. Muitos estudiosos modernos estão de acordo que houve exagero e fantasia nesses relatos, e isso fica claro quando há uma ênfase em classificar os celtas como povos bárbaros que precisavam da orientação de uma civilização como a dos romanos.

Hoje, os Neodruidas evitam falar sobre sacrifícios humanos na antiga religião druídica, como se isso fosse algo proibido ou que tenha manchado a reputação do druidismo. Mas é evidente que os antigos Druidas faziam sacrifícios humanos e não há como evitar tal tema. Minha intenção não é amenizar ou justificar os antigos sacrifícios praticados pelos Druidas, mas lançar luz sobre esse tema tão perturbador ainda hoje.

Antes de tudo, é preciso entender que os sacrifícios humanos não eram tão comuns como nos fizeram acreditar os historiadores clássicos. Muitos desses relatos estavam imbuídos de preconceitos raciais e culturais. Outra coisa importante a se observar, é que os sacrifícios humanos praticados pelos celtas eram punições por crimes como assassinato, por exemplo, algo muito semelhante à pena de morte, ainda praticada por diversos países ditos "civilizados". Nesse tipo de sacrifício, enquadra-se também a punição aos inimigos capturados em batalha, certamente algo nada novo aos romanos que também executavam ritualisticamente seus inimigos em nome de seus Deuses. A antropomancia[20] citada por Diodoro da Sicília

20 Adivinhação por meio do exame do comportamento e das vísceras de seres humanos sacrificados.

como uma prática antiga, provavelmente remonta ao Neolítico, mas, apesar de não citado, acredita-se que as vítimas desse horrível meio de predizer o futuro eram também inimigos de guerra ou criminosos. Segundo Estrabão, os Sacerdotes lusitanos[21], conhecidos em grego como *hieroskópos* (observadores sagrados) também prediziam o futuro através de sacrifícios humanos, algo incrivelmente semelhante ao que foi descrito por Diodoro da Sicília. No entanto, fica evidente que, entre os lusitanos, as vítimas eram realmente prisioneiros de guerra. César nos diz que na falta de criminosos, pessoas inocentes eram igualmente sacrificadas. Isso, evidentemente, é uma pequena mentira que causou uma grande distorção sobre a religião druídica.

Os celtas também possuíam um costume que deixaram os romanos horrorizados, eles decapitavam seus inimigos e carregavam suas cabeças consigo, pois acreditavam que a alma residia na cabeça, ou seja, acreditavam que assim mantinham as almas de seus inimigos presas, mas não só isso. Eles também acreditavam que um homem só poderia ser completamente morto se sua cabeça fosse separada do corpo. Os celtas davam grande importância à cabeça. Crânios encontrados foram utilizados, possivelmente por Druidas, como taças ritualísticas.

Há uma interessante passagem, também citada por César, onde uma vida humana valia por outra vida humana, ou seja, quando uma pessoa estava prestes a morrer, em casos de doenças graves ou em batalhas que estavam para acontecer, ela oferecia um sacrifício humano para que sua própria vida fosse poupada. Talvez isso soe parecido com a crença druídica que pregava algo como "ao morrer no mundo dos vivos, a alma nascia no mundo dos mortos, e ao morrer no mundo dos mortos, renascia no mundo dos vivos", em outras palavras, é o renascimento ou a transmigração da alma, como já explicado anteriormente. É provável que esse sacrifício descrito por César fosse uma interpretação deturpada e supersticiosa da doutrina druídica sobre a transmigração da alma por pessoas comuns e não iniciadas, que acreditavam, erroneamente, que suas vidas seriam poupadas se alguém morresse em seu lugar.

---

21 Os lusitanos eram povos ibéricos de origem celta que habitaram a região que hoje abrange a maior parte de Portugal.

Xilogravura de 1832, retratando o sacrifício humano realizado por Druidas[22]

Há evidências arqueológicas que comprovam, ou que pelo menos indicam, o sacrifício humano praticado pelos celtas. Um dos casos mais conhecidos é o do corpo encontrado no pântano de Lindow, na Inglaterra. O "Homem de Lindow", como ficou conhecido, provavelmente foi vítima de um sacrifício ritual; evidências demonstram que ele possuía alta posição social, talvez um nobre ou mesmo um Druida. Outro importante achado arqueológico relacionado ao sacrifício humano, é o "Velho Homem de

22 https://www.britannica.com/topic/Druid

Croghan", descoberto na Irlanda. Aparentemente, o velho chamado de "Homem de Croghan" também possuía alta posição social. Especula-se que ele pudesse ter sido um rei que foi sacrificado para salvar sua tribo da seca e da fome. Se essa colocação estiver correta, tanto o Homem de Lindow quanto o Velho Homem de Croghan talvez fossem vítimas voluntárias ao sacrifício.

O sacrifício voluntário não é descartado pelos historiadores. Pompônio Mela, por exemplo, disse que algumas pessoas se jogavam na pira funerária de seus entes queridos, convictas de que acompanhariam os mortos ao Outromundo, algo parecido com a prática *sati*, que acontecia até recentemente na Índia. Acredita-se que o sacrifício voluntário servia para enviar a alma do sacrificado aos Deuses, não para aplacá-los, mas para servir como intermediador, assim, é provável que a pessoa que se voluntariasse, fosse deificada e passasse a gozar a imortalidade junto aos Deuses da tribo.

Há poucos relatos de sacrifícios humanos na Irlanda ou na Escócia por cronistas cristãos contemporâneos dos antigos Druidas. A *Vita tripartita Sancti Patricii*[23] e o *Dindshenchas*[24] mencionam sacrifícios ao suposto Deus Crom Cruach, em troca de boas colheitas na véspera de *Samhain*, o festival que marcava a última colheita. Contudo, esses relatos estão misturados com mitos e lendas e pouca coisa pode ser realmente considerada como fato histórico.

Nas lendas irlandesas e galesas, também são encontradas passagens de possíveis sacrifícios humanos. O que demonstra, talvez, que tais práticas não eram tão comuns, mas, sim, reservadas para momentos excepcionais, provavelmente quando a tribo ou o rei enfrentavam grandes perigos.

Além dos raros sacrifícios humanos, as oferendas mais comuns eram aquelas que envolviam vegetais, animais, libações e até mesmo objetos como espadas e colares torques. Esses "sacrifícios" consistiam em oferecer aquilo que era mais caro e precioso aos celtas. Há uma infinidade de exemplos de tais sacrifícios que pretendiam agradar os Deuses, ou apaziguá-los, para obter alguma bênção, ou ainda render-lhes agradecimentos por uma vitória em batalha, por exemplo. Claro que este tema é muito complexo para resumir em poucas linhas, ainda existem muitos fatores a serem analisados, ressalto que esta é apenas uma reflexão superficial.

---

23 *Vida Tripartida de São Patrício*. Texto do século 9 EC. A mais antiga versão da vida do santo em língua irlandesa.

24 "Conhecimento dos lugares". Importante texto irlandês do século 11 ou 12 EC, que narra a origem dos nomes, assim como os mitos, eventos e tradições de importantes lugares da Irlanda.

E como nós, Druidas modernos, encaramos o sacrifício em nossas práticas religiosas hoje? Assim como para os antigos, o sacrifício ainda é o ápice de todos os ritos druídicos modernos, mas, ao contrário deles, não fazemos sacrifícios sangrentos. Antes de expor minha visão sobre sacrifícios no atual druidismo, gostaria de explanar acerca do verdadeiro significado do rito sacrificial. Mircea Eliade nos dá a chave:

> Um sacrifício, por exemplo, não só reproduz com exatidão o sacrifício original, revelado por um deus *ab origine* no princípio dos tempos, mas também é realizado naquele mesmo momento mítico primordial; em outras palavras, cada sacrifício realizado repete o sacrifício inicial e coincide com ele.[25]

Deste modo, os rituais sacrificiais nada mais eram que "imitações" do sacrifício primordial que deu origem ao Universo. Nenhum mito celta sobre a criação resistiu aos tempos, mas, por meio de fragmentos míticos, especula-se que o Universo foi criado pelos Deuses através do sacrifício de um gigante primordial[26]. Isso parece ficar evidente nos relatos de César sobre a gigantesca figura de vime, repleta de criminosos e inimigos de guerra, que foi queimada ritualisticamente pelos Druidas para representar a vitória sobre as forças do caos, simbolizadas justamente pelos criminosos (os opositores das leis) e pelo próprio gigante, o inimigo dos Deuses. Creio que, assim como sugeriu Eliade, o ritual sacrificial pretende recriar um tempo sagrado através da imitação da criação do Universo. Entendemos hoje, que essa "imitação" é simbólica e não deve envolver sacrifícios sangrentos de nenhuma espécie.

Podemos dizer, portanto, que o atual rito sacrificial druídico se assemelha à eucaristia cristã, que tem como objetivo recriar simbolicamente o sacrifício de Jesus, onde seus adeptos, ao consumirem o corpo e o sangue simbólico de seu Deus, comungam com o divino. O que pode, ainda, ser semelhante a qualquer rito das antigas religiões de mistérios que tinham como característica a crença na morte e no renascimento de suas divindades. Enfatizo mais uma vez que, no atual druidismo, nenhum tipo de sacrifício sangrento é encorajado. Isto posto, reflita sobre a importância do sacrifício no druidismo e responda às seguintes questões:

---

25 ELIADE, Mircea. *Mito do Eterno Retorno.* São Paulo: Editora Mercuryo, 1992.

26 Podendo ser de um grande touro, ou, ainda, de qualquer outro animal sagrado, que deu origem ao Universo.

- Qual o significado do sacrifício para você?
- Como recriar simbolicamente o sacrifício primordial?
- Você sabe distinguir o que é sagrado do que é profano em sua vida?

CONCLUSÃO

Antes de concluir este capítulo, é preciso ressaltar que as citações de autores greco-romanos foram utilizadas apenas para elucidar alguns temas sobre druidismo e neodruidismo, ou seja, não é porque foram citadas por contemporâneos dos Druidas que eles, de fato, conheceram ou compreenderam a verdadeira religião druídica. Júlio César, por exemplo, exaltava os Druidas como homens eruditos e muito elevados, mas, ao mesmo tempo, ficou horrorizado com seus sacrifícios bárbaros, sacrifícios esses citados por diversos outros historiadores, muitas vezes em tons pejorativos e até mesmo fantasiosos.

Como eruditos e guardiões da cultura e da tradição celta, os Druidas foram aqueles que se opuseram às conquistas romanas, incentivando a resistência e impedindo vínculos e acordos entre celtas e romanos. Ao perceberem que os Druidas seriam um grande impedimento a sua expansão imperial, os romanos, diante disso, organizaram uma campanha de extermínio aos Druidas e implantaram a proibição do druidismo em território conquistado, alegando que seus ritos eram bárbaros e cruéis. O último posto de refúgio dos Druidas na Grã-Bretanha foi a Ilha de Mona (atual Anglesey), que foi brutalmente invadida e destruída pelo exército romano no século 1 EC. Mas o druidismo sobreviveu ainda por alguns séculos, de forma clandestina, em todo o território conquistado por Roma. Também resistiu como "religião" oficial e tradicional em territórios celtas não conquistados, como na Irlanda e na Escócia, que só veriam o declínio do druidismo após a chegada do cristianismo, nos séculos 4 e 5.

Muitos estudiosos estão de acordo que os relatos dos conquistadores não representam a verdadeira religião druídica, portanto, o leitor deve aproveitar essas citações, utilizando-as como temas de reflexão para que, futuramente, possa tirar suas próprias conclusões dos assuntos aqui expostos e não os levar como verdades inquestionáveis.

DISSIPANDO A NÉVOA

Os Novos Druidas

No capítulo anterior, propus algumas reflexões a partir de citações de autores greco-romanos sobre os Druidas, suas crenças e filosofia, onde abordei temas até então pouco discutidos na atual espiritualidade celta. Neste capítulo, gostaria de elucidar as principais crenças do druidismo moderno, apenas para que o leitor compreenda os fundamentos do neodruidismo e, assim, possa ter um norte sobre como desenvolver sua própria espiritualidade.

O atual druidismo, conhecido como "neodruidismo", é um fenômeno relativamente recente. Não há indícios de que o antigo druidismo tenha sobrevivido como práticas secretas desde a antiguidade, como alguns autores esotéricos sugerem. O renascimento druídico surgiu mais ou menos entre os séculos 18 e 19, ou talvez um pouco antes, sob forte influência cristã e mística. O druidismo mais popular hoje em dia, que se fundamenta em suas origens pagãs, só surgiria no século 20, especificamente na segunda metade do século, seguindo o fluxo do advento de religiões pagãs como a Wicca e a Bruxaria. No final do século passado, surgiu um novo movimento dentro do Paganismo, conhecido como "Reconstrucionismo Celta", que tem como princípio buscar em fontes históricas a prática da espiritualidade celta e adaptá-la ao modo de vida atual.

Como o antigo druidismo não sobreviveu, recorre-se a diversas fontes como a arqueologia, o folclore e a religião, não só dos celtas, mas também de outros povos indo-europeus, para recriar o corpo filosófico e religioso do neodruidismo. Ainda assim, apesar dessa variedade de possibilidades, os manuscritos medievais irlandeses e galeses continuam sendo as principais fontes de inspiração do druida moderno.

A literatura medieval irlandesa é classificada hoje da seguinte forma:

- **Ciclo Mitológico**: textos em que são descritas as características dos Deuses, a origem mítica da Irlanda e a relação entre os Deuses (Tuatha Dé Danann) e seus inimigos (Fomorianos) na Batalha de Mag Tuired.

- **Ciclo Heroico do Ulster** (ou Ramo vermelho): aqui são contados os feitos do grande herói Cú Chulainn. Nesse ciclo encontramos o maior épico irlandês, o *Táin Bó Cúailnge* (*o Roubo do Gado de Cooley*).

- **Ciclo Fenniano:** os temas abordados neste ciclo giram em torno do herói Fionn mac Cumhaill (Finn Mac Cool) e seu bando de guerreiros, os *fianna*.

- **Ciclo Histórico** (ou dos Reis): a principal obra desse ciclo é o *Livro das Invasões* da Irlanda. Neste texto, é descrita a conquista da Irlanda por cinco raças míticas (respectivamente: Cessair, Partholon, Nemed, Fir Bolg e a Tuatha Dé Danann), até a chegada da raça dos homens mortais (Milesianos ou Filhos de Míl Espáine) e seus diversos reis, pagãos e cristãos. Apesar de ser classificado como ciclo histórico, esse ciclo é considerado lendário ou pseudo-histórico.

No País de Gales, sob uma forte influência do pensamento e dos costumes medievais, encontramos os *Quatro Ramos do Mabinogi* (*Mabinogion*, no plural), onde é possível encontrar traços de um passado heroico da Idade do Ferro e vislumbres de antigas divindades celtas. Esses contos são encontrados no *Livro Branco de Rhydderch* (*Llyfr Gwyn Rhydderch*) e no *Livro Vermelho de Hergest* (*Llyfr Coch Hergest*). Lady Charlotte Guest foi a primeira a traduzir o *Mabinogi* para o inglês no século 19 e intitulou os Ramos da seguinte forma:

- Pwyll, Príncipe de Dyfed
- Branwen, filha de Llyr
- Manawyddan filho de Llyr
- Math, filho de Mathonwy

Além disso, no País de Gales, há também o que podemos chamar de "Ciclo Arturiano", semelhante aos ciclos heroicos irlandeses, que narra as aventuras do Rei Artur e seus Cavaleiros. Os principais contos desse ciclo são *Kulhwch e Olwen; o Sonho de Rhonabwy; o Sonho de Maxen Wledic; Peredur Ab Evrawc*, entre outros.

Mais uma vez, os temas aqui abordados não se esgotam, há ainda muitos fatores importantes a serem analisados, mas que fogem completamente das propostas deste livro, cabendo ao leitor buscar mais informações em suas pesquisas, estudos e práticas, tendo como ponto de partida as fontes já citadas. Os temas propostos a seguir têm como base a visão pagã (ou neopagã) do druidismo e da espiritualidade celta.

COSMOLOGIA

Antes de explicar a concepção do "Universo" segundo o druidismo, é preciso entender que a visão a seguir é simbólica. Desta forma, nenhum druida moderno verdadeiro acredita que a Terra seja plana ou em qualquer outro absurdo que vá contra as atuais explicações atestadas pela ciência. Inclusive, há indícios de que os antigos Druidas acreditavam que a Terra possuía formato esférico, semelhante ao que já foi comprovado. Assim, entenda que esse "universo mítico" é uma alegoria para explicar a "jornada da alma" e não deve ser interpretado de forma literal. Isto posto, vamos à descrição:

O Universo mítico druídico é tripartido. Para muitos Druidas modernos, o Universo é dividido em céu, terra e mar. No entanto, dentro da minha Tradição, a divisão é feita da seguinte forma:

- Céu (*nem*): a Morada dos Deuses, o local sagrado por excelência. *Nemed* significa "sagrado", a raiz de seu nome provém da palavra protocelta **nemos*, que significa "céu". Na mitologia celta irlandesa, *Nemed* é o líder do terceiro grupo a se estabelecer na Irlanda, os *nemedianos*, antecessores a Tuatha Dé Danann, a Tribo dos Deuses[27]. Os registros dizem que os descendentes de

27 Os Deuses irlandeses eram conhecidos apenas como *Tuath Dé*, ou seja, "a Tribo dos Deuses", contudo, esse termo também foi utilizado para designar os israelitas, o "povo (tribo) de Deus", e isso tornou-se um problema para os cristãos que registraram os primeiros mitos irlandeses. Assim, eles passaram a nomear os Deuses antigos como *Tuatha Dé Danann*. A palavra *Danann* ainda é motivo de discussão entre os acadêmicos, alguns acreditam que provenha do nome de uma Deusa, talvez a

Nemed, o sagrado, dividiram-se e aqueles que viriam a ser os Deuses irlandeses, os Tuatha Dé, foram para o norte do mundo aprender magia nas quatro cidades místicas. É provável que os monges que registraram os mitos irlandeses não queriam atribuir origem divina aos Deuses celtas, por isso, eles disseram que a Tribo dos Deuses foram para o norte do mundo, mas a verdade, é que os Deuses estavam no Céu e chegaram na Terra em seus navios voadores, por entre nuvens e névoas. Das quatro cidades celestiais, os Deuses trouxeram quatro tesouros para a Terra: de Failias, trouxeram a Pedra do Destino; de Gorias, a Espada de Nuada; de Findias, a Lança de Lug e de Gorias, o Caldeirão do Dagda. Assim, não há dúvidas de que o Céu é a Morada dos Deuses, ou, pelo menos, é o local onde eles se originaram. Na antiga Gália, sabe-se que as regiões celestiais eram conhecidas como *albios*, talvez devido à cor branca, uma referência à pureza das divindades celestes ou aos topos nevados das montanhas. Localizado no Mundo Superior, onde estão as estrelas fixas, regidas pela Estrela Polar, o centro cósmico e simbólico do Universo. De todos os mundos ou reinos, esse é o mais misterioso, justamente porque temos a errônea ideia de que é algo distante e inacessível. Mas ao contrário do conceito monoteísta, os Deuses não estão em um distante Céu apartados dos humanos, lembre--se, a cosmologia celta é simbólica e os Deuses estão presentes, inclusive dentro de nós.

- **Terra** (*talam, tír, bit*): a morada dos vivos. É aqui que vivem diversos animais e fervilham os espíritos da natureza. A Terra é o corpo de uma Deusa Mãe que provê alimento a todos os seres vivos, portanto, a mantenedora da vida. Na Irlanda, encontramos ecos dessa Deusa no mito de Tailtiu, a Deusa da Agricultura, responsável por criar as terras agrícolas mais férteis do país, além de ser a mãe adotiva do Deus Lug, Senhor da Luz e dos Raios, possivelmente um Deus da Fertilidade.

Deusa Ana, Anann ou Anu, que deu origem à hipotética Danu. Outra possibilidade seria um antigo termo celta para "terra", *don*, portanto, a tradução seria algo como "Tribo dos Deuses da Terra" ou "Tribo dos Deuses terrestres". Há ainda outro termo, *dána*, que significa "arte" ou "habilidade", muito utilizado na mitologia para indicar um ofício nobre ou mesmo divino. Desta forma, as divindades formariam a "Tribo dos Deuses das Artes", um título bem apropriado aos Deuses irlandeses.

A Deusa Ana, ou Anu, foi descrita no *Glossário de Cormac*[28] como "a Mãe dos Deuses"[29] e possivelmente era uma Deusa que personificava a própria terra e sua abundância. Há, inclusive, um par de colinas na Irlanda conhecidas como *Dá Chích Anann*, "Os seios de Ana". Na mitologia galesa, a Deusa Dôn é a Mãe Terra e seus filhos são os Deuses da superfície, opostos aos filhos do Deus Llyr, a personificação do mar, os Deuses do Submundo. A Deusa da Soberania (*Faith*), era aquela que personificava um território ou país, ela dava autoridade ao rei, vitória à tribo e fertilidade ao campo. Se essa Deusa fosse desonrada, a peste, a seca e a catástrofe recaíam sobre o povo como reflexo de seu mau comportamento. Hoje a vemos como uma Deusa exilada, a própria natureza e o divino feminino ferido que precisa ser resgatado, curado e honrado. Mas ela ainda é a Deusa da Soberania, a qual recorremos quando iniciamos nossa jornada de autoconhecimento, pois é ela que concede o despertar da verdadeira vontade, ou seja, aquilo que nos faz ser os regentes de nossas próprias vidas e destinos. Na Terra, também encontramos diversos espíritos encapuzados, aqueles pequenos seres que conhecemos hoje como "gnomos" ou "duendes". A versão irlandesa mais conhecida desses espíritos elementais da natureza é o *Leprechaun*. Diferentemente da divisão de muitos Druidas modernos, é na esfera da Terra que se encontra o mar[30], circundando-a, semelhante à visão das cosmologias indo-europeias. O mar (em especial o oceano ocidental), os lagos, as cavernas (em especial os *sídhe*[31]) e nevoeiros, são conhecidos como passagens para o Submundo. Como dito anteriormente, no Oeste, local onde o sol se põe, encontram-se as ilhas do Outromundo, o paraíso celta, lugar de repouso dos heróis, possivelmente outro portal para o Submundo. Os gauleses chamavam a Terra/Mundo de *bitu*, os galeses de *byd*, os gaélicos de *beatha*, ou seja, o mundo dos vivos.

---

28 *Sanas Cormaic*. Antigo glossário irlandês atribuído ao rei e bispo Cormac mac Cuilennáin.

29 Certamente o texto não se refere a todos os Deuses, mas especificamente aos Deuses Brian, Iuchar e Iucharba, os filhos de Tuireann. Normalmente, Ana, ou Anu, é confundida com uma hipotética Deusa chamada Danu, a matriarca dos Deuses.

30 Autores modernos costumam confundir o mar (*muir*), que se encontra simbolicamente no eixo horizontal, com o mundo submarino ou subaquático, o Outromundo celta, localizado no Submundo ou abismo.

31 Montes artificiais, túmulos ou montes funerários pré-celtas.

Submundo, abismo (*domain, duibecán, crón*): a morada dos ancestrais e espíritos dos mortos. É no Submundo que se encontra a fonte de toda vida, pois é da morte que surge a vida e não o contrário. Assim como do Céu surgiram os Deuses, acredita-se que do Submundo surgiram os humanos. Nos mitos irlandeses, uma das passagens para o Submundo é conhecida como *Tech Duinn*, "a Casa de Donn", considerado o ancestral dos irlandeses. Seu nome significa "o escuro". Júlio César diz que os gauleses descendiam de Dis Pater, o Deus do Submundo, o que comprova a hipótese mítica de que os humanos descendem de um Deus dos Mortos. O Submundo não é um lugar de eterno descanso, nem de castigos, tampouco de prazeres, mas um lugar transitório, mais precisamente um local de regeneração, para que a alma seja preparada até a próxima reencarnação ou transmigração. As almas dos mortos acompanham o caminho do sol (sentido horário)[32] e atravessavam o portal dos mortos no Oeste; após sua estadia no reino dos mortos, elas são mergulhadas no "Caldeirão de Renascimento", como descrito no mito do Deus galês, Bran, o abençoado, e atravessam o portal da vida no Leste, acompanhando novamente o sol em seu ciclo de renascimento. Nos País de Gales, o Submundo é conhecido como *Annwn*, o "não mundo" e seu cognato gaulês é *antumnos* ou *dubnos*, "o abismo", o escuro, algo semelhante ao *duibecán*[33] e *domain*[34] dos irlandeses. Segundo os mitos, quando os humanos conquistaram a Terra, os Deuses se retiraram para os *sídhe*, os montes encantados, as colinas ocas, o reino e morada das fadas no subterrâneo. O Submundo é o mesmo mundo submarino ou subaquático descrito na mitologia, situado ora no fundo do mar (pélago), ora no fundo de um lago ou rio (destacando o simbolismo do mistério das profundezas). Esse não é um mundo a ser temido, ao contrário, é no Submundo que está o Poço de Segais, a fonte de toda sabedoria e conhecimento.

---

32 Lembre-se, estou me referindo aqui no sentido simbólico, pois o Outromundo não é um "lugar", mas um estado de espírito.

33 Palavra composta por *dub* escuro + *aigén* oceano, ou seja, "o abismo" ou "profundezas".

34 Profundezas, abismo, inferior. Compare com o nome da grande mãe dos fomorianos *Domnu* que possui o mesmo significado e com a antiga palavra para Terra e Mundo *domun*.

O que conecta esses três mundos é o eixo cósmico vertical conhecido na mitologia irlandesa como *Bile*, "a Árvore Sagrada". Na verdade, não há apenas uma única árvore sagrada. Semelhante à Yggdrasil dos nórdicos, há várias árvores sagradas que assumem o papel de eixo cósmico. Talvez o mais conhecido centro cósmico fosse a *Bile Uisnigh*, um grandioso freixo que estava localizado no centro geográfico da Irlanda. Contudo, estamos falando de algo simbólico e não real. Mas nem sempre o eixo é uma árvore. Na Gália, já sob influência romana, encontramos as "Colunas de Júpiter", que talvez fizesse as vezes de eixos cósmicos que ligavam o Céu, a Terra e o Submundo. É possível que pedras ou menires (*gall*) também assumissem o papel de eixos entre os mundos, como a *Cloch á bhíle*, a árvore de pedra; o *Crom Cruach*, o ídolo de ouro citado por São Patrício, que era cercado por outros doze ídolos de pedras, e a *Ail na Míreann*, a pedra das divisões da Irlanda. Seja como for, o centro é encarado como o elo sagrado e o meio pelo qual o druida viaja pelos mundos.

Também é comum encontrarmos referências a um ser espiritual que atua como sentinela, presente nas passagens entre os mundos, mais conhecido hoje como o "Guardião do Limiar". Esse ser, que pode assumir diversos aspectos simbólicos, é o responsável por guardar e proteger os portais do Outromundo, além de ser também o guia, condutor e iniciador que desafia o aspirante a superá-lo, antes de permitir sua passagem pelo portal.

Na Ilha de Boa, na Irlanda, há uma enigmática figura com duas faces, conhecida como "Janus Celta", semelhante a outras esculturas encontradas na França, em Roquepertuse, e na Alemanha, em Holzgerlingen. (Possivelmente há outras esculturas em outros lugares que, igualmente, possuem duas faces). Alguns autores esotéricos acreditam que essas figuras representavam o Guardião do Limiar, semelhante ao Deus romano Janus, o Deus das Portas e Passagens.

A história de "Finn e o Homem da Árvore"[35], presente no *Senchas Már*[36], conta como o herói Finn, ou Fionn, adquiriu o dom profético conhecido como *imbas forosnai*[37] e como fez uso desse dom para descobrir quem era o homem misterioso sob a árvore. Derg Corra, o misterioso homem da árvore, estava acompanhado de um melro pousado em seu ombro; de uma truta em um recipiente de bronze e de um veado aos pés da árvore. A árvore é, sem dúvida, o eixo do mundo e os animais que

---

35 *Di Chetharslicht Athgabála*. Literalmente "As quatro divisões do arresto".

36 Grande Tradição. São textos jurídicos da Irlanda antiga.

37 Inspiração (ou conhecimento) que ilumina.

acompanhavam Derg representam simbolicamente os três mundos: o melro, o Céu; a truta, o Submundo ou o abismo; e o veado, a Terra. O próprio Derg pode representar o Guardião do Limiar, assim como um druida iniciado ou o louco inspirado, que viaja pelos mundos.

O que de fato precisa ficar claro, é que o eixo cósmico, a *bile*, a Árvore Sagrada, não está em algum lugar distante, ela está em nós mesmos. Podemos assumir a postura de eixo do mundo, como na conhecida prática druídica *corrguinecht*, a postura da garça (onde o druida ficava sobre uma perna, tapava um dos olhos e estendia um braço). Assim, nós, praticantes de druidismo e da espiritualidade celta, somos o reflexo do Universo e simbolicamente estamos ligados aos mundos através desse eixo cósmico interior.

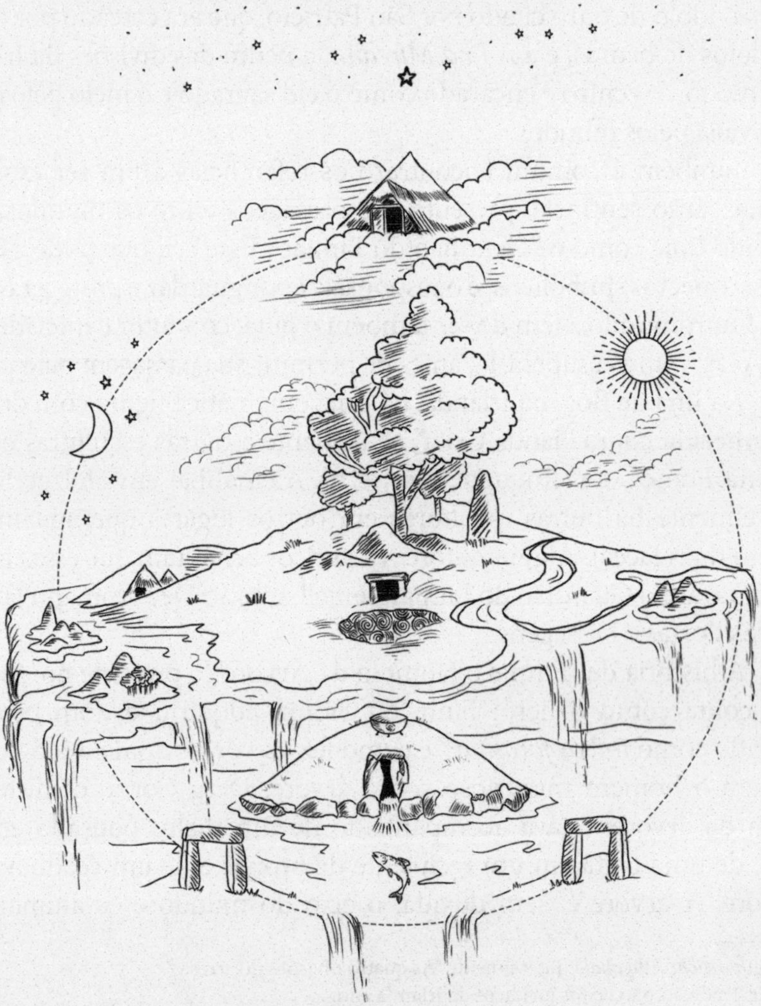

Esquema pictórico da cosmologia simbólica druídica

O antiquário e poeta galês Iolo Morganwg, responsável pelo renascimento druídico e bárdico no final do século 18, esquematizou, sob forte influência cristã mística e cabalística, uma suposta cosmologia bárdica (ou druídica), descrita em seu livro póstumo *Barddas*. Sabemos hoje que realmente tais conceitos não são druídicos, mas inspirados vagamente na mitologia galesa. Segundo Morganwg, há duas forças opostas em conflito no Universo, "Deus" e *Cythrawl* (o Diabo) que habita *Annwn*, o inferno. Deus, ao pronunciar seu nome sagrado criou os três círculos da existência:

- **Abred:** é o círculo interior, o mundo das emanações, onde acontece as provações e sofrimentos do mundo físico, isto é, onde vivemos e reencarnamos.
- **Gwynfyd:** é o mundo branco, o círculo divino da alegria, da plenitude e da liberdade, destino das almas evoluídas que reencarnaram em Abred, ou seja, *Gwynfyd* é o paraíso.
- **Ceugant:** é o círculo exterior, o vazio e o infinito, morada da divindade suprema que engloba os outros mundos.

Obviamente, o esquema cosmológico acima é cristão e não há indícios de que *Annwn*, o abismo, fosse originalmente comparável ao inferno dos cristãos. Ao contrário, *Annwn* sempre foi descrito como a morada de grandes heróis, Deuses e fadas. Apesar de estar de acordo de que as almas dos homens provêm de *Annwn*, Iolo não o cita em sua cosmologia, por considerá-lo o mundo não manifestado.

Se retirarmos os conceitos limitadores de "bem *versus* mal", sugerido por Iolo, e acrescentarmos elementos originalmente druídicos e míticos galeses, podemos perceber que a cosmologia simbólica bárdica é muito semelhante à cosmologia druídica apresentada anteriormente. Assim, temos:

- **Annwn:** o não mundo, o abismo, morada dos ancestrais, origem de toda vida e conhecimento. É no Submundo que se encontra o Caldeirão da Abundância, como descrito em *Preiddeu Annwn*[38], o protótipo do Santo Graal. É também onde se encontra o Caldeirão de Inspiração e Renascimento da Deusa Cerridwen, de onde provêm os três raios de *awen*, a inspiração (em seus aspectos aquáticos).

---

38 *Espólios de Annwn*. Poema em galês médio encontrado no Livro de Taliesin do século 14, mas provavelmente datado do século 7.

- **Abred:** a terra dos vivos, o mundo da manifestação e da transmigração. Aqui, a vida está em sua plenitude, simbolizada pela Árvore da Vida, o eixo cósmico. Também encontramos em *Abred* a "Árvore Verde e Incandescente", descrita na história de *Peredur ab Efrawg*[39], a demarcar a fronteira entre os mundos, para nos lembrarmos de que este mundo é transitório e cíclico.
- **Gwynfyd:** o céu, o mundo branco, Morada dos Deuses, onde os astros movimentam-se na eterna dança cósmica da criação. Semelhante à palavra *albios*, que também indica "candura", *Gwynfyd* é de onde provém a luz pura, outra fonte de *awen*, que espalha sobre a Terra seus três raios de inspiração (em seus aspectos ígneos).
- **Ceugant:** é o infinito mundo do vazio, a força motriz por trás de toda vida, ou seja, é a energia mística que transforma o caos em cosmos e assegura que os mundos estejam sempre em equilíbrio.

Awen[40] é uma antiga palavra galesa que significa "inspiração poética". Nos poemas atribuídos ao famoso bardo Taliesin, *awen* está ligada à misteriosa e indecifrável palavra *ogyrwen*, interpretada ora como um "caldeirão", ora como uma "Deusa", provavelmente uma referência à Cerridwen. *Awen* também foi descrita por Giraldus Cambrensis no século 12, como a fonte de inspiração para um grupo de videntes conhecidos como *awenyddion*, ou seja, "os inspirados". Esse termo é o equivalente à palavra *aí* ou *imbas* da Irlanda. Sabe-se que o símbolo *awen*, o atual símbolo do neodruidismo, ou seja, os três raios de luz /|\, foi criado por Iolo Morganwg no século 18. Segundo interpretações modernas, esse símbolo representa os três raios que emanam dos três pontos de luz a demarcar o nascer do sol nos solstícios e equinócios. Segundo Emma Restall Orr[41], *awen* é uma das chaves da tradição druídica, traduzida poeticamente como o "espírito que flui". Representa as três gotas do Caldeirão de Cerridwen absorvidas pelo jovem Gwion, concedendo-lhe as três habilidades druídicas: poesia (Bardo), profecia (Vate) e mudança de forma (Druida). Independentemente de como é interpretada, *awen* é o poder criativo que nos inspira a viver plenamente, ou seja, o elo entre o macro e o microcosmo.

---

39 *História de Peredur, Filho de Evrawc.* Romance galês do século 14, mas provavelmente datado do século 12.

40 Da raiz indo-europeia e protocelta *(< *aui)* "sopro" ou "brisa".

41 ORR, Emma Restall. *Princípios do Druidismo.* São Paulo: Editora Hi-Brasil, 2000.

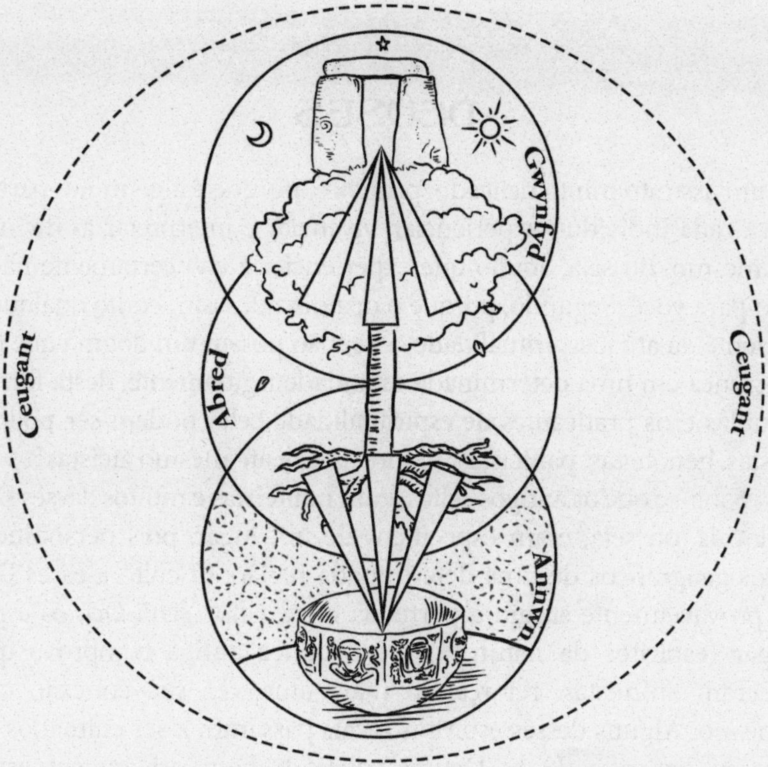

Esquema pictórico da cosmologia simbólica bárdica

Essas são algumas, dentre muitas outras visões da cosmologia simbólica celta e druídica. Há, inclusive, interessantes associações com as letras ogâmicas, como expliquei no meu livro anterior[42]. Esses esquemas cosmológicos simbólicos fazem todo sentido para mim, mas e para você, faz algum sentido? Pare por um instante e reflita sobre o Universo e como ele se comporta, mas não o mundo exterior, o seu mundo interior. Como é esse mundo? Ele é tripartido como na visão dos antigos celtas ou é composto por diversas outras realidades? Quais símbolos compõem seu universo interior? Explore-o através de sua imaginação, sem medo de parecer ridículo. Lembre-se, o segredo da espiritualidade está dentro de você, portanto, busque-o dentro e não fora.

---

42 *Ogham: o Oráculo dos Druidas*, por Osvaldo R Feres.

DEUSES

Este é um assunto muito delicado, primeiro, porque é algo muito particular e cabe a cada indivíduo experienciar, vivenciar e interpretar as divindades por si mesmo, ou seja, aquilo que experienciei e vivi certamente não fará sentido para você. Segundo, porque o druidismo, assim como qualquer outra vertente da atual espiritualidade celta, não possui um dogma que imponha a crença em uma determinada divindade rigidamente, desta forma, os neodruidas e os praticantes de espiritualidade celta podem ser politeístas, animistas, henoteítas, panteístas, monoteístas e até mesmo ateístas[43].

Sabe-se que os antigos celtas eram politeístas e muitos desses Deuses eram locais, ou seja, eram específicos de um lugar, pois personificavam aspectos geográficos de uma determinada região. O culto a esses Deuses locais provavelmente surgiu a partir da crença nos *genii loci*, os espíritos do lugar (espíritos da natureza). Essa crença antiga comprova que os celtas eram animistas, reforçando mais uma vez sua conexão com o xamanismo. Alguns desses espíritos locais passaram a ser cultuados como Deuses da natureza. Já os Deuses tribais tinham origem em aspectos mais arquetípicos, talvez mais antigos e ancestrais, como os Deuses que regiam as necessidades humanas e a sociedade. Os Deuses celtas foram classificados pelos estudiosos de diversas formas, Georges Dumézil[44], por exemplo, classificou os Deuses indo-europeus em três grandes grupos que correspondiam às três classes que compunham aquela sociedade. Portanto, as Divindades associadas à classe sacerdotal eram os Deuses da Soberania e desempenhavam papel de líderes e juízes. As que eram associadas à classe guerreira, eram, evidentemente, Deuses da Guerra, da Vitória e de todo o poder militar. Por fim, as Divindades ligadas à classe camponesa eram os Deuses da Fertilidade, da Agricultura e do Artesanato, e eram submetidas às outras duas classes. Classificar os Deuses é uma forma que utilizamos para compreendê-los melhor, contudo, não podemos cair no erro e acreditar que determinado Deus ou Deusa pertence apenas a uma única "classe",

---

43 Há Druidas ateus que acreditam que os Deuses são manifestações dos arquétipos do inconsciente coletivo.

44 (1898–1986). Linguista, filólogo e mitógrafo francês, conhecido por sua *hipótese trifuncional* da sociedade protoindo-europeia.

pois, como veremos, a mitologia celta está repleta de Deuses que poderiam ser classificados nas três categorias citadas ou em outras não referidas. Deste modo, é perceptível que os Deuses são muito complexos para serem simplesmente categorizados.

Dentre todos os Deuses, poucos podem ser considerados "pan-celtas", ou seja, poucos eram cultuados em mais de um local habitado pelos antigos celtas. Um exemplo é o Deus irlandês Lug, que correspondia ao Deus Lugus dos gauleses e ao Deus Lleu Llaw Gyffes dos galeses, todos ligados de alguma forma à luz e às habilidades. A Deusa irlandesa Brigid é outro exemplo, ela correspondia à Deusa galo-romana e romano-britânica Brigantia e, posteriormente, deu origem à Santa Brígida da Irlanda, venerada pelos cristãos católicos. Se existiu um panteão de Deuses celtas bem estruturado, semelhante aos dos gregos e romanos, tanto no continente como nas ilhas, ainda é motivo de discussão entre os acadêmicos, no entanto, sabemos, com o auxílio dos mitos, que os Deuses interagiam entre si e com os não Deuses, e é justamente por intermédio dessas relações que conseguimos identificar suas características. Seja como for, os celtas também foram receptivos a Deuses estrangeiros, alguns, é claro, foram impostos pelos conquistadores, outros foram adotados pacificamente. Um exemplo claro foi o cristianismo celta.

Por mais que nos façam acreditar que o cristianismo chegou na Irlanda e queimou todos os Druidas na fogueira da Inquisição, saiba que não foi assim. A verdade é que o druidismo já estava em declínio na época em que o cristianismo chegou na Irlanda e, por incrível que pareça, muitos Druidas se converteram a padres cristãos, ou seja, não só adotaram a nova religião como continuaram na posição de sacerdotes e líderes religiosos de suas tribos. O druidismo irlandês simplesmente não fez resistência ao cristianismo. Isso é comprovado, pelo fato de que não houve perseguição aos cristãos na Irlanda. Além disso, temos que entender que o cristianismo antigo era diferente do atual, havia elementos mais místicos e esotéricos na religião, ou seja, o cristianismo possuía aspectos de uma Religião de Mistérios, semelhante ao próprio druidismo, onde somente os sacerdotes iniciados tinham acesso.

De volta aos Deuses... a melhor fonte de informação que temos sobre as divindades é, sem dúvida, os mitos. Mas temos que ter cautela ao interpretar os mitos celtas, principalmente, porque eles foram registrados tardiamente por cristãos, além de sofrerem influências de crenças que pretendiam depreciar os antigos Deuses.

Outra coisa importante a se dizer, talvez a mais importante deste capítulo, é que mitos, lendas, ou mesmo contos folclóricos não devem ser interpretados literalmente. Quando esses mitos foram idealizados pelos sábios do passado, a finalidade não era a de implantar verdades históricas, tampouco entreter mentes vazias. O propósito da mitologia é dar sentido à vida humana, estreitando os laços com o divino. Assim, as histórias criadas para tais fins são alegóricas[45]. Temos que ter em mente que a compreensão de uma divindade está muito além de nossa capacidade, por isso nos valemos dos mitos e dos símbolos.

Um exemplo disso, é essa pequena passagem da mitologia celta irlandesa registrada por monges cristãos, que enfatiza aspectos bizarros de uma divindade celta. Em seguida, veja como ela pode ser reinterpretada nos dias atuais:

Em *A Segunda Batalha de Mag Tuired*[46], o Deus Dagda dirige-se ao acampamento dos Fomorianos, seus inimigos, para pedir uma trégua na batalha que estava para acontecer entre a Tuatha Dé, a Tribo dos Deuses, e os Fomorianos, a raça monstruosa do caos. Respeitando as leis de hospitalidade, os Fomorianos o receberam, contudo, para satirizá-lo, ofereceram-lhe mingau. O Dagda adorava mingau. Mas não, este não era um simples mingau, eles cozinharam bois, ovelhas e porcos inteiros e despejaram tudo com farinha, banha, leite e ovos em um buraco no chão. Então o Dagda pegou sua colher, que era tão grande que cabia um casal deitado nela, e comeu todo o mingau, raspando, inclusive, o fundo do buraco. Sua barriga era maior que um caldeirão e isso foi motivo de riso e zombaria entre os Fomorianos.

Interpretação: o Dagda foi descrito nesse relato, provavelmente por influência cristã, como um gigante glutão, mas ele é verdadeiramente um Deus, seu nome significa literalmente "o Bom Deus" e por sua descrição, é um Deus que personifica muito bem a energia da natureza em todo seu aspecto. Em outras passagens mitológicas, é dito que o Dagda possuía uma grandiosa clava e um grande caldeirão. Em uma das pontas, a clava concedia vida, na outra, morte. O caldeirão provia abundância de alimentos. Um de

45 Certamente há fragmentos históricos em mitos e lendas, contudo, o propósito deste livro é interpretá-los sob os aspectos simbólicos e místicos.

46 *Cath Maige Tuired*, ou "Batalha de Moytura". Título de dois textos do ciclo mitológico irlandês.

seus epítetos, ou seu verdadeiro nome, é *Ollathair* "Pai de todos", ou seja, o Dagda é a força da natureza insaciável, que a tudo cria e dá vida, como um pai, mas que também a tudo devora, como o gigante comilão descrito anteriormente. Portanto, ele é o equilíbrio dos ciclos da natureza. Nessa representação, os Fomorianos arquitetam a perversão da hospitalidade e da generosidade, as forças antinaturais, pretendendo, com isso, corromper a natureza com vício e zombaria. Contudo, eles nunca conseguem atingir seus objetivos, pois são impotentes diante do poder divino da natureza.

Infelizmente, há muitas pessoas hoje que interpretam os mitos e as lendas de forma literal, muito mais do que possamos imaginar. Vou dar um exemplo apenas para elucidar e levar o leitor à reflexão.

Certa vez, há muitos anos, visitei um grupo de discussão sobre druidismo na internet e duas pessoas estavam discutindo sobre como deveriam cultuar o Dagda. Uma dizia que a melhor forma era servir mingau ao Deus através de oferendas. A outra, contudo, discordava, pois achava que o mingau era motivo de desonra ao Dagda, e que a melhor forma de o cultuar seria servindo-lhe hidromel. A defensora do hidromel dizia que esse era um produto caro aos celtas, e como era oferecido apenas em ocasiões especiais, seria mais adequado ao "pai dos Deuses". Sua "oponente" insistia no mingau, pois mesmo sendo motivo de sátira, o Deus se mostrou satisfeito em comê-lo. Enfim, observei essa discussão horrorizado, pois ambos os lados tinham argumentos muito pobres e ordinários diante da riqueza da simbologia dos mitos[47].

O druidismo não é uma religião supersticiosa, como se supõe. A proposta da espiritualidade celta, segundo minha visão, não é agradar ou aplacar a fúria dos Deuses através de oferendas e sacrifícios, mas conectar-se com as divindades através da contemplação mística e simbólica. Isso significa que, por ser uma espiritualidade esotérica, pouco importa se você oferece mingau ou hidromel a um Deus tão grandioso como o Dagda. Veja bem, não quero dizer que seja certo ou errado fazer oferendas, o que quero dizer é que o devoto deve buscar em seu coração, ou seja, no seu íntimo, o fundamento do culto aos Deuses e não buscar na literalidade dos mitos tais fundamentos.

É preciso compreender, antes de tudo, que a linguagem dos Deuses é simbólica e sagrada. Segundo Diodoro da Sicília "os Druidas falavam a linguagem dos Deuses", portanto, cabe a nós interpretarmos essa língua

---

47 A interpretação dos mitos pode variar bastante, assim como a experiência que cada um tem com as divindades. Desta forma, não há certo ou errado. No entanto, é preciso cautela para não profanar ou tornar mundano aquilo que é sagrado e divino.

simbólica divina. Na história da humanidade, sempre que uma divindade mandava mensagens aos humanos, seja através de transe, seja por meio de oráculos, era preciso um intérprete para "decifrar" tais mensagens. Logo, é preciso cautela quando alguém aparece em sua vida e se diz "mensageiro dos Deuses". Nunca deposite total confiança em "mestres" ou "guias". Lembre-se do velho ditado: "quando o discípulo estiver pronto, o mestre aparecerá" (muitas vezes o mestre está dentro e não fora do indivíduo). O ogham, como veremos, pode ser utilizado como uma ferramenta de comunicação com os Deuses, pois sua linguagem é essencialmente simbólica. Sempre que houver dúvidas, procure dentro de si as respostas. Os Deuses sempre estão mais próximos do que você possa imaginar.

Antes de finalizar nossa explanação sobre os Deuses, gostaria de falar um pouco sobre seus antagonistas, os Fomorianos, também conhecidos em outros aspectos da espiritualidade celta como "os forasteiros", "gigantes", "oponentes" ou simplesmente "inimigos". Os Fomorianos são descritos como inimigos dos Deuses irlandeses, a Tuatha Dé, mas também são inimigos dos humanos, pois promovem o caos e a dissolução de tudo que é cósmico e harmonioso. Eles são os seres que personificam as forças hostis e devastadoras da natureza, sua função é causar o desequilíbrio. Por vezes, são descritos como criaturas monstruosas, como demônios e gigantes, mas já foram retratados como seres belíssimos, inclusive, alguns Deuses descendem dos Fomorianos, assim como os Deuses olímpicos descendem dos Titãs, na mitologia grega. Alguns autores sugerem que eles estão ligados às profundezas do mar e assemelham-se, nos mitos, a piratas e saqueadores. Minha Tradição explica que os forasteiros definitivamente não personificam o mal absoluto. O conceito de bem e mal é meramente humano e só funciona dentro das relações sociais humanas. As esferas divinas, ou mesmo a natureza, desconhecem esse conceito rígido de bem *versus* mal. Há Deuses celtas que são Divindades cultuadas e personificam, por exemplo, a morte e a guerra. Na atual sociedade, essas divindades podem ser interpretadas como representantes do "mal", uma definição, certamente, errada e deturpada, pois sabemos que a morte é um processo natural e essencial para completar o ciclo da existência. Talvez, nos dias atuais, a guerra seja algo realmente deplorável, mas há outro tipo de guerra; a guerra interior, a qual travamos todos os dias com nós mesmos em busca de evolução. Os oponentes, senhores do caos, são aqueles que personificam nossos temores, mas eles não podem ser eliminados, pois é da diferença que surge o discernimento. Cabe a nós, junto aos Deuses, lutar contra eles para manter o equilíbrio interior e exterior.

Para concluir, gostaria de dizer que há muitas formas de nos conectarmos com os Deuses, contudo, duas delas são mais amplamente conhecidas (e complementares); uma, é o voltar-se para fora, a outra, voltar-se para dentro[48]. A primeira trata do culto aos Deuses. Cultuar é reconhecer e reverenciar a sacralidade do Universo, pois os Deuses se manifestam através da natureza e, ao contrário do que se imagina, eles não estão em um distante paraíso celestial, mas aqui, próximos de nós. A adoração aos Deuses consiste em práticas como rituais, magias, danças, festividades, dramatizações, preces, etc. Devo ressaltar, que é necessário saber distinguir o sagrado do profano e não fazer dos rituais uma obrigação ou uma adoração cega e desprovida de sentido. Os rituais estabelecem vínculos com o divino. A segunda forma, voltar-se para dentro, é a meditação, a reflexão e a contemplação. O objetivo dessas práticas é serenar a mente, encontrar um centro e, assim, contemplar os Deuses por meio de jornadas interiores, visualizações e meditações. Na última parte deste livro, proponho alguns exercícios práticos que poderão auxiliar no processo de busca ao divino interior.

ANCESTRAIS

Formando a base, a raiz que sustenta nossa vida, estão os nossos ancestrais. Negá-los, é não reconhecer a sacralidade do nosso corpo, da nossa cultura e também da nossa civilização. Os antigos celtas davam grande importância aos ancestrais. Inclusive, aqueles que recebiam grande destaque como guerreiros, reis valorosos ou caçadores exemplares, foram deificados e passaram a ser cultuados como Deuses protetores e auxiliares de seus descendentes.

Como dito anteriormente, os celtas gauleses acreditavam que eram descendentes de uma divindade ctônica ligada ao Submundo, que deu origem a todos os humanos. Esse Deus é chamado de *Dis Pater* pelos autores greco-romanos. Mas quem foi esse Deus para os celtas? Para os romanos, *Dis Pater* era o "Deus pai" das riquezas minerais retiradas do subsolo, associado a Plutão, que significa literalmente o "rico", o Deus do mundo dos

48 Podemos comparar aos conceitos neoplatônicos de teurgia e teoria.

mortos. Talvez o correspondente gaulês do *Dis Pater* citado pelos romanos fosse o Deus Sucellos, o Deus que porta um grandioso martelo. Foi encontrada uma imagem de Sucellos acompanhado de um cão com três cabeças, o que evidencia sua associação ao mundo dos mortos, contudo, há registros romanos que o conecta ao Deus Silvano, o Deus da Vegetação e das Florestas, o que pode indicar que Sucellos fosse um Deus do Submundo e da morte, mas também um Deus da Vida, da regeneração, semelhante ao Deus irlandês Dagda. Assim como os gauleses, os irlandeses também acreditavam que descendiam de um ancestral ligado ao mundo dos mortos, seu nome é *Donn*, o escuro, mas *donn* é também um dos epítetos do Dagda.

Se minha colocação estiver correta, o mito original diz que foi o Deus Sucellos/Dagda o responsável por golpear o chão com sua marreta/clava (certamente um símbolo fálico), quando do corpo da Deusa da Terra, nossa Grande Mãe, surgiram os humanos, como árvores que brotam do Submundo.

Seja como for, nós humanos, somos descritos nos mitos celtas como descendentes dos Deuses, especificamente dos Deuses do Submundo. É no Submundo que se encontram as raízes de nossa existência, então, é ao Submundo que devemos nos dirigir quando nos referimos aos ancestrais.

A principal celebração dos celtas irlandeses, *Samhain*, o fim do verão, demarcava a passagem do ano novo. Acreditava-se que, neste período, os portais que separavam o mundo dos vivos e o mundo dos mortos ficavam abertos. Era uma celebração em honra aos ancestrais, pois, segundo o antigo entendimento simbólico, a noite, o frio e a morte antecediam o dia, o calor e a vida, como a alegoria da semente que, aparentemente morta, é depositada na terra e ressurge como um broto, trazendo nova vida.

Os ancestrais não são apenas os que possuem (ou possuíam) laços sanguíneos conosco, como nossos pais, eles são, em verdade, todos aqueles que vieram antes de nós, portanto, além dos ancestrais que nos deram vida, há também ancestrais culturais e espirituais. O culto aos ancestrais no druidismo vai além do círculo familiar e presta grande admiração e respeito a todos aqueles que contribuíram para formar o mundo em que vivemos hoje.

Ao contrário do que se pensa, o culto aos ancestrais no druidismo não é somente às almas dos mortos, mas verdadeiramente um culto à memória de nossos antecessores. Isso significa que não há necessidade de render cultos aos mortos, se assim você o desejar, mas é importante pelo menos reconhecer respeitosamente a importância que eles têm em nossa vida, como a raiz que sustenta e nutre a árvore da vida.

Não há uma única forma de render culto aos ancestrais. Aqueles que acreditam que os ancestrais são espíritos desencarnados, que por vezes podem atravessar o véu entre os mundos, costumam oferecer alimentos e bebidas, assim como velas e incenso, em honra a eles. Infelizmente, há muita superstição nesta prática, o que leva algumas pessoas a acreditarem que a presença de tais espíritos podem ser maléficas e, assim, somente através de oferendas eles serão apaziguados. Mais uma vez ressalto que o indivíduo deve buscar dentro de si a melhor forma de render cultos aos ancestrais. Se for através de oferendas, que seja como um elo, ou um símbolo de respeito e admiração, e não como uma forma supersticiosa de aplacar a ira de espíritos famintos ou mesmo como um agrado em troca de favores.

Conectar-se com os ancestrais é, antes de tudo, reconhecer a sacralidade de nossos corpos físicos, talvez a mais evidente herança que eles nos deixaram. Ao contrário de muitas religiões modernas, o druidismo compreende que o corpo humano é sagrado, um reflexo da natureza e um legado ancestral, portanto, deve ser tratado com muito respeito e cuidado.

Por fim, gostaria de dizer que os ancestrais estão presentes em todos os momentos da nossa vida, seja através de uma lembrança, seja por meio de uma oração, seja até mesmo no comportamento que herdamos deles. Cultuar os ancestrais não tem nada a ver com invocação dos mortos ou rituais de necromancia. Dedique um tempo aos seus ancestrais, em especial no período do *Samhain*[49], onde os espíritos que desencarnaram recentemente e a memória de nossos ancestrais são honrados acompanhando a natureza, com os dias tornando-se visivelmente mais curtos para nos lembrar de que tudo é cíclico.

ESPÍRITOS DA NATUREZA

Os espíritos da natureza são, sem dúvida, os mais arredios a nós, humanos. Isso ocorre devido ao nosso desvio do caminho natural. Por muito tempo, a natureza foi vista como uma inimiga em potencial que precisava

49 Samhain acontece quando os dias se tornam mais frios e curtos, demarcando o fim do verão, como o nome sugere. No Hemisfério Norte, acontece por volta do fim de outubro e começo de novembro. No Hemisfério Sul, entre o fim de abril e começo de maio. É importante enfatizar que os celtas não cultuavam seus ancestrais apenas nesse período, mas também em grandes festas, feiras e assembleias fúnebres, como *aonach*.

ser, a todo custo, controlada, domesticada e subjugada. Desta forma, pelo constante choque entre essas realidades, esses espíritos foram se afastando, apesar de serem aqueles que estão mais próximos de nós aqui, em nosso mundo, a terra dos vivos.

De todos os espíritos da natureza, os espíritos animais talvez sejam os mais comuns na espiritualidade celta. Sabe-se que os Druidas, assim como os xamãs, valiam-se dos poderes desses guias animais em suas jornadas ao Outromundo. Além disso, o simbolismo animal era evocado por suas qualidades, como, por exemplo, a valentia do javali, a velocidade do cavalo, a visão da águia e a sabedoria do salmão, o que fez com que alguns autores sugerissem que a religião e a espiritualidade dos celtas era essencialmente totêmica.

Igualmente, os espíritos das árvores tinham grande destaque na mitologia, cultura e religião druídica. Talvez por acreditarem que os homens se originaram da terra, como as árvores, os celtas rendiam culto a esses nossos irmãos mais velhos. O bosque, como veremos, era visto como um lugar sagrado e misterioso, reservado apenas aos iniciados. Sabe-se que os antigos Druidas eram dendrólatras, ou seja, veneravam as árvores e seus espíritos. O próprio ogham é conhecido como "Alfabeto Celta das Árvores", pois os nomes de algumas letras se originaram de árvores e plantas sagradas para os Druidas.

Talvez, por influência da cultura Neolítica, também havia entre os celtas inúmeros casos de reverência a pedras e determinadas paisagens ou formações geológicas peculiares. Por serem animistas, os Druidas acreditavam que as pedras, assim como a paisagem, eram providas de alma e vida, portanto, eles rendiam culto aos espíritos que regiam as montanhas, os rios, o vento, as rochas, o mar, a chuva, etc. Como vimos, muitos desses espíritos da natureza, ao receber arquétipos humanos, foram deificados. Outros, contudo, permaneceram na condição de espíritos subordinados a uma divindade maior.

Além dos espíritos que personificam as forças da natureza, os celtas também acreditavam em espíritos que, apesar de assumir formas e aspectos humanos, estavam ligados ao mundo natural. Desta forma, eram considerados espíritos da natureza, distintos dos Deuses e dos espíritos dos mortos. Os registros mais antigos desses espíritos elementais são encontrados em esculturas galo-romanas do norte da Britânia ao leste do Danúbio, conhecidos apenas como *Genii Cucullati*, os "Espíritos Encapuzados". A iconografia desses espíritos era realmente muito distinta, pois tratava-se de anões com capuzes pontudos, normalmente em grupos de três. Certamente, os espíritos encapuzados são os precursores dos nossos gnomos e duendes, comuns praticamente no mundo inteiro. Esses espíritos não eram Deuses, mas foram representados junto aos Deuses, em especial às Deusas mães como as Matres e Rosmerta, o que sugere que eram emissários ou servos da Deusa da Terra. Eles também estavam associados ao simbolismo do falo, inclusive há representações desses anões em formato fálico, o que pode indicar um antigo culto à fertilidade ou apenas uma associação pela semelhança entre o formato dos gênios e órgão sexual masculino, talvez por influência greco-romana.

Nos contos folclóricos da Irlanda, Escócia e País de Gales, assim como de outros lugares do mundo, seja ou não por influência celta, há diversos relatos desses diminutos seres que podem ser benfazejos, brincalhões ou mesmo maléficos, quando desrespeitados.

Reprodução de uma escultura romano-britânica dos Genii Cucullati século 3 EC - Northumberland, Inglaterra

Não poderia deixar de mencionar aqui as tão adoradas e temidas fadas. O termo "fada", em português, normalmente refere-se a uma mulher sobrenatural, contudo, o termo celta referia-se ao "povo das fadas", composto por seres tanto do gênero feminino como do masculino. Hoje, as fadas são "classificadas" como espíritos da natureza, no entanto, não devemos confundi-las com as fadinhas dos contos infantis com asas de borboleta. É possível que a crença nas fadas, como descritas no folclore irlandês e galês, originou-se de uma corrupção supersticiosa do culto aos antigos Deuses e Deusas, ou mesmo de espíritos ancestrais que habitaram a Terra em tempos imemoriais. Logo, é muito complicado enquadrar as fadas apenas como espíritos da natureza, entretanto, não há melhor definição, pois seu campo de atuação é, por excelência, o mundo natural.

Na Irlanda, o povo das fadas é conhecido como *aes sídhe*, "o povo da paz". Como dito anteriormente, a palavra *sídhe* é um termo utilizado também para se referir aos montes funerários pré-celtas, descritos como "Moradas dos Deuses" após terem se retirado da superfície da Terra. Esses montes são conhecidos como "Colinas das Fadas" o que causa confusão entre os estudiosos e praticantes de druidismo, que veem as fadas ora como Deuses antigos, ora como espíritos da natureza ou ancestrais. No País de Gales as fadas são conhecidas como *Tylwyth Teg*, que significa "Povo Justo" ou "Boa Família". Apesar de serem conhecidas como "bons vizinhos", "povo nobre" ou "povo da paz", as fadas eram descritas como pouco amigáveis e esses termos eram utilizados para apaziguá-las, uma vez que eram (ou talvez ainda sejam) extremamente temidas pelas pessoas do campo.

Há uma infinidade de relatos folclóricos de pessoas que foram sequestradas pelas fadas ou que tiveram seus bebês trocados, ou ainda que desrespeitaram determinado local e foram vítimas de ataques feéricos. Creio que parte desses costumes supersticiosos tenham origem com o advento do cristianismo, que pretendia impor medo à população, descaracterizando os antigos Deuses, chamando-os de anjos caídos ou demônios, os mesmos termos utilizados para se referir às fadas. Atribuo outra parte à ignorância humana, que teme o desconhecido e o rotula como "mau" e "abominável".

A superstição é realmente um grande impedimento para o desenvolvimento humano e não devemos confundir práticas supersticiosas com espiritualidade. Podemos dizer que o povo das fadas, assim como os demais espíritos da natureza, é arredio e muitas vezes até indiferente aos sentimentos e comportamentos humanos, mas temê-lo é um grande equívoco, que serve apenas para mantê-lo mais afastado de nós.

Conectar-se aos espíritos da natureza, que são guardiões da terra e da vida, é o primeiro passo que devemos dar rumo à evolução. Compreendê-los e respeitá-los é uma forma de remissão dos erros que cometemos ao profanar a terra, tornando-a artificial. Portanto, liberte-se das superstições, abandone a crença de que os espíritos da natureza nos querem mal. Contrário a isso, afirmo que eles são grandes aliados e devem ser honrados não apenas através de rituais e oferendas, mas principalmente por meio da adoção de uma consciência ecológica que visa o bem-estar de todos os seres vivos.

TEMPO SAGRADO

Como vimos no capítulo sobre sacrifícios, os rituais são espelhados nas obras divinas arquetípicas e os Druidas reproduzem essas obras primordiais ritualísticas em um tempo mítico e sagrado. A proposta dos rituais em determinadas épocas do ano é, além de repetir os feitos dos Deuses, demarcar a renovação da natureza. Assim, para os antigos celtas e para os atuais Druidas, o tempo é cíclico e não linear, isso significa que a cada ritual sazonal damos início a um novo ciclo, acompanhando os fenômenos da natureza que sempre se repetem.

Júlio César em seu *Comentários sobre a Guerra da Gália* cita como os celtas gauleses calculavam o tempo:

> Todos os gauleses afirmam que são descendentes do Deus Dis, e dizem que esta tradição foi transmitida pelos Druidas. Por essa razão, eles computam as divisões de cada estação, não pelo número de dias, mas de noites; eles mantêm aniversários e começos de meses e anos em uma ordem que o dia segue à noite.[50]

Assim, por meio de registros greco-romanos e dos costumes insulares, sabe-se que o calendário celta era lunar e os dias eram calculados pelo anoitecer, ou seja, o novo dia começava quando o sol se põe e não à meia-noite como fazemos hoje em dia. Mais uma vez reitero que, para os celtas, a noite e a morte antecediam o dia e a vida e simbolizavam não o fim, mas o recomeço. Posteriormente, o calendário celta sofreu influências externas e passou a ser lunissolar, como é o caso do calendário gaulês de Coligny, descoberto na França.

Segundo MacCulloch[51], originalmente o ano celta irlandês era dividido em duas grandes estações: *Geimredh*, o inverno e *Samhradh*, o verão. A partir disso surgiram os demais festivais tão conhecidos dos atuais pagãos. Apesar dessa divisão, acreditava-se que os celtas não observavam os solstícios e equinócios, o que acredito ser um equívoco, pois há alguns indícios que

---

50 Referência: http://perseus.uchicago.edu/perseus-cgi/citequery3.pl?dbname=PerseusLatinTexts&getid=1&query=Caes.%20Gal.%206.18

51 MACCULLOCH. J. A. *The Religion of the Ancient Celts.* CreateSpace Independent Publishing Platform (Ebook edition), 2012.

comprovam exatamente o contrário. Possivelmente, os costumes relacionados aos solstícios e equinócios foram aos poucos assimilados aos quatro grandes festivais ligados à vida agrícola e pastoral.

Os festivais celtas descritos no *Tochmarc Emire*[52] são:

- **Samhain** (fim do verão ou simplesmente o nome do mês de novembro em irlandês antigo): celebrado quando as primeiras geadas aconteciam e os dias se tornavam mais frios. Posteriormente, passou a ser celebrado na véspera do dia 1º de novembro no Hemisfério Norte[53]. Este Festival demarcava o Ano-Novo celta, o início do inverno e as últimas colheitas. Foi, talvez, o mais importante dos festivais, ao lado de Beltane. Acredita-se que foi originalmente um Festival em honra aos mortos e que os portais entre os mundos ficavam abertos nesse período, possibilitando o contato com os ancestrais e as fadas. Por ser a época da última colheita, grandes sacrifícios e rituais de propiciação eram realizados. Há um consenso de que a festa de *Samhain* deu origem ao Dia das Bruxas (*Halloween*), ao Dia de Todos os Santos e ao Dia de Finados. É possível que os atuais costumes folclóricos relacionados a essas comemorações cristãs talvez tenham influenciado determinados costumes de *Samhain* e vice-versa. Alguns estudiosos acreditam que *Samhain* seja o correspondente irlandês do mês gaulês conhecido como *Samonios*, encontrado no calendário de Coligny. Outros, contudo, discordam. No País de Gales, esse festival é conhecido como *Calan Gaeaf*[54] ou *Ysbrydnos*[55]. Na Cornualha ficou conhecido como *Allantide*, a festa em honra a São Allan. Na Ilha de Man, *Samhain* é conhecido como *Hop-tu-Naa*.[56]

- **Imbolc** (purificação)[57]: em o *Cortejo de Emer* e no *Glossário de Cormac* esse festival era conhecido como *Oimelc* "leite de ovelha", pois acontecia na época da lactação, quando as ovelhas começavam a parir. É o festival em honra à Deusa Brigid, a Deusa do fogo e das artes, possivelmente uma antiga Deusa da Aurora,

---

52 O *Cortejo de Emer.*

53 No Hemisfério Sul, é celebrado na véspera do dia 1º de maio.

54 Primeiro dia (ou *Calendas*) de inverno. A véspera é conhecida como *Nos Calan Gaeaf.*

55 Noite dos Espíritos.

56 Palavra sem significado, utilizada como refrão de uma canção tradicional manesa.

57 O termo não é claro, parece estar ligado à limpeza ou ao leite.

que anunciava a chegada da primavera com o primeiro degelo. Este festival coincide com a festa cristã da Candelária, em honra à Nossa Senhora das Candeias, também conhecida como Nossa Senhora da Luz, celebrada no dia 2 de fevereiro[58]. No País de Gales é conhecido como *Gŵyl Fair y Canhwyllau*[59]. Também é celebrado pelos cristãos irlandeses como o Dia de Santa Brígida (*Lá Fhéile Bríde*), herdeira do culto à Deusa Brigid.

- **Beltane** (fogo brilhante ou bom): era celebrado quando as flores do espinheiro-branco desabrochavam. Posteriormente, passou a ser celebrado na véspera do dia 1º de maio[60]. Também descrito como um dia especial e mágico nos mitos galeses. Segundo o *Cortejo de Emer*, a palavra "Beltane" deriva de *Bel*, um ídolo, talvez seja um resquício do nome do Deus Belenus, o Deus da Luz, da Cura e do Sol, cultuado na Gália[61]. Esse festival demarcava o começo do verão e os Druidas passavam o gado entre duas grandes fogueiras para purificá-los das pragas. Nessa época do ano, encontramos diversos costumes folclóricos ligados à sexualidade e à fertilidade. Possivelmente uma celebração à vida e à fecundidade. Na Irlanda esse festival também é conhecido como *Cétshamhain*[62]. Em Gales é *Calan Mai* ou *Calan Haf*[63]. Assim como em *Calan Gaeaf*, esse festival galês também era conhecido como a "Noite dos Espíritos" ou *Ysbrydnos*.

- **Lughnasadh** (assembleia de Lug): o festival do Deus Lug foi, em verdade, instituído pelo Deus em honra à morte de sua mãe adotiva, a Deusa Tailtiu, possivelmente uma Deusa da Terra e da Agricultura. É provável que esse festival fosse conhecido anteriormente como *Brón Trogain*, ou seja, as Dores da Terra. Nesse período,

---

58 No Hemisfério Sul, *Imbolc* é celebrado no dia 1º de agosto.

59 Festival das Velas de Maria.

60 No Hemisfério Sul, é celebrado na véspera do dia 1º de novembro.

61 É possível que o ídolo citado nessa passagem se referia ao Deus semita Bel, o equivalente de Baal, mencionado na Bíblia em Isaías 46:1 e Jeremias 50:24 e 51:44 devido a um erro de interpretação do autor. O prefixo *bel*, presente tanto em Beltane, como em Belenus, ainda é motivo de discussão entre os estudiosos. Alguns acreditam que provém de uma antiga palavra protoindo-europeia para "brilho", outros, contudo, acreditam originar-se do radical gaulês *bello-* (forte). Assim, *beltane* também pode ser interpretado como *bello-*, forte + *teine*, fogo, ou seja, "fogo poderoso" ou simplesmente "fogos de Bel(enos)".

62 Primeiro dia de verão

63 Primeiro dia de maio e Primeiro dia de verão, respectivamente.

acreditava-se que a terra sentia as dores do parto quando os grãos e as frutas amadureciam. Esse festival acontecia na época da primeira colheita e passou a ser festejado no dia 1º de agosto[64]. Diversas tribos se reuniam nessa época em uma grande feira, onde mercadorias eram trocadas, jogos e competições atléticas aconteciam e casamentos temporários eram celebrados. Demarcava o ponto entre o Solstício de Verão e o Equinócio de Outono e, por acontecer na época da colheita do trigo, foi associado ao Festival cristão de *Lammas*, a "missa do pão" na Inglaterra. Em Gales, ficou conhecido como *Gŵyl Awst*[65] ou *Calan Awst*[66].

Segundo a tradição druídica galesa criada por Iolo Morganwg, os solstícios e equinócios são conhecidos como[67]:

- **Alban Arthan** (luz do urso). Solstício de Inverno. Possivelmente uma referência à Constelação da Ursa Menor no Hemisfério Norte, em especial à Estrela Polar, símbolo invernal.
- **Alban Eilir** (luz da terra). Equinócio de Primavera. Talvez uma referência ao despertar da fertilidade da terra na primavera.
- **Alban Hefin** (luz da costa ou do verão). Solstício de Verão. Referente à costa marítima ou à praia.
- **Alban Elfed** (luz da água). Equinócio de Outono. Refere-se certamente ao mar ocidental e à chuva outonal.

Além desses conhecidos dias sagrados, havia muitos outros celebrados pelos celtas, uns já esquecidos, outros pouco lembrados. É costume adaptar esses festivais à nossa própria realidade, invertendo-os, por exemplo, para que correspondam às estações do Hemisfério Sul. No entanto, acredito que devemos deixar esses festivais e dias sagrados celtas de lado e nos ater um pouco em nossa própria terra e clima.

O ano celta estava muito ligado aos ciclos da natureza, sobretudo à vida agrícola e pastoral que levavam. Algo muito diferente da atual vida cotidiana de muitos Druidas modernos. Em vez de simplesmente trocar

64 No Hemisfério Sul, é celebrado na véspera do dia 2 de fevereiro.
65 Festival de agosto.
66 Primeiro dia de agosto.
67 As traduções dos nomes dos festivais galeses são poéticas e não literais.

as datas ou, para quem vive no Hemisfério Norte celebrar os festivais como os antigos celtas, proponho uma reflexão: observe quais são as características da atual estação do ano em sua região, esqueça por um momento a data e foque na natureza e na estação. Faz frio ou calor? O clima está seco ou úmido? Quais árvores ou plantas estão florescendo? Quais são as frutas da época? Enfim, pesquise, observe a natureza ou visite uma feira de bairro para verificar quais são as frutas e hortaliças da época (normalmente são as mais baratas). Agora, observe quais dos festivais celtas estão mais próximos, ele corresponde ao clima e costumes da sua região e cultura? Se não, é possível adaptar os costumes celtas à sua realidade? Após responder a essas perguntas, busque o verdadeiro tempo sagrado, ou seja, o *seu* tempo sagrado e não um "tempo sagrado artificial", tão comum nos dias atuais, onde se celebram o inverno no verão e vice-versa.

Outra importante reflexão que proponho é observar o lado esotérico dos festivais celtas, ou seja, o que esse tempo sagrado demarca em sua vida? Quais mudanças interiores acontecem? É um tempo de expansão ou retração? O que você pode aprender com essa época do ano? Por fim, simplesmente celebre através de rituais exotéricos, sozinho ou em grupo, mas celebre quando sentir em seu coração que deve e não quando lhe é imposto. Lembre-se, o tempo sagrado é o agora. E, mais uma vez, recrie as obras divinas, sincronizando a sacralidade do seu tempo ao da natureza.

Espaço Sagrado

Para os antigos celtas, o espaço sagrado era tão importante quanto o tempo sagrado. Isso se evidencia com a palavra "*nemeton*"[68], que normalmente se refere a um bosque druídico, mas originalmente referia-se a qualquer "templo sagrado". Há diversos topônimos relacionados a essa palavra em praticamente todo o mundo celta, desde a Escócia e Portugal à Turquia, o que evidencia antigos templos ou espaços sagrados.

Lucano, em *Farsália*, assim descreve um templo druídico próximo à cidade de Marselha:

68 O cognato irlandês é *fidnemed*, literalmente "bosque sagrado".

> Havia um bosque sagrado (*nemeton*), que jamais foi profanado, desde tempos remotos. Era cercado de galhos entrelaçados em um espaço tenebroso com gélidas sombras, cuja profundidade não permitia que os raios solares penetrassem. Este bosque não era ocupado por Pãs, habitantes dos campos, nem pelos Silvanos, senhores do bosque, ou pelas Ninfas, mas somente por santuários dos Deuses de bárbaros ritos; altares são erguidos em montes sombrios e todas as árvores são purificadas com sangue humano. Se a antiguidade merece crédito, o que rendeu admiração aos seres celestiais, os pássaros temem pousar nos galhos deste bosque e os animais selvagens em dormir nas tocas; o vento não bate nos arbustos, nem os raios saem das nuvens escuras. Essas árvores não oferecem suas folhagens à brisa e inspiraram um horror particular. Água abundante cai das sombrias fontes e as lúgubres estátuas dos Deuses carecem de valor artístico, sem formas, como troncos cortados. A própria impressão de abandono e o tom pálido das árvores podres são surpreendentes. Assim, não são temidas as divindades as quais uma tradição sagrada popularizou os traços, tanto aumenta os terrores de não conhecer os Deuses que devemos temer! Já a fama dizia que terremotos moviam o fundo das cavernas; que teixos tortos se erguiam do chão; que o mato, sem queimar, brilhava com a luz dos fogos; que dragões, abraçando os troncos, rastejavam aqui e ali. As pessoas não se aproximam para adorar nesse local, elas o cederam aos Deuses. Esteja Febo no meio do seu curso ou uma noite escura ocupa o céu, o próprio sacerdote teme aproximar-se e teme surpreender-se com o Senhor do Bosque.[69]

Lucano criou um perfeito cenário de um conto de terror, repleto de fantasia e preconceito cultural. Esse fantástico templo druídico, que metia medo em qualquer romano, não passava de uma clareira em meio à mata, onde rituais secretos eram realizados e, como acontece até os dias atuais, aquilo que é secreto e proibido passou a ser alvo de preconceito e difamação. As clareiras druídicas de fato eram lugares especiais e certamente não era permitido a entrada de qualquer pessoa, exceto em ocasiões especiais. Além dos bosques sagrados, provavelmente havia templos urbanos, difíceis

---

69 GUYONVARC'H, Christian J.; ROUX, Françoise. Les Druides. Rennes: Ouest-France, 1986.

de identificar na época dos celtas, mas comuns durante o período em que estavam sob domínio romano. Situados no seio da tribo, esses templos urbanos se caracterizavam por serem retangulares e possuírem diversos poços e valas, onde eram depositados os sacrifícios e oferendas aos Deuses e espíritos do Submundo. Possivelmente havia também postes ou pilares sagrados que serviam como ligação com o mundo celestial. De qualquer forma, era na floresta e nos lugares selvagens que se encontravam os templos dos Druidas. Isso fica claro quando nos deparamos com as descrições de diversas *bilí*, árvores sagradas, na Irlanda celta, que demarcavam centros religiosos e ritualísticos.

Apesar da fantasia preconceituosa citada por Lucano, há elementos interessantes a serem analisados, como, por exemplo, a descrição das imagens dos Deuses, retratados como sem forma definida, semelhantes a troncos de árvores. Diodoro da Sicília, referindo-se à invasão celta à Grécia diz que:

> Breno, o rei dos gauleses, ao entrar em um templo não encontrou dedicatórias de ouro ou prata. Quando se deparou apenas com imagens de pedra e madeira, ele riu delas, ao pensar que os homens, acreditando que os Deuses têm forma humana, devem configurar suas imagens em madeira e pedra.[70]

Desta forma, parece crer que os celtas tinham especial predileção por retratar seus Deuses sob aspectos naturais, vagamente humanos. Isso porque, como já vimos, eles acreditavam que os Deuses se expressavam através de fenômenos da natureza. Isso não significa que os celtas não possuíam imagens sacras, ao contrário, tudo indica que a representação dos Deuses era simbólica. Talvez seja por isso que há poucas estátuas originalmente celtas, e quando as encontramos, elas são, como descreveu Lucano, rústicas e distantes da estética greco-romana. Outra característica artística das estátuas celtas, além de serem rudimentares, é a ênfase na cabeça. Como já dito, a cabeça desempenhava um lugar de destaque no imaginário espiritual celta, pois era considerada a morada da alma. Acredita-se, mesmo sem provas concretas, que os Druidas raspavam a cabeça, de orelha a orelha, para que aparentassem uma grande testa, demonstrando, assim, que possuíam grande conhecimento. Essa tonsura foi adotada pelos primeiros padres cristãos da Irlanda e da Grã-Bretanha.

---

70 Referência: https://penelope.uchicago.edu/Thayer/E/Roman/Texts/Diodorus_Siculus/22*.html#note22

No Santuário celta de Roquepertuse, na França, alguns fatores parecem corroborar a hipótese de que a cabeça era sagrada, pois, além da famosa escultura bicéfala, havia pilares com cavidades que abrigavam crânios humanos.

Mas não somente os bosques eram sagrados para os Druidas. Toda a natureza era sagrada, já que a base de sua espiritualidade era animista, tudo merecia ser reverenciado de alguma forma. Na Irlanda há diversas pedras ornamentadas com formas geométricas no estilo *La Tène*[71], semelhantes aos *omphalos* gregos, que talvez demarcassem um espaço sagrado, possivelmente um centro mágico, como o *axis mundi*. O centro ou o eixo do mundo, como vimos, é o ponto de ligação entre o Céu, a Terra e o Submundo, assim, podemos concluir que o *nemeton*, o templo sagrado, assumia essa mesma função. Poços e fontes também desempenhavam grande destaque na vida religiosa celta, normalmente associados à cura, e há evidências de ação ritualística nesses locais.

O próprio corpo humano era considerado sagrado, o templo da alma, e podemos compreender isso ao analisar o conceito celta de *dúile* (ou elementos), termo gaélico que aparece em diversas passagens da mitologia e da poesia celta ou mesmo em textos cristãos, muitas vezes de forma subjetiva ou oculta. Basicamente, trata-se da correspondência entre o corpo humano e a natureza sagrada. Assim, o céu correspondia à cabeça; o Sol ao rosto ou aos olhos; a Lua à mente; as nuvens ao cérebro; o vento à respiração, o mar ao sangue; a vegetação aos cabelos e à pele; a terra ao corpo ou à carne e as rochas aos ossos. Portanto, reconhecer e reverenciar seu corpo e sua beleza do jeito que eles são, evitando o padrão artificial imposto pela sociedade, talvez seja o primeiro passo para encontrar a sacralidade interior.

A origem do druidismo se deu na Europa. Nos mitos celtas há diversos exemplos de como os Deuses criaram ou modificaram a paisagem daquele lugar por meio de seus feitos heroicos, levando alguns Druidas modernos a acreditarem, erroneamente, que é na paisagem europeia que se deve procurar os templos e lugares sagrados da espiritualidade celta. As letras do ogham, por exemplo, também foram associadas às árvores, mas isso não significa, definitivamente, que somente as árvores ogâmicas eram sagradas aos celtas, ao contrário, sabe-se que muitas outras árvores e plantas eram sagradas e, ainda assim, não foram relacionadas ao Alfabeto Ogham. É importante frisar, que a paisagem sagrada é onde você está, assim como as árvores, os animais e todos os espíritos da natureza sagrados são aqueles que estão próximos a você e não em um país utópico e distante.

---

71 Cultura celta da Idade do Ferro.

Hoje, entendemos que qualquer local pode ser sacralizado, pois tudo é provido de alma, até mesmo o recinto de uma casa em um centro urbano. Nem todos têm acesso a um lugar na natureza para realizar seus ritos ou meditações, e isso não deve ser encarado como um problema. Proponho que antes de consagrar um templo exterior, procure dentro de si o seu verdadeiro *nemeton*, o seu templo interior. Use sua imaginação para criar um espaço somente seu, o centro que liga você ao Céu, à Terra e ao Submundo.

Após esse exercício, reflita: o que é sagrado para mim? Quais símbolos sacros podem compor meu altar? Qual paisagem toca meu coração?

Talvez, aos poucos, você sinta a necessidade de criar um altar, que servirá como um meio de se conectar ao sagrado. Colete alguns objetos que simbolizem essa conexão, pode ser elementos da natureza, como conchas, galhos, pedras ou penas, ou ainda, objetos que pertenceram a alguém especial, como um ancestral querido.

Evite comprar seus objetos sacros, acredite, falo por experiência própria, é tentador comprar cristais, imagens de Deuses ou outros instrumentos. Quando menos esperar, terá percebido que acumulou uma verdadeira parafernália "mágica" inútil, que não faz nenhum sentido para sua espiritualidade. Isso não quer dizer que não possamos comprar nada, apenas é importante procurar sentido nas coisas e não se deixar levar pelo consumo impulsivo. Crie seu espaço sagrado, reverencie e contemple a natureza ao seu redor, mas antes, edifique seu templo interior, esse sim será o verdadeiro elo entre você e o divino.

ELEMENTOS PRIMORDIAIS

Segundo Estrabão, os Druidas acreditavam que a alma e o Universo são indestrutíveis, mas, no fim dos tempos, somente a água e o fogo prevalecerão. Ou seja, após o fim desse ciclo, os elementos primordiais voltarão ao seu estado original, antes de dar início a um novo ciclo. Essa passagem sugere que os Druidas acreditavam que, assim como no fim, no princípio dos tempos, os únicos elementos presentes eram o Fogo e a Água.

O fogo (*áed*) e a água (*uisce*), desde a antiguidade eram vistos como elementos muito poderosos, pois eram essenciais à vida. Porém, quando descontrolados, causavam destruição e morte. É possível identificar, por exemplo, o temor que os antigos escoceses tinham dos elementos primordiais, recorrendo a encantamentos presentes no *Carmina Gadelica*[72]:

NEM O SOL ME QUEIMARÁ,
NEM O FOGO ME QUEIMARÁ.
NEM O FEIXE ME QUEIMARÁ.
NEM A LUA ME QUEIMARÁ.
NEM O RIO ME AFOGARÁ.
NEM A ÁGUA DO MAR ME AFOGARÁ.
NEM A INUNDAÇÃO ME AFOGARÁ.
NEM A ÁGUA ME AFOGARÁ.[73]

NENHUM FOGO, NEM SOL, NEM LUA ME QUEIMARÃO,
NENHUM LAGO, NEM ÁGUA, NEM MAR ME AFOGARÃO.[74]

Como podemos ver, o fogo está associado não somente ao Sol, mas também à Lua, isso significa que este elemento está relacionado ao céu e aos astros. Perceba que, ao acender o fogo, independentemente de como você o mexa, ele sempre vai se voltar para cima. A água, ao contrário, representa as profundezas. Independentemente de como você a armazene, ela sempre estará na horizontal, voltando-se para baixo. Esse é o mistério místico da cruz celta. O Fogo é o elemento ativo, a haste vertical da cruz. A Água é o elemento passivo, a haste horizontal. Eles são opostos e complementares, ou seja, são dois polos da mesma essência: o fogo é o calor, a água o frio; o fogo é o seco e a água o úmido; o fogo é a luz e água a escuridão; o fogo é o masculino e a água o feminino; o fogo é o espírito e a água a matéria; o fogo é a consciência e a água a inconsciência[75]. A concepção dos elementos primordiais segundo a espiritualidade celta é semelhante ao conceito do Yin e Yang (*taiji*) da Tradição taoista chinesa e dos princípios da Polaridade e de Gênero presentes

---

72 Compêndio contendo encantamentos, hinos e orações recolhidos pelo folclorista Alexander Carmichael, entre o final do século 19 e o começo do século 20, na Escócia. É uma interessante fonte de estudo dos costumes folclóricos celta-escocês.

73 *Carmina Gadelica*. Vol. III.

74 *Carnuba Gadelica*. Vol. I.

75 Aqui se encaixaria também os termos positivo para o fogo e negativo para a água, contudo, é importante entender que o negativo não significa mau, ruim ou inferior, e o positivo não significa bom, benéfico ou superior, são apenas polos opostos e complementares.

no hermetismo, que explica que no universo manifestado tudo é dual. Isso significa, que a partir da união dos elementos primordiais tudo é criado, até mesmo as ideias e os pensamentos. É importante frisar, que o fogo e a água citados aqui são símbolos de polos opostos e complementares, e não indicam necessariamente o fogo e a água materiais que conhecemos no nosso dia a dia.

Presume-se, no entanto, que algo antecedia os elementos primordiais na cosmogonia espiritual celta, contudo, o termo para essa causa primeira se perdeu no tempo[76]. Em outras Tradições, essa causa primeira é conhecida como o Uno, a Mente Universal, o Som Primordial, o Logos, a Deusa, etc. A causa primeira é a fonte de tudo; aquilo que nos une e nos permeia. É a essa fonte, que antecede a dualidade, que ansiamos retornar ao final de nossas jornadas. Sua completa compreensão está além de nossa capacidade intelectual, por isso não há mais nada a ser dito, apenas a ser vivido.

O ritual, seja ele qual for, é uma encenação da criação (do Universo ou de algo específico). Segundo Stephen Larsen "Os Mitos surgem dos rituais, ou estão neles encerrados. Os rituais são a materialização dos mitos"[77]. É por esse motivo que o fogo e a água estão presentes em todos os rituais druídicos modernos, eles representam os elementos primordiais da criação. Na antiguidade, esses elementos foram representados sob outras formas, por exemplo, postes, que ligam a terra ao céu, corresponderiam ao fogo, e poços, que ligam ao Submundo, corresponderiam à água. Mas também poderiam ser representados como um Caldeirão ou Cálice para o elemento Água e uma Espada ou Varinha para o elemento Fogo, etc.

Os antigos rituais druídicos foram descritos por gregos e romanos como cheios de pompa e superstição, repletos de bizarros sacrifícios sangrentos, algo completamente averso ao que sabemos sobre o verdadeiro druidismo. Os atuais rituais druídicos são, ao contrário do que se imagina, simples em sua estrutura, porém riquíssimos em simbolismo. Talvez alguém que nunca tenha visto um ritual druídico moderno fique espantado com a quantidade de oferendas e gestos espalhafatosos. Eu mesmo me surpreendi uma vez ao ver um desses rituais, em que o Sacerdote fazia mais de dez tipos de oferendas diferentes aos espíritos e Deuses (inclusive, foram feitas oferendas para apaziguar os "forasteiros", os inimigos dos Deuses), algo realmente desnecessário e sem sentido.

---

76 No bardismo criado por Iolo Morganwg, a causa primeira é conhecida como *OIW*, representado pelo sinal /|\ (o mesmo símbolo utilizado para representar a *awen)*.

77 LARSEN, Stephen. *Imaginação Mítica: A busca de significado através da mitologia pessoal.* Rio de Janeiro: Editora Campus, 1991.

Com a propagação do druidismo pelo mundo, diversas liturgias foram criadas, umas coerentes com a espiritualidade celta, outras, no entanto, repletas de fantasias supersticiosas, que mais atrapalham do que ajudam na evolução espiritual do indivíduo ou da própria comunidade.

Normalmente, mas não obrigatoriamente, antes de iniciar um ritual ou cerimônia, os Druidas modernos pedem permissão aos espíritos nativos, ou seja, os espíritos guardiões do local onde será realizado o ritual. Independentemente de como são interpretados, esses espíritos representam as forças e as energias da natureza que devem, em todas as circunstâncias, ser honradas e respeitadas. Isso é feito de diversas formas, a exemplo as tão conhecidas oferendas de alimento, mas um simples pedido de permissão já basta.

Na Tradição a qual pertenço, o ritual propriamente dito é iniciado quando os elementos primordiais são estabelecidos. Quando esses elementos são manipulados, simbolicamente o Druida, no papel de demiurgo[78] (*dán*), "recria" o Universo e estabelece a ordem sobre o Caos. É a representação do microcosmo. Talvez a forma mais simples e simbólica de estabelecer os elementos primordiais em um ritual seja simplesmente acender uma chama e despejar água em um recipiente. Quando os elementos são manipulados, mentalmente o Druida se conecta a eles enquanto recita um pequeno encantamento, como, por exemplo:

Acendo o fogo druídico
E peço aos imortais que concedam inspiração.
Despejo a água sagrada
Fonte de toda vida e sabedoria.

Esses elementos também estavam tradicionalmente associados à purificação. Dessa forma, a água pode ser espargida no ambiente e o fogo pode dar lugar ao incenso que defuma o espaço sagrado. No folclore escocês, circular o ambiente no sentido horário (*deosil*) é sinal de boa sorte. Acredita-se que os antigos Druidas tinham práticas semelhantes[79]. Portanto, o espaço pode ser purificado fazendo circunvoluções nesse sentido. Já o

---

78 Do grego "artífice" ou "artesão". Aqui descrito no sentido platônico como criador do mundo manifestado. Não confundir com o Demiurgo das Tradições gnósticas, um ser ignorante, criador de um mundo imperfeito. O correspondente em irlandês antigo é *dán* que significa "artesão".

79 Em rituais druídicos não é necessário abrir um Círculo Mágico, tão pouco invocar os quatro elementos, como é comum em outras Tradições religiosas, como na Wicca e na Bruxaria. Círculos eram realmente utilizados desde a mais remota antiguidade, por diversos povos, para fins mágicos e ritualísticos.

sentido anti-horário (*tuathal*), era considerado nefasto, portanto, evitado. É importante ressaltar, que as circunvoluções são simbólicas e estão ligadas ao trajeto do sol, ou seja, à ordem natural da vida, e não devem ser, em hipótese alguma, motivos para práticas supersticiosas. Andar no sentido anti-horário não atrairá nenhum tipo de energia negativa. Lembre-se, o ritual é uma reconstrução simbólica da criação.

Após a purificação, normalmente acompanhada de um encantamento, o propósito do ritual é declarado, a memória dos ancestrais é lembrada, os espíritos da natureza são honrados e, finalmente, os antigos Deuses são invocados, ou seja, os sacrifícios aos Deuses são realizados. Mais uma vez, como foi dito, o sacrifício é simbólico. Na atual comunidade druídica, sacrifícios de sangue não são aceitos, nem permitidos. O sacrifício druídico não se resume a oferecer alguma coisa aos Deuses, seja no fogo ou lançado nas águas de um poço, mas verdadeiramente é o momento em que o druida entra em contato com as divindades através da teurgia.

Por fim, mas não menos importante, o encerramento do ritual se faz necessário, como um ciclo que se encerra. São feitos os agradecimentos aos Deuses, espíritos da natureza e ancestrais que estiveram presentes e, novamente, o simbolismo dos elementos primordiais é destacado. A chama é apagada e a água é vertida na terra. Tradicionalmente, deseja-se paz a todos os envolvidos e é declarado o fim do ritual.

Descrevi um breve exemplo de uma liturgia druídica praticada por mim há anos, mas o simbolismo apresentado faz algum sentido para você? Quais são os elementos primordiais segundo a sua concepção e entendimento? Para os gregos, os quatro elementos (Fogo, Água, Terra e Ar) formavam o Universo. Já para alguns Druidas modernos, são os *dúile* que representam o microcosmo. Reflita verdadeiramente, será que para executar um ritual é necessário uma série de instrumentos mágicos, repletos de sinais misteriosos? Independentemente do que foi dito, sempre siga sua intuição. Não se deixe fascinar por belos rituais repletos de alegorias, mas que não fazem nenhum sentido para você e sua prática religiosa. Os rituais são formas de se conectar ao divino, dentro e fora de si mesmo, se isso ainda não aconteceu, é porque faltou inspiração, entusiasmo e, sobretudo, conexão com as fontes primordiais.

CONCLUSÃO

Concluo essa parte com a seguinte reflexão: qual o propósito do druidismo como religião ou espiritualidade? Creio que o druidismo, ou a atual espiritualidade celta, tem como propósito fazer com que o ser humano desperte e volte ao caminho natural de sua evolução.

Vivemos em uma sociedade artificial, que nos bombardeia com falsas ideias de conforto, conquistas e realizações a todo momento, instigando-nos ao consumismo desenfreado. O ser humano se acomodou, reduziu sua existência a consumir e atingir objetivos que não são seus, mas foram implantados pela sociedade. Muitas pessoas sequer sabem qual é a sua verdadeira vontade e acreditam, erroneamente, que o objetivo da vida é conquistar bens materiais, assim, sempre estão em busca de algo, pois procuram fora o que lhes falta dentro.

Muitos buscam o druidismo como uma forma de fugir dos problemas da realidade, fascinados com a figura imaginária do Druida, com sua capa, cajado e chapéu pontudo, igual aos magos das lendas. Essa ilusão, semelhante ao consumismo, pode surtir efeito num primeiro momento, fazendo com que a pessoa se sinta poderosa com suas roupas espalhafatosas e suas parafernálias mágicas, mas quando se deparam com a realidade, percebem que não é possível sustentar essa autoilusão por muito tempo e, mais uma vez, sentem-se vazias, apenas encenando uma ficção.

Hoje, tratando-se de druidismo, muito se fala em *awen* ou *imbas*, a inspiração, mas poucos realmente compreendem qual o significado desses termos. Inspiração é o estímulo de origem divina ou sobrenatural que faz emergir ideias criativas nos seres humanos, em outras palavras, é o despertar do divino interior (o entusiasmo, a iluminação). A má interpretação do termo *inspiração* deu margem a pessoas má intencionadas, ou ignorantes, de proferirem os maiores absurdos em nome da espiritualidade celta. Creio que a palavra-chave mais adequada para o atual druidismo é "conhecimento", mas não qualquer tipo de conhecimento, um conhecimento oculto ou místico. A antiga palavra irlandesa *fis*, pouco empregada no neodruidismo, significa "visão". Esse termo passou a significar conhecimento, especificamente por meio da investigação ou da descoberta[80]. E ainda compõe a palavra

80 Diferente da palavra *eólas*, que também significa "conhecimento", mas refere-se ao conhecimento obtido por experiência ou aprendizado.

imbas[81], que sugere um conhecimento prévio de origem divina ou gnose. Portanto, aquele que possuía o conhecimento, um instruído no druidismo, era conhecido como *fisid*. O druidismo não é, definitivamente, uma espiritualidade para preguiçosos e acomodados que esperam uma suposta inspiração divina. Cada indivíduo é responsável por sua própria evolução. Isso significa, que não devemos depositar nossas projeções e frustrações em mestres ou sacerdotes, ou mesmo em Deuses ou guias, pois cabe a nós buscarmos o conhecimento (*fis*), e cabe a cada um de nós também, ser um *fisid*, um instruído, para que, assim, a inspiração (*imbas*), que está além do conhecimento mundano, seja despertada.

O caminho natural nos leva à origem, aos Deuses, ancestrais e espíritos naturais. Só há um jeito de trilhar esse caminho: por meio do autoconhecimento (*féinfhios*[82]). Existem muitas formas de se autoconhecer, o ogham, como veremos, é uma dentre muitas ferramentas de autoconhecimento. Esse antigo alfabeto é equivocadamente utilizado meramente como uma forma de adivinhação, mas veremos que esse verdadeiro oráculo é, antes de tudo, um orientador e conselheiro. Assim, convido você a estudar essa ferramenta de autoconhecimento chamada *ogham* e descobrir a sua própria forma de trilhar o caminho natural proposto pelo druidismo.

81 De *imb-* "ao redor" mais *fis* "conhecimento", ou seja, aquilo que está em torno ou junto do conhecimento. *Imbas* também significa "conhecimento místico".
82 Termo irlandês moderno composto por *féin* "si próprio" mais *fios* "conhecimento".

PARTE 2

BOSQUE SAGRADO

Três inanimados que recompensam coisas vivas:

A macieira;

A aveleira;

O bosque sagrado.

Tríades da Irlanda

OGHAM

ORIGEM HISTÓRICA

Inicialmente conhecido por *ogum* ou *ogom,* este alfabeto, originário da Irlanda, posteriormente foi chamado de *ogam* e hoje é conhecido como *ogham*[83]. Possivelmente, o ogham é derivado de outro alfabeto já estruturado e conhecido. Alguns autores apostam na semelhança com as runas de origem nórdica, outros veem sua origem no alfabeto grego, mas a teoria mais aceita entre os acadêmicos, e sem dúvida a mais plausível, é de que o ogham derivou-se do alfabeto latino. Isso porque a estrutura do ogham, assim como a sua organização, denuncia a influência do latim em sua origem. Já o formato das letras, supõe-se que tenha sido derivado de um arcaico método de contagem, pois suas letras possuem o formato simples de traços retos verticais, horizontais e transversais.

As primeiras inscrições em ogham surgiram em pedras, por volta dos séculos 4 ou 5 da EC, no sul da Irlanda, mas sabe-se que esse alfabeto pode ser alguns séculos mais antigo, gravado, talvez, em materiais perecíveis como a madeira, que não resistiram ao tempo, deteriorando-se e não deixando nenhum vestígio.

Originalmente, era composto por vinte letras, conhecidas como *feda* (singular *fid* que, além de significar "letra", também pode ser traduzida como "madeira" ou "árvore"). Posteriormente, foram acrescidas outras letras ou ditongos, chamados de *forfeda* (letras suplementares ou adicionais). Há evidências de que os *forfeda* foram influenciados tanto pelo latim, como pelo grego. O ogham é dividido em quatro *aicmi* (singular *aicme*, grupo ou família), que são nomeados de acordo com o nome das primeiras letras de cada grupo, ou seja, *aicme beith*, *aicme hÚath*, etc. Os *forfeda* formam o quinto grupo adicional.

---

83 Muito se especula sobre o significado da palavra *ogham,* alguns estudiosos sugerem que deriva de *og-úaimm* (ponto de costura ou ponta afiada que une). Outros acreditam que talvez provenha do nome do Deus Ogma e indicaria um corte, marca ou sulco.

Fid (letra) do Ogham	Nome	Tradução
ᚁ	**Beith**	**Bétula**
ᚂ	**Luis**	**Chama/Erva**
ᚃ	**Fearn**	**Amieiro**
ᚄ	**Saille**	**Salgueiro**
ᚅ	**Nion**	**Forquilha/Letra**
ᚆ	**hÚath**	**Medo/Terror**
ᚇ	**Duir**	**Carvalho**
ᚈ	**Tinne**	**Lingote**
ᚉ	**Coll**	**Aveleira**
ᚊ	**Quert**	**Arbusto/Farrapo**
ᚋ	**Muin**	**Pescoço**
ᚌ	**Gort**	**Jardim/Campo**
ᚍ	**nGétal**	**Ferir**
ᚎ	**Straif**	**Enxofre**
ᚏ	**Ruis**	**Enrubescer**
ᚐ	**Ailm**	**Grito/Letra A**
ᚑ	**Onn**	**Freixo/Pedra**
ᚒ	**Úr**	**Terra/Solo**
ᚓ	**Edad**	**Salmão/Teixo**
ᚔ	**Idad**	**Teixo**
ᚕ	**Ébad**	**Salmão**
ᚖ	**Óir**	**Ouro**
ᚗ	**Uilleann**	**Cotovelo**
ᚘ	**Ifín/Pín**	**Espinheiro/Espinho**
ᚙ	**Emancholl**	**Gêmeo da aveleira**

O ogham foi divido em dois estilos de escrita pelos estudiosos, o primeiro e mais antigo é conhecido como *Ogham Ortodoxo*[84], já o estilo mais recente é conhecido como *Ogham Escolástico*[85]. O ogham ortodoxo se espalhou pelo Mar da Irlanda entre os séculos 4 e 6 aproximadamente, onde também é possível encontrar exemplos desse estilo de escrita no País de Gales, na Ilha de Man, na Inglaterra e alguns na Escócia. O ogham escolástico inscrito em pedras não derivou diretamente das inscrições mais antigas, as ortodoxas, mas de inscrições manuscritas presentes em livros, propagando-se entre os séculos 6 e 9, principalmente na Escócia. A segunda fase do ogham escolástico perdurou até os tempos modernos. Uma das características do ogham ortodoxo é que as letras eram gravadas na quina natural ou na borda da pedra, conhecida como *droim* (crista), de baixo para cima. Já o ogham escolástico, diferencia-se por ter sido escrito em papel, pergaminho ou em outros artefatos na horizontal ao longo de uma linha, da esquerda para direita. Quando inscrito em pedras, diferentemente da versão ortodoxa, uma linha artificial era gravada na face da pedra e as letras eram dispostas sobre ela.

Evidentemente, o ogham não foi criado para escrever longos textos. As inscrições ogâmicas em pedras são constituídas majoritariamente por nomes próprios, genealogias e, algumas vezes, a filiação tribal. Esse alfabeto foi criado para registrar o irlandês arcaico, mas há pedras ogham no País de Gales que possuem nomes em galês arcaico acompanhados de inscrições latinas. Também foram encontradas inscrições latinas em pedras ogham tanto na Escócia como na Inglaterra. A maioria das inscrições ogâmicas na Escócia foram utilizadas para registrar a língua picta, no estilo escolástico. Já na Ilha de Man há inscrições rúnicas, na língua nórdica, acompanhadas de letras ogâmicas. Isso deixa claro que o ogham não estava isolado e era conhecido por falantes de latim, britônico (ou galês arcaico), picto e nórdico, além do antigo gaélico irlandês.

O termo *ogmóir* designava um especialista em ogham ou um estudioso, sinônimo de homem instruído. Foram esses *oghamistas,* junto dos poetas (*filid*) herdeiros dos antigos Bardos, que perpetuaram esse alfabeto por toda a Idade Média e Moderna, através do estudo da gramática e da poesia presentes em manuscritos copilados de obras mais antigas.

---

84 Recebe esse nome por se tratar da escrita ogham original e tradicional. Também conhecida apenas como "Escrita Ogham Tipo I".

85 Uma referência aos estudiosos que passaram a registrar o ogham em livros e manuscritos. Também conhecida como "Escrita Ogham Tipo II".

Mas por que foi criado um alfabeto pouco usual para registrar a antiga língua irlandesa? Estudiosos concordam que o ogham surgiu na época em que a Irlanda foi cristianizada, mas não totalmente. McManus[86] sugere que o ogham foi criado por comunidades cristãs. Já o professor Macalister[87] havia proposto anteriormente que a origem do ogham era pagã, e o motivo para isso é muito interessante. Ao traduzir os nomes e genealogias em pedras ogham, Macalister percebeu que eles soavam demasiadamente pagãos para serem verdadeiramente monumentos cristãos. Veja, como exemplo, a tradução de alguns nomes e termos presentes em pedras ogham:

branogeni (nascido do corvo), Irlanda
bivaidonas (vivo como o fogo), Irlanda
ivacattos (teixo em batalha), Irlanda
lugaddon (fogo do Deus Lug), Irlanda
maqi droata (filho do Druida), Ilha de Man
ouate doveni (vidente de Dovenio), Escócia

Macalister chegou a sugerir que as cruzes gravadas em algumas pedras ogham, nas quais havia nomes pagãos, tenham sido acrescidas posteriormente e vandalizadas por cristãos. McManus argumenta que nomes pagãos eram conhecidos e foram registrados por cristãos em seus manuscritos, e que os desgastes presentes nas pedras ogham foram causados pelo tempo e não por vandalismo. Ainda assim, não fica claro o que motivou a criação desse alfabeto, uma vez que os cristãos conheciam e faziam uso do alfabeto latino presente em suas escrituras sagradas.

Uma hipótese muito aceita, mas difícil de ser comprovada, é que os responsáveis pela criação do Alfabeto Ogham foram os antigos Druidas. Creio que esse alfabeto foi criado inicialmente como uma forma de enviar mensagens secretas, possivelmente utilizado também em encantamentos. Com o tempo, passou a ser utilizado em inscrições tumulares e demarcações territoriais. Sabe-se que os Druidas mantinham uma tradicional oposição aos romanos, tanto na Gália como na Grã-Bretanha. Mesmo que a Irlanda nunca tenha sido conquistada por Roma, havia ali uma certa interação com a Britânia romanizada. Não descarto a possibilidade do ogham ter

86 Damian McManus, professor do Trinity College Dublin, especialista em língua irlandesa antiga e clássica, poesia bárdica e ogham.

87 R. A. Stewart Macalister (1870 – 1950) foi um conhecido arqueólogo irlandês, professor da Universidade de Dublin, responsável por catalogar a maior parte das pedras ogham da Irlanda e Grã-Bretanha.

sido criado como uma versão secreta e misteriosa do próprio latim. Outra possibilidade, é que, com o advento iminente do cristianismo, os Druidas criaram o alfabeto para se comunicarem secretamente e, posteriormente, quando os próprios Druidas se converteram, passaram a utilizar o ogham em pedras tumulares, como uma forma de manter viva a antiga Tradição.

Seja como for, não há como saber, com certeza, se o ogham foi criado por pagãos ou cristãos, ou ainda se foi uma contribuição dos dois. Mas isso não faz diferença, pois a sabedoria por trás desse alfabeto foi utilizada por diversos povos, com línguas e crenças diferentes, mas com algo em comum: a ancestralidade celta.

Origem Mítica

Há duas versões conhecidas na mitologia irlandesa sobre a origem do ogham. A mais conhecida é aquela que conta a história do Deus Ogma mac Elathan, o criador do ogham. No *In Lebor Ogaim*[88] assim é descrita a criação mítica do ogham:

> Qual é o lugar, o tempo, a pessoa e a causa da invenção do Ogham? Não é difícil. Seu lugar é a *Hibernia insula quam nos scoti habitamus* (Ilha da Irlanda, onde nós, irlandeses, habitamos). Na época de Bres, filho de Elatha, Rei da Irlanda, ele foi inventado. A pessoa foi Ogma, filho de Elatha, filho de Delbaeth, irmão de Bres. Pois Bres, Ogma e Delbaeth são os três filhos de Elatha, filho de Delbaeth. Assim sendo, Ogma, um homem habilidoso na fala e na poesia, inventou o ogham. A causa de sua invenção, é a prova de sua perspicácia e seu discurso que pertence aos instruídos, excluindo os rústicos e os pastores. Onde o ogham recebeu seu nome de acordo com o som e a matéria, que são o pai e a mãe do ogham, qual foi o primeiro nome escrito em ogham, em que a letra foi escrita, a razão pela qual foi escrita, por quem foi escrita e por que b (*beith*) antecede cada letra? *hic uoluuntur omnia*.

88 O *Livro dos Oghams* ou O *Tratado dos Oghams* é um texto irlandês possivelmente do século 7. É a principal fonte sobre ogham e suas associações. Presente no Livro de Ballymot e no Auraicept na n-Éces.

> O ogham veio de Ogma *suo inventore primo* (seu primeiro inventor) de acordo com seu som, *quidem* (de fato); segundo a matéria, porém, *ogum* é *og-uaim* aliteração perfeita, que os poetas aplicaram à poesia por meio dela, pois é através das letras que o gaélico é medido pelos poetas; o pai do ogham é Ogma, a mãe do ogham é a mão ou a faca de Ogma. Além disso, essa foi a primeira coisa escrita em ogham, ou seja, *beith* (a bétula), para transmitir uma advertência a Lug, filho de Ethliu. Foi escrita a respeito de sua esposa, para que ela não fosse levada ao país das fadas, a saber, sete vezes a letra b foi gravada em um galho de bétula: "tua esposa será levada sete vezes de ti ao país das fadas ou para outro país, a menos que a bétula a guarde". Por isso e além disso, que a letra b, a bétula, tem precedência, pois foi em um galho de bétula que o ogham foi escrito pela primeira vez.

De acordo com o texto, o ogham tem dois progenitores: o som e a matéria. O som relaciona-se à língua gaélica e à poesia, já a matéria são as letras inscritas propriamente ditas. O som é o pai, ou seja, Ogma, e a matéria, a mãe: a mão e a faca de Ogma, que formam e gravam as letras.

A primeira coisa inscrita em Alfabeto Ogham, segundo o mito, foi sete vezes a letra *b*. Além de servir como uma mensagem secreta, o texto deixa claro que essas letras gravadas em um galho de bétula tinham algum poder mágico, e que esse galho serviu como um amuleto destinado a proteger e guardar a esposa do Deus Lug, para que ela não fosse levada ao país das fadas.

Ogma é o grande campeão da Tuatha Dé, a tribo dos Deuses. Supõe-se que seu nome provenha de uma raiz indo-europeia que significa "cortar" ou "gravar". Posteriormente, deu origem à palavra *ogham*. Quando os mitos celtas irlandeses foram registrados pela primeira vez por monges cristãos, muitos nomes e histórias provindos de diversos lugares da Irlanda foram sobrepostos e misturados, tornando a genealogia dos Deuses e heróis muito confusa. É dito, por exemplo, que o pai de Ogma foi Elatha, um belo príncipe fomoriano, pai também do Deus Dagda e de Bres, e sua mãe foi Ethniu (Eithne), uma princesa fomoriana, talvez a filha de Balor. Em *O Cortejo de Emer* é dito que o outro nome de Eithne era Boand, a esposa do Dagda e de Nechtan, mãe de Oengus (Angus) e, quem sabe, a mesma mãe de Lug. Isso realmente parece muito confuso e possivelmente não havia apenas uma versão da história que narrava a genealogia dos Deuses. É interessante notar, que grandes divindades como Ogma, Dagda e Lug descendiam dos fomorianos. Isso indica que os fomorianos, os inimigos dos Deuses que personificavam a força destrutiva da natureza, deram origem a uma nova geração de Deuses, que, posteriormente, os suplantaram, semelhante aos titãs que foram substituídos pelos Deuses olímpicos na mitologia grega.

Ogma era conhecido por três epítetos: *Trenfher* "homem forte" ou "campeão", pois se destacava entre os Deuses devido à sua forma atlética e habilidade como guerreiro; *Griain-éigis* "sábio brilhante" ou "erudito", em virtude ao seu profundo conhecimento em escrita e poesia, e *Grianaineach* "face ensolarada" ou "rosto radiante", evidenciando suas qualidades benéficas e provedoras.[89] Graças a esse último epíteto, muitos acreditam que Ogma era uma antiga divindade solar, outros, no entanto, acreditam que *Grianaineach* era uma expressão poética para se referir a alguém nobre, sorridente ou bondoso. É interessante notar, que os nomes dos filhos de Ogma, Tuireann e Delbáed[90], significam respectivamente "trovejante" e "o que possui forma de fogo". Isso pode indicar que Ogma era, a princípio, uma divindade com características solares, regente do céu e pai de filhos que personificavam raios e trovões. Outro dos filhos de Ogma é Cairbre. Não se sabe exatamente qual a origem de seu nome, mas se provir de *cairbne*, "cocheiro", podemos supor que Cairbre foi o cocheiro responsável por conduzir o carro do sol, seu pai, ou seja, Ogma, pelo céu, tema presente em muitos mitos indo-europeus.

Acredita-se que Ogma fosse a versão irlandesa de uma divindade gaulesa chamada "Ogmius", descrito pelo satirista grego Luciano de Samósata, no século 2 EC, como equivalente ao semideus e herói grego Héracles. Segundo Luciano, Ogmius (ou Ogmios) tinha a tez bronzeada ou escura, era forte, porém idoso. Assim como Héracles, Ogmios se cobria com a pele de um leão e portava uma clava ou porrete. No entanto, ele possuía uma característica particular, de sua boca sorridente saíam correntes de âmbar e ouro, que se prendiam nas orelhas de um grupo de homens que o seguiam alegremente. Presume-se que as correntes que pendiam de sua língua simbolizasse seu poder de persuasão e sua grande eloquência. Sabemos que Héracles não era exatamente uma divindade solar para os gregos, mas evidentemente há elementos em seus mitos que o classificaria como um herói com indiscutíveis características solares. Por exemplo, os 12 trabalhos de Héracles talvez corresponderiam simbolicamente aos 12 signos do zodíaco, parafraseando o percurso solar no ciclo anual. O uso da pele de leão é outro indiscutível símbolo

89 Ogma foi confundido com Cermait, um dos filhos do Dagda, morto por Lug. A Cermait foi atribuído o epíteto *Milbél* "boca de mel", possivelmente por sua eloquência. Devido à confusão feita pelos estudiosos, esse epíteto também foi atribuído erroneamente a Ogma mais recentemente.

90 Delbáeth, também era o nome do avô de Ogma e algumas passagens da mitologia dá a entender que Delbáeth e Tuireann eram a mesma divindade.

solar. Ogmius foi considerado um "psicopompo", ou seja, um condutor das almas dos mortos ao Submundo, o que pode ressaltar suas características solares, pois, como já dito, o sol, ao se pôr no Oeste, simbolicamente "morria" no mundo dos vivos e "renascia" no mundo dos mortos, levando consigo a almas dos guerreiros mortos em batalha.

É evidente que Ogmius e Ogma não são exatamente as mesmas divindades, mas não há como negar que ambos provavelmente possuem a mesma origem. É importante ressaltar, que não há evidências que os classifiquem como divindades que personificam o disco solar, mas não podemos deixar de notar as claras características solares dessas divindades, semelhantes a Lug e a outros Deuses e heróis da mitologia celta. Tanto Ogma como Ogmius foram descritos como grandes guerreiros e campeões. Mas voltando à etimologia de seus nomes, parece que o ato de cortar e perfurar os inimigos com armas pontiagudas era um ato semelhante a gravar letras na pedra, causando uma marca em sua superfície, como uma cicatriz. Esse talvez seja o elo entre a batalha e a erudição.

A segunda versão da origem do ogham encontrada na mitologia irlandesa é bem diferente da primeira, e há, nessa versão, uma forte influência cristã. No *Lebor Gabála Érenn*[91] encontramos a história de Fénius Farsaid, um rei cita, filho de Baath mac Magog, que viajou com seu filho Nél à Torre de Babel a fim de aprender as diversas línguas espalhadas pela queda da torre, como descrito na Bíblia. Nél casa-se com a filha do Faraó, Scota (que significa literalmente "irlandesa") e tem um filho chamado Goídel Glas (ou seja, goidélico, a língua irlandesa). No *Auraicept na n-Éces*[92] é dito que Fénius, seu neto, e uma comitiva de 72 eruditos estudaram as diversas línguas espalhadas devido à queda da Torre e, após dez anos, criaram a língua irlandesa, retirando o que havia de melhor em outras línguas e chamando-a de goidélico, em homenagem ao nome de seu neto. Fénius também foi o responsável por descobrir quatro alfabetos: o hebraico, o grego, o latim e o mais perfeito de todos, o *beith-luis-nin*[93], ou seja, o ogham. Ele nomeou as letras a partir dos nomes de seus 25 melhores eruditos.

---

91 *O Livro das Invasões da Irlanda.* Principal fonte de mitos irlandeses.

92 *O primário dos eruditos.* Importante tratado sobre a língua irlandesa. Acredita-se que tenha sido escrito no século 7 EC, mas suas cópias são mais recentes.

93 Esse termo é semelhante à nossa palavra "alfabeto" (das letras gregas *alfa* e *beta*). Contudo, muitos têm me perguntado por que *beith-luis-nin*? Uma vez que a terceira letra do ogham é *fearn* e não *nion*. A resposta é muito simples, *nion* significa, dentre outras coisas, "letra", portanto, quando dizemos *beith-luis-nin*, estamos nos referindo às letras do *beith-luis*, em outras palavras, ao Alfabeto Ogham. Não há nenhum mistério cabalístico nesse termo e a terceira letra do ogham é e sempre foi *fearn*.

Toda a história de Fénius e seus descendentes foi criada para legitimar não só o gaélico e o Alfabeto Ogham, mas também a origem do próprio povo irlandês, para que sua genealogia se assemelhasse àquelas narradas na Bíblia ou nos mitos gregos.

ESCRITAS SECRETAS

Graças aos manuscritos medievais, em especial o *In Lebor Ogaim*, que hoje temos acesso aos significados e correspondências das letras ogâmicas. Por mais que se diga que os textos medievais não reflitam os reais motivos da origem do ogham, sem dúvida são as fontes mais antigas e mais fiéis de que temos conhecimento. Neles encontramos as famosas *Bríatharogaim*, as "Palavras Ogham" (singular: *Bríatharogam*). Essas palavras eram figuras de linguagem poéticas utilizadas para explicar a origem dos nomes das letras e suas correspondências. Há três principais versões dessas "Palavras" nos textos medievais:

- **Bríatharogam** (*Palavra Ogham* de) Morann Mac Main
- **Bríatharogam** (*Palavra Ogham* de) Mac ind Óic
- **Bríatharogam** (*Palavra Ogham* de) Con Culainn

No *Auraicept na n-Éces*, a *Palavra Ogham* de Morann Mac Main é reproduzida e interpretada com algumas particularidades, ressaltando, por exemplo, a origem arbórea das letras[94].

Os pseudoautores dessas Palavras, são figuras míticas e lendárias da antiga Irlanda, a saber:

Morann Mac Main (ou Morainn mac Moín) é descrito no texto *As provações irlandesas e a aventura de Cormac*[95] como um nobre juiz que possuía três colares ou *torcs* mágicos. O primeiro, feito de ouro, quando colocado no pescoço de um culpado o sufocaria. O segundo, feito de madeira, era colocado nas mãos ou pés da pessoa a ser

94 Incluo essa *Palavra Ogham* no próximo capítulo, sob o título de *Crann Ogham*.
95 Stokes, Whitley (ed. e tr.), *As provações irlandesas, a aventura de Cormac na Terra da Promessa e a decisão quanto à espada de Cormac* referência: <https://celt.ucc.ie/published/T302000.html>

julgada, se ela fosse culpada, suas mãos e pés eram decepados. O terceiro colar foi dado a Morann pelo apóstolo Paulo e trata-se de uma epístola, uma vez colocada no pescoço, somente verdades poderiam ser ditas. Seu nome significa literalmente o "grande justo ou brilhante" (*mór find*).

Mac ind Óic não é outro senão o próprio Deus Angus Mac Óg (Oengus Óc). Angus é filho do Dagda, o rei dos Deuses, e de Boann, a Deusa do Rio Boyne. Seu nome significa "o vigoroso" ou, segundo o *Dindshenchas*, "único desejo", e Mac Óg significa "filho jovem", o que possivelmente o liga ao herói galês Mabon e ao Deus gaulês Maponos (Grande Filho), supostamente herdeiros de um antigo culto à criança divina. Angus reside em Brú na Bóinne (Newgrange) e é descrito como um jovem sedutor que domina o poder de encantamentos poéticos. No folclore escocês, Angus é filho de Beara (Cailleach) a rainha do inverno e amante de Brìghde (Brigid) a rainha do verão. Sendo ele próprio o jovem Rei do Verão.

Con Culainn (ou Cú Chulainn) é um dos mais conhecidos heróis e semideuses da mitologia irlandesa. Originalmente seu nome era Sétanta e passou a ser conhecido como Cú Chulainn, pois matou e posteriormente substituiu o cão do ferreiro Cullan. A palavra para cão (*cú*) foi utilizada pelos antigos irlandeses como figura de linguagem para se referir a um grande guerreiro. Uma das versões mais conhecidas do nascimento de Cú Chulainn diz que ele é filho do Deus Lug (ou a própria reencarnação de Lug) com Deichtine. Foi descrito como um jovem muito bonito e um campeão, detentor de uma força sobre-humana. É um dos principais personagens do *Táin Bó Cúailnge* que, sozinho, defendeu o Ulter do exército de Medb numa fúria impetuosa.

Esses três personagens míticos talvez retratassem as três classes de nobres e eruditos da antiguidade (Druidas, reis e guerreiros). Morann possivelmente representava a classe sacerdotal dos Druidas, que também atuavam como juízes; Mac ind Óic representava a realeza e Con Culainn, a classe guerreira.

Há também nos textos medievais uma grande variedade de formas secretas de se escrever ogham, além daquela popularmente conhecida. Os antigos poetas irlandeses (*filid*) passavam até três anos estudando esses manuscritos a fim de aprender e decorar essas criptografias e empregá-las em suas poesias. É evidente que esses manuscritos não foram registrados por mentes fantasiosas, ao contrário, o autor (ou autores) tinha vasto conhecimento, não somente do gaélico irlandês e da mitologia celta, mas também dos alfabetos latino, grego, hebraico e rúnico, além de grande conhecimento bíblico e contato tanto com a mitologia quanto com a filosofia grega. O fato do ogham ter uma grande variedade de escritas secretas, pode indicar que ele realmente foi utilizado originalmente como um forma de criptografia pelos Druidas para perpetuar seus conhecimentos por meio de encantamentos ou mensagens secretas e misteriosas. Como dito no *In Lebor Ogaim*, o ogham não é um alfabeto para pessoas rústicas ou sem conhecimento, mas destinado a pessoas instruídas e nobres, portanto, se levarmos em consideração que os Druidas formavam a classe erudita, não só dos irlandeses, mas de todos os povos celtas, pode-se concluir que o ogham foi utilizado, ou criado, por eles.

Segue algumas formas secretas de se escrever o ogham retiradas do *Auraicept na n-Éces*, para que o leitor possa estudá-las e incluí-las em suas práticas meditativas, oraculares ou mágicas. É importante dizer que essa lista foi escolhida por mim aleatoriamente de uma grande variedade encontrada no texto original.

Aradach Finn: escada (Ogham) de Fionn

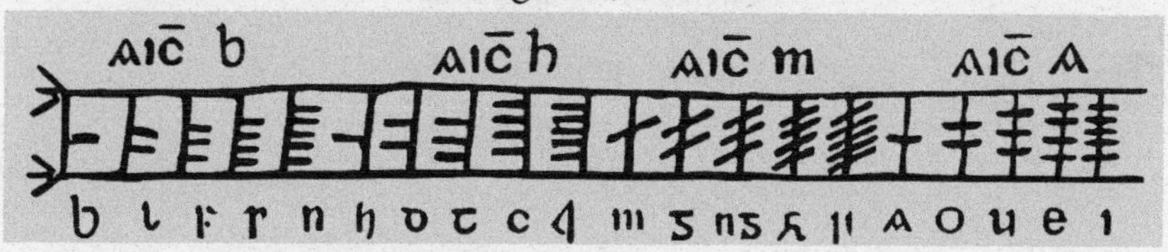

Luthogam: ogham do ferrolho[96]

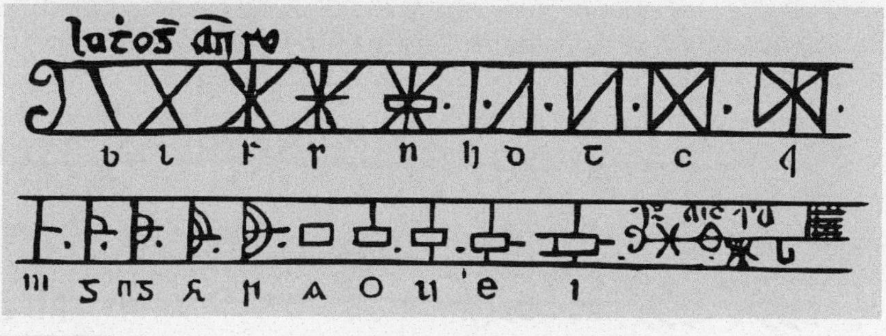

96 Também conhecido como "ogham da dobradiça". A palavra *lúth* também pode ser traduzida como "movimento" ou "energia".

Tredruimnech: (ogham) de três sulcos

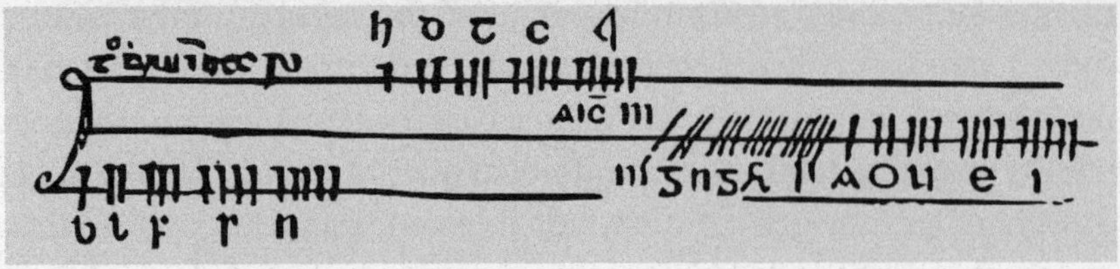

Trelurgach Fínd: (ogham) de três hastes de Fionn

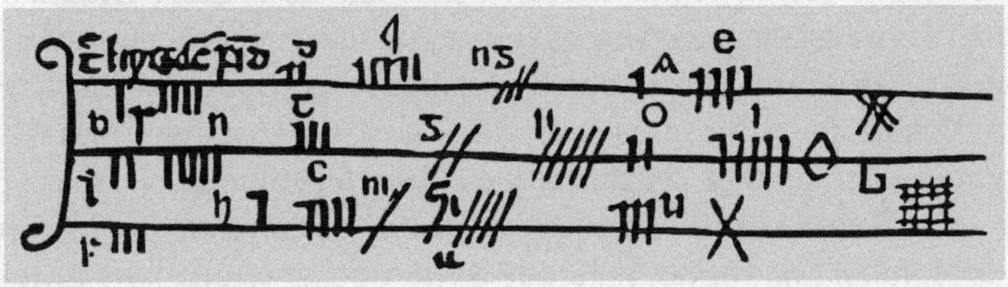

Runogam na Fian: ogham secreto do bando de guerreiros (*fianna*)

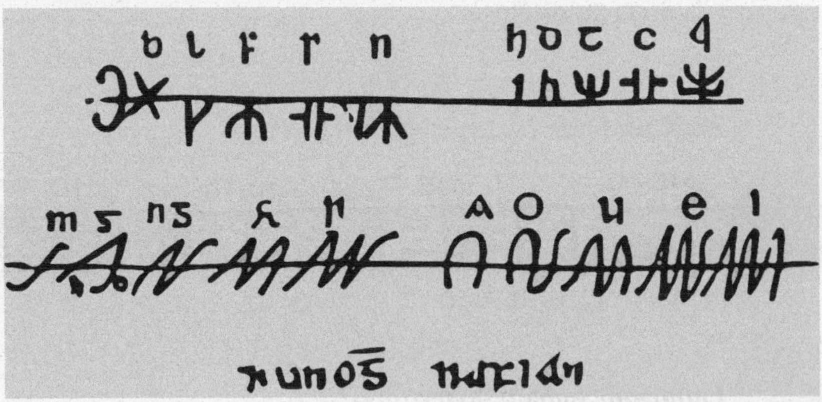

Ebadach Ilaind: semelhante à forma (do *forfid*) *ébad* ✱

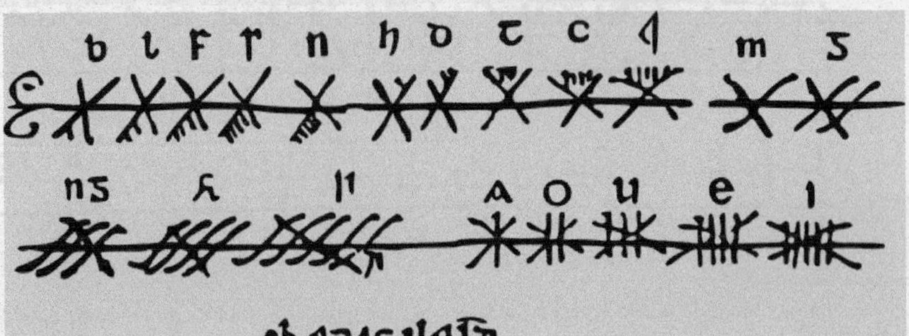

Ogam adlenfid: ogham das letras aderentes

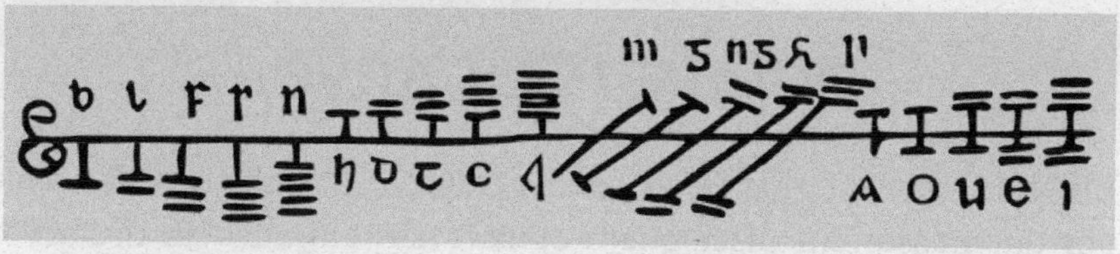

Crad cride ecis: angústia do coração de um poeta

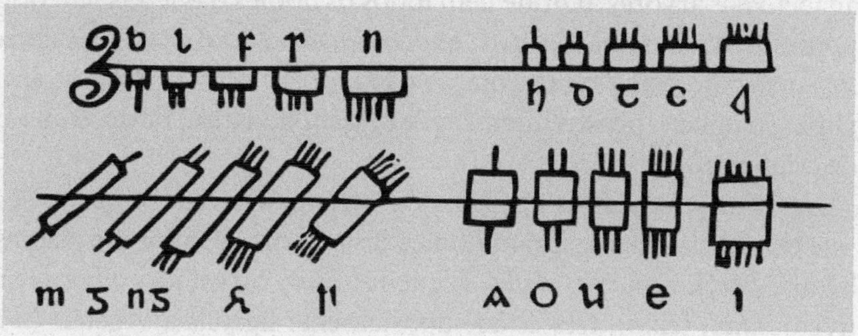

Cend ar nuaill: uma extremidade na outra (ou seja, a última letra de cada grupo substitui a primeira letra e vice-versa. Por exemplo, *nion* no lugar de *beith* e *beith* no lugar de *nion*)

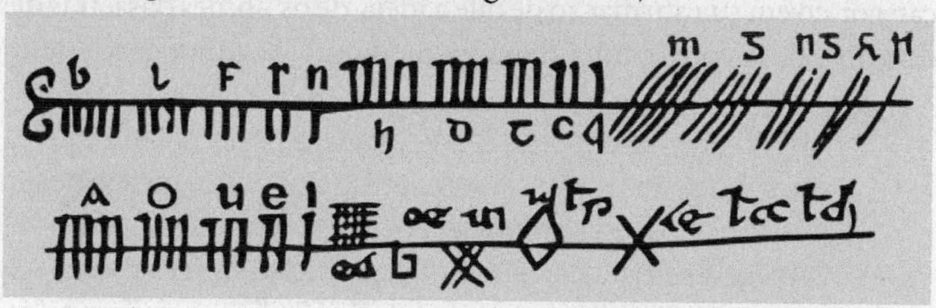

Ogam rind fri derc: ogham do olhar aguçado (ou seja, o *aicme ailm* no lugar do *aicme beith* e o *aicme beith* no lugar do *aicme ailm* de trás para frente. O *aicme muin* no lugar do *aicme hÚath* de trás para frente e vice-versa).

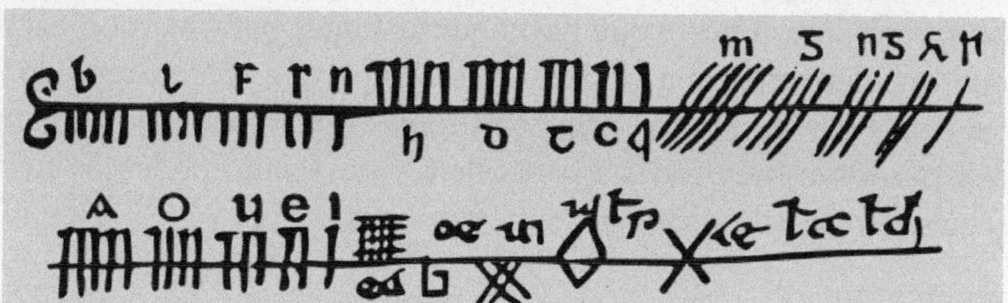

OGHAM E AS ÁRVORES

É notório que o ogham está relacionado ao simbolismo das árvores, mas por que insisto em dizer que o ogham não é o alfabeto das árvores? Os estudiosos mais conceituados concordam que o ogham não se trata de um alfabeto das árvores, porque nem todos os nomes das letras têm origem em nomes de árvores e não há nada que comprove que tal alfabeto originalmente foi concebido como representação de árvores e plantas, ao contrário, como vimos, o ogham possivelmente teve origem do latim, talvez como um tipo de criptografia.

Das vinte letras originais do ogham, acredita-se que, pelo menos sete ou oito realmente foram nomeadas a partir de árvores e plantas (*beith*, bétula; *fearn*, amieiro; *saille*, salgueiro; *duir*, carvalho; *coll*, aveleira; *onn*, freixo; *idad*, teixo), três estão supostamente ligadas a vegetais (*luis*, erva; *quert*, arbusto; *gort*, seara ou campo), o que por si já garantiria o título de "alfabeto das árvores", uma vez que, como visto, as árvores possuem uma relevância simbólica na estrutura do ogham. Ainda assim, McManus é categórico em sua afirmação de que a ideia de os nomes das letras derivarem do nome de árvores é uma "fantasia medieval". Segundo esse autor:

> Alguns dos nomes (das letras ogâmicas), no entanto, já estavam a caminho da redundância semântica. Quando seus significados foram obscurecidos, uma combinação de esquematismo, o fato de a maior categoria semântica dentro da nomenclatura ser arbórea e o fato de que a palavra irlandesa para letra(s) *fid/feda* significava "árvore(s)" levou à ficção do "alfabeto vegetal", uma afirmação de que *todos* os caracteres do Alfabeto Ogham foram nomeados a partir de árvores.[97]

Portanto, se não são todas as letras que receberam nomes a partir de árvores, presume-se que havia outras fontes para sua nomenclatura, o que caracterizaria uma origem mais complexa e interessante do ogham. Sabe-se, de fato, que nas principais fontes medievais sobre ogham, todas as letras foram nomeadas a partir de árvores, como podemos conferir no seguinte trecho do *Auraicept na n-Éces*:

97 MCMANUS, Damian. *Guide to Ogam. Maynooth: An Sagart,* 1997.

> *Secundum alios* (segundo outros) é das árvores da floresta que os nomes foram dados metaforicamente às letras do ogham. Portanto, *beithe*, b, recebe seu nome da bétula na floresta, que é a primeira letra no caminho do ogham. *Luis*, l, ou seja, o olmo na floresta. *Fern*, f, ou seja, o amieiro na floresta. *Sail*, s, do ogham, isto é, o salgueiro, novamente na floresta. *Nin*, n, do ogham, a saber, a ponta da lança, ou as urtigas na floresta. *Uath*, h, do ogham, isto é, da árvore-teste ou do espinheiro-branco, por causa de seus espinhos. *Dur*, d, do ogham é o carvalho, novamente, na floresta. Tinne, t, do ogham, a saber, o azevinho ou o sabugueiro na floresta. *Coll*, c, do ogham, a saber, a aveleira na floresta. *Quert*, q, do ogham é o azevinho na floresta, ou a sorveira-brava, ou o álamo. *Muin*, a videira, m, a saber, pois o hidromel é feito a partir dela. *Gort*, o campo, g, a saber, o abeto. *Getal*, ng, a saber, a giesta. *Straif*, str, a mata de salgueiro na floresta. *Onn*, o, a saber, o tojo ou o freixo. *Úr*, u, a saber, o espinheiro. *Edad*, e, a saber, o teixo. *Ida*, i, ou seja, a sorva. *Ebad*, ea, a saber, a erva-campeira. *Oir*, oi, a saber, o evônimo-europeu. *Uilleann*, ui, a saber, a hera. *Pin*, io, do ogham, o pinheiro, de novo, na floresta. Assim são chamados *caera pinne*, as groselhas; *ifin*, novamente *secundum alios* (segundo outros) é o nome dessa letra. *Emancoll*, o gêmeo da aveleira, ae, novamente, a saber, a letra c em dobro de acordo com o fato ou de acordo com a forma, a saber, c sobre c em sua forma.

A relação do ogham com as árvores vai além dos nomes das letras. Como foi dito, a palavra para letra *fid* também significa "madeira", "árvore" ou "bosque". As próprias letras possuem forma semelhante às das árvores, com uma haste vertical que corresponde ao tronco e traços horizontais e diagonais que corresponderiam aos galhos. Mais uma vez, no *Auraicept na n-Éces*, há uma interessante passagem que mostra como os grupos de ogham se assemelham a uma pessoa escalando uma árvore:

> Este é o seu número: há cinco grupos de ogham. Cada grupo tem cinco letras, e cada um tem de um a cinco traços e suas orientações os distinguem. As suas orientações são: à direita do tronco, à esquerda do tronco, em torno do tronco, pelo tronco e através do tronco. O ogham é escalado da mesma maneira que uma árvore é escalada, ou seja, primeiro pisando na raiz da árvore, com a mão direita antes e com a mão esquerda depois. Depois disso, é no meio dele, contra ele, através dele e ao redor dele.

Há outro termo em irlandês antigo que, mais uma vez, atesta a sacralidade das árvores para os celtas: *defid* ou *deid* significa "árvore sagrada", palavra composta pelos termos *dia* "Deuses ou divino" e *fid* "árvore ou bosque".

No século 20, o ogham foi consagrado como "Alfabeto Celta das Árvores" pelo poeta e classicista Robert Graves, que sugeriu em seu livro, *A Deusa Branca,* que o ogham estava relacionado a um poema galês medieval conhecido como *Cad Goddeu*, ou seja, *A Batalha das Árvores*, atribuído ao famoso bardo Taliesin. Todos os acadêmicos estão de acordo que essa relação proposta por Graves é, no mínimo, fantasiosa. Contudo, devo confessar que realmente há, nesse poema, interessantes paralelos com o simbolismo do ogham, e não descarto que ele possa ser mais uma fonte de estudo comparativo. Robert Graves também propôs que o ogham foi utilizado pelos celtas como um antigo calendário arbóreo e, para comprovar sua hipótese, fez uma série de associações confusas e artificiais, que realmente não tem nenhum fundamento na cultura ou na espiritualidade celta, mas, ainda assim, muitos Druidas e pagãos modernos adotaram seu calendário e o utilizam para demarcar seus ritos religiosos até os dias atuais.

Ao estudar o ogham, percebemos que suas letras foram possivelmente utilizadas por Druidas e sábios do passado como um sistema mnemônico, ou seja, cada letra estava relacionada a diversas coisas e, ao acioná-las por meio da escrita, ou mesmo através do som, era possível resgatar pela memória toda a sabedoria contida nelas. Sabemos que os Druidas não utilizavam a escrita para registrar seus conhecimentos, eles se valiam das letras do ogham como um meio para acessar a sabedoria ancestral por meio de associações a um mito ou do simbolismo, por exemplo, de uma cor (*dathogam*); de uma ave ou pássaro (*enogam*); de um objeto usado na agricultura (*ogam tirda*); de um ofício (*danogam*); de um rio (*ogam uisceach*); de um santo (*naemogam*) e claro, de uma ou de várias árvores também (*crann ogham*).

O ogham é uma ferramenta completa, que abrange todos os aspectos da sabedoria celta, associar as letras apenas às árvores é valer-se de um fragmento de algo maior e mais rico. Ainda assim, as árvores são as principais e as mais importantes fontes de conhecimento na cultura celta e devem ser estudadas por todos os que buscam se iniciar no caminho do ogham.

Hoje, mais do nunca, as árvores devem ser cultuadas como seres sagrados, não somente as árvores relacionadas ao ogham ou àquelas adoradas pelos celtas, mas todas as árvores, devido à sua importância na preservação da vida na Terra. Como no poema galês de Taliesin, as árvores travam uma importante batalha diária, porém, diferentemente dos mitos, seus inimigos não são seres do Outromundo, mas adversários reais e perigosos que atentam contra a nossa vida. As árvores estão em constante luta com a desertificação, com a extinção dos animais, com a fome, com o aquecimento global, etc. De qual lado você está nesta luta? Cultuar árvores não significa que devemos nos prostrar diante delas, fazer oferendas e implorar por ajuda, mas preservá-las e espalhar essas dádivas dos Deuses a todos os cantos da Terra, através do plantio e do reflorestamento.

Como vimos, a importância das árvores na compreensão do ogham é fundamental e não quero, em hipótese alguma, desmerecer isso. Quero sim que o simbolismo das árvores seja a porta de entrada para outras representações da sabedoria celta, tão importantes quanto, mas infelizmente muitas vezes esquecidas e desprezadas.

Isto posto, convido o leitor a estudar cada *fid*, tendo como guia uma nova tradução e interpretação das *Bríatharogaim*, as Palavras Ogham, a mais importante fonte sobre os significados do ogham desde a Idade Média, além de uma série de correlações nunca antes exploradas.

AICME BEITH

Raízes
Direção: Oeste (*íaruss*) [98]
Província da Irlanda: Connacht
Atributo da direção: conhecimento (*fis*)
Estação: outono (*fogamar*)
Pessoa (*daenogam*): homem ou herói
Mulher (*daenogam*): heroínas
Água (*ogam uisceach*): riacho
Cão (*conogam*): cão vigia ou cão de guarda
Boi (*damogam*): touro
Vaca (*boogam*): vaca leiteira

COMENTÁRIOS

O *aicme beith*, o primeiro grupo de letras ogham, recebe seu nome da primeira letra do alfabeto e corresponde ao início da jornada. Segundo as associações encontradas no *In Lebor Ogaim*, o primeiro *aicme*, ou grupo, está ligado aos heróis e heroínas, portanto, remete-nos a um passado remoto, repleto de glória e magia, em que humanos, Deuses e espíritos da natureza conviviam no mesmo tempo e espaço.

Esse *aicme* nos fala de nossos ancestrais, aqueles que nos deram vida e conhecimento, simbolizados pela vaca que alimenta sua prole e o touro que defende o rebanho. Os ancestrais, ao lado dos espíritos da natureza e dos Deuses imortais, formam o tripé da atual espiritualidade celta.

Estamos na raiz da árvore, a fonte de todo conhecimento e vida. É através da raiz que obtemos os elementos essenciais para nos mantermos de pé. É graças à raiz que somos o que somos hoje. Portanto, é preciso mantê-la saudável, pois uma raiz doente resulta em uma árvore mirrada.

O *aicme beith* também simboliza o Submundo, guardado pelo cão vigia, o guardião do limiar, de quem ninguém escapa. A morada dos mortos é onde nasce a fonte, o riacho que resultará no rio da vida. É também o misterioso Oeste, lugar onde o sol repousa, morada dos heróis e heroínas nas místicas ilhas da eterna juventude e prazer.

---

98 As direções, províncias, atributos e estações são associações modernas, as demais associações foram retiradas do *In Lebor Ogaim*.

ᚁ

Beith

Variante ortográfica: *beithe*
Significado do nome: bétula
Árvores[99]: bétula, também conhecida como vidoeiro-prateado ou bétula-branca (*Betula pendula*); bétula-felpuda (*Betula pubescens*)

Letra: b
Pronúncia: *bé* (pode soar como *vé,* com o *v* suave)
Classe[100]: camponês
Lei Brehon[101]: plebeu
Nobre da escola de Fénius: Babel
Cor (*dathogam*): branco (*bán*)
Ave ou pássaro (*enogam*): faisão (*besan*)
Agricultura (*ogam tirda*): machado (*biail*)
Santo (*naemogam*): Brenainn
Arte (*danogam*): subsistência

Palavra Ogham de Morann Mac Main

Feocus foltchain, "tronco desbotado e cabelos claros", ou seja, a bétula, a letra B, na *Palavra Ogham.* Foram esses os nomes que Morann deu às letras Ogham, são eles que dão o sentido das letras na *Palavra Ogham. Feocus foltchain* para a letra *B,* são os dois aspectos da bétula e, portanto, foi assim que a *Letra Ogham* recebeu seu nome.

---

99 Apenas para facilitar a classificação, utilizarei o termo "árvore(s)", no entanto, muitas letras estão associadas não somente a árvores, mas também a arbustos, ervas e plantas.

100 Segundo o *Lebor Ogaim,* as árvores do ogham são divididas em três grupos: oito árvores chefes, oito árvores camponesas e oito arbustos. Contudo, somente sete árvores camponesas são classificadas e é dito que todas as árvores restantes são arbustos, sem especificar quais são, o que contabiliza um total de nove arbustos, exceto *emancholl* que não é classificado.

101 Segundo o *Bretha Comaithchesa, Os julgamentos da vizinhança,* um antigo manuscrito sobre leis irlandesas do século 8, as árvores são classificadas em quatro grupos, segundo sua importância e valor econômico. A saber: *airig fedo* (madeiras nobres ou senhores do bosque); *aithig fedo* (madeira comum ou árvores plebeias); *fodla fedo* (árvores de divisões inferiores) e *losa fedo* (madeira de arbustos ou mato no bosque). Apesar de não estarem ligadas diretamente ao ogham, essas antigas leis promulgavam que multas deveriam ser aplicadas aos que derrubassem árvores de seus vizinhos. Essas multas variavam de acordo com a qualidade, partes e importância da árvore.

COMENTÁRIOS

Essa frase pode ser interpretada tanto como tronco (ou pés) murchos e cabelos claros, quanto como tronco desbotado e cabelos finos. Independentemente de como é traduzida, a *Palavra Ogham* de Morann, além de se referir às características da árvore de bétula, faz clara alusão a uma pessoa idosa, mais especificamente a uma mulher idosa, pois a bétula é considerada essencialmente uma árvore feminina que, com sua pele enrugada e seus cabelos brancos, carrega consigo toda a sabedoria do passado. *Beith*, a primeira letra do Ogham, fala de nossa origem, que começa não quando nascemos, mas com nossos ancestrais, os mais antigos, aqueles que nos deram vida e conhecimento.

Como *beith* está associada à figura de uma mulher idosa, nossa grande avó ancestral, não há como não mencionar a anciã mais conhecida da mitologia celta, Cailleach, uma figura folclórica muito popular na Escócia, mas também na Irlanda e na Ilha de Man. Seu nome significa algo como "encapuzada" ou "velada" e seus contos e lendas evidenciam um antiquíssimo culto à obscura e temida Deusa das Montanhas e do Inverno. Descrita como uma mulher velha, de cabelos brancos, encurvada, de rosto azul ou cinzento, que vive nas montanhas cuidando de um rebanho de veados, ela é responsável por trazer o inverno sobre a face da Terra. Seu nome é sinônimo de "bruxa" e "mocreia". Na Irlanda, é conhecida como a Bruxa de Beara[102] (*An Chailleach Bhéara*) ou a Freira Branca de Beara[103]. Na Escócia, Cailleach é a senhora do frio e do inverno, regente do período que vai de *Samhain* a *Beltane*, ou seja, a parte escura do ano. Sua contraparte, a regente da primavera e do verão, é Brìghde, a Donzela da Primavera, a mesma Deusa Brigid dos irlandeses. Segundo alguns costumes folclóricos, a data que demarcava a passagem dos poderes de Cailleach para Brìghde é o *Imbolc*, o primeiro indício de que a primavera estava chegando e o inverno estava perdendo suas forças.

Segundo Robert Graves, ramos de bétula eram utilizados para espantar os espíritos do ano velho. Segundo seu hipotético calendário druídico, o primeiro mês do ano era marcado pelo Solstício de Inverno, regido por *beithe*, a bétula. Sabe-se que ramos de bétula eram realmente utilizados

---

102 Referente à península de Beara, na Irlanda. Beara, por sua vez, pode vir da raiz *bir* que significa "estaca", "lança" ou "agudo", talvez uma referência ao formato da península ou aos aspectos hostis da Deusa.

103 Devido ao seu branco véu (uma referência à neve?) semelhante aos véus das freiras.

para espantar o mal e purificar o ambiente, provavelmente por causa da cor branca de seu tronco, a cor da purificação. Esse costume perdura até os dias de hoje, muito comum entre Bruxas e esotéricos que confeccionam vassouras mágicas com ramos de bétula com a mesma finalidade; espantar o mal e purificar o ambiente de energias desagradáveis.

A cor associada à *beith* é *bán*, ou seja, branco, a cor da pureza e das divindades. Como mencionado, *Imbolc*, o festival celta em honra à Deusa Brigid, era o festival da purificação e da lactação das ovelhas, anunciando a chegada da primavera. Acredita-se que o leite, devido à sua brancura, era utilizado como elemento de purificação nesse antigo festival celta. Perceba que o branco presente no simbolismo da bétula também está presente na neve de Cailleach e no leite das ovelhas de Brigid. Em outras palavras, a cor branca simbolizava o expurgo e a limpeza do velho para dar entrada ao novo, demarcando, assim, as transições do inverno para o verão, do ano velho para o ano novo, o fim e o recomeço de um ciclo.

Palavra Ogham de Mac ind Óic

Glaisium cnis, "a pele mais prateada", ou seja, a bétula do Ogham, a bétula da floresta, assim, a bétula, a letra B foi nomeada; *sic in reliquis sequentibus*[104].

Comentários

A *Palavra Ogham* de Mac ind Óic, refere-se certamente à bétula-prateada, pois essa árvore possui o tronco branco com nuances acinzentadas, que lembra tons de prata. A palavra *glaisium* provavelmente provém do termo *glas*, ou seja, uma cor, que pode variar bastante de acordo com a tradução, podendo ser, por exemplo, verde ou esverdeado, azul ou azulado, cinzento ou desbotado, etc. Há indícios de que esse termo pode ter sido utilizado para referir-se ao tom prateado do metal.

Na época dos celtas, a prata era considerada um metal muito precioso e estava associada à nobreza. Devido à sua associação com a prata, não posso deixar de falar sobre o Ramo de Prata, um instrumento celta mítico, normalmente descrito como um ramo de macieira prateado[105], que emitia um maravilhoso som e fazia com que as pessoas se encantassem.

104 Do latim: "Assim, segue o restante".
105 Vide *quert*.

Esse ramo mágico foi associado ao Outromundo e ao Deus dos mares e névoas Manannán mac Lir. No *Immacallam in dá Thuarad*, o Colóquio dos dois sábios, o ramo de prata é assim descrito:

> O jovem bardo fez sua jornada com um ramo de prata sobre ele. Os *Anradhs*[106] carregavam um ramo de prata, mas os *Ollamhs*[107] carregavam um ramo de ouro; todos os outros poetas tinham um ramo de bronze.

Em outras palavras, o Ramo de Prata era utilizado pelos jovens Bardos para indicar que estavam no início do aprendizado.

Como dito, a cor prateada ou cinzenta citada na *Palavra Ogham* de Mac ind Óic é uma analogia à cor clara do tronco da bétula. Devido à sua associação à cor branca (*bán*) e à pureza, *beith* também está relacionada à inocência e imaturidade dos jovens. Inclusive, a bétula foi frequentemente associada a crianças em terras celtas e sua madeira também foi utilizada para confeccionar berços. Na mitologia celta, há diversos exemplos de jovens que acidentalmente, ou não, conseguiram grandes feitos. Um exemplo é Gwion Bach, seu nome significa "pequeno inocente", ou, segundo alguns, provém de *gwyn*, claro, branco ou abençoado. Essa interessante história da mitologia galesa conta que Gwion foi incumbido a mexer o Caldeirão da grande Deusa Cerridwen durante um ano e um dia. A Deusa preparava uma poção mágica com todo conhecimento do mundo destinada a seu filho, contudo, faltando pouco tempo para que a poção estivesse pronta, Gwion se descuida e três gotas espirram em seus dedos. Instintivamente, ele põe os dedos na boca e absorve todo o conhecimento que a Deusa Cerridwen reservara a seu filho.

Outro exemplo de jovem inocente[108] na mitologia celta é o herói irlandês Fionn mac Cumhaill. Assim como Gwion, seu nome significa literalmente "branco", "claro" ou "abençoado". Aliás, é possível que as lendas e histórias irlandesas de Fionn tenham influenciado o conto galês sobre a história de Gwion. Da mesma maneira que a história anterior, Fionn é um jovem aprendiz do poeta Finnéces. O poeta passou sete anos tentando capturar o Salmão do Conhecimento, um salmão encantado que se alimentava das avelãs mágicas das nove aveleiras sagradas. Quando

---

106 Jovens poetas.

107 Poetas principais.

108 Compare o nome da letra *beith* com o antigo termo irlandês para "tolo" e "inocente" *báeth*.

finalmente conseguiu capturar o salmão, Finnéces instrui Fionn, seu aprendiz, a cozinhá-lo, mas Fionn se descuida, queima-se e ao colocar seu dedo na boca para aplacar a dor, absorve todo o conhecimento do salmão.

Uma característica interessante de muitos contos e mitos celtas é que, antes de iniciar sua aventura, o herói avistava um animal branco, que o conduzia ao Outromundo. Esses animais brancos, normalmente cervos ou cavalos, mas também cães e vacas, são os mensageiros dos Deuses imortais. Nos contos arturianos, o cervo branco, inalcançável objeto de desejo dos caçadores, simbolizava a busca espiritual, ou seja, era aquilo que instigava o herói a iniciar sua busca pelo autoconhecimento e o divino.

Beith, por ser a primeira letra ogâmica, representa também a imaturidade do jovem na sua jornada de autodescoberta, semelhante à carta do Louco no Tarô. Em outras palavras, é o nosso herói interior, o Peredur ou Percival das lendas do Graal, que, apesar de ser ingênuo ou bobo, não teme o desconhecido e sempre está disposto a uma nova aventura.

Palavra Ogham de Con Culainn

Maise malach, "a beleza da sobrancelha".

Comentários

Maise malach pode ser traduzido simplesmente como "sobrancelha bonita" ou "lindas sobrancelhas". Acredito que Con Culainn se refere às manchas e aos nós escuros nos troncos brancos da bétula, que formam figuras semelhantes a olhos encimados por sobrancelhas.

Sob outra perspectiva, se considerarmos que o Sol foi descrito pelos antigos celtas de maneira poética como o olho do céu, podemos concluir que a sobrancelha seja a abóbada celeste, o arco do céu que nos encobre, ou ainda, o próprio arco-íris.

Os Deuses, a Tuatha Dé, vieram do céu em meio às brumas; vieram das quatro cidades místicas e trouxeram consigo toda a sabedoria e magia de seus Druidas. No período medieval, os monges copistas registraram em suas notas que a Tuatha Dé não veio do céu, mas de quatro cidades místicas situadas no norte do mundo. Eles acreditavam que o céu era a morada do seu Deus, o Deus cristão. Era inconcebível para eles, portanto, que outros Deuses compartilhassem a mesma morada, situada no céu, com o Deus monoteísta do cristianismo. Para os gauleses continentais, a palavra *albios*, referia-se tanto aos céus, Morada dos Deuses, como à cor branca, talvez essa associação aconteça devido à cor branca das nuvens e névoas ou ao branco dos picos nevados, onde também os Deuses mantinham residência.

O arco-íris, outro candidato ao termo "beleza da sobrancelha", normalmente aparece na mitologia celta como um símbolo de riqueza e abundância. Em *Immram Curaig Mael Dúin*[109], Máel Dúin e sua tripulação desembarcam em uma ilha encantada, onde um rio se elevava do subsolo em formato de arco-íris, atravessava a ilha e descia até o outro lado. Nesse conto maravilhoso, é descrito que os homens de Máel Dúin passavam por baixo do rio arco-íris sem se molhar e capturavam salmões com suas lanças, e havia uma grande abundância de salmões. Há, também, um personagem folclórico irlandês muito conhecido e presente no imaginário popular, o Leprechaun, que, acredita-se, esconde um pote de ouro no fim do arco-íris. O que ressalta novamente na associação do arco-íris com a prosperidade e a abundância. A palavra *fidbocc* era um antigo termo poético para se referir ao arco-íris, significando, literalmente "arco de madeira". Semelhante ao simbolismo do *Imbolc* que prenuncia o fim do inverno, o arco-íris indica o fim da tempestade, portanto, é também um símbolo de transição, de esperança e de purificação.

Nos contos e mitos irlandeses, a sobrancelha é frequentemente citada como fator característico de beleza do herói ou da heroína. Normalmente, as sobrancelhas negras ou escuras são descritas como as mais belas, como as de Fedelm, a profetisa e poetisa da rainha Medb, citadas no *Táin Bó Cúailnge*; mas também é comum encontrarmos referências a sobrancelhas vermelhas e claras, todas sinônimos de beleza.

Crann Ogham[110]

Beithe dno on beithe rohainmnigheadh ar cosmaillius fri cois in bheithe, ut dicitur: Feocos foltchain in beithi, is airi sin is i mbeithi roscribadh in cetainm ogaim tucadh a nErind .i. secht mbeithi tugad do Lug mac Ethlenn, .i. 'berthair do bean uait nisi eam custodi[e]ris'(.i. mine derna tu a coimét om. L). Is aire sin beos scribthar beithi a tosach aipgitre in ogaim.

---

109 A viagem de barco de Máel Dúin.

110 *Crann Ogham*, ou o "ogham das árvores", é um termo usado por mim para referir-se a um trecho retirado do *Auraicept na n-Éces*, "O primário dos eruditos" que parafraseia as *Palavras Ogham* de Morann Mac Main com foco nas árvores relacionadas às letras. Alguns estudiosos atribuem essas citações à Fénius Farsaid, pois aparece no texto logo após a explicação da origem do ogham por Fénius, contudo, o texto diz: "Outros, porém, dizem que não de homens as vogais ogâmicas foram nomeadas em gaélico, mas de árvores, embora algumas dessas árvores não sejam hoje conhecidas". Assim, prefiro utilizar o termo *crann ogham* para me referir a essas *bríatharogaim*.

Agora, a letra *Beith* foi nomeada a partir da bétula, devido à semelhança com o seu tronco, *ut dicitur*[111]: "de tronco murcho e cabelos claros é a bétula". Portanto, foi na madeira da bétula que a primeira inscrição em Ogham foi feita na Irlanda. Sete *beith* foram levadas a Lug, filho de Ethleann, para avisá-lo de que sua esposa seria levada, *nisi eam custodieris*[112], ou seja, a menos que protegida. É por esse motivo que a letra *B* foi a primeira inscrita no Alfabeto Ogham.

Comentários

Neste fragmento do *Auraicept na n-Éces*, que explica como as letras ogâmicas foram nomeadas de acordo com as árvores correspondentes, a letra *beith* recebe seu nome da bétula. A primeira inscrição em Ogham tinha como propósito ser tanto uma mensagem secreta como um encantamento mágico. Ogma, o Deus criador do Ogham, gravou sete vezes a letra *beith* em um galho de bétula e a enviou ao Deus Lug. A mensagem refere-se ao perigo que a esposa de Lug corria. Já o propósito do encantamento era purificar e proteger a esposa de Lug, para que ela não fosse levada ao Reino das Fadas, uma vez que o número sete era considerado divino e concedia proteção. Os galhos de bétula possivelmente foram utilizados pelos celtas em encantamentos de purificação. Além disso, se observarmos um galho de bétula, perceberemos diversas marcas em sua casca branca, semelhantes a letras ogâmicas entalhadas, assim, pode-se imaginar que a primeira letra recebeu seu nome da bétula justamente pelas manchas horizontais que há naturalmente em seus galhos e troncos, talvez vista como algo divino.

Vale salientar, que *beith* é uma letra que indica alerta e atenção, pois, como vimos, essa letra foi utilizada como sinal para se ter cuidado com o poder sobrenatural das fadas e do Outromundo, que eram muito temidas e respeitadas em toda a Irlanda.

Como vimos, a palavra *beithe* significa bétula, contudo, a antiga palavra gaélica para mulheres (plural) é *beith* ou *béithe* (*bé* no singular), dessa forma pode-se presumir que a letra *beith* é, essencialmente, uma letra feminina, como outras que veremos. Na poesia irlandesa, a bétula é frequentemente descrita como *finnbhean na coille* "bela mulher da floresta". Essa letra também está associada à vida e à existência. Compare com a palavra *buith*, "existência" e *béo*, "um ser vivo", além de suas evidentes associações

111 Do latim: "como é chamada".

112 Do latim: "a menos que seja guardada".

com o leite, o sustento da vida. Em outras palavras, a letra *beith* pode estar associada à nossa Grande Mãe Primeva, à Bé Find (ou Bebinn) a mulher branca ou bonita, a ancestral Deusa do nascimento e da fecundidade, irmã de Boand, que talvez tenha dado origem à personagem dos contos arturianos Viviane (ou Bibiane), a Dama do Lago.

Significados Oraculares

Purificação, pureza, limpeza, transição do velho para o novo, origens, ancestrais, recomeço, renascimento, novidade, notícias, recados, mensagens, alertas, imaturidade, inocência, maternagem, começo de uma jornada, cura, expurgação.

Afirmação

Estou purificado e renovado, pois limpei e afastei influências nefastas do passado para dar espaço ao novo.

Perguntas

O que devo deixar para trás?
O que precisa ser purificado em minha vida?
Tenho medo do novo?

Práticas

Pesquise sua árvore genealógica.
Faça uma limpeza espiritual em sua casa; confeccione uma vassoura mágica com um maço de bétula ou ervas sagradas.
Tome um banho de purificação com sal grosso e ervas de poder.

Temas

Renovação de energia.
Purificação do corpo, da mente e do espírito.
Limpeza de padrões mentais nocivos.

LUIS

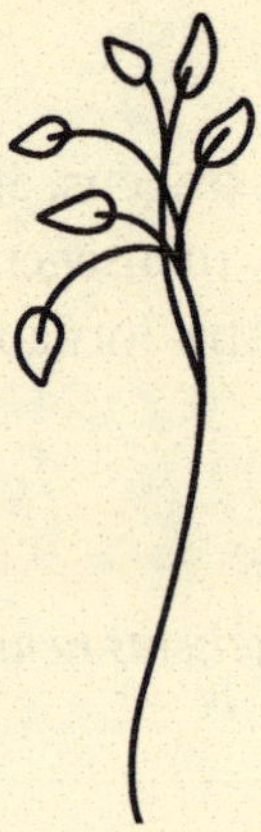

Significado do nome: chama ou erva
Árvores: sorveira-brava, também conhecida como freixo-da-montanha (*Sorbus aucuparia*); olmo, também conhecido como ulmeiro-da-montanha, olmo-silvestre, ulmo ou olmeiro (*Ulmus glabra*)[113]
Letra: l
Pronúncia: lush
Classe: camponês
Lei Brehon: plebeu[114]
Nobre da escola de Fénius: Lot
Cor (*dathogam*): cinza (*liath*)
Ave ou pássaro (*enogam*): pato (*lachu*)
Agricultura (*ogam tirda*): corda (*loman*)
Santo (*naemogam*): Laisren
Arte (*danogam*): controle

PALAVRA OGHAM DE MORANN MAC MAIN

Li sula, "brilho dos olhos", isto é, *luis*, a sorveira-brava, a letra L, ou seja, a chama.

COMENTÁRIOS

Outra possível tradução para *li sula* é "deleite dos olhos". Essa *Palavra Ogham* nos remete à capacidade de enxergar, de identificar cores e formas, e isso só é possível graças à luz. Uma das possíveis origens da palavra *luis* provém de uma antiga palavra celta para "chama, fogo, luz, radiância ou brilho". O fogo é um elemento importante no druidismo, pois estava presente em todos os ritos sagrados. Esse fogo sagrado era conhecido como *aidu* entre os gauleses e *aéd* entre os irlandeses. Aéd é, inclusive, o nome de diversos Deuses e heróis da mitologia irlandesa, como Áed Minbhrec, um dos filhos do Dagda e irmão da Deusa Brigid, conhecida como a Deusa da Tríplice Chama. Brigit ou Brigid é assim descrita no *Glossário de Cormac*:

---

113 O olmo *(Ulmus minor)* espécie mais comum na Europa e sua variedade, o olmo-inglês, são, por vezes, citados como os correspondentes à letra *luis*, contudo, a espécie *Ulmus glabra* é nativa da Irlanda e das Ilhas Britânicas.
114 Tanto a sorveira-brava quanto o olmo são classificados como plebeus no *Bretha Comaithchesa*.

Brigit, ou seja, uma poetisa, filha do Dagda. Esta é Brigit, a sábia, ou a mulher de sabedoria, isto é, Brigit, a Deusa a quem os poetas adoravam, pois muito grande e muito famoso era seu cuidado protetor. É por isso que eles a chamam de "a Deusa dos poetas", por esse nome. Cujas irmãs eram Brigit, a médica (mulher que cura) e Brigit, a ferreira (mulher da forja), de cujos nomes todos os irlandeses chamaram uma Deusa de Brigit. Brigit, então, *breo-aigit*, *breo-shaigit*, uma flecha de fogo.

Hoje, acredita-se que o nome Brigit não provenha de *breo-aigit*, "flecha de fogo", como sugere o *Glossário de Cormac*, mas de *briganti*, palavra celta que significa "a elevada", "exaltada" ou "valorosa". Ainda assim, o fogo e sua simbologia estão intimamente associados à Deusa Brigid. No próprio glossário, é perceptível que ela é a Deusa regente do fogo da forja, do fogo da cura e do fogo que concede inspiração aos poetas, por isso ela é também conhecida como Deusa da Chama Tríplice.

Não poderia deixar de mencionar a herdeira da Deusa celta Brigid, Santa Brígida de Kildare ou Santa Brígida da Irlanda. Santa Brígida, provavelmente é uma versão cristã da Deusa Pagã e suas lendas estão carregadas de elementos simbólicos, um deles, talvez o mais conhecido, é que Santa Brígida nasceu envolta em um fogo encantado ou com uma chama no alto de sua cabeça (um antigo símbolo celta de inspiração poética).

Giraldus Cambrensis[115] menciona que no santuário de Kildare, dezenove freiras mantinham acesa uma chama perpétua em nome de Santa Brígida. Cada uma delas era responsável por cuidar da chama durante um dia. No 20º dia, a própria santa cuidaria do fogo. Os homens eram proibidos de se aproximarem da chama sagrada e isso assemelha-se muito ao antigo culto a Deusas do Fogo como Vesta e Héstia.

Voltando novamente ao "brilho dos olhos" como descrito na *Palavra Ogham* de Morann, *luis* pode representar simbolicamente o próprio Sol. Como dito anteriormente, o Sol era conhecido poeticamente como "o olho do céu" e isso me faz lembrar da lenda de como o Deus Lug matou seu avô, Balor, o do olho mau.

Balor era um gigante detentor de um olho que, quando aberto, causava grande destruição. Ele era o líder dos fomorianos e inimigo dos

115 Geraldo de Gales, foi um arquidiácono e historiador normando que viveu no século 11 no País de Gales.

Tuatha Dé. Uma profecia previu que Balor seria morto por seu neto, o Deus Lug, que assim o fez ao lançar sua potente lança[116] no olho de Balor.

Lug e Balor representam aspectos diferentes do Sol. Balor, evidentemente, simboliza os aspectos ruins e maléficos do Sol, como a seca e a esterilidade, representado na lenda pelo seu olho mau. Já Lug, ao contrário, simboliza os aspectos benéficos e férteis do Sol; sua lança era considerada a representação simbólica do raio que prenunciava a época das chuvas e da fertilidade, raio esse que provinha do Sol, como acreditava-se antigamente.

É importante mencionar também, a Deusa britano-romana Sulis Minerva. O nome "Sulis" pode ter duas possíveis origens, podendo tanto vir de uma antiga palavra celta para "olho", do antigo irlandês *súil*, como do protoindo-europeu para a palavra Sol. Estudiosos acreditam que a Deusa Sulis, adorada onde hoje fica a Inglaterra, fosse uma Deusa celta solar que concedia saúde e boa visão aos seus devotos, o que sugere, mais uma vez, essa associação simbólica entre o olho e o Sol.

Portanto, interpreto *luis*, a segunda letra ogâmica, tanto como a chama da inspiração da Deusa Brigid como "o olho do Sol que a tudo vê e nada escapa", ou seja, a visão e a vidência, a fertilidade que vence a esterilidade. Além disso, a própria sorveira-brava, uma das árvores associadas à letra *luis*, quando carregada de frutos vermelhos, remete-nos mais uma vez ao simbolismo do fogo sagrado.

Palavra Ogham de Mac ind Óic

Cara ceathra, "amigo do gado", a saber, o olmo. *Cara*, a saber, querido pelo gado é o olmo, da floração à queda de suas folhas. Por isso foi dado este nome à *Letra Ogham*, a sorveira-brava, a letra *L*, pois foi da sorveira que a letra *L* recebeu seu nome.

Comentários

Originalmente, acredita-se que a letra *luis* estava associada ao olmo e, posteriormente, à sorveira-brava. Sabe-se que era comum na antiguidade, na Irlanda e nas Ilhas Britânicas, o uso do olmo como forragem e fonte de alimento para o gado, devido à grande quantidade de vitaminas e sais minerais

116 Outra versão diz que foi uma pedra de atiradeira que destruiu o olho mau de Balor.

essenciais ao seu sustento. Assim, pode-se concluir que o olmo é o amigo do gado, pois fornece alimento tanto nas estações de primavera-verão quanto nas de outono-inverno.

O gado é o símbolo máximo de prosperidade entre os antigos celtas, assim como de outros povos, como, por exemplo, os nórdicos. A riqueza de uma pessoa era medida de acordo com a quantidade de gado que ela possuía. Deve-se frisar também, que o gado, ou o touro selvagem, eram considerados os melhores presentes ofertados aos Deuses. No Caldeirão de Gundestrup[117] é possível identificar cenas de um sacrifício cerimonial que gira em torno da figura de um touro sagrado.

Um costume peculiar entre os antigos irlandeses é justamente o roubo do gado. Há na mitologia celta irlandesa diversos casos de roubos de gado que causaram grandes guerras; certamente o mais famoso deles é o *Táin Bó Cúailnge*. Para nós, hoje em dia, talvez soe estranho o costume de roubar o gado alheio, mas devemos compreender que há elementos simbólicos importantes nesse ato. O roubo do gado na mitologia celta não era como um roubo qualquer, pois esperava-se que a vítima reivindicasse seu tesouro roubado, nesse caso, o gado. Também não devemos cair no erro ao interpretar esse ato como apenas um esporte para entreter jovens ávidos por batalhas. Frequentemente, os animais roubados eram descritos como seres mágicos ou com características particulares (faz necessário um parênteses para dizer que normalmente não eram roubados rebanhos inteiros, mas apenas alguns animais em específico), dessa forma, podemos concluir que roubar o gado representava a capacidade de retirar de alguém sua soberania e prosperidade e demonstrar superioridade à vítima do roubo.

Luis, portanto, representa o sustento, o alimento, a prosperidade e o vigor em todos os seus aspectos, além, é claro, dos animais domésticos.

Palavra Ogham de Con Culainn

Lúth cethrae, "sustento do gado".

---

117 Caldeirão ritualístico celta do século 1 AEC (Antes da Era Comum). Foi descoberto na Dinamarca no século 19 EC (Era Comum). Confeccionado na antiga Trácia ou por um artesão trácio, o Caldeirão retrata cenas da mitologia celta gaulesa.

COMENTÁRIOS

É importante destacar, que outra possível origem etimológica da palavra *luis* provenha de *lus*, "erva" ou *leudh*, "crescer" e isso fica evidente na *Palavra Ogham* de Con Culainn, pois indica o alimento do gado, ou seja, a erva do campo ou mesmo os ramos de olmo dos quais serviam de alimento ao gado.

Lúth cethrae também pode ser interpretado ou traduzido como a "alegria do gado" ou o "vigor do gado" ou seja, o alimento que sustenta os animais. Em outras palavras, é a erva ou a árvore que mantém a vida. É evidente a associação de *luis* com o alimento, o que enfatiza mais uma vez sua correspondência simbólica com a prosperidade, pois, na antiguidade, quando o ser humano dependia exclusivamente dos ciclos da natureza (muitas vezes instáveis) para se alimentar, ricos e prósperos eram aqueles que tinham uma boa alimentação, assim, quem possuía mais gado, teria mais chances de se manter.

CRANN OGHAM

Luis dno, is o chrand rohainmniged, .i. o cairtheand, .i. uair 'luis' ainm caerthaind isint shenGaedelg, ut dicitur: 'Li sula luis' .i. caertheand, ar ailleacht a caer.

Então, quanto à letra *luis*, ela recebe seu nome de uma árvore, ou seja, do freixo-da-montanha[118], isto porque *luis* é o nome do freixo-da-montanha em antigo gaélico, como é chamado: "brilho dos olhos é o freixo-da-montanha", ou seja, a sorveira-brava, devido à beleza de suas bagas.

COMENTÁRIOS

O freixo-da-montanha, ou sorveira-brava, é tradicionalmente associado à *luis*, assim como o esquecido olmo. Antigos encantamentos e costumes folclóricos, comuns em terras celtas, eram feitos com ramos de sorveira-brava para proteção, especialmente a proteção do gado e dos animais domésticos. Dois pequenos galhos de sorveira-brava eram amarrados em formato de cruz com linha vermelha e postos no curral ou na porta de entrada da residência. Havia também o costume escocês de plantar

118 Outro nome para a sorveira-brava.

sorveiras nas entradas das casas paras mantê-las protegidas contra feitiçaria. Esses costumes, acreditava-se, asseguravam que o mal e a bruxaria permaneceriam longe. E é daí, talvez, que muitos Druidas modernos tiram o significado oracular da letra *luis*, ou seja, "proteção mágica".

Segundo o folclore galês, as bagas vermelhas da sorveira-brava estão associadas ao sangue de Cristo, portanto, são descritas como "frutos lamentáveis" e essas bagas foram utilizadas para fazer um tipo de beberagem chamada *diod-griavol* com finalidades medicinais.

Curiosamente, um trecho de uma balada folclórica escocesa do começo do século 20, chamada *Màiri Bhàn*[119], expressa muito bem os significados de *luis*, a sorveira-brava:

Vermelhas suas bochechas como sorveiras,
Brilhantes seus olhos como qualquer estrela,
Mais lindamente de longe,
é nossa querida Mairi.[120]

Provavelmente o autor da letra da música, o escocês J. R. Bannerman, não conhecia os significados de *luis*, a segunda letra ogâmica, mas é interessante como, na mesma estrofe, ele se refere à beleza das bagas (da sorveira) comparando-as ao vermelho no rosto da donzela e ao brilho em seus olhos, uma evidente associação, talvez inconsciente, à letra *luis*. Inclusive, o termo bochechas de bagas de sorveira, refere-se à beleza de um rosto corado.

Em o *Táin Bó Fraích*[121] a sorveira-brava foi associada à Árvore da Vida. A história conta que Fraech se apaixona pela filha de Medb e Ailill, Findabair, porém, os pais da donzela não consentem com a união dos dois e planejam matar Fraech. Para isso, o desafiam a recuperar um ramo com bagas de sorveira-brava do outro lado do rio. Os reis sabiam que naquele rio habitava um dragão, a intenção era que o pretendente de sua filha fosse morto pelo monstro. Fraech atravessa o rio e colhe o ramo, mas nada acontece, a rainha, então, pede que ele vá novamente ao outro lado do rio e pegue outro ramo de sorveira-brava. Ao recuperar o segundo ramo, o herói é atacado pelo dragão. Fraech consegue matar o dragão graças a ajuda de Findabair, que joga sua espada para ele. Um conto escocês posterior, diz que Fraech é enviado pela rainha Medb a uma distante ilha para colher as

---

119 Casamento de Mairi.
120 *Màiri Bhàn* por John Roderick Bannerman.
121 *O Roubo do Gado de Fraech.*

bagas de uma sorveira-brava, capaz de curar qualquer doença e prolongar a vida. A árvore, no entanto, era guardada por um dragão que vivia no fundo de um lago próximo. Fraech consegue resgatar as bagas, mas a rainha, insatisfeita, pede para que ele volte e recolha um galho da sorveira-brava, ao fazer isso Fraech desperta o dragão. Como no conto irlandês, Findabair o ajuda entregando-lhe sua espada, utilizada bravamente para decapitar o monstro. Porém, Fraech não resiste aos ferimentos causados pela mordida do dragão e morre no colo de sua amada.

Significados Oraculares

Inspiração, iluminação, prosperidade, riqueza, sucesso, glória, sustento, alimento, fertilidade, animais domésticos, vigor, vida, vidência, energia, esclarecimentos, resolução, entusiasmo.

Afirmação

Sou próspero e realizado em todos os aspectos da minha vida, pois possuo a capacidade de enxergar onde há trevas.

Perguntas

O que desperta minha inspiração?
O que me sustenta e acalenta?

Práticas

Crie um poema, música ou pintura em honra ao povo nobre.
Acenda uma vela em seu altar e medite sobre a letra *luis* e a inspiração.
Queime seus pedidos de prosperidade e vigor em uma chama.

Temas

Atrair prosperidade e vitalidade.
Despertar a criatividade e a inspiração.
Encontrar a resolução para os problemas.

FEARN

Variante ortográfica: *fern*
Significado do nome: amieiro
Árvore: amieiro, também conhecida como amieiro-vulgar ou amieiro-negro (*Alnus glutinosa*)
Letras: f, v ou w
Pronúncia: *fiarn* ou *férn*
Classe: chefe
Lei Brehon: plebeu
Nobre da escola de Fénius: Pharaoh
Cor (*dathogam*): vermelho (*flann*)
Ave ou pássaro (*enogam*): gaivota (*faelinn*)
Agricultura (*ogam tirda*): podão de sebes (*fidba*)
Santo (*naemogam*): Finnen
Arte (*danogam*): poesia

PALAVRA OGHAM DE MORANN MAC MAIN

Airinach Fian, ou seja, "a vanguarda do bando de guerreiros", isto é, o escudo para *fearn*, a letra *F*, devido à sua vermelhidão no mesmo aspecto: ou porque o amieiro, o material do escudo é *fearn* de onde a *Letra Ogham* recebeu seu nome. *Airenach Fian*, ou seja, escudo, que é *fearn*, a letra *F*.

COMENTÁRIOS

De todas as *Palavras Ogham*, talvez as que correspondem à *fearn*, o amieiro, sejam as mais claras, pois é de conhecimento tanto histórico quanto mitológico, que os escudos dos guerreiros celtas eram feitos preferencialmente da madeira do amieiro. Muito resistente à água, essa madeira também foi uma das preferidas nas construções de pontes, palafitas e balsas.

A madeira do amieiro, quando cortada, passa de branco para uma cor vermelha, semelhante à cor do sangue, o que levou os antigos a imaginarem que os amieiros eram seres humanos encantados. Isso gerou diversas superstições, como a proibição do corte dessas árvores em algumas regiões. Talvez seja por esse mesmo motivo que a madeira do amieiro foi escolhida pelos celtas para confeccionar seus escudos, pois a cor vermelha é, também, a cor da guerra, da fúria e da batalha.

Além do vermelho de sua madeira, era possível extrair um corante verde de suas folhas, contudo, ao contrário do que muitos imaginam, os antigos celtas evitavam usar em suas roupas a cor verde, pois acreditavam que essa cor era de uso exclusivo do povo das fadas e dos Deuses; seu uso por humanos desagradariam o povo nobre. Hoje, na Irlanda e em outros lugares do mundo, nas comemorações em honra a São Patrício o uso do verde é obrigatório. Acredita-se que essa prática talvez seja uma afronta cristã aos antigos Deuses e costumes celtas.

Fian, a palavra para "bando de guerreiros" ou "bando guerreiro", refere-se aos seguidores de Fionn mac Cumhaill, os *fianna*. Segundo a mitologia irlandesa[122], os *Fianna* eram pequenos grupos de guerreiros compostos por jovens que não tinham terras. Acredita-se que a palavra *fian*[123] significava originalmente "caçar" ou "perseguir" e passou a se referir a grupos de guerreiros independentes que realmente viveram na Irlanda medieval.

No norte da Grã-Bretanha, os romanos adoravam uma divindade celta chamada Cocidius, associada a Marte, portanto um Deus da Guerra. Mas eles adoravam também a Silvano, que o ligava à caça. Cocidius é um nome evidentemente celta que provém de *cocco-*, ou seja, "vermelho". Os romanos representavam esse Deus como um guerreiro que portava uma lança e um escudo. Em uma inscrição encontrada em Ebchester, esse Deus é descrito como *Cocidius Vernostonus*, isto é, "Cocidius do Amieiro". Parece evidente que o amieiro, talvez devido à cor vermelha de sua madeira, era associado, desde tempos remotos, tanto aos guerreiros como aos caçadores e às divindades relacionadas a esses grupos.

É possível identificar, mais uma vez, a associação do amieiro às batalhas e aos guerreiros em um poema irlandês atribuído a Iubhdan, o rei do povo pequeno, de um trecho do conto *Imthechta Tuaithe Luachra 7 Aided Fergusa*[124]:

> Amieiro, o real feiticeiro de batalha de todos os bosques, a árvore que é mais quente na luta.
> Sem dúvida, queime a seu critério, tanto o amieiro quanto o espinheiro-branco.

Portanto, como vimos, fica evidente que *fearn*, a terceira letra ogâmica, está associada aos guerreiros, à batalha, ao sangue, à caça, ao escudo e à proteção.

---

122 Especificamente no ciclo conhecido como Feniano.
123 Talvez o plural de *fia*, "cervo".
124 A jornada do povo de Luachair e a morte de Fergus mac Léti.

Palavra Ogham de Mac ind Óic

Comet lachta, "guarda do leite", a saber, o amieiro do Ogham, a letra F, do amieiro das florestas, pois é ele que guarda o leite, pois dele são feitos os recipientes que contêm o leite.

Comentários

A própria Palavra "Ogham" é autoexplicativa. "Guarda do leite" é o balde, ou outro recipiente que possa conter o leite, normalmente feitos com a madeira de amieiro. Para os celtas, o leite era sinônimo de boa alimentação, riqueza e abundância, portanto, guardar o leite não significava apenas contê-lo em um recipiente, mas protegê-lo. Talvez a *Palavra Ogham* de Mac ind Óic pudesse se referir aos guerreiros que guardavam e protegiam as riquezas do reino. Como vimos anteriormente na letra *luis*, a riqueza era simbolizada pelo gado.

Acreditava-se que quando uma pessoa do povo das fadas roubava o gado dos humanos, deixava em seu lugar um ramo de amieiro encantado, que assumia a forma do mesmo gado, mas morto. Graças a essa crença, era aconselhável nunca comer da carne de animais mortos em circunstâncias duvidosas. Esse galho de amieiro encantado em forma de gado morto era conhecido como "carne da calamidade" devido aos grandes riscos que poderia causar. É interessante notar, que esse antigo costume era a forma como os celtas justificavam o fato de não consumir carne de animais que morreram de repente, talvez causado por alguma doença contagiosa, desconhecida na época.

Palavra Ogham de Con Culainn

Dín cridi, "proteção do coração".

Comentários

Mais uma vez, o escudo de amieiro é a proteção do coração. Na literatura celta, o coração, assim como para nós hoje em dia, simbolizava os sentimentos. É comum nos referirmos ao coração quando estamos melancólicos ou tristes, ou ainda, quando estamos inflamados pela paixão. No conto *O Sonho de Oengus*, o Deus do amor e da juventude, Oengus mac Og, ao avistar uma linda donzela em seu sonho, passa a amá-la perdidamente e é acometido por uma doença descrita como "doença do coração", ou seja, a ausência de um amor. *Dín cridi* também pode ser interpretado de forma figurada como o abrigo do amor[125], talvez no sentido de ocultar ou cobrir os sentimentos.

No final do Segundo Ramo do Mabinogi, Branwen, a heroína da história, morre de "coração partido", ou seja, de tristeza, por ter perdido seus entes queridos e por ter sido o motivo que ocasionou a guerra entre o País de Gales e a Irlanda. Neste contexto, a proteção destinada ao coração pode se referir tanto contra a tristeza e a melancolia quanto a proteção dada à Deusa da Soberania pelo herói que porta o escudo de amieiro, como veremos adiante.

Segundo Platão, em *Timeu*, uma influente obra no mundo antigo e medieval, o coração era como uma sentinela do corpo, estabelecida na "morada dos guardiões", semelhante a um guarda e protetor. Em outras palavras, o coração, no centro do corpo, alerta-nos dos perigos e paixões através de seus batimentos acelerados.

Segundo minha própria interpretação para a *Palavra Ogham* de Con Culainn, *fearn*, o escudo de amieiro é responsável por nos proteger de nossos próprios sentimentos e emoções negativos, como a melancolia e a cólera, ou de decepções amorosas, uma vez que o escudo mantém os outros afastados, o que pode causar um certo isolamento. No entanto, às vezes é preciso baixar a guarda para deixar que o amor e os bons sentimentos invadam nosso coração.

CRANN OGHAM

Fernd dono, o chrand rohainmniged, ut dicitur: 'Airenach Fiann' .i. fernd, air is di na sgeith.

Fern, o amieiro, novamente, recebe seu nome de uma árvore, como é chamado: "a vanguarda do bando de guerreiros", ou seja, o amieiro, pois dele são feitos os escudos.

COMENTÁRIOS

O ogham das árvores simplesmente repete a *Palavra Ogham* de Morann Mac Main, ressaltando a importância do amieiro como matéria prima para os escudos dos guerreiros.

125 O termo *dín* significa proteção ou o ato de cobrir, abrigar. Já a palavra *cridi* significa "coração", humano ou animal, mas também foi utilizada pelos antigos irlandeses para indicar os sentimentos, o amor e a afeição.

Talvez a associação mais evidente e mais conhecida entre o amieiro e o escudo é encontrada no *Cad Goddeu*, um antigo poema galês obscuro e místico atribuído ao bardo Taliesin. Esse poema narra a batalha entre Arawn, o Deus de Annwn, o Submundo e Amaethon, o Deus da Agricultura. A batalha é motivada pelo roubo de um corço branco, um cão e um abibe de Arawn por Amaethon (vale ressaltar que esses não são animais comuns, mas possuem uma importância simbólica no mito). Gwydion, o Deus da Magia, dos encantamentos e da floresta, talvez um Deus estelar ou celeste[126], irmão de Amaethon, anima as árvores para que elas lutem contra o exército monstruoso de Arawn.

Assim é descrito a posição do amieiro no poema: "Os amieiros na primeira linha, / Deram início". Em outras palavras, o amieiro é descrito no poema galês como a vanguarda dos guerreiros, ou seja, os que estão na frente do campo de batalha, muito semelhante à *Palavra Ogham* irlandesa. A batalha das árvores só teria um fim se fosse descoberto o nome secreto de um dos membros de cada exército. Gwydion descobre o nome secreto de Bran, o abençoado, pelos ramos de amieiro que havia em seu escudo, como podemos ver a seguir:

Com cascos certeiros, meu corcel é impelido pela espora;
Os altos ramos de amieiro estão no teu escudo;
Tu és chamado Bran, dos galhos brilhantes.

E assim,

Com cascos certeiros é o meu corcel no dia da batalha:
Os altos ramos de amieiro estão na tua mão;
Bran, pelo ramo que tu levas
O bem de Amaethon prevaleceu.

Mas a associação de Bran com o amieiro não se limita apenas ao poema *Cad Goddeu*. No *Segundo Ramo do Mabinogion*[127], intitulado *Branwen ferch Llŷr*[128], Bran, o abençoado, descrito como o gigantesco rei da Grã-Bretanha, recebe a visita do rei da Irlanda que pretende pedir a mão

126 Veja que Gwydion, o Deus do Céu e das Florestas, é o oposto simbólico de Arawn, o Deus do Submundo.
127 Coletânea de lendas e histórias galesas medievais que preservam elementos evidentemente celtas.
128 Branwen, filha de Llyr.

de sua irmã, Branwen, em casamento. Porém, Efnysien, meio irmão de Bran e Branwen, não consente com o casamento e mutila os cavalos do rei da Irlanda. Depois desse desagradável acontecimento, Bran entrega como presente de desculpas ao rei irlandês seu Caldeirão de Renascimento. O rei aceita o presente, toma Branwen como esposa e a leva para a Irlanda. Branwen concebe um filho, Gwern, que significa literalmente "amieiro" em galês, mas o rei não perdoa o insulto causado por Efnysien e, incitado pelos irlandeses, bane Branwen da corte e a maltrata diariamente. Branwen treina um estorninho e manda uma mensagem para que seu irmão a resgate. Após uma longa batalha, o rei da Irlanda reconhece sua derrota e nomeia seu filho, ainda criança, Gwern, como novo rei, mas Efnysien joga seu sobrinho no fogo, matando-o e dando início à grande guerra que findará com a vitória dos galeses.

Essa história está repleta de simbolismo místico celta. Os cavalos do rei da Irlanda, por exemplo, representam a Soberania da terra e, ao serem mutilados, é gerado grande desconforto entre irlandeses e galeses, mas a contenda foi apaziguada com um presente, um Caldeirão Mágico, símbolo da regeneração da natureza (é importante frisar, que quando a Soberania é ferida, isso é refletido na terra através de guerras, secas e mortes). Branwen, por sua vez, assume o papel da Deusa da Soberania, que na mitologia celta está intimamente associada aos cavalos; a ela é dado o poder de conceder ao rei o direito de governar, mas, novamente, quando a Soberania é maltratada, a guerra é desencadeada.

Ainda há muitos elementos interessantes a serem analisados nessa bela história da mitologia galesa, mas não caberia nos propósitos deste livro, então, voltemos à letra *fearn* e ao amieiro... Gwern, o filho da Deusa Branwen com o rei da Irlanda foi, como dito, atirado ao fogo. Esse ato aparentemente selvagem simboliza o sacrifício do rei. A meu ver, Gwern, o amieiro, outro símbolo da Soberania da Irlanda, morreu para que seu tio Bran e os galeses pudessem vencer a guerra. Sendo assim, a letra *fearn* também representa um tipo de sacrifício real ou nobre e requer atenção, pois a linha de frete, a que garante proteção aos guerreiros e à tribo, é a primeira a tombar na batalha, e com a morte do rei, seu povo ficará desprotegido.

Significados Oraculares

Proteção, contenção, precaução, preservação, limites, escudo, fortaleza, guardar, resguardar, divisória, isolamento, economizar, poupar, afastar, sacrificar, caçar, defender, pioneirismo, vanguarda, guerreiros, coragem, valentia, batalhas.

Afirmação

Levanto agora um escudo de proteção contra todo tipo de maldade. Estou guardado e protegido, mas ao bem sou receptivo.

Perguntas

Como posso resguardar e proteger minha privacidade diante de olhares curiosos?
Deixo espaço para o que é o novo se aproximar?
Quais limites devo impor?

Práticas

Recite um encantamento de proteção. Visualize um escudo protegendo você de todo mal.
Consagre uma pedra ou cristal para atrair proteção e carregue-a junto de você.
Medite sobre a lenda do rei ferido e qual o significado e influência que isso tem em sua vida .

Temas

Proteção física e emocional.
Imposição de limites em determinadas situações.
Compreensão da necessidade do sacrifício.

SAILLE

Variante ortográfica: *sail*
Significado do nome: salgueiro
Árvore: salgueiro, também conhecido como salgueiro-branco (*Salix alba*)
Letra: s
Pronúncia: sáli-â (o som do â final é suave)
Classe: camponês
Lei Brehon: plebeu
Nobre da escola de Fénius: Saliath
Cor (*dathogam*): delicada, nobre (*sodath*)
Ave ou pássaro (*enogam*): falcão (*segh*)
Agricultura (*ogam tirda*): albarda (*srathar*)
Santo (*naemogam*): Sincheall
Arte (*danogam*): artesanato

PALAVRA OGHAM DE MORANN MAC MAIN

Li 'n-aimbi', "matiz do não vivo", isto é, matiz do morto, ou seja, o que lhe é negado, de modo que ele não está vivo, mas está morto. *Li 'n-aimbi'*, mais uma vez, isto é, *Sail*, o salgueiro, a letra *S*, portanto, foi dado esse nome à *Letra Ogham*.

COMENTÁRIOS

A *Palavra Ogham* de Morann, refere-se claramente aos mortos. Autores modernos associam, evidentemente, o salgueiro à morte, ao luto ou aos ancestrais, pois esta árvore é também conhecida como "salgueiro-chorão" ou árvore que chora[129], devido aos seus ramos caídos, que simbolizam o choro, a tristeza, a dor, o sofrimento e o luto. Contudo, esse simbolismo melancólico possui origem moderna e é comum principalmente entre os cristãos, que plantam essas árvores em seus cemitérios devido ao seu significado.

Existem mais de 400 espécies do gênero *salix* espalhados pelo mundo, incluindo árvores híbridas, mas a árvore mais comum na Europa, na época dos celtas, foi o salgueiro-branco[130], que recebe seu nome justamente

129 *Salix Sepulcralis*, espécie híbrida.
130 *Salix alba*.

porque suas folhas são pálidas, recobertas por uma penugem branca na parte inferior, além de possuir uma madeira de tom marrom pálido. Talvez seja este o motivo que levou Morann a associar o salgueiro à cor de uma pessoa morta, ou seja, a cor pálida.

Li 'n-aimbi' também pode ser traduzida ou interpretada como "o brilho do morto", mas uma pessoa morta não tem brilho, não tem viço, o que corresponderia então ao brilho do morto? Para mim, há um elemento simbólico implícito nessa *Palavra Ogham*. Segundo minha interpretação, "matiz" ou "brilho de um morto" pode se referir à luz da Lua, um elemento comumente associado ao salgueiro, justamente por estar simbolicamente ligada à água e ao universo misterioso do feminino. Em uma súplica escocesa dirigida à Santa Brígida é dito: "*Cha bhhan gile mi*"[131], que pode ser interpretada como "nem a Lua pode me empalidecer".

A Lua, para os antigos celtas, representava as estações, o tempo, o calendário, o guia do céu noturno e, talvez, a guardiã dos mistérios da morte, devido à sua palidez. A ausência de uma divindade lunar na mitologia celta irlandesa é, no mínimo, desconcertante, mas podemos rastrear traços de elementos lunares na figura mítica de Elatha, o titânico rei fomoriano, pai de Bres, Dagda, Ogma, Delbaeth e Lir. Elatha, apesar de pertencer à monstruosa raça fomoriana, é descrito como um belíssimo jovem de cabelos amarelos que vestia um manto dourado e era ornado com cinco torques de ouro. Foi um dos amantes de Ériu, a Deusa que personifica a terra da Irlanda, e chegou a ela navegando sobre o mar num barco de prata, o que pode ser interpretado como a luz da lua refletida no mar ou a própria Lua a navegar pelo céu. Foi Elatha quem roubou e guardou a harpa do Dagda, harpa essa que fazia as estações mudarem. Portanto, Elatha talvez fosse um antigo Deus titânico da Lua, guardião das estações e do tempo. Claro que tudo isso são especulações, e ressalto, há poucas provas que associam Elatha à Lua.

O salgueiro é uma árvore que está intimamente associada à água[132], pois o encontramos normalmente em terrenos alagados como em pântanos, às margens de rios ou de lagos. Por estar próximo à água parada e/ou contaminada, imprópria para o consumo, essa árvore foi associada à impureza[133]. Também é possível vincular a simbologia do salgueiro à figura mítica da Dama do Lago, a misteriosa divindade símbolo da Soberania, que concedeu ao rei Artur a espada Excalibur. A Dama do Lago

---

131 *Carmina Gadelica.*

132 Compare o nome da letra com o antigo termo poético para oceano ou mar *sál* ou *sail.*

133 Compare o nome da letra com a antiga palavra irlandesa *sal* que significa sujeira, *impureza.*

representa simbolicamente a sombra do Sagrado Feminino, escondida entre os ramos de salgueiro, na palidez da Lua ou nas escuras águas de seu lago, o Outromundo.

As antigas palavras irlandesas para "água", *esc*, e para "pântano", "charco" ou "água parada", *esca*, provavelmente tenham a mesma origem que a arcaica palavra para "Lua", *ésca*. Isso comprova a associação que os celtas faziam entre a Lua e a água, em especial a água parada do pântano, associada de alguma forma ao salgueiro e a sua cor pálida como a Lua.

Outra coisa importante a se dizer sobre a *Palavra Ogham* de Morann é sobre a negação, ou seja, a negação da vida e da morte como elemento oposto à vida. Se a vida nos é dada pela Mãe, o Sagrado Feminino, então a morte é a negação do feminino, o que ressalta novamente o aspecto sombrio da Deusa, muitas vezes negligenciado, evitado e negado por nós mesmos, mas muito bem representado pela letra *saille*, o salgueiro.

Palavra Ogham de Mac ind Óic

Luth bech, "atividade das abelhas", isto é, o salgueiro, a letra S, por sua floração e por seu amentilho. Por isso é dado à letra correspondente do Ogham.

Comentários

Sabe-se que as abelhas são as principais responsáveis pela polinização dos salgueiros. A *Palavra Ogham* de Mac ind Óic, refere-se especificamente a isso. Devido à sua organização e dedicação ao trabalho, as abelhas foram logo adotadas pelos cristãos como símbolos da vida monástica.

Acredita-se que, Santa Gobnait, a padroeira das abelhas e da apicultura, foi em sua origem uma antiga Deusa Pagã, associada às abelhas e ao mel, posteriormente convertida em santa pelos cristãos. Contudo, não há provas concretas quanto a isso, mas é possível que Gobnait realmente tenha vivido no século 6. As lendas cristãs contam que suas abelhas mantinham invasores distantes e o mel era utilizado para realizar curas e milagres.

Além de bem-organizadas, as abelhas expressam muito bem o respeito à hierarquia, pois trabalham em prol de algo muito maior e mais importante para a colmeia: a vida da abelha-rainha, que simboliza, talvez mais para nós hoje em dia do que para os antigos celtas, o poder da Soberania. Segundo minha interpretação, isso reforça os aspectos femininos da letra *saille*.

Outro fator interessante a se observar, é que na *Palavra Ogham* anterior, ficou evidente as associações à palidez dos cadáveres e ao brilho pálido da lua, aqui, ao contrário, enfatiza-se os aspectos solares e vigorosos das abelhas, que desempenham seus trabalhos durante o dia. Assim, como nas demais letras do ogham, *saille* apresenta extremos que, ainda que sejam opostos, também são complementares, enfatizando os aspectos claros e sombrios da Soberania.

Palavra Ogham de Con Culainn

Tosach mela, "início do mel".

Comentários

O mel é um elemento que aparece com frequência na mitologia celta irlandesa, algumas vezes como símbolo de inspiração e eloquência, em outras, como símbolo de abundância e doçura. Como vimos, o salgueiro foi associado tanto à água, por ser uma árvore ribeirinha, quanto ao trabalho das abelhas, ou seja, o mel. Quando penso nessas associações, vem em minha mente uma bebida alcoólica, feita de água e mel, muito apreciada pelos antigos celtas: o hidromel[134].

Servido ritualisticamente durante a coroação do rei da Irlanda, bem como nas cerimônias de casamento, em diversas lendas vemos o hidromel como a bebida mística que era oferecida pela Deusa da Soberania ao futuro rei. Assim como a água é um dos principais símbolos da feminilidade e do subconsciente, o hidromel é o símbolo da Deusa da Soberania, o poder feminino que concedia ao rei o poder de governar sobre a terra.

Nas lendas medievais irlandesas, a Deusa da Soberania aparece ao herói como uma velha horrenda, símbolo da morte e da terra desolada. A velha desafia o herói a beijá-la ou a se casar com ela, se assim fizer, ela assume sua real face de linda donzela e oferece ao futuro rei uma bebida, frequentemente o hidromel, mas também água ou cerveja vermelha, como símbolo da sua Soberania. Esse mesmo padrão se repete, com algumas variações, nas lendas do Rei Artur, onde a Soberania assume a figura de Cundrie, a mensageira do Graal ou, como dito anteriormente, na figura da Dama do Lago.

---

134 Deve-se ressaltar que, o hidromel, era uma bebida destinada a ocasiões especiais, assim como o vinho importado, muito apreciado entre os celtas. A bebida alcoólica mais consumida naquela época era certamente a cerveja.

No conto *Baile in Scáil*[135], Conn e seu druida são levados ao Outromundo, em meio a névoas; eles chegam em uma planície onde havia uma árvore dourada, uma casa e um poste central. Dentro da casa havia uma donzela coroada e um recipiente de prata com argolas de ouro cheio de cerveja vermelha e um copo de ouro diante dela. Após essa visão maravilhosa, um fantasma apresenta-se a eles como o Deus Lug. A donzela se apresenta como a Soberania da Irlanda, serve costelas de boi e javali para Conn comer, e quando serve a bebida pergunta "A quem deve ser dado este cálice?" Lug indica que Conn deve tomar do cálice e recita o nome de todos os reis que irão sucedê-lo.

Essa encantadora história está repleta de simbolismo, mas o que nos importa aqui é a figura da Soberania da Irlanda que serve ao rei Conn a bebida que lhe dará o direito de governar o país. A névoa é um sinal de que Conn deixa o mundo dos homens para ingressar no Outromundo. A árvore na planície pode ser uma *bile*, a Árvore Sagrada, o eixo vertical que liga o Céu, a Terra e o Submundo.

De acordo com a história da *Echtra Mac nEchach Muigmedóin*[136] os filhos do rei Eochaid vão caçar e sentem sede. Cada irmão vai em busca de água e eles descobrem um poço guardado por uma mulher horrenda, com o rosto preto, que exige um beijo em troca da água, mas todos se recusam a beijá-la. Porém, Niall aceita não só beijá-la como deitar-se com ela. Assim que ele se lança sobre a velha bruxa, ela assume a forma de uma linda donzela e se revela como a Soberania da Irlanda, concedendo-lhe não somente a água, como a realeza por muitas gerações. Vemos neste conto a Soberania como uma bruxa horrível, que mais uma vez oferece uma bebida ao futuro rei, mas somente após um beijo.

O nome da lendária rainha Medb ou Maeve significa "inebriante" e compartilha, talvez, a mesma raiz etimológica para a palavra "hidromel". Nos mitos, vemos que a própria rainha assumia o papel de Deusa da Soberania, que concedeu ao seu esposo o poder de reinar, contudo, sob sua própria vontade, pois Medb era descrita como uma mulher independente que não se deixava submeter pela força.

Mas nem sempre a Soberania é dada ao homem pela Deusa. Em algumas raras histórias, a Soberania é devolvida à mulher pelo herói, como descrito no conto *The Wedding of Sir Gawain and Dame Ragnelle*[137]. Nessa

135 Furor do Fantasma.

136 A aventura dos filhos de Eochaid Mugmedón.

137 O casamento de Sir Galvão e a Dama Ragnell.

história medieval do século 15, influenciada por antigos contos celtas, o Rei Artur sai à caça e invade as terras do cavaleiro sobrenatural Sir Gromer Somer Joure, que, muito irado, desafia Artur com um enigma, o rei deve responder o que as mulheres mais desejam no mundo. Sir Gromer diz ao rei que ele deve retornar ao mesmo local em um ano, se a resposta estiver errada, Artur perderá sua vida. Ao voltar à corte, Artur demonstra preocupação, Sir Gawain percebe a melancolia de seu tio e se dispõe a ajudá-lo. Eles saem em busca da resposta e a cada mulher consultada, uma resposta diferente é dada, até Artur se encontrar com uma mulher horrenda e repugnante, montada em um belo cavalo. Seu nome é Ragnell e ela diz ao rei que pode ajudá-lo com a resposta fatídica, mas com uma condição: se a resposta estiver correta, ela exige se casar com Sir Gawain, que concorda em se submeter a tal "sacrifício" para salvar seu rei. Após um ano, como combinado, o rei revela a Sir Gromer que o que as mulheres mais desejam é a Soberania. A resposta está correta, Artur está livre e os preparativos do casamento entre Gawain e Ragnell têm início. Todos ficam chocados com a aparência e comportamento grotesco da noiva, mas o casamento acontece. Na noite de núpcias, Ragnell assume a aparência de uma linda donzela e explica que estava sob os efeitos de um feitiço; ao se casar com um nobre cavaleiro, ela poderia assumir sua real aparência somente a metade de um dia. Então ela pergunta a Gawain se ele prefere que ela seja bonita à noite, quando estão juntos ou de dia, na presença de outras pessoas. Gawain deixa que ela mesma escolha, assim, o encanto se quebra e Ragnell assume sua linda aparência, pois ela recebeu de seu esposo o poder de escolher por si mesma, ou seja, ela recebeu a Soberania, o desejo de todas as mulheres, que, em dado momento do passado, foi usurpada do feminino pelo homem e pela sociedade patriarcal em que vivemos até hoje.

Assim, fica evidente que *saille*, a quarta letra ogâmica, significa essencialmente o poder da Deusa da Soberania. É aquela velha horrenda que evitamos olhar, é nossa sombra que devemos, sobretudo, respeitar e honrar para que se revele como a linda donzela da Soberania.

CRANN OGHAM

Sail dano, is o chrand rohainmniged, ut dicitur: 'Li ambi' .i. nemli lais, .i. ar cosmaillius a datha fri marb.

Sail, o salgueiro, novamente recebe seu nome de uma árvore, como é chamado: "a cor de um não vivo", isto é, não tem cor, ou seja, devido à semelhança de sua tonalidade com uma pessoa morta.

COMENTÁRIOS

Mais uma vez, o ogham das árvores repete a *Palavra Ogham* de Morann, enfatizando que a cor de um não vivo, nada mais é que o descorado, ou seja, o que não possui cor. Novamente vemos a questão da negação da não vida e da não cor.

É interessante notar, que a palavra galesa para designar o mundo dos mortos é *annwn*, ou seja, "o não mundo", que corresponde ao gaulês *antumnos*, que também significa "o abismo" ou "o lugar profundo". *Annwn* pode ser interpretado como a negação do mundo (dos vivos), seu oposto e complementar. Em irlandês, o correspondente à *annwn* é *Tech Duinn*, ou seja, "a casa de Donn" ou "a casa do escuro", em outras palavras, a casa da escuridão, o Submundo, lugar onde não há luz, portanto, não há cor, o que sugere novamente a atribuição de negação à *saille* como a não cor de um não vivo.

SIGNIFICADOS ORACULARES

Intuição, soberania, sombra, enigmas, feminino sombrio, o não, o oposto, morte (como transição), melancolia, silêncio, ciclo lunar, intoxicação, emoções, autoconhecimento, negação, anima, instinto, solidão, interiorização.

Afirmação

Sou conduzido pela intuição, aquela sábia e misteriosa dama que sussurra em meus ouvidos os dons da Soberania.

Perguntas

Sinto receio em confrontar minha própria sombra?
Estou disposto a deixar a intuição me orientar?
Quais aspectos femininos interiores devem ser curados?

Práticas

Medite sobre a atual fase da Lua e como ela afeta você.

Deposite em seu altar um Cálice ou um Caldeirão e ofereça uma bebida à Deusa da Soberania.

Visite um lago, rio ou mar e deposite uma oferenda aos ancestrais.

Temas

Encontro com a sombra.

Despertar da intuição.

Resgatar o Sagrado Feminino.

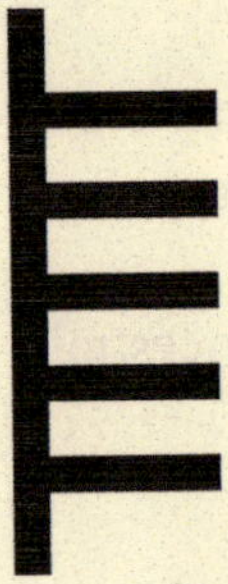

NION

Variante ortográfica: *nin, nuin*
Significado do nome: forquilha ou letra
Árvores: freixo, também conhecido como freixo-europeu (*Fraxinus excelsior*); urtiga, também conhecida como urtiga--comum (*Urtica dioica*).
Letra: n
Pronúncia: *niôn*
Classe: camponês
Lei Brehon: nobre
Nobre da escola de Fénius: Nebuchadnezzar
Cor (*dathogam*): cor clara (*necht*)
Ave ou pássaro (*enogam*): narceja (*naescu*)
Agricultura (*ogam tirda*): aro (*nasc*)
Santo (*naemogam*): Neasan
Arte (*danogam*): trabalho notório (tabelião)

PALAVRA OGHAM DE MORANN MAC MAIN

Cosdad sida, "estabelecendo a paz", ou seja, *nin*, o freixo, a letra N: é a forquilha[138] do eixo da tecelã aplicada à madeira: é um sinal de paz. O estabelecer da paz é o freixo do eixo do tear.

COMENTÁRIOS

Cosdad pode significar tanto o ato de verificar, examinar, como o estabelecer. Já a antiga palavra irlandesa para paz *síd* (pl. *síde*), pode designar também os montes encantados, moradas das fadas e, por abreviação, pode se referir ao próprio povo das fadas, os *áes sídhe*.

Falar sobre as fadas na mitologia celta é um grande desafio. A primeira coisa que devemos ter em mente é que as fadas da mitologia celta não têm nada a ver com as fadinhas dos contos infantis. Alguns estudiosos

---

138 A palavra *ginol*, traduzida aqui como "forquilha", significava originalmente "mandíbula" e parece estar relacionada à palavra *garmna (garman)*, que significa eixo de tecer, ou seja, a barra ou viga que era encaixada na forquilha do tear. Portanto, *ginól* provavelmente referia-se a uma parte do tear, talvez uma abertura ou uma bifurcação. McManus sugere a seguinte tradução: "a forquilha do eixo do tecelão", o que faz sentido, pois *nion* também significa forquilha. Isso evidencia o uso de palavras parônimas (palavras semelhantes na forma ou no som, mas com significados diferentes).

acreditam que as fadas não são nada mais que versões deturpadas de antigos Deuses celtas ou, talvez, de Deuses pré-celtas. Essa teoria é atestada pela própria mitologia irlandesa, pois indica que os Deuses Tuatha Dé Danann foram expulsos pelos humanos da superfície da terra e passaram a habitar os montes encantados, o Submundo ou *síde*. De qualquer forma, sejam Deuses ou outro povo encantado, as fadas, ao contrário do que se pensa, eram muito temidas pelos humanos. Os irlandeses chamam o povo das fadas de "Nobres" ou de "Bons Vizinhos", mas não se engane, isso demonstra, na verdade, respeito e medo em ofendê-las. A palavra portuguesa "fada" vem do latim, *fatam*, ou seja, "destino" ou "fado", e representava a sina nas mãos de Deusas como as Parcas, senhoras que fiavam o destino dos humanos.

A *Palavra Ogham* de Morann, refere-se aos eixos ou vigas presentes nos teares das tecelãs, pois em tempos de paz, as mulheres podiam tecer as roupas e tecidos da tribo. Tecer e fiar eram funções essencialmente femininas e era nesse momento que as mulheres da tribo se reuniam para trocar informações, confraternizar, aprender e compartilhar seus conhecimentos.

Perceba a associação entre o destino, representado pelas fadas (como Deusas do Destino) e o ato de fiar e tecer. Na mitologia celta irlandesa não encontramos nenhuma divindade ou Deusas similares às Parcas dos romanos, Moiras dos gregos ou Nornes da mitologia nórdica, contudo, há algumas tríades de Deusas celtas que podem ser consideradas Deusas do Destino. A primeira candidata à tríade de Deusas que regem o destino são as Deusas Ériu, Banba e Fódla. Apesar de não serem descritas como tecelãs nos mitos, são Deusas da Soberania e representam a própria terra da Irlanda, portanto, são importantes divindades que traçaram os destinos dos Deuses e dos homens. Morrígan, a Deusa da Batalha, e suas duas companheiras, Macha e Badb, também desempenham o papel de Deusa tríplice da Soberania, responsável pelo destino dos homens.

Outra possível, e minha preferida, candidata à tríade de Deusas celtas do destino são as mulheres-aranha descritas por Thomas Rolleston em uma história folclórica. A história conta que o herói Finn e seus homens estavam em uma caçada no alto de um monte e se depararam com uma caverna, onde era possível avistar três bruxas horrendas fiando. Os guerreiros se aproximaram para vê-las de perto e acabaram presos nos fios das bruxas. Como aranhas, elas os pegaram e colocaram dentro de sacos e os levaram para o fundo da caverna. Outro bando de guerreiros, procurando por Finn, também acabaram presos nos fios encantados e foram amarrados e levados para o fundo da caverna. Quando as bruxas estavam prestes a matar todos os cativos, eis que chega Goll Mac Morna e salva os guerreiros, decapitando duas das três irmãs; a terceira, chamada Irnan, pede clemência e é negociada a libertação dos guerreiros, inclusive do próprio Finn. Posteriormente, Goll mata a terceira bruxa, que havia assumido aspectos terríveis, e Finn concede a mão de sua filha, Caoimhe, a Goll Mac Morna.

Goll é nosso herói solar, seu nome significa literalmente "caolho" e como já vimos, o olho simbolizava o Sol. Seu nome próprio é Áed, ou seja, "fogo", o que ressalta mais uma vez seus aspectos solares. Goll é comparado frequentemente a Balor, o do olho mau. Em alguns contos ele mata o Deus Lug e em outros ele é morto por Lug, o que talvez indique que ele fosse um importante personagem de um mito cósmico que explicasse a ciclicidade da natureza.

Irnan e suas irmãs representam exatamente o oposto de Goll, aqui descrito como o Sol em seus aspectos benéficos. Elas são habitantes do Submundo, as senhoras da morte, o destino de todo ser vivo. As três irmãs pertenciam à Tribo dos Deuses antigos, a Tuatha Dé Danann, e representam os aspectos temíveis da natureza, que a tudo possui e a tudo devora. As três bruxas simbolizam também a Soberania, pois na história, os guerreiros de Finn são capturados por não respeitarem os limites da terra e invadirem suas propriedades.

A batalha entre Goll e Irnan talvez simbolize a vitória da luz sobre a obscura morte, assegurando que a vida é cíclica e indicando que não há de fato um fim absoluto, mas também representa muito bem como o patriarcado submeteu e oprimiu o poder feminino, dono legítimo do destino de tudo e todos (compare com a história do Oráculo de Delfos, antigo templo da Deusa Gaia, tomado por Apolo, o Deus solar). Outro fator importante nessa história é que Goll recebe a filha de Finn, Caoimhe, como esposa. Caoimhe, a da pele branca, não é nada mais que outra face de Irnan, a Soberania, como descrito em *saille*.

A figura arquetípica da tecelã do destino é também encontrada na história de Fedelm; sem dúvida, a vidente e profetisa mais conhecida da mitologia celta irlandesa. Ela é descrita no *Táin Bó* como uma linda donzela que tecia rendas e possuía uma haste[139] de bronze prateado com sete tiras de ouro vermelho. Essa breve passagem do famoso épico irlandês deixa muito claro que a arte de tecer estava intimamente ligada à vidência e à profecia,

---

139 O eixo de tecer ou talvez o fuso.

pois somente aquela que possuía o dom de tecer, ou seja, aquela que sabia manipular o fuso e o tear, era capaz de predizer o futuro de alguém, ao observar como as linhas se entrecruzam e formam a renda do destino.

Portanto, *nion*, a quinta e última letra do primeiro grupo, representa a habilidade feminina de fiar e tecer, momento propício para reunir-se em paz, além de indicar o destino dos homens nas mãos da tecelã divina, muitas vezes temida, que entrelaça os fios da vida na trama do destino.

PALAVRA OGHAM DE MAC IND ÓIC

Bág ban, "a luta das mulheres", a saber, o freixo, a letra N, do eixo da tecelã, isto é, a forquilha do eixo do tear. Por isso é dado à letra correspondente.

COMENTÁRIOS

Bág ban pode ser interpretado de diversas formas, uma delas é "luta branca" ou "batalha sem sangue", mas também "orgulho das mulheres", ou ainda, "disputa das mulheres", isto é, uma disputa sem violência. Acredito que essa *Palavra Ogham* de Mac ind Óic indique uma disputa de habilidades entre tecelãs.

Se minha colocação estiver correta, assim como havia entre os celtas a disputa entre os campeões da tribo, para medir sua força e coragem, havia também uma disputa entre mulheres, sem violência, mas que envolvia diversas habilidades, dentre as mais importantes a de tecer e fiar.

Jogos de disputas eram comuns entre os celtas e o mais conhecido era a *Aonach Tailteann*[140], instituída pelo Deus Lug como uma cerimônia de luto em honra à sua mãe adotiva, Tailtiu. Esses jogos aconteciam no período de *Lughnasadh* e coincidia com as primeiras colheitas. Havia diversos tipos de disputas como arremesso de lanças, natação, salto em altura, corridas, arco e flecha, luta, canto, dança e, claro, disputa entre tecelãs.

Assim, *nion* pode indicar uma competição saudável, ou ainda, a autossuperação em alguma habilidade particular.

PALAVRA OGHAM DE CON CULAINN

Bág maise, "orgulho da beleza".

---

140 A Assembleia de Tailtiu.

COMENTÁRIOS

Mais uma vez, a palavra *bág* pode indicar, além de orgulho e luta, uma disputa. Nesse caso uma disputa de beleza (talvez um concurso de beleza?), mas não exatamente uma disputa por beleza como muitos interpretam, pois *maise* significa, sobretudo, "graciosidade", "delicadeza" ou qualquer qualidade associada à aparência, mas também aquilo que confere renome ou dignidade. Isso me faz lembrar a história da heroína Emer.

Em *Tochmarc Emire*[141], os homens do Ulster estavam à procura de uma esposa perfeita para o herói Cú Chulainn e então encontram Emer, descrita como possuindo os seis dons da feminilidade, a saber: beleza, sabedoria, fala gentil, voz doce, castidade e habilidade na costura. Emer foi, durante muito tempo, sinônimo de ideal feminino entre os irlandeses. Durante o cortejo, Emer e Cú Chulainn fazem diversas perguntas enigmáticas entre si, sempre enfatizando os grandes feitos que ambos realizaram, evidenciando que eram perfeitamente complementares. Talvez seja esse o real significado de "disputa de beleza", pois ambos eram igualmente belos e perfeitos em diversas habilidades.

Para mim, *nion* é a letra que simboliza perfeitamente todos os aspectos da feminilidade, mais do que *saille*, que indica a sombra feminina, o aspecto bruxa, enquanto *nion* demonstra todos os dons das mulheres.

CRANN OGHAM

Nin dno, is o chrand rohainmniged, .i. o uindsind, ut dicitur: 'cosdad sida nin', .i. uinnius, ar is di doniter craind gae triasa coscairther in sidh; no 'cosdudh sidha uindis'. Nin .i. ginol garmna dognither do uindsind .i. isin aimsir sidha togaibter garmna.

Nin também recebe seu nome a partir de uma árvore, a saber, o freixo, como é chamado: uma restrição[142] à paz é *nin*, a saber, o freixo, pois dele são feitos os cabos das lanças pelas quais a paz é quebrada: ou, um impedimento da paz é a lança de freixo. *Nin*, é a forquilha do eixo da tecelã feita de freixo, isto é, em tempos de paz, os eixos dos teares são levantados.

141 O cortejo de Emer.

142 Mais uma vez, a palavra *cosdad* (ou *costud*) significa estabelecer, verificar, controlar, mas também restringir, impedir ou conter.

COMENTÁRIOS

Nion, ou *nin*, significa forquilha ou galho bifurcado. Damian McManus sugere que *nin* também significa, de uma forma geral, qualquer letra. Isso se deve, creio eu, ao formato das letras ogâmicas assemelharem-se às forquilhas. O antigo termo utilizado para designar o conjunto de letras ogâmicas, *beith-luis-nion* ou *beithe-luis-nin*, semelhante à nossa palavra "alfabeto", é a junção da primeira, segunda e quinta letra do ogham, sendo que *nion* foi escolhida como substituta de *fearn*, a terceira letra, para indicar que a palavra se refere às letras em geral.

O freixo foi uma das árvores mais sagradas da Irlanda celta, ao lado do teixo e do carvalho. Há referências a diversos freixos sagrados nos textos medievais irlandeses, dentre eles, o freixo sagrado da colina de Uisneach[143] foi um dos mais conhecidos, pois estava situado no centro sagrado da Irlanda e dividia, com a *Ail na Míreann*[144], o título de "Eixo Cósmico do Universo", marcando as divisões das províncias da Irlanda. Creio que o eixo da tecelã, citado nas *Palavras Ogham*, foi também um antigo símbolo da árvore cósmica que une os três mundos, ou seja, o freixo sagrado situado no centro do Universo.

Da madeira do freixo eram feitas as forquilhas que sustentavam os teares das mulheres celtas. Interessante notar, que as lanças dos guerreiros também eram confeccionadas com a madeira do freixo. Isso fica evidente, por exemplo, na palavra *uinnius* (ou *uindsind, uindis*), que significa tanto freixo como a haste das lanças feitas de freixo (compare com a palavra latina *ornus*, que também significa freixo ou a lança feita da madeira dessa árvore). É possível, igualmente, encontrar algo muito parecido na palavra *æsc*, uma palavra do inglês antigo para freixo, que também foi usada poeticamente para se referir às lanças. As duas lanças mágicas mais conhecidas da mitologia celta, por vezes confundidas, são a Lança do Deus Lug e a *Lúin de Celtchar*; apesar das correlações, a lança de Lug foi feita de *ibar*, teixo, e não de *uinnius*, freixo.

Assim como em todas as letras do Ogham, é perceptível que há correspondências opostas a *nion*, ou seja, essa letra representa tanto a lança que traz guerra e quebra a paz, quanto o eixo do tear, que simboliza momentos de paz e tranquilidade.

---

143 *Bile Uisnigh.*
144 Pedra das divisões.

Além disso, podemos associar a letra *nion à* palavra *cleth,* que significa "tronco de árvore" ou "poste/viga" do telhado de uma casa (caibro), pois era embaixo do telhado que os tratados de paz eram firmados. Mas essa palavra também significa "lança" ou, de forma figurativa, o próprio líder dos guerreiros. Desse modo, *cleth,* assim como *nion,* está ligada à paz, quando um grupo se reunia em uma casa (ou talvez em um templo onde um poste, viga ou árvore como o freixo demarcava o centro simbólico), mas também à guerra, quando associada às lanças dos guerreiros.

Outra interessante semelhança é encontrada entre o trecho do Crann Ogham e algumas passagens bíblicas, como, por exemplo, no Primeiro Livro de Samuel, que associa, igualmente, o cabo da lança ao eixo da tecelã (viga ou barra do tear) devido à sua aparência:

> E a haste da sua lança era como eixo de tecelão, e o ferro da sua lança, de seiscentos siclos de ferro; e diante dele ia o escudeiro.[145]

Por ser uma árvore de grande porte, semelhante ao carvalho em estatura, para mim, o freixo (*nion*) é o correspondente feminino do carvalho (*duir*) masculino, portanto, representa simbolicamente a mãe, a tribo, o centro, o lar e a família, enquanto o carvalho representa o pai e a segurança da casa e da fortaleza.

Significados Oraculares

Feminilidade, paz[146], comunidade, mãe, esposa, família, parentes, trabalho em equipe, uniões, comunidade, ligações, coletivo, harmonia, integração, inclusão, centro, conexão, fado, destino, a consulente (feminino).

Afirmação

Meu destino é como a trama do tecido nas hábeis mãos da tecelã. Sozinho sou apenas um fio, mas juntos formamos o belo padrão da vida.

Perguntas

O que perturba minha paz?
Tenho habilidades para trabalhar em equipe?
Como é o meu relacionamento com minha mãe?

145 Bíblia Almeida Corrigida Fiel (ACF).

146 Ou conflito, quando em seu aspecto negativo.

Práticas

Eleve sua espada ou outra lâmina qualquer e determine que haja paz nas quatro direções.
Crie uma magia com barbante e nós para fins altruístas.
Medite sobre como o destino atua em sua vida.

Temas

Paz e equilíbrio interior.
Reconciliação e união.
Honrar a mãe, a família e a tribo.

AICME HÚATH

Tronco
Direção: Norte (*túathus*)
Província da Irlanda: Ulster
Atributo da direção: batalha (*cath*)
Estação: inverno (*gemred*)
Pessoa (*daenogam*): *Minna* nobres (ou mulheres) ou clérigos
Mulher (*daenogam*): freiras
Água (*ogam uisceach*): açude
Cão (*conogam*): galgo ou cão de caça
Boi (*damogam*): boi
Vaca (*boogam*): vaca leiteira com bezerro de um ano

COMENTÁRIOS

O *aicme hÚath*, o segundo grupo de letras ogâmicas, recebe seu nome da sexta letra do alfabeto e representa os desafios e superações na jornada da vida. Esse *aicme* está associado ao desenvolvimento da vida adulta e representa a batalha interior, os desafios da vida espiritual (representados pelos clérigos e freiras, já sob influência cristã) e a superação dos obstáculos, que exige força e coragem para vencer o medo, nosso maior inimigo.

O segundo *aicme*, direciona-se ao Norte, o lugar do inverno, das privações, do temido e desconhecido escuro da meia-noite. É, sem dúvida, a direção mais temida, o lugar para onde devemos nos dirigir quando precisamos enfrentar nossos monstros interiores; é a batalha da vida e a Caçada Selvagem. Mas não devemos nos intimidar, pois estaremos acompanhados dos galgos sagrados que sempre nos auxiliam.

A vaca leiteira, que sustenta seu bezerro, e o boi, o touro domesticado, simbolizam a segurança da casa e do lar, ou seja, é a representação da vida adulta, da força e da resistência desse *aicme*. Contudo, às vezes é preciso sair da zona de conforto e descobrir o que há além da segurança do lar.

Aqui nos encontramos no tronco, a parte mais resistente e mais vulnerável de uma árvore, a representação da dualidade da vida. Esse *aicme* nos convida a agir com sabedoria, pois devemos saber lidar com os recursos que estão à nossa disposição, representado pelo açude que nos fornece água em períodos de seca.

Por vezes, o *aicme hÚath* simboliza o caótico abismo, a morada dos Fomorianos, os inimigos dos Deuses. Em contrapartida, também simboliza o céu, local onde a Tuatha Dé, a Tribo dos Deuses, mantêm morada. É importante ressaltar, que o *aicme hÚath* simboliza a dualidade, ou seja, a luz e as trevas, os Deuses e os titãs, a coragem e o medo, não como forças que se repelem, mas como elementos que se complementam.

HÚATH

Variante ortográfica: *uath*
Significado do nome: medo ou terror
Árvore: espinheiro-branco, conhecido como pilriteiro, espinheiro-alvar, espinheiro-ordinário, pilrito ou espinha-branca (*Crataegus monogyna*)
Letra: h (talvez correspondesse às semivogais y ou j)
Pronúncia: *uá* (também pode soar como *hué*)
Classe: camponês
Lei Brehon: plebeu
Nobre da escola de Fénius: Herod
Cor (*dathogam*): terrível (*huath*)
Ave ou pássaro (*enogam*): corvo noturno (*hadaig*)
Agricultura (*ogam tirda*): com o sal (*huartan*)
Santo (*naemogam*): H-Adamnan
Arte (*danogam*): poesia trissilábica

PALAVRA OGHAM DE MORANN MAC MAIN

Conal cuan, "a assembleia de lobos", ou seja, *uath*, o espinheiro-branco, a letra *H*, pois um encontro de lobos é um terror para todos. *Conal cuan* fala sobre a *Letra Ogham H*, devido à semelhança de seus nomes, pois eles são espinhos, igualmente.

COMENTÁRIOS

A palavra irlandesa *cú* normalmente é traduzida como "cão", especificamente o cão de caça ou galgo, mas também pode ser interpretada como lobo, assim, a *Palavra Ogham* de Morann pode se referir tanto à alcateia de lobos, quanto à matilha de cães de caça.

O lobo e o cão são figuras frequentes na mitologia celta irlandesa. Normalmente descritos como humanos encantados ou mesmo como lobisomens, os lobos e os cães tinham a capacidade de se metamorfosear ou assumir características humanas.

Encontramos uma versão interessante sobre o comportamento do lobo na história sobre o nascimento do rei Cormac Mac Art. O pai de Cormac, Art, filho de Conn das Cem Batalhas, parte em direção a uma batalha no Oeste, mas antes de chegar a seu destino, ele se abriga na casa de um ferreiro, onde é persuadido a se casar com a filha dele, Étain, pois Art não possuía filhos legítimos. Art diz a Étain que o filho gerado daquela união será o próximo rei da Irlanda, e que ela deverá levar o garoto a Connacht para ser adotado por seus amigos, e então ele parte para a batalha, onde encontra sua morte. Étain segue as orientações do rei e parte em direção à Connacht, mas ao sentir as contrações do parto, ainda na estrada, desce da carruagem e dá à luz Cormac. Debilitada, a mãe do futuro rei pede que sua criada cuide do recém-nascido enquanto descansa, mas a criada se descuida e também adormece. Enquanto elas dormiam, uma loba se aproxima e rouba Cormac e o leva para uma caverna, junto de seus filhotes.

Como na história romana de Rômulo e Remo, Cormac, filho de Art, também foi cuidado por uma loba. Alguns, inclusive, sugerem que essa e outras histórias sobre lobos e lobisomens em terras celtas possuem influência estrangeira, contudo, a representação mítica do lobo com características humanas é quase universal.

Em *Feis tighe Chonáin*[147] é contado a interessante história de Uirne[148], irmã ou tia de Fionn Mac Cumhaill. Uirne estava grávida quando foi enfeitiçada por Uchtdealbh, a amante rejeitada de seu marido, que a tocou com uma varinha druídica e a transformou numa cadela. Ela deu à luz dois lindos filhotes[149], um chamava-se Bran e o outro Sceolan, que, posteriormente, tornaram-se os cães de caça[150] preferidos de Fionn. Uirne voltou à sua forma humana original, mas seus filhos permaneceram na forma canina.

O famoso herói irlandês Cú Chulainn, que significa literalmente "Cão de Cullan", chamava-se anteriormente Sétanta. Ele passou a ser assim conhecido após matar o feroz cão de Cullan, em autodefesa. Para compensar a morte do cão, o próprio herói se oferece como substituto do cão de guarda de Cullan, até que ele encontre outro cão. É interessante notar, que nessa história não é o cão que assume características humanas, mas o humano, no caso Cú Chulainn, que assume o papel de cão de guarda.

Mas nem todos os lobos míticos celtas eram amigáveis. As três filhas de Airitech, nas noites de *Samhain*, saiam de uma caverna, assumiam a forma de lobas, atacavam as ovelhas e causavam grande destruição. Cas

147 A Festa na Casa de Conán.

148 Chamada Tuirreann no conto.

149 O conto se refere a filhos e filhas, portanto, havia mais crias.

150 *Wolfhound*, o lebrel irlandês, é conhecido como o cão caçador de lobos devido ao seu grande tamanho.

Corach, o harpista da tribo dos Deuses, atraiu as lobas com sua música mágica e fez com que elas assumissem a forma humana para que o herói Caílte mac Rónáin, sobrinho de Fionn Mac Cumhaill, pudesse atirar sua lança e matá-las.

A *Palavra Ogham* faz referência tanto ao lobo quanto ao cão. É importante enfatizar que o lobo, neste contexto, representa o medo que o homem possui da natureza selvagem, pois não pode controlá-la. Já o cão, por sua vez, simboliza o oposto, ou seja, a coragem e a bravura do guerreiro. Normalmente esses animais não atuam sozinhos, como sugere a *Palavra Ogham*, portanto, *hÚath* simboliza a cooperação, o grupo e o coletivo, é a ação em prol da tribo, dos parentes e do clã. Esse *fid* indica que é preciso superar a individualidade, o egoísmo e a arrogância, respeitar as hierarquias e trabalhar para a evolução de todos.

A associação entre os espinhos, *húath*, o medo e os lobos, talvez seja uma referência aos caninos dos lobos ou outros animais selvagens que, como os espinhos, causam medo aos humanos, devido à sua capacidade de rasgar, perfurar e machucar.

Palavra Ogham de Mac ind Óic

*Banadh gnuis*i, "empalidecimento do rosto", ou seja, o medo, *huath*, a letra *H*, pois empalidecido é o rosto de um homem quando ele está cercado de medo ou terror. Por isso que a letra do Ogham recebe o nome semelhante entre os dois, ou seja, *huath* representa cada um deles.

Comentários

O empalidecer do rosto indica, como informa a *Palavra Ogham* de Mac ind Óic, medo ou terror, pois quando acometidas por uma crise de pânico, as pessoas ficam extremamente pálidas. Mas é possível interpretar essa passagem sob outra perspectiva. "Empalidecer do rosto" pode se referir também ao espinheiro-branco, árvore associada à *hÚath*, pois quando florida, ela fica carregada de belíssimas flores brancas que ocultam seus perigosos espinhos.

A etimologia da palavra *hÚath* não é muito clara, sabe-se que o "h" não era originalmente a consoante inicial da palavra. McManus sugere que a semivogal "y" ou "j", correspondente ao *iota* grego, talvez fosse uma possível opção para substituir o "h". Peter Schrijver, da Universidade de Leiden, indica que a antiga palavra irlandesa *uath* pode ser cognata da palavra latina *pavere*, ou seja, ficar apavorado.

Na história do ciclo do Ulster, *Fled Bricrenn*[151], conta que Uath mac Imoman[152], um desconhecido e intrigante guerreiro, desafia os guerreiros e campeões da Irlanda a um teste de coragem. O desafio consistia em deixar que o guerreiro desafiado cortasse a cabeça de Uath, com a condição de que o próprio Uath cortasse a cabeça do guerreiro na noite seguinte. Lóegaire Búadach, Conall Cernach e o grande herói Cú Chulainn aceitam o desafio e decapitam o desconhecido. Mas como esperado, Uath toma sua cabeça encantada e a põe novamente sobre o pescoço. No dia seguinte, quando Uath volta para cumprir a segunda parte do desafio, Conall e Lóegaire desaparecem e somente Cú Chulainn aceita ser decapitado, demonstrando grande honra e valentia. Uath poupa a vida de Cú Chulainn e o anuncia como o grande campeão da Irlanda. Em algumas versões da história, Uath era na verdade o rei Cú Roí disfarçado – repare que o nome do rei significa "Cão do Campo de Batalha", enfatizando sua relação com esse animal, um símbolo de força, nobreza e coragem, assim como Cú Chulainn e muitos outros heróis e reis celtas que adotaram nomes ligados ao cão.

Essa história é a precursora do conto arturiano medieval *Sir Gawain e o Cavaleiro Verde*. Há diversas interpretações para essa passagem, mas talvez a mais óbvia seja que, ao superar o medo representado por Uath e colocar sua cabeça à disposição para ser decapitada, Cú Chulainn automaticamente o destrói, pois a única forma de superar e eliminar o medo é ser intrépido.

Assim, *hÚath*, a sexta letra ogâmica, como seu nome sugere, representa nossos piores temores, ou seja, o nosso verdadeiro inimigo, o medo, que não deve ser reprimido, mas compreendido com coragem. Somente assim é possível superá-lo.

Palavra Ogham de Con Culainn

Ansam aidche, "mais difícil à noite".

Comentários

A noite simboliza o desconhecido e, provavelmente, Con Culainn se refere em sua *Palavra Ogham*, ao medo inato que os humanos possuem do escuro e do ignoto.

151 A Festa de Bricriu.
152 Seu nome pode ser interpretado como "Medo", "filho do Terror".

Para os celtas, o dia começava ao pôr do sol, no início da noite, diferentemente de nós, que calculamos um novo dia à meia-noite. Até hoje o festival de *Samhain*, tradicionalmente comemorado no dia 1º de novembro, é celebrado na véspera, ao pôr do sol do dia 31 de outubro no Hemisfério Norte, e demarcava o Ano-Novo, pois era considerado o anoitecer do ano.

Ao contrário dos conceitos maniqueístas, os celtas não enxergavam a noite apenas como o oposto ao dia, mas como seu complementar, assim como o mundo dos mortos era considerado complementar ao mundo dos vivos. Para os celtas, a noite precede o dia, assim como o inverno precede o verão e o mundo dos mortos precede o mundo dos vivos, pois acreditava-se que, para nascer aqui, no mundo dos vivos, era necessário antes morrer no mundo dos mortos, e ao morrer no mundo dos vivos, acreditava-se que a pessoa renascia no mundo dos mortos.

Alguns autores sugerem que houve um mito da criação celta, hoje perdido, onde a noite, a escuridão e o caos, precederam o dia, a luz e o cosmo, evidenciado, como dito anteriormente, na forma como os dias eram contados, iniciando-se ao pôr do sol. Assim como a Lua nova marcava o início do mês e o ano novo celta, *Samhain*, em honra aos mortos, era comemorado no começo do inverno[153], onde os dias tornavam-se evidentemente mais curtos.

Apesar de sua evidente associação com a noite e com o medo, o desabrochar das flores de espinheiro-branco anunciava o Festival de Beltane, que acontece em meados de maio no Hemisfério Norte e demarcava o início do verão para os celtas. Dessa forma, o espinheiro-branco tem duplo significado, ora temido por seus espinhos, ora adorado por suas belas flores brancas que anunciam o calor do verão e a fertilidade da terra.

Assim, apesar de o medo, o escuro, a desordem e a morte precederem a luz – ordem, coragem e vida –, a letra *hÚath*, indica que tudo é cíclico e que devemos sempre superar nossos temores e obstáculos com perseverança e bom ânimo.

CRANN OGHAM

Huath dono, is o chrand rohainmniged, .i. sce, [ut dicitur: 'comdal cuan huath', .i. sce om. L]; no ar is uathmar hi ara deilghibh.

153 Ou, para nós, no auge do outono. Para os celtas, o ano era dividido em duas grandes estações, inverno e verão, ou em metade escura e metade clara.

Huath, novamente, recebe seu nome a partir de uma árvore, a saber: o espinheiro-branco, como é chamado: um encontro de cães de caça é *huath*, ou seja, o espinheiro-branco; ou porque é formidável devido aos seus espinhos.

COMENTÁRIOS

Mais uma vez, há aqui outra possibilidade de interpretação. O termo "encontro de cães de caça", pode se referir a um encontro de lobos. Há fortes indícios de que os cães foram considerados guardiões do Outromundo na mitologia celta. Já o cão de caça, especificamente, seria o condutor da alma ao mundo dos mortos, pois simboliza o guia do caminho correto.

No País de Gales, o Deus do mundo dos mortos, Arawn, possuía cães de caça espectrais, conhecidos como *Cŵn Annwn*, os cães de Annwn, que o acompanhavam em sua Caçada Selvagem. Eram descritos como brancos com orelhas vermelhas. Acreditava-se que quem ouvisse o uivo desses cães, estaria predestinado a morrer nos próximos dias.

Os cães de Annwn também eram os companheiros de Gwyn ap Nudd. Gwyn é o rei das *Tylwyth Teg*[154], as fadas galesas, e também governava Annwn, o mundo dos mortos. Gwyn ap Nudd significa "Branco filho de Nudd", mas apesar de seu nome, era descrito como possuindo o rosto escuro ou negro.

No poema medieval *O Diálogo de Gwyddno Garanhir e Gwyn ap Nudd*[155], Gwyn é descrito como um grandioso e valoroso guerreiro que auxilia o rei Gwyddno Garanhir e assume o papel de psicopompo, ou seja, o guia e condutor das almas dos guerreiros mortos em batalha ao seu reino no Submundo. Nesse poema, o cão de Gwyn, Dormach, é descrito como um bonito e elegante cão de focinho vermelho.

No folclore galês, Gwyn ap Nudd, assim como Arawn e em alguns casos o próprio Rei Artur, foi considerado o líder da Caçada Selvagem, que persegue, em noites de tempestade, as almas errantes dos mortos com seus cães espectrais. O termo "Caçada Selvagem" surgiu na Alemanha para expressar crenças medievais, já sob forte influência cristã, sobre um séquito de espíritos liderados por uma figura sombria e medonha que caçava as almas de pecadores. É possível que Gwyn tenha recebido tais atributos posteriormente, provavelmente porque, para os cristãos, ele foi considerado um ser maligno. Ou, talvez, devido ao seu aspecto original de psicopompo

---

154 Povo justo.

155 Encontrado no *Llyfr Du Caerfyrddin, Livro Negro de Carmarthen* do século 8 EC.

de origem pré-cristã. O tema da Caçada Selvagem pode ser encontrado em praticamente toda a Europa, possivelmente originado de antigas crenças pagãs, mas tudo indica que ela se espalhou pelo continente europeu na Idade Média. Na Irlanda, quem recebe o título de líder da Caçada Selvagem é o cognato de Gwyn, o herói Fionn. Mas há também no folclore irlandês um ser do povo das fadas, conhecido como Far Dorocha, responsável por capturar humanos em seu cavalo negro. Far Dorocha significa "homem escuro", provavelmente o mesmo personagem conhecido como Fear Doirich, o druida obscuro que transformou a bela Sadb em corça. Descrito como um ser malévolo, Far é o servo da Rainha das Fadas e, a seu comando, raptava pessoas e as levava ao País das Fadas ou ao mundo dos mortos.

Na mitologia celta, o cão está intimamente ligado ao Submundo, assim como o Cérbero da mitologia grega, o guardião do mundo dos mortos. Há dezenas de exemplos de cães sobrenaturais na mitologia celta, o que não caberia nos propósitos deste livro. Um exemplo interessante, talvez pouco conhecido, é sobre a entrada do mundo dos mortos ser comparada à boca de um cão monstruoso. John Rhys em seu livro *Studies in the Arthurian legend*, diz que o nome de uma localidade no País de Gales, *Bwlch Safan y Ci*, literalmente o "vão (ou passagem) da boca do cão" foi utilizado como metáfora para morte ou passagem para o mundo dos mortos.

Na placa "E" do Caldeirão de Gundestrup, vemos uma cena que pode ser interpretada como guerreiros dirigindo-se ao mundo dos mortos, guardado por um cão, antes de renascerem do Caldeirão de um Deus[156].

hÚath é uma letra que nos causa temor, seja pela visão aterradora da Caçada Selvagem, seja pela inevitável passagem através das mandíbulas do cão do mundo dos mortos, mas é também o medo e a negação que antecede o chamado ao autoconhecimento.

SIGNIFICADOS ORACULARES

Medo, terror, obstáculos, desafios, inimigos, bloqueios, desespero, pânico, caça, perda de controle, prisão, cooperação, hierarquias, honra, perseguição, provação.

156 Veja sobre a letra *Muin*.

Afirmação

Não temo o desconhecido, o medo não tem poder sobre mim, pois sou fortalecido pelo meu clã e pelos Deuses imortais.

Perguntas

Quais são meus maiores medos?
Qual o melhor caminho para superar obstáculos?
Como devo lidar com meus inimigos interiores?

Práticas

Escreva seus medos em um papel, queime-o, assopre as cinzas ao vento e visualize-os se desfazendo.
Confeccione uma carranca e coloque-a próxima da porta de entrada de sua casa para afastar o mal.
Dirija-se ao norte e medite sobre a batalha interior que deverá ser travada.

Temas

Superação do medo.
Vencer uma difícil provação.
Proteção contra inimigos.

DUIR

Variante ortográfica: *dair, dur*
Significado do nome: carvalho, fortaleza, duro, rígido
Árvores: carvalho, também conhecido como carvalho-vermelho, carvalho-comum, carvalho-europeu ou carvalho-roble (*Quercus robur*); carvalho-alvar, também conhecido como carvalho-branco, carvalho-galês ou roble-alvo (*Quercus petraea*)[157]
Letra: d
Pronúncia: *du-ir* ou *dâ-ir* (o som do *i* é bem suave, quase neutro)
Classe: chefe
Lei Brehon: nobre
Nobre da escola de Fénius: David
Cor (*dathogam*): preto (*dub*)
Ave ou pássaro (*enogam*): carriça (*droen*)
Agricultura (*ogam tirda*): barril (*dabach*)
Santo (*naemogam*): Donnan
Arte (*danogam*): feitiçaria

PALAVRA OGHAM DE MORANN MAC MAIN

Ardam dossaibh, "o mais alto dos arbustos[158]", que é *duir*, o carvalho, a letra D, em relação a sua madeira na floresta.

COMENTÁRIOS

O carvalho foi uma das árvores mais importantes e sagradas para diversos povos antigos, dentre eles, os celtas, pois, além de prover alimentos aos porcos, uma das carnes mais apreciadas pelos celtas, sua madeira era muito valorizada devido à sua durabilidade e resistência.

---

157 É considerada a árvore símbolo da República da Irlanda e símbolo não oficial do País de Gales e Cornualha. Não confunda com a espécie *Quercus-alba* nativa da América do Norte.
158 A palavra *dos* ou *doss* é um termo poético que significa "árvore espessa" e refere-se a uma grande árvore com muitas folhas e galhos, semelhante a um arbusto ou mato. Portanto, *dossaibh* pode ser traduzido como "árvore com aspecto de arbusto".

Associar a imagem do druida à do carvalho é praticamente inevitável. Isso se dá, porque a palavra *druida* provavelmente possui origem em uma hipotética palavra protoindo-europeia para "carvalho" ou "árvore" (**dóru*) e "sábio" ou "vidente" (**weyd-*), portanto, os Druidas seriam os "videntes do carvalho" ou "sábios como o carvalho"[159]. Isso foi corroborado por Plínio, o Velho que acreditava que a palavra *druida* provinha da palavra grega para "carvalho", como podemos ver a seguir, naquela que talvez seja a passagem mais icônica sobre os Druidas, que perdura até hoje:

> [...] Os Druidas – pois esse é o nome que dão aos seus Magos – não consideravam nada mais sagrado do que o visco e a árvore que o produz, supondo sempre que essa árvore fosse o carvalho. Por si só, o *robur* é selecionado por eles para formar bosques inteiros, e eles não realizam nenhum de seus ritos religiosos sem empregar ramos dele; tanto é verdade, que é muito provável que os próprios sacerdotes tenham recebido seu nome do nome grego daquela árvore. Na verdade, eles têm a noção de que tudo o que nela cresce foi enviado imediatamente do céu, e que o visco que está sobre ela é uma prova de que a árvore foi escolhida pelo próprio Deus como objeto de seu favor especial.[160]

Como vimos, segundo Plínio, o carvalho não só era a árvore mais importante e sagrada, como tudo que nela crescia seria uma dádiva dos céus. Assim, o visco, uma planta parasita, passou a ser também sagrado, mas não por si, apenas por nascer nos altos ramos do carvalho.

Devido à sua altura e grandiosidade, o carvalho é uma das árvores que mais são atingidas por raios. Desta forma, diversos povos antigos os associaram ao Deus do Céu e dos Raios, como o grego Zeus, o romano Júpiter, o Donar dos antigos alemães e o Taranis dos gauleses. Acredita-se que as antigas Colunas de Júpiter, encontradas em sítios sagrados dos gauleses e germânicos sob influência romana, fossem anteriormente postes de carvalhos, ou mesmo árvores vivas que representavam a vitória do Deus do Céu sobre o Caos.

---

159 Hoje, contudo, estudiosos acreditam que a palavra *druida* originalmente provenha de um radical protoindo-europeu que significava "poderoso" e "conhecimento", assim, os druidas seriam os "sábios poderosos", ou seja, aqueles que tudo sabem. Como veremos, a palavra *dur* pode indicar tanto um carvalho, como o poder ou algo forte e resistente.

160 Fonte: <https://exploringcelticciv.web.unc.edu/pliny-the-elder-the-natural-history/>

Druidas sob carvalhos, com vestes brancas, colhendo visco com foices de ouro é uma das representações druídicas mais comuns da antiguidade, contudo, na Irlanda não encontramos nada parecido e o carvalho não recebe tão glorioso destaque como supostamente gozou na antiga Gália, mas ainda assim, ele é considerado uma das árvores mais sagradas da Irlanda, ao lado do freixo e do teixo.

Por estar associada aos Druidas, a letra *duir* também indica justiça, leis e código de conduta civil, uma vez que os Druidas eram conhecidos como os guardiões das leis e atuavam como juízes e árbitros, assim descritos pelos historiadores greco-romanos. Na antiga Irlanda, os Druidas juristas, legisladores, embaixadores e juízes eram conhecidos como *brithem* e provavelmente foram os criadores das leis *brehon*, registradas no período cristão e que perduraram até o século 17.

Acredita-se que a antiga palavra irlandesa para designar "druidas" e "carriças", a ave associada ao *fid duir*, possui a mesma origem, ambas relacionadas de alguma forma ao carvalho. A carriça ou "carruíra", como também é conhecida, é um pequeno pássaro envolto em diversas lendas e costumes folclóricos em territórios celtas, assim como a caça da carriça no dia 26 de dezembro, dia de Santo Estêvão, conhecida na Irlanda como *Lá an Dreoilín*, ou seja, "o dia da carriça". Nesse dia, os garotos fantasiados, cobertos de palha e mascarados, caçam a carriça, penduram ela em um poste ou vara e a festa segue com cânticos tradicionais, desfiles, músicas e danças. Provavelmente esse antigo costume tenha origem celta, mas a lenda cristã para explicar a caça à carriça diz que esse pássaro teria denunciado, através de seu canto, o esconderijo de São Estêvão a seus inimigos e, como punição, ela é caçada todos os anos no dia do santo. Outra famosa história sobre a carriça diz que o Deus cristão queria descobrir quem era o rei de todas as aves e pássaros, para isso, determinou que o rei seria aquele que conseguisse alcançar o voo mais alto. E assim foi feito, todas as aves se puseram a voar, mas a águia foi a que conseguiu atingir o ponto mais elevado. Quando começou a perder altura, certa de que seria o rei dentre as aves, a esperta e traiçoeira carriça, que estava escondida nas costas da águia, alçou voo e atingiu alturas superiores, tornando-se, assim, o rei das aves.

Talvez o sacrifício da carriça no Solstício de Inverno seja uma representação simbólica de um hipotético ritual celta que celebrava a morte do Rei do Verão, representado, talvez, pelo carvalho. Em muitos países europeus, a carriça é também conhecida como o Rei do Inverno e sua morte, ao contrário do que disse antes, pode representar a morte do inverno e o renascimento do sol, semelhante ao festival pagão ao Deus do Sol que renasce no inverno.

Robert Graves, em seu livro *A Deusa Branca*, sob influência de Sir James George Frazer[161], ressalta a importância do sacrifício do Rei Carvalho, correspondente ao Deus indo-europeu do Céu e dos Raios, à Deusa Branca, responsável pela fertilidade. Segundo Graves, o Rei Carvalho e o Rei Azevinho são figuras que personificam a metade clara do ano (de *Beltane* a *Samhain*) e a metade escura (de *Samhain* a *Beltane*). Eles estavam sempre em batalha, disputando a mão da Deusa, a Senhora da Soberania. Essa hipotética batalha mítica, segundo o mesmo autor, aparece em histórias como as de Lug contra Balor e de Llew Llaw Gyffes contra Gronw Pebyr.

Portanto, o carvalho, assim como a carriça, está relacionado aos céus e a tudo que é elevado ou divino, por vezes representa a realeza e o sacerdócio. Como sólido guardião das leis e da justiça, *duir* também indica equidade, honra, seriedade, autoridade e, por vezes, austeridade e inflexibilidade, características tanto dos juízes, como de um poderoso pai que dita as regras de sua casa.

Palavra Ogham de Mac ind Óic

Gres sair, "o trabalho do carpinteiro (ou artesão)", a saber, o carvalho, a letra D. Por isso é dado à letra correspondente do Ogham.

Comentários

A madeira do carvalho, como dito anteriormente, é uma das mais apreciadas pelos artesãos e carpinteiros, pois é forte, dura e resistente à umidade e à putrefação. A *palavra Ogham* de Mac ind Oic, refere-se justamente à alta qualidade da madeira do carvalho, considerada uma madeira nobre, assim como a própria árvore de carvalho, muitas vezes chamada de "rei da floresta". Outra possível tradução para essa *Palavra Ogham* seria algo como "obras de um artífice" ou "trabalho artesanal", pois tanto *grés*, como *sairse* podem significar artesanato ou um trabalho manual.

Na mitologia celta irlandesa, o Deus Luchta é o carpinteiro dos Deuses. Ao lado de seus irmãos, Goibniu, o ferreiro e Credne, o bronzista, formam o *Trí Dée Dána*, ou seja, "os três Deuses da arte". Esse importante trio

---

161 (1854–1941). Influente antropólogo escocês e autor do famoso livro *O Ramo de Ouro*.

de Deuses criaram as armas da Tuatha Dé Danann na *Segunda Batalha de Moytura*. Luchta ficou responsável por confeccionar os cabos das lanças, os dardos, flechas e escudos dos Deuses, além de qualquer outro artefato de madeira, enquanto Credne fez os rebites das lanças, o cabo das espadas e os aros dos escudos. Goibniu, o ferreiro, confeccionou todos os artefatos de metal, como as pontas das lanças, as espadas e os dardos.

Luchta era também o construtor e o artífice da Tuatha Dé. Seu nome talvez provenha de *lucht*, que significa algo como "capacidade", "carga" ou "um grupo de pessoas". Essa palavra gaélica é muitas vezes utilizada para indicar um ofício ou força de trabalho, além de se referir a membros de uma profissão, algo bem propício ao Deus carpinteiro e construtor.

É interessante notar, que o trabalho do carpinteiro e do ferreiro eram muito apreciados e valorizados entre os celtas, e representam, respectivamente, a letra *duir* (o carpinteiro) e *tinne* (o ferreiro), segundo minha interpretação.

Palavra Ogham de Con Culainn

Slechtam soíre, "a mais entalhada do artesanato".

Comentários

A *Palavra Ogham* de Con Culainn pode ser interpretada também como "a mais ornamentada do artesanato" ou ainda como "artesanato bem esculpido", sendo que *slecht* significa "cortar" e *slectam* "o mais cortado". Isso enfatiza a importância da madeira de carvalho como matéria prima na confecção de esculturas, artesanatos valiosos e grandes construções.

Foram encontrados pouquíssimos artefatos de madeira feitos pelos celtas, acredita-se que isso se dá, porque a madeira está sujeita à ação do tempo, em especial à umidade, que a deteriora facilmente. Talvez seja esse um dos motivos de ter poucas esculturas celtas e, quando as encontramos, são feitas de pedra ou metal. Em *Aided Conroi Maic Dairi*[162], o carvalho e as pedras são assim descritos:

> "Quem são aqueles ali, mulher?" disse Cú Roí. "Teu povo", disse a mulher, "com as pedras e o carvalho para construir a fortaleza". "Se são carvalhos, eles viajam rapidamente; é um triunfo se são pedras", disse Cú Roí.

162 A morte trágica de Cú Roí Mac Dari.

Nessa passagem, Blathnat, a mulher a quem Cú Roí se dirige, diz que o exército do Ulster carrega pedras e carvalho para construir a fortaleza, portanto, representam força e resistência, além de serem os alicerces de qualquer construção. Blathnat mente para seu esposo, pois não se trata do povo de Cú Roí, mas seus inimigos, ela conspira contra ele. Quando Cú Roí diz que "Se são carvalhos, eles viajam rapidamente; é um triunfo se são pedras", talvez queira dizer que os homens a cavalo são como o carvalho, e os que estão a pé, são como pedras, ambos fortes e vitoriosos. É interessante notar, que Blathnat, que significa "florzinha", é a versão irlandesa mais antiga de Blodeuwedd, "face de flor", galesa, que também traiu seu esposo, como veremos mais à frente.

Em uma passagem do *Livro de Leinster*[163], em *Bóroma*[164], São Molling associa, mais uma vez, as rochas aos carvalhos: "Sejais como rochas sobre carvalhos marrons[...]". No final do mesmo texto o santo faz a seguinte invocação:

> Ó Bridget, abençoe nosso caminho,
> para que em nossa jornada nenhum desastre caia sobre nós;
> Ó monja da nascente Liffey, de ti (ou seja, do teu santuário
> de Kildare), que possamos chegar em segurança à nossa casa.

São Molling invoca Bridget, ou seja, Santa Brígida, a versão cristã da Deusa Pagã Brigid, como dito anteriormente. Aqui ele também cita o santuário de Santa Brígida, Kildare, que significa literalmente "igreja do carvalho" e pede que chegue seguro em sua casa. Em outras palavras, o santo invoca a força do carvalho, um antigo símbolo da segurança da casa, do abrigo e do lar.

Voltando à *Palavra Ogham* de Con Culainn, o termo *soíre*, traduzido como "artesanato", talvez seja o resultado da fusão das palavras *sáer* "artesão" e *sóer* "liberdade", uma vez que ambas as palavras possuíam som muito parecido em irlandês antigo. O artesanato, ofício muito prestigiado na antiguidade, virou sinônimo de homem livre, não servo, ou seja, o artesão era reconhecido pelo seu nobre trabalho, muitas vezes considerado divino, pois os Deuses eram conhecidos como o povo das muitas artes, assim, podemos comparar o artesão ao carvalho, sua matéria prima, pois essa árvore foi considerada a mais sagrada e a mais nobre dentre todas as árvores.

---

163 Manuscrito irlandês medieval compilado em 1160 EC. Uma das mais importantes fontes da mitologia celta irlandesa.

164 Homenagem ao gado.

Crann Ogham

Duir dono, is o chrand rohainmniged, ut dicitur: 'airde doss¬aib duir'.
Duir, novamente, o carvalho recebe seu nome de uma árvore, como é chamado: "mais alto dos arbustos é um carvalho".

Comentários

O Crann Ogham nos remete mais uma vez ao carvalho, a imponente árvore dos Druidas. O termo *dur*, também pode significar força ou rigidez, e o grande Deus irlandês Dagda é também conhecido como Dagda *ndur* ou Dagda *duir*, ou seja, o Dagda severo/resistente, ou ainda, o Dagda do Carvalho. *Dagda* significa literalmente "o Bom Deus", não por ser bondoso, mas por ser um Deus bom em todas as artes. Como um dos mais importantes Deuses irlandeses, ele recebe diversos nomes e epítetos, como *Eochaid Ollathair*, "o cavaleiro pai de todos", e *Ruadh Rofhessa*, "o vermelho de grande conhecimento", dentre outros. Em *A Segunda Batalha de Mag Tuired* é contado como o Dagda resgata sua harpa mágica de nome *Coir-cethar-chuir*, "a música de quatro ângulos", também conhecida como *Daur-da-bla*, "o carvalho de dois verdes"[165], do rei Fomoriano Bres. Essa harpa mágica tinha a capacidade de invocar as estações do ano, como podemos ver nos versos entoados por Dagda ao convocar sua harpa mágica:

> Venha *Daurdabla*!
> Venha *Coir-cethar-chuir*!
> Venha verão, venha inverno!
> Bocas de harpas e gaitas de foles!

Assim, é possível presumir que o Dagda, o Deus pai, é também o Deus do Céu e da Terra, que controla as estações e está associado ao carvalho, tanto em seu epíteto como no nome de sua harpa mágica. Como um bom pai, o Dagda é aquele que nos protege e fortalece, exatamente como o grandioso carvalho.

Outro Deus-herói celta associado ao carvalho é Llew Llaw Gyffes. Nas lendas galesas medievais, Llew é certamente um Deus-herói Solar, talvez, uma reinterpretação de antigas lendas sobre o Deus gaulês Lugus ou

165 Ou "carvalho de dois gritos".

do Deus irlandês Lug. A história conta que Llew foi concebido de Arianrhod a partir de uma situação constrangedora, onde, ao pular a varinha mágica de Math, Arianrhod ficou grávida. Ela dá à luz dois bebês, o primeiro, Dylan Eil Ton, cai imediatamente nas águas do mar, já o segundo bebê, ainda não totalmente formado, é levado por seu tio Gwydion [166], irmão de sua mãe. Ao apresentar o garoto à mãe, Arianrhod envergonhada, rejeita-o e o amaldiçoa. Ela diz que seu filho não receberá um nome, a não ser que ela mesma o nomeie. Assim, Gwydion, o grande mago, cria uma ilusão e se disfarça de sapateiro junto de seu sobrinho-filho, atraindo a vaidosa Arianrhod, que os procura para que lhe seja confeccionado um sapato novo. Enquanto Gwydion disfarçado de sapateiro trabalha, o garoto arremessa uma pedra em uma carriça, atingindo-a exatamente entre o tendão e o osso da perna, o que causa grande admiração em Arianrhod, pois a carriça é um pássaro minúsculo, e ela diz: "é com uma mão habilidosa que o brilhante[167] a atingiu". Imediatamente, Gwydion revela sua identidade e diz: "o garoto agora tem um nome, e seu nome é Llew Llaw Gyffes", ou seja, "o brilhante de mão habilidosa".

Essa parte da história do Mabinogi de Math carrega muitos elementos simbólicos e eu não poderia deixar de comentá-los. Arianrhod, a mãe má que rejeita seus filhos, é uma Deusa do Céu, isso fica evidente pelo seu nome, que significa "Roda de Prata". Esse também era o nome pela qual a constelação de *Corona Borealis* era conhecida em galês. Gwydion, o irmão de Arianrhod, por sua vez, é também um Deus celestial ou estelar, pois é dito que ele reside em um *caer*, ou seja, em um Castelo na Via Láctea. Llew tem um irmão gêmeo, Dylan, que se torna um Deus dos mares, o que pode corroborar a hipótese dos Deuses gêmeos opostos, sendo Llew, um Deus da Luz e do Sol e Dylan, um Deus do mar e do Submundo.

Acredito que Arianrhod seja uma versão celta tardia da Deusa grega Hera[168], a Rainha do Céu, esposa e irmã de Zeus, o Deus do Céu, dos Raios e do Carvalho. Vale salientar, que o nome Gwydion, irmão de Arianrhod e pai adotivo de Llew Llaw Gyffes, significa "nascido das árvores" e talvez seja equivalente ao termo "druida", como "mago das árvores" ou "aquele

---

166 É importante notar, que nessa parte da história, fica implícito que Gwydion é o pai dos filhos de Arianrhod.

167 Há uma confusão quanto a tradução desta passagem, pois Lady Charlotte Guest traduz Llew como leão, contudo, alguns estudiosos acreditam que o nome significava originalmente "brilhante".

168 Assim como Arianrhod, Hera também pode ser considerada uma Deusa do Céu e das Estrelas. No mito grego, a Via Láctea nasce do seio de Hera, quando Héracles, ainda bebê, a atinge nos seios, ferindo-a.

que possui o conhecimento das árvores", assim como os Druidas possuíam o conhecimento do carvalho. Nosso herói Llew, o equivalente a Héracles, também foi obrigado a realizar determinadas tarefas, o que talvez indique uma iniciação mágica ou um rito de passagem do jovem à vida adulta.

De volta à história, Llew atinge justamente uma carriça, o pássaro associado ao carvalho, mas também ao inverno. Em outras palavras, Llew Llaw Gyffes, o jovem Deus Sol, ao atingir a carriça, assume as mesmas características desse pássaro, tido como ardiloso e habilidoso.

Posteriormente, na mesma história, é dito que Llew recebe como esposa Blodeuwedd, uma mulher feita de flores, criada por Gwydion e Math, devido a mais uma maldição de Arianrhod sobre seu filho. Contudo, Blodeuwedd se apaixona por Gronw Pebyr, o caçador, e juntos planejam matar Llew, que só pode morrer sob certas circunstâncias. Blodeuwedd consegue seu intento, e quando Gronw atinge Llew com sua lança, o herói imediatamente assume a forma de uma águia e vai se abrigar em um carvalho. Gwydion, ao saber do ocorrido, procura por Llew, mas só descobre seu paradeiro após ver uma vara de porcos se alimentarem dos pedaços putrefatos e cheios de vermes que se desprenderam de Llew sob a forma de águia. Quando Gwydion descobre a traição de Blodeuwedd, ele a transforma em coruja e restitui Llew à forma humana para que ele mate Gronw com sua lança.

Mais uma vez, essa passagem é riquíssima em simbolismo. Llew Llaw Gyffes certamente é um Deus Solar, enquanto Gronw Pebyr talvez seja uma faceta de uma divindade do Submundo, semelhante ao caçador selvagem, ou ainda, como um Deus que assume os aspectos negativos do Sol, semelhante a Balor, o do olho mau, morto por Lug no mito irlandês. Importante frisar, que os nomes tanto de Llew, como de Lug, talvez possam derivar da raiz protoindo-europeia **leuk*, que significa "luz"[169].

Llew assume a forma de uma águia, enquanto Blodeuwedd é transformada em coruja, evidenciando a dualidade entre dia e noite. Um interessante elemento, muitas vezes negligenciado, é que no folclore popular, a ardilosa carriça supera sua rival, a águia, tornando-se o rei das aves e pássaros, assim, podemos interpretar essa passagem como uma

---

169 Muitos estudiosos modernos discordam de tal origem e acreditam que o nome do Deus Lug, assim como do Deus Lugus, provenha da palavra protoindo-europeia **lug-* (em irlandês antigo *luige)* que significa "juramento".

alegoria ao sacrifício do Rei Carvalho[170], como acreditava Robert Graves, que também associava a letra *duir* à porta e seu simbolismo, como exposto em seu livro *A Deusa Branca*:

> [...] Quando Gwion diz, em *Câd Goddeu* – "Solido Guardião da porta. Seu nome está em toda língua" –, quer dizer que as portas são, normalmente, feitas de carvalho, por ser a madeira mais forte e resistente, e que *Duir*, o nome do carvalho no *Beith-Luis-Nion*, significa "porta" em muitos idiomas europeus, incluindo a antiga palavra gaélica *dorus*, a latina *foris*, a grega *thura* e a alemã *tür*, todas elas derivadas do sânscrito *Dwr*, e que *daleth*, a letra hebraica *D*, significa "porta", pois o L foi um R. [171]

Para mim, *duir*, o carvalho, representa a porta da casa, pois, como vimos anteriormente, essa letra simboliza a segurança e a força de um pai que protege sua casa, sua tribo e seus filhos. Diferentemente da letra *nion*, que representa a mãe e a família, *duir* é a representação do pai e da casa. Também está ligado ao mito do Rei do Verão, Senhor do Sol, do Raio e do Céu, em oposição ao azevinho, Senhor do Inverno e da Noite, como veremos mais adiante.

Significados Oraculares

Força, poder, masculinidade, pai, esposo, casa, segurança, portas e passagens, inflexibilidade, austeridade, justiça, leis, arte, trabalhos manuais, nobreza, sacerdócio, estabilidade, verdade, honra, o consulente (masculino).

Afirmação
Sou resistente como uma rocha e grande como uma fortaleza no alto de uma colina. Diante de mim reis se curvam, pois sou sábio, justo e honrado.

---

170 A passagem em que Llew atinge a carriça pode ser interpretada de duas formas, a mais óbvia é a vitória do Rei do Verão sobre o Rei do Inverno. Mas essa passagem também pode ser interpretada como a habilidade do jovem Deus Sol, que supera a igualmente habilidosa carriça, que voa tão rápido como um raio. Quando Llew assume a forma de uma águia ao ser atingido pela lança, ele representa o sacrifício do rei que deve alimentar seu povo, representado na história pelos porcos que comem as partes putrefatas do corpo da águia, seu rei sacrificado.

171 GRAVES. Robert. *A Deusa Branca:* uma gramática histórica do mito poético.

Perguntas

O que devo fazer para atrair estabilidade em minha vida?
Sou nobre e perspicaz ou mantenho uma postura austera?
Como é o meu relacionamento com meu pai?

Práticas

Seja hospitaleiro aos espíritos da natureza, ofereça-lhes em sua casa algo feito por você como um bolo, uma poesia ou uma peça de artesanato.
Faça um artesanato que simbolize segurança, força e estabilidade.
Dirija-se a um carvalho ou a qualquer outra árvore frondosa, sente-se aos seus pés, medite, conecte-se, aterre-se.

Temas

Atrair estabilidade e segurança interior.
Invocar justiça e verdade.
Honrar o pai, a casa e o conceito de lar.

TINNE

Significado do nome: lingote, barra ou ferro fundido, fogo
Árvores: azevinho, também conhecido como azevim, azevinheiro ou pau-azevim (*Ilex aquifolium*); sabugueiro (*Sambucus nigra*)
Letra: t
Pronúncia: *tchini-â* (o som do *â* final é suave)
Classe: camponês
Lei Brehon: nobre
Nobre da escola de Fénius: Talamon
Cor (*dathogam*): cinza escuro (*temen*)
Ave ou pássaro (*enogam*): estorninho (*truiteoc*)
Agricultura (*ogam tirda*): enxó (*tal*)
Santo (*naemogam*): Tigharnach
Arte (*danogam*): transformação

Palavra Ogham de Morann Mac Main

Trian, "um terço", a letra T, outra coisa é o significado disso hoje.

Comentários

O número três é um dos números mais sagrados para os celtas. Frequentemente, encontramos tríades na arte, na mitologia, na magia, na filosofia e na sabedoria desse antigo povo, da Gália à Irlanda. A *Palavra Ogham* de Morann, refere-se a própria letra *tinne*, que é a terceira letra do segundo *aicme*, e por também começar com a letra "t", outra referência ao número três.

Diversas divindades celtas aparecem em aspectos tríplices ou em grupo de três Deuses. Na Gália, temos as *Deae Matres*, "as Deusas mães", representadas em esculturas do período galo-romano como três mulheres que portam cestas com frutas e outros símbolos de fertilidade e abundância. O Deus Lugus, o correspondente gaulês do Deus Lug irlandês, foi representado com três faces, talvez para indicar que esse Deus atuava em todos os mundos, cultuado nas encruzilhadas. Tarvos Trigaranus, o touro e as três garças, uma figura divina gaulesa, é representado, por vezes, como um touro mítico com três chifres e acompanhado de três garças.

Até mesmo os *Genii Cucullati*, os espíritos encapuzados, os pequeninos gênios da natureza, talvez os precursores dos nossos conhecidos gnomos e duendes, são representados normalmente em grupo de três.

Na Irlanda, a triplicidade de Deuses é abundante. Como dito anteriormente, a Deusa Brigid é descrita possuindo três aspectos ou como um trio de irmãs (a médica, a ferreira e a poetisa). Morrígan, a Deusa da Guerra e da Soberania, também aparece em aspecto tríplice, formado por Macha, Badb e Nemain. As três Deusas que personificavam a terra da Irlanda, Ériu, Banba e Fódla, eram esposas de três reis irmãos, Mac Cuill, Mac Cecht e Mac Greine. O termo *Trí Dée Dána*[172], referia-se, como explicado no capítulo anterior, aos irmãos Luchta, Goibniu e Credne, mas esse termo também foi utilizado para designar outros Deuses, como os campeões da Tuatha Dé, os Deuses Lug, Dagda e Ogma. Trigêmeos possuíam destaque especial na mitologia irlandesa, no qual encontramos diversos exemplos. O próprio Deus Lug era o único sobrevivente de trigêmeos, e os três filhos de Tuireann, Brian, Iuchar e Iucharba, também desempenharam papel importante na mitologia. É possível encontrar diversos outros exemplos de Deuses e heróis tríplices na mitologia celta, esses outrora citados, são, talvez, os casos mais conhecidos, mas não os únicos.

A abundância de tríades[173] é outro exemplo da importância do número três entre os celtas. As tríades celtas formavam um importante conjunto de saberes tradicionais de fácil memorização, divididos em três aspectos, atribuídos, ainda que sem provas concretas, aos antigos Bardos e Druidas que, supõe-se, utilizavam dessa tática para decorar seus conhecimentos, uma vez que era proibido registrar aspectos ocultos da religião druídica. As Tríades da Irlanda ou *Trecheng Breth Féne,*[174] já sob forte influência cristã, caracterizam-se por abordar diversos temas como natureza, geografia, costumes e comportamentos. Segue alguns exemplos de tríades irlandesas:

> TRÊS COISAS DELICADAS QUE MELHOR SUSTENTAM O MUNDO:
> O DELICADO FLUXO DE LEITE DA TETA DA VACA PARA O BALDE,
> O DELICADO TALO DE TRIGO VERDE QUE CRESCE DO CHÃO,
> O DELICADO FIO NA MÃO DE UMA MULHER HABILIDOSA.

---

172 "Os três Deuses da arte" ou "os três Deuses habilidosos".
173 As tríades são versos para diversos fins expressos em forma tríplice, muito populares em terras celtas.
174 "Um acordo triádico dos julgamentos dos irlandeses" conhecido popularmente apenas como "Tríades da Irlanda".

Três coisas que arruínam a sabedoria:
ignorância,
conhecimento impreciso,
esquecimento.

Os três rios da Irlanda:
o Shannon,
o Boyne,
o Bann.

As Tríades Galesas ou *Trioedd Ynys Prydein*[175] possuem características diferentes daquelas irlandesas e não há ligação entre elas. As tríades galesas têm como característica principal o registro de elementos folclóricos e míticos das Ilhas Britânicas. Segue alguns exemplos de tríades galesas:

Três grandes encantos da Ilha da Grã-Bretanha:
O Encantamento de Math, filho de Mathonwy, que ele ensinou a Gwydion, filho de Dôn; o Encantamento de Uthyr Pendragon, que ele ensinou a Menw, filho de Teirgwaedd, e o Encantamento de Rudlwm, o Anão, que ele ensinou a Coll, filho de Collfrewy, seu sobrinho.

Três primeiras ilusões da Ilha de Prydain.
A ilusão de Math, filho de Mathonwy;
a ilusão de Uthyr Pendragon
e a ilusão de Gwydelen Gor.

Três oclusões e três aberturas da Ilha de Prydain.
A cabeça abençoada de Bran, filho de Llyr, que foi enterrada em Gwynfyd, em Londres, e enquanto a cabeça permanecer ali, nenhuma invasão jamais chegará a esta ilha. A segunda, os ossos de Gwerthefyr, o abençoado, que estão enterrados nos principais portos desta ilha. E o terceiro, os dragões que Llud, filho de Beli, enterrados em Dinas Emreis, em Eryri.

Os celtas, assim como diversos outros povos indo-europeus, concebiam o Universo de forma tripartida, para eles há três mundos distintos

175 "Tríades da Ilha da Grã-Bretanha".

e complementares: o Céu, a Terra e o Mar (ou o Submundo), unidos pelo eixo central, a *bile*, a "árvore sagrada". A própria civilização celta era tripartida, uma característica compartilhada com outros povos indo-europeus que se dividiam em castas ou funções sociais: sacerdotes (os Druidas), guerreiros e camponeses. Segundo Estrabão, a casta druídica da Gália também era dividida em três grupos: Bardos, Vates e Druidas. Mas a pergunta que não quer calar é, por que os celtas tinham essa predileção pelo número três? Primeiro que esse não é apenas um fenômeno celta, encontramos isso no hinduísmo, na religião grega tradicional, até mesmo no antigo Egito e em diversos outros lugares e épocas. Uma explicação plausível dessa predileção humana em dividir ou agrupar as coisas em três, talvez seja porque esse padrão é facilmente identificado pela mente, que interpreta o terceiro elemento como um ponto de equilíbrio entre duas outras partes.

Tinne, a oitava letra do ogham e a terceira do segundo grupo, é a representação máxima da triplicidade celta, onde a própria triplicidade é encarada como sinônimo do sagrado.

Palavra Ogham de Mac ind Óic

Smir guaili, "medula de carvão", a saber, é o azevinho. Devido a isso, pela letra correspondente do Ogham, ou seja, *tinne*, a letra T, *secundum alios*[176]; pois *tindi* é um nome para o azevinho, *ut alii dicunt*[177].

Comentários

A *Palavra Ogham* de Mac ind Óic também pode ser traduzida como "fogos de carvão"[178], ou seja, a essência e a potência do carvão, pois o azevinho era uma boa madeira para se fazer brasas, utilizadas para aquecer as frias noites de inverno. Isso nos remete à figura folclórica do Rei Azevinho, o Senhor do Inverno e a contraparte mítica do Rei Carvalho, Senhor do Verão, como descrito no capítulo anterior.

Tinne significa "lingote", "massa" ou "barra de ferro". McManus sugere que essa palavra está relacionada a uma palavra do irlandês antigo para "forte" ou "brilhante". Aqui temos pistas interessantes quanto ao significado dessa letra. O lingote de ferro era, sem dúvida, um dos principais materiais

---

176 De acordo com outros.

177 Como outros diriam.

178 Compare as palavras *smál* = brasa, *smér* = fogo e *smir* = medula.

utilizados pelos ferreiros celtas, que o transformava, através do calor da forja, em outros objetos como espadas, lanças e escudos. Assim, podemos concluir que talvez, "fogos de carvão" possa ser uma forma poética para se referir à ferraria, ou ainda, que o ferreiro mantinha o fogo da forja com madeira de azevinho, uma das que retém o calor por mais tempo, para, assim, realizar seu trabalho em metal.

De qualquer maneira, seja através da forja ou das fogueiras que nos aquecem no inverno, o *fid tinne* está relacionado ao fogo. Repare que a antiga palavra irlandesa para "fogo" é *teine*, o que reforça sua ligação simbólica à letra ogâmica. É interessante notar também, que *tinne* é, assim como *duir*, o carvalho, uma letra masculina. Por estar associado ao fogo, *tinne* é a contraparte masculina da letra *saille*, o salgueiro, que está associado à água e ao feminino.

Os metais eram realmente muito valorizados pelos celtas, inclusive, acredita-se que a barra de ferro era utilizada como moeda na antiguidade, portanto, a arte de fundir metais passou a ser vista como uma das mais nobres funções. O Deus ferreiro dos irlandeses era, como dito anteriormente, Goibniu. Seu correspondente galês era Gofannon. Na Gália, o Deus ferreiro era Gobannos. É provável que esses Deuses provenham de um antigo culto indo-europeu ao ferreiro sagrado, identificado com o demiurgo, "o Artífice do Universo".

A crença no Deus-ferreiro sobreviveu no folclore irlandês sob a figura de Gobán Saor. Seu nome carrega a mesma etimologia da antiga palavra para "ferreiro", assim como os nomes dos Deuses já citados. Gobán Saor, posteriormente identificado com São Gobhan, foi descrito não só como um ferreiro, mas também como um grande artífice e construtor, reconhecido por suas habilidades e inteligência fora do comum.

A arte dos ferreiros, ou seja, manipular elementos brutos e transformá-los em lindas peças de arte, era vista como um dom mágico, envolto em mistérios e encantamentos. A figura do ferreiro-mago era tão respeitada e temida na antiguidade, que foi muitas vezes comparada aos próprios Druidas. Até mesmo na famosa Oração de São Patrício, também conhecida como "Couraça de São Patrício", provavelmente do século 5 EC, os ferreiros (*gobann*) foram comparados aos Druidas e às Bruxas como responsáveis por lançarem feitiços contra os cristãos.

Portanto a letra *tinne*, sob esse aspecto, representa o trabalho do ferreiro, ou seja, a inteligência, a habilidade, a magia, a invencibilidade e a tecnologia, além de estar associada ao fogo, à forja e à madeira de azevinho. A medula do carvão reforça o significado de centro mágico e místico desta letra.

Palavra Ogham de Con Culainn

Trian n-airm, “uma das três partes de uma arma”.

Comentários

Nesta *Palavra Ogham* de Com Culainn, o termo *trian,* ou seja, “um terço”, pode ser compreendido como sinônimo de algo sagrado ou divino, portanto, pode indicar não apenas as três partes de uma arma, como também uma arma mágica ou mítica.

Na mitologia celta irlandesa, bem como na galesa e nos contos do Rei Artur, encontramos diversas armas mágicas, algumas, inclusive, aparentam ter personalidade própria, como seres vivos.

Espadas com cabos antropomórficos, ou seja, que possuem formato humano, são comuns na arte celta La Tène. Talvez seja por essa estilização artística que as espadas e armas míticas passaram a ser descritas como seres vivos, ou, ao contrário, a partir dos mitos de armas “vivas” que as espadas passaram a possuir formatos humanos. De qualquer maneira, as armas, em especial as espadas e as lanças, eram objetos especiais, símbolos da força bélica dos celtas.

Dentre os quatro tesouros da Tuatha Dé, duas são armas: a Lança de Lug e a Espada de Nuada. A Lança de Lug (*Gáe Assail*) é possivelmente a representação simbólica dos raios e relâmpagos e é normalmente confundida com a Lúin Celtchair, a lança de Celtchar mac Uthechar. A imbatível Lúin Celtchair era tão poderosa, que emitia calor e faíscas e possuía uma descontrolada sede de sangue, que só era aplacada se fosse mergulhada em um caldeirão com sangue venenoso. Além dessas duas conhecidas lanças, o herói Cú Chulainn também possuía uma lança mágica, a Gáe Bulga. A lança de Cú Chulainn foi dada a ele por sua professora, a guerreira Scáthach, e possuía a capacidade de soltar farpas que rasgavam a carne dos inimigos.

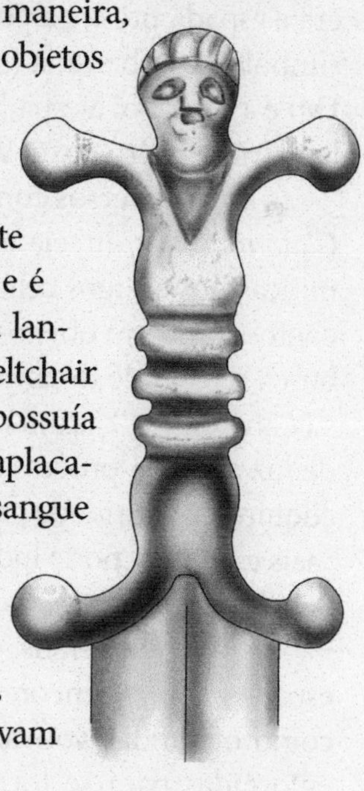

Reprodução do cabo antropomórfico de uma espada celta. Baía de Ballyshannon, Irlanda (século 1 AEC)

Segundo o mito, a Espada de Nuada Airgetlám veio da cidade mística de Findias. É dito que uma vez desembainhada, ninguém resistia a ela. Igualmente invencível, era a espada de Angus Mac Óg, a Moralltach "grande fúria", que nunca deixava um golpe inacabado. A famosa espada de Fionn Mac Cumhaill, a Mac an Lúin, era capaz de cortar qualquer coisa e foi confeccionada pelo sombrio ferreiro norueguês Lon mac Líomtha[179].

Talvez a espada mais famosa das lendas irlandesas seja a Caladbolg ou Caladcholg "lâmina dura". Essa mítica espada pertencia ao herói Fergus mac Róich, quando manipulada, seu reflexo formava um arco-íris. Era tão poderosa, que Fergus a utilizou para decepar o topo das colinas, deixando-as chatas, além de dar os "três golpes fatídicos de Badb[180] nos homens de Ulster, para que seus mortos fossem mais numerosos que seus vivos". Da Caladbolg irlandesa, surgiu a espada Caladfwlch citada no conto galês *Culhwch ac Olwen*, do qual surgiu *Caliburnus*, citada por Geoffrey de Monmouth e que viria a se tornar a tão conhecida espada Excalibur, dada ao Rei Artur pela Dama do Lago através das orientações de Merlin.

Segundo Geoffrey de Monmouth, *Caliburn* foi confeccionada na Ilha de Avalon, a mística ilha das maçãs, talvez um dos nomes para o paraíso celta. Nos contos arturianos encontramos duas "Excaliburs", uma era a espada presa na pedra, onde somente o rei poderia retirá-la, um claro símbolo de Soberania (semelhante à *Lia Fáil*, outro dos tesouros da Tuatha Dé) e a outra foi a espada entregue pela Dama do Lago, confeccionada pelo lendário ferreiro coxo, Wayland.

Em diversos contos folclóricos irlandeses e escoceses encontramos a *Claíomh Solais*, ou seja, a "Espada de Luz". Possivelmente herdeira das espadas míticas dos antigos celtas, a espada de luz ou espada brilhante aparece nos contos como um objeto mítico que deve ser adquirido pelo herói, após longa busca repleta de desafios. Ao conquistar a espada, o herói ganha a mão da sua amada em casamento, o que pode indicar que essa busca pela espada de luz seja um processo iniciático, onde o rapaz passa para a vida adulta e adquire a maturidade para se casar e formar família, ou ainda, sob uma visão mais esotérica, pode indicar a vitória do herói solar que desposa a Deusa da Soberania da Terra e, assim, restabelece a harmonia no Universo.

Em diversos sítios arqueológicos da época dos celtas, muitas espadas foram encontradas em lagos, rios e pântanos, possivelmente como oferendas votivas. Essas espadas eram normalmente arqueadas ou entortadas para se tornarem inutilizáveis. Supõe-se que os celtas faziam

---

179 Em outra versão da lenda, o ferreiro Loan Maclibhuin confeccionou a espada Macabuin para o Rei Olave II, lendário rei norueguês que governou a Ilha de Man.

180 Badb é a Deusa da Guerra, um dos aspectos de Morrígan. Seu nome significa corvo ou gralha.

isso, pois acreditavam que o Outromundo era o oposto deste mundo e aquilo que não tinha utilidade aqui, passava a ter lá e vice-versa. Ambientes aquáticos, como lagos, rios e mares eram descritos como passagens para o Outromundo, ou Reino das Fadas, e aqui encontramos fortes ecos nos contos arturianos sobre a Dama do Lago e a espada Excalibur.

De volta à *Palavra Ogham* de Com Culainn, a palavra *trian* no plural, também pode ser interpretada como "uma festa tripla" ou "três dias de festa", como no festival do início do inverno, *Samhain*, que era celebrado em três dias. Isso me faz lembrar do importante texto *Acallam na Senórach*[181], que menciona a Festa de Goibniu, a *Fled Goibhnenn*, onde o Deus ferreiro da Tuatha Dé oferecia a cerveja da imortalidade, capaz de curar todas as feridas, em um grandioso banquete divino.

Assim, a letra *tinne*, mais uma vez, está intimamente ligada ao ofício do ferreiro-mago, o responsável pela confecção das armas mágicas dos Deuses e heróis celtas. Bem como ao Deus-ferreiro, provedor da imortalidade, semelhante ao seu correspondente grego Hefesto, que oferecia o néctar da imortalidade aos Deuses olímpicos em um suntuoso banquete.

CRANN OGHAM

Tinne dono, is o chrand rohainmniged, .i. 'cuileann [trian roith tindi L]', .i. ar is cuileand in tres // fidh roith in carbait.

Tinne, novamente recebe seu nome a partir de uma árvore, isto é, o azevinho. Um terço de uma roda é o azevinho, ou seja, porque o azevinho é uma das três madeiras da roda de carruagem.

COMENTÁRIOS

Se para os celtas o três é um número mágico e sagrado, a terça parte de uma roda é, portanto, uma parte sagrada ou mágica, ou ainda, se preferir, uma roda mágica. Desta maneira, não poderia deixar de mencionar o famoso e controverso druida Mog Ruith, possuidor de uma máquina voadora chamada *roth rámach*, ou seja, a "a roda com remos". Em uma passagem do tratado *Cóir anmann*[182], assim é descrito a origem do nome Mog Ruith:

181 O Colóquio dos Anciões.

182 A elucidação dos nomes. Coleção das origens etimológicas de nomes irlandeses medievais. Datado aproximadamente do século 14 ou 15.

287. Mog Ruith, de onde vem? Fácil dizer. Roth, filho de Rígoll o adotou. Um famoso Druida foi esse Roth. Por isso, ele foi (chamado) Mog Ruith, o servo de Roth. Ou Mog ruith, que é *magus rotarum*, pois foi pelas rodas que ele costumava fazer sua observação mágica. Desde que Mog Ruith prestou serviço àquele Roth, filho de Rigoll, ele foi chamado Mog Ruith. Tigernach foi o seu nome a princípio até Mog Ruith ser colocado sobre ele.[183]

Mog Ruith significa literalmente o "servo (ou escravo) da roda". Como visto, ele ficou conhecido como *magus rotarum*, ou seja, "o mago da roda" ou "o mago que gira como uma roda". Seu verdadeiro nome é Tigernach, o diminutivo de "senhor" e é possível que Mog Ruith fosse um adorador do Sol, ou mesmo um aspecto de uma antiga divindade solar, como podemos ver num trecho da *Imtheachta Moighi Ruith*[184], encontrado no Livro de Ballymote:

> Mog Ruith passou trinta e três anos junto de Simão. Então, ele mutilou um dos olhos quando matou um bezerro na grande neve, nas montanhas dos Alpes. E o outro olho ficou cego quando ele segurou o Sol por dois dias em Darbri, de modo que ele fez dois dias virarem um. Dos quais ele mutilou um dos seus olhos (= o outro), para que ele ficasse cego.

Assim, Mog Ruith pode ser interpretado simbolicamente como o "servo da roda solar" e o fato de transformar dois dias em um (em outras palavras, reduzir o trânsito solar) e sacrificar o bezerro na neve (ritual propiciatório), pode indicar que ele detinha o poder de controlar as forças do inverno, ligando-o ao simbolismo do azevinho, o Senhor do Inverno. Seus olhos cegos indicam que o brilho do sol está em declínio, o que ressalta mais uma vez sua ligação ao solstício invernal.

Ainda no Livro de Ballymote, é dito que Tlachtga, a filha de Mog Ruith, foi a responsável por criar a roda mágica que a transportou do oriente à Irlanda, após ter sido estuprada pelos três filhos de Simão, o mago. Sobre a roda de Tlachtga, possivelmente a mesma *roth rámach*, é dito que: "Quem a vê fica cego/ Quem a ouve fica surdo/ E quem tenta pegar um pedaço da roda rajada áspera, morrerá".

183 Referência: https://celt.ucc.ie//published/G503002/index.html
184 Aventuras de Mogh Ruith.

A *Palavra Ogham* pode ser interpretada também como "o eixo da roda", ou seja, o centro místico que faz com que a roda se movimente. Acredita-se que os eixos das rodas dos carros celtas eram confeccionados com madeira de azevinho.

Ainda sobre a roda, é de conhecimento que o companheiro e irmão de Goibniu, Creidne, foi um escultor de rodas, o que ressalta a ligação entre os Deuses da arte, em especial a arte da forja e a letra *tinne*.

Depois de discorrer sobre a simbologia da roda mágica em alguns aspectos dos mitos celtas, vamos nos deter agora sobre o azevinho, a árvore associada à *tinne*.

No poema *Cad Goddeu*, de Taliesin, assim é descrita a posição do azevinho em *A Batalha das Árvores*: "Azevinho, manchado de verde, ele era o herói." Há muitas outras interpretações para essa passagem, como "Lívido azevinho em brotos, mostrou sua coragem". De uma maneira ou de outra, o azevinho, sempre verde no poema, indica a resistência da vida diante do estéril inverno.

Recorro novamente aos contos arturianos para explicar a simbologia da árvore, neste caso, o azevinho. No conto *Sir Gawain e o Cavaleiro Verde*, já citado na letra *hÚath* sob sua versão original irlandesa, é dito que durante a festa de Ano-Novo[185], um grandioso Cavaleiro Verde entra subitamente no salão do Rei Artur, montando um cavalo igualmente verde e portando um ramo de azevinho numa mão e um machado na outra. O cavaleiro faz um desafio, como na versão irlandesa da história. Ele propõe que um homem de coragem o decapite com seu machado, mas que aceite que sua cabeça seja também decapitada depois de um ano e um dia. Sir Gawain, o mais jovem dos cavaleiros e sobrinho do Rei Artur, aceita o desafio, decapita o cavaleiro verde e assim inicia essa interessantíssima história. O conto é longo e há diversos elementos simbólicos a serem explorados, mas vou me deter apenas à simbologia do Cavaleiro Verde e do azevinho.

Gawain é certamente nosso herói solar. Seu nome origina-se do galês Gwalchmei, que talvez signifique algo como "falcão de maio" ou "falcão da planície". Maio era o mês do início do verão para os antigos celtas (*Beltane* para os irlandeses), portanto, Gawain o "Senhor do Verão", é desafiado pelo Cavaleiro Verde, o "Senhor do Inverno". Vemos novamente a disputa entre o Rei Carvalho e o Rei Azevinho, como explicado anteriormente.

---

185 Aqui refere-se ao Ano-Novo cristão, celebrado após o Solstício de Inverno no Hemisfério Norte. Em outras versões, a chegada do cavaleiro se dá na festa de Natal.

A letra *tinne* indica a importância que o trabalho do ferreiro, do artesão e do mago exerciam no imaginário celta, como demonstrado na tecnologia da roda voadora de Mog Ruith e sua filha. Bem como no simbolismo do sempre verde azevinho, o Senhor do Inverno, com suas bagas vermelhas que nos remetem ao sangue sacrificial, representado pela decapitação do imortal Cavaleiro Verde, a energia cíclica da natureza que sempre está em transformação.

Significados Oraculares

Inteligência, habilidades, tecnologia, trabalho, reconhecimento, armas, centro, valor, troca, ação, equilíbrio, domínio, criatividade, produzir, moldar, transformar, persistir, dons, temperança, prática, dinâmica, obra.

Afirmação

Meu martelo é a minha vontade e com ele eu moldo e transformo minha vida, pois despertei meus dons e habilidades adormecidos.

Perguntas

Eu valorizo meus dons e habilidades?
O que precisa ser moldado e transformado em minha vida?
Quais aspectos masculinos interiores devem ser curados?

Práticas

Faça uma oferenda ao fogo, observe como ela se transforma e agradeça aos Deuses pelos seus dons.
Crie algo com suas habilidades, pode ser um artesanato, um poema, uma música ou uma oração.
Pesquise e escolha uma tríade celta e recite-a por três ou nove dias.

Temas

Reconhecimento intelectual e profissional.
Despertar seus dons adormecidos.
Resgatar o Sagrado Masculino.

COLL

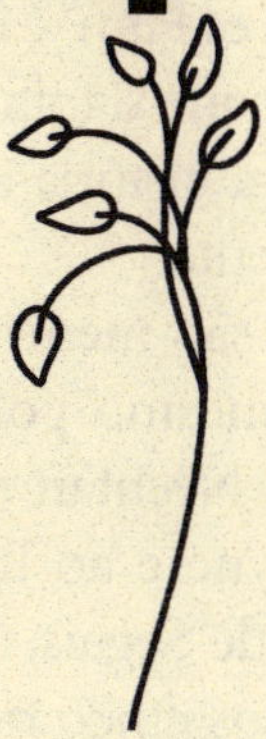

Significado do nome: aveleira
Árvore: aveleira, também conhecida como avelaneira ou avelãzeira (*Corylus avellana*)
Letra: c
Pronúncia: *col* ou *câl*
Classe: chefe
Lei Brehon: nobre
Nobre da escola de Fénius: Cae
Cor (*dathogam*): castanho (*cron*)
Ave ou pássaro (*enogam*): não listado
Agricultura (*ogam tirda*): carruagem (*carr*)
Santo (*naemogam*): Cronan
Arte (*danogam*): harpa

PALAVRA OGHAM DE MORANN MAC MAIN

Cainin fedaib, "a mais bela das árvores", que é a aveleira, a letra C, devido à sua beleza na floresta.

COMENTÁRIOS

A aveleira é uma das árvores mais ricas em simbolismo na mitologia celta irlandesa. O mito mais conhecido sobre as aveleiras, sem dúvida, é aquele que fala das nove aveleiras mágicas que margeiam o poço sagrado, próximo ao Rio Boyne. Em *Macgnímartha Finn*[186] encontramos o poeta Finnéces, que passou sete anos tentando pescar o salmão do conhecimento no poço de Segais. Acreditava-se que quem comesse da carne desse salmão tornar-se-ia o ser mais sábio do mundo, pois ao comer as avelãs sagradas, o salmão adquiriu propriedades sobrenaturais. Cada pinta de seu corpo correspondia a uma avelã comida. Finnéces, que significa "Poeta Branco" ou "Sábio Brilhante", era tutor e mestre do jovem Fionn Mac Cumhail, que se chamava, até então, Deimne. Após conseguir capturar o salmão da sabedoria, Finnéces pede ao menino que o cozinhe para que ele pudesse

186 Os feitos infantis de Fionn.

adquirir toda a sabedoria do mundo. Enquanto cozinhava o salmão, Deimne acidentalmente queimou seu dedo e instintivamente o colocou na boca para aplacar a dor. Ao chupar o dedo, imediatamente o menino recebeu para si todo o conhecimento e sabedoria que era destinado a seu mestre. Quando Finnéces percebe o que aconteceu, entende que a sabedoria já era destinada ao menino e dá a ele o salmão, para que Deimne o comesse. Ele então dá um novo nome ao menino: "E a ti foi dado o salmão para ser comido, e de fato tu és Finn" e foi assim que o herói Fionn Mac Cumhail recebeu seu novo nome que significa "branco" ou "brilhante", semelhante ao nome de seu mestre. Essa história influenciou o conto de Gwion e Cerridwen, como visto anteriormente.

Nesse conto especificamente, as avelãs e aveleiras não são mencionadas, no entanto, acredita-se que o poço do conto seja o mesmo poço conhecido como Segais, também conhecido como poço de Nechtan ou *topur diamair*, o "poço secreto", que deu origem ao Rio Boyne e ao Rio Shannon. O poço de Connla, provavelmente o mesmo poço de Segais, foi citado como a fonte dos rios Shannon e Boyne, além de outros cinco rios irlandeses. As nove aveleiras sagradas aparecem na história do poço de Connla e na origem do Rio Shannon descrito nos métricos *Dindshenchas*:

> Sinann II
> Sinann[187] – a razão pela qual é assim chamado,
> declararei sem engano:
> relatarei claramente, sem perplexidade,
> seu nome e sua origem.
> Declararei a cada uma das origens
> do Sinann de fluxo intenso:
> não ocultarei a fonte de sua fama,
> relatarei o motivo de seu nome.
> O poço de Connla, alto era o seu som,
> estava sob o oceano de saia azul:
> seis riachos, de fama desigual, emergem dele,
> o sétimo era Sinann.
> As nove aveleiras de Crimall, o sábio,
> dispersam seus frutos além do poço:
> permanecem sob o poder de feitiços mágicos
> sob uma sombria névoa de magia.

187 O Rio Shannon recebe seu nome da heroína Sinann.

Juntas, crescem de maneira inusitada
suas folhas e flores:
é uma maravilha, embora de qualidade nobre;
uma maravilha que amadurecem em só um momento.
Quando o cacho de nozes está maduro,
caem no poço:
espalham-se no fundo e o salmão os come.
Do suco das nozes (sem a insignificante matéria)
são formadas as bolhas místicas;
daí vêm momentaneamente as bolhas
nos riachos verdes.
Lá estava uma donzela de cabelos amarelos, nascida
da Tuatha De Danann,
a alegre Sinann, de rosto brilhante,
filha de Lodan Luchair-glan.
Uma noite, a donzela pensou nela
a donzela de lábios vermelhos
que todo tipo de fama estava sob seu comando,
exceto a arte mística.
A donzela – justa era a sua forma
chegou um dia ao rio,
e viu – não era assunto insignificante
as adoráveis bolhas místicas.
A donzela empreende um feito lamentável
atrás deles no rio que flui verde:
ela se afoga em seu feito;
então dela é chamado Sinann.
Outra versão, se assim o desejar,
poderá obter de mim a respeito de Sinann,
de fluxo branco;
embora deva ser lido no meu verso,
não é melhor que a primeira versão.
Lind Mna Feile, (eu falo verdadeiramente),
é o nome do poço onde ela se afogou:
este é o título apropriado herdado dela,
se esse é o verdadeiro conto a contar.[188]

---

188 https://celt.ucc.ie/published/T106500C.html

Neste fragmento do *Dindshenchas*, é dito claramente que o poço de Connla e as noves aveleiras ficam sob o oceano, em *Tír Tairngiré*, a Terra da Promessa, em meio a névoas, ou seja, está situado no Submundo ou no Outromundo, o reino dos Deuses e ancestrais. A donzela Sinann vai ao poço em busca de sabedoria, inspiração e "arte mística", mas acaba se afogando e dá origem ao Rio Shannon. As nove aveleiras de Crimall, o sábio, formam outro tema importante nessa passagem, pois é através das avelãs que caem no poço que o salmão da sabedoria se alimenta e as bolhas místicas de inspiração são formadas. As bolhas são claros sinais de que o poço é também uma nascente, o que reforça a hipótese de que vários rios têm origem a partir dele, no Submundo. Crimall, o dono das aveleiras, não é outro senão o tio do próprio Fionn Mac Cumhail e assim, todos esses contos que são aparentemente desconexos, começam a fazer sentido.

Quando Morann Mac Main cita em sua *Palavra Ogham* que a aveleira é a mais bela das árvores, certamente está se referindo à inspiração que a beleza da árvore concede aos que a contemplam, destacando-se das demais árvores da floresta. Portanto, *coll*, que significa literalmente aveleira, está intimamente ligada ao Outromundo, um lugar belo, secreto e sagrado, que não deve e não pode ser profanado. É a fonte de todo conhecimento, sabedoria e inspiração, personificada na imagem de uma Deusa das Fontes e Rios, que tem o salmão como seu símbolo máximo.

Palavra Ogham de Mac ind Óic

Cara bloisc, "amigo crocante", a saber, *coll*, a aveleira, a letra C. Por isso é dado à letra correspondente do Ogham.

Comentários

A *Palavra Ogham* de Mac ind Óic, refere-se claramente ao som emitido ao mastigar uma noz de avelã, por isso é chamado de "amigo crocante", ou seja, é o som da casca da avelã quando mastigada ou quebrada.

Como vimos anteriormente, Fionn recebeu a sabedoria quando colocou seu dedo polegar na boca e sorveu o sumo do salmão do conhecimento; a partir de então, sempre que ele colocasse o dedo mágico na boca e cantasse, receberia, através do *teinm laida*, a iluminação ou inspiração divina. O *teinm laida* é descrito como um tipo de encantamento divinatório, considerado uma das três maneiras de adquirir conhecimento profético.

Teinm laida significa algo como "mastigar" ou "abrir a noz", ou ainda, "quebrar o caroço". Assim, mastigar avelãs talvez fosse um antigo ritual que envolvesse vidência e divinação, e passou aos mitos como o polegar do herói Fionn, que deveria ser mastigado simbolicamente para acionar seu poder profético.

O salmão da sabedoria comido por Fionn era chamado *Goll Essa Ruaid*, ou seja, "o caolho da cachoeira vermelha". A cachoeira vermelha, ou cachoeira poderosa, é, certamente, uma referência à cachoeira de Assaroe, onde se via antigamente diversos salmões saltando contra a correnteza.

Como dito anteriormente, o olho foi usado pelos *filid*[189] para se referir poeticamente ao Sol, "o olho que tudo vê", portanto, o salmão caolho pode significar "aquele que tudo sabe ou tudo vê". Esse salmão também era conhecido como *eó fis*, ou seja, o "salmão da visão" ou o "salmão do conhecimento" o que reforça o significado de divinação, vidência, profecia e inspiração concedido a quem se alimentasse de sua carne.

Palavra Ogham de Con Culainn

Milsem fedo, "a mais doce das madeiras".

Comentários

Milsem fedo, também pode ser traduzido como "árvore mais saborosa" ou "madeira de sabor agradável". A aveleira, devido às suas nozes, era considerada uma árvore muito importante na alimentação das pessoas; vemos isso praticamente em quase todas as *Palavras Ogham*, onde é ressaltada a importância das avelãs como alimento e seu gosto adocicado, muito apreciado.

Além das nozes de avelã utilizadas na alimentação, a madeira da aveleira foi empregada para diversos fins místicos, como na confecção de varinhas mágicas. Existem muitos exemplos de varinhas mágicas de aveleira na mitologia celta irlandesa, normalmente associadas à mudança de forma, certamente antecessoras das famosas varinhas de condão dos contos infantis. Um exemplo bem conhecido aparece na história Donn Ua Duibne, que foi transformado em javali por seu pai, através dos poderes mágicos de uma varinha de aveleira. Outro exemplo é Sadb, que foi transformada em corça quando um Druida maligno a tocou com sua varinha mágica de aveleira.

189 *Filí*, plural *filid*, era uma classe de poetas da antiga Irlanda ligados à tradição druídica. O termo deriva do protocelta **widluios* "videntes".

Mas o tema das aveleiras que margeiam um poço sagrado ainda é predominante e o encontramos em vários contos da mitologia celta, como na história de Buan, que chorou no túmulo de seu marido decapitado, de onde nasceu uma aveleira mágica, a *Coll Buana*, a "aveleira de Buan". Seus galhos foram utilizados em divinação e suas avelãs caiam em um poço sagrado habitado por cinco salmões. Ceibhfhionn[190] era uma Deusa que concedia sabedoria através da água do poço que guardava. O poço era cercado por aveleiras mágicas e é possível que essa Deusa assumisse a forma de um peixe, provavelmente outra versão do salmão da sabedoria. Até o grande herói Cú Chulainn comeu das avelãs que concediam sabedoria e conhecimento do futuro.

Quando os humanos milesianos chegaram à Irlanda, deparam-se com três reis da tribo dos Deuses, Mac Cuill, Mac Cecht e Mac Greine. Mac Cuill significa literalmente "filho da aveleira". No *Livro das Invasões* é dito que *Coll* (aveleira) era o Deus que Mac Cuill adorava, o neto do Dagda. Os nomes dos outros reis significam "filho do arado" e "filho do Sol", e sugere que a aveleira, ao lado do arado e do Sol, foi adorada como símbolo de fertilidade, boa colheita e alimentação.

Assim, a letra *coll* indica que as aveleiras eram realmente sagradas para os antigos celtas. Suas nozes eram muito apreciadas pelo seu sabor e, acredita-se, eram uma das principais fontes de alimento dos primeiros habitantes da Irlanda, o que reforça sua importância como símbolo de alimentação que perdurou por muitos anos, além da época dos celtas.

CRANN OGHAM

Coll dono, is o chrand rohainmnig¬ed, ut dicitur: 'cainfidh', .i. coll, .i. cach ac ithi a chno.

Coll, mais uma vez, recebe seu nome a partir de uma árvore, como é chamado: "árvore amável", isto é, a aveleira, pois todos comem de suas nozes.

COMENTÁRIOS

Coll, a aveleira, é a nona letra do ogham. Como vimos, são nove as aveleiras que margeiam o poço do Outromundo. Isso significa que *coll* está

190 Seu nome significa cabelos brancos ou louros.

intimamente relacionada ao sagrado. O que fica evidente por sua associação ao número nove, ou seja, três vezes o sagrado número três. Na mitologia celta, há diversos casos que fazem o número nove especial. Por exemplo, as noves ondas que demarcam a fronteira com o Outromundo; as nove donzelas que habitam a mítica *Ynys Wydrin*, a Ilha de Vidro da mitologia galesa, e os nove elementos que compõe o corpo humano em correspondência com o Universo, para citar apenas alguns.

Em a *Immram Curaig Mael Dúin*, o herói Máel Dúin e sua tripulação encontraram uma ilha encantada em meio ao oceano. A ilha estava cercada de penhascos, ao avistar a tripulação, os habitantes daquele lugar gritaram: "São eles! São eles!" e uma linda mulher atirou grandes nozes de avelãs ao mar, em direção ao navio de Máel Dúin. Eles recolheram as nozes e se afastaram, o que causou alívio na população da ilha, pois acreditavam numa profecia que prenunciaria seu fim com a chegada de forasteiros. Segundo Caitlín Matthews[191], os habitantes da ilha representam aqueles que não completaram suas jornadas ao Outromundo e sentem-se ameaçados por outros que desejam completar a jornada. Creio que essa interessante passagem da viagem de Máel Dúin representa a ameaça e os desequilíbrios que os homens causam na natureza e em seus guardiões, os habitantes do Outromundo. A linda mulher que atira as nozes talvez seja uma versão do Sagrado Feminino que, num ato de desespero, oferece avelãs na esperança de despertar a sabedoria nos homens. De qualquer maneira, as avelãs servem de alimento à tripulação, pois como diz a *Palavra Ogham*: "...todo mundo come de suas nozes".

No Crann Ogham, é dito que a aveleira é uma árvore bela e amável, certamente, porque todos, independentemente da classe, comiam de suas nozes, as avelãs, tornando-a uma das árvores mais adoradas, empregada tanto na vida cotidiana, pela alimentação, como em rituais e magias. Segundo Miranda Aldhouse-Green e Ray Howell[192], foi encontrado uma placa de maldição romana em East Anglia, que apela por justiça a "Netuno com avelãs". Netuno é o Deus romano dos mares, o que reforça a associação das aveleiras com o mundo subaquático. O texto da placa de maldição solicita que a pessoa que cometeu o crime seja sacrificada, assim como as avelãs, ao Deus Netuno. Se essa colocação estiver correta, as avelãs poderiam estar associadas a rituais sacrificiais, talvez um indício de sua sacralidade.

---

191 MATTHEWS, Caitlin. *O Livro Celta dos Mortos*. São Paulo: Editora Madras, 2003.

192 ALDHOUSE-GREEN, Miranda; HOWELL, Ray. *Celtic Wales*. Cardiff: University of Wales, 2017.

Desse modo, a nona letra, *coll*, simboliza a sacralidade do mundo natural. Devido ao seu importante destaque na alimentação, pode estar relacionada ao culto de uma Deusa Mãe que alimenta seus filhos ou ao culto de um Deus da Fertilidade, através de sacrifícios em fontes, rios e mares. Certamente, é a letra que melhor expressa a sabedoria, o conhecimento e os mistérios do Outromundo, o mundo subaquático dos celtas, Morada dos Deuses, ancestrais e espíritos da natureza, fonte de eterno aprendizado e estudo.

Significados Oraculares

Sabedoria, conhecimento, estudo, vidência, espiritualidade, beleza, conquista, longevidade, empatia, compreensão, profecia, cultura, alimento, orientação, o sagrado, inspiração, promoção, evolução, agradabilidade, simpatia.

Afirmação

Bebo do poço da sabedoria e desperto em mim a alma de uma criança, o coração de um nobre e a força de um gigante.

Perguntas

Qual minha relação com o sagrado?
Consigo ver o lado belo das coisas?
Qual caminho devo tomar para alcançar a sabedoria?

Práticas

Recite uma poesia ou uma canção em honra aos Deuses.
Queime incenso em seu altar em sinal de devoção e estude algo.
Esteja receptivo às novas experiências e conhecimentos que podem surgir.
Dirija-se ao Leste e medite sobre a sacralidade da vida ao contemplar a alvorada.

Temas

Invocação da sabedoria.
Conexão com o sagrado e o belo.
Adquirir conhecimento.

QUERT

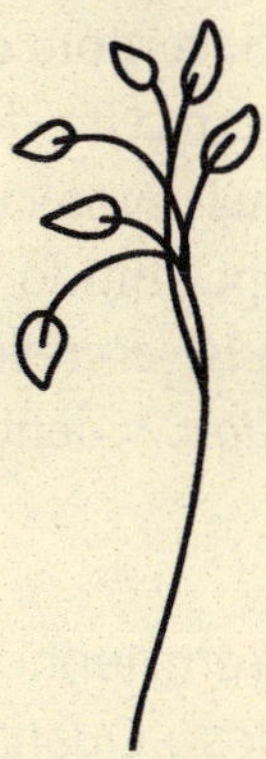

Variante ortográfica: *cert, queirt*
Significado do nome: trapo, farrapo ou arbusto
Árvores: macieira (*Malus domestica*); macieira-brava (*Malus sylvestris*); álamo-tremedor (*Populus tremula*); azevinho (*Ilex aquifolium*); sorveira-brava (*Sorbus aucuparia*)
Letras: q ou k
Pronúncia: *quert* ou *kuért*
Classe: camponês
Lei Brehon: nobre
Nobre da escola de Fénius: Kaliap
Cor (*dathogam*): cor de rato, marrom acinzentado (*quair*)
Ave ou pássaro (*enogam*): frango (*querc*)
Agricultura (*ogam tirda*): feixe de lenha (*cual*)
Santo (*naemogam*): Ciaran
Arte (*danogam*): flauta

PALAVRA OGHAM DE MORANN MAC MAIN

Clithar mbaiscaill, "o abrigo de uma corça", isto é, uma concavidade: ou seja, *boscell*, lunático, que é *bas-ceall*, senso de morte, é então esse o sentido quando se dirige para a morte. *Clithar Boscell*, novamente, que é uma macieira: ou *Boscell*, ou seja, corças, a saber, são luminosas. *Clithar boiscell*, novamente, ou seja, lunáticos ou corças: *quert*, uma macieira, a letra Q, com referência a sua letra.

COMENTÁRIOS

Quert é uma das letras mais interessantes e controvertidas do ogham, isso porque a macieira, árvore associada a essa letra, é uma das mais ricas em simbolismo nos mitos e no folclore celta. Além disso, as *Palavras Ogham* trazem aspectos até então evitados pela maioria dos estudiosos, aspectos estes considerados sombrios e discutíveis.

A *Palavra Ogham* de Morann, refere-se a um abrigo ou refúgio de um lunático, ou seja, de uma pessoa louca, associando-o ao sentido de morte, e às corças. O louco, ou homem selvagem que se refugia na floresta, é, na mitologia celta galesa e irlandesa, sinônimo de "profeta inspirado pelos Deuses". Para compreender por que os loucos da floresta eram considerados profetas inspirados, é preciso observar como funcionavam os oráculos no mundo antigo. No famoso Oráculo de Delfos, na Grécia, a Pítia, Sacerdotisa de Apolo, ao entrar em transe, fazia suas previsões através de mensagens enigmáticas e até mesmo dúbias, cabendo ao Sacerdote do Templo, interpretá-las. Veleda, a vidente, possivelmente de origem celta, dos Bructeri, um povo germânico, vivia isolada em uma torre e suas profecias eram transmitidas por um intérprete, uma vez que não era permitido às pessoas visitarem-na. Geraldo de Gales (*Giraldus Cambrensis*) escreveu no final do século 12 uma breve descrição sobre os *awenyddion*, videntes inspirados por *awen*, a inspiração poética:

> Há algumas pessoas em Gales que você não encontrará em nenhum outro lugar. São os denominados *Awenyddion*, ou "Inspirados". Quando consultados sobre qualquer evento duvidoso, eles rugem violentamente, são presos ao lado de si mesmos e se tornam, por assim dizer, possuídos por um espírito. Eles não respondem de maneira clara e conexa; mas a pessoa que os observa habilmente, encontrará, depois de muitos preâmbulos e muitos discursos nulos e incoerentes embora ornamentados, a explicação desejada; eles são despertados de seu êxtase como de um sono profundo, e, por assim dizer, pela violência, obrigados a retornar aos seus próprios sentidos. Depois de ter respondido as perguntas, eles não se recuperam até serem violentamente agitados por outras pessoas; nem se lembram das respostas que deram. Se forem consultados uma segunda ou terceira vez sobre o mesmo assunto, usarão expressões totalmente diferentes; talvez eles falem por meio de espíritos fanáticos e ignorantes. Esses presentes geralmente são conferidos a eles em sonhos: alguns deles têm a impressão de que o mel ou o leite adocicado está sendo derramado em suas bocas, outros acham que uma lista escrita é aplicada em suas bocas e, ao despertar, eles declaram publicamente que receberam esse presente.[193]

---

193 Gerald of Wales. *Description of wales and the Journey Through Wales.*

Assim, é perceptível que os antigos profetas e videntes falavam palavras desconexas e incompreensíveis para as pessoas comuns que recorriam às habilidades de um intérprete capaz de decodificar a mensagem dos Deuses. Creio que os celtas, ao observar os loucos, ou seja, pessoas que assim como os profetas falavam coisas desconexas e incoerentes, acreditavam que eles eram dotados de grande inspiração, capazes de transmitirem mensagens ocultas, que deveriam ser interpretadas. O fato de se refugiarem em florestas, seja porque não se identificavam com as regras da civilização ou por serem marginalizados, reforça a conexão entre os loucos e o mundo natural, a "Morada dos Deuses". Perceba que os videntes e profetas também tinham predileção por lugares isolados como torres, cavernas ou florestas.

Talvez o louco inspirado mais conhecido das lendas celtas seja Merlin, o Mago. As lendas de Merlin, o famoso Mago e conselheiro do Rei Artur, surgiram dos contos galeses medievais sobre Myrddin Wyllt, ou seja, "Myrddin, o selvagem", conhecido posteriormente em latim como Merlin Sylvestris, isto é, "Merlin das florestas". A história diz que Myrddin ficou louco após uma batalha e fugiu para a floresta, onde adquiriu o dom da profecia. Segundo a *Vida de São Kentigern*[194], Lailoken era um louco que vivia na floresta e também tinha a capacidade de profetizar. Acredita-se que as lendas galesas de Myrddin e as escocesas de Lailoken tivessem as mesmas origens, devido à similaridade das histórias. Geoffroy de Monmouth foi o primeiro a mencionar Merlin em *Prophetiae Merlini*[195], livro composto por profecias atribuídas ao Mago Merlin, certamente sob influência dos personagens celtas anteriormente citados.

Além das conhecidas profecias atribuídas a Merlin, registradas em latim por Geoffroy, há poemas galeses, poucos conhecidos, creditados a Myrddin, encontrados no *Livro Negro de Carmarthen*[196]. Dentre os poemas desse livro, destacam-se o *Diálogo entre Myrddin e Taliesin*[197] e *O Poema das Macieiras*[198]. Este último exprime perfeitamente o êxtase profético do louco da floresta, que dirige suas profecias às árvores e aos animais:

---

194 Também conhecido como São Mungo. Foi um santo escocês. A história de sua vida foi registrada no século 11 EC.

195 Século 12 EC.

196 *Llyfr Du Caerfyrddin*. Manuscrito mais antigo em língua galesa, datado do final do século 12 EC.

197 *Ymddiddan Myrtin a Talyessin.*

198 *Afallen.*

> Doce macieira de ramos encantadores, tu que tens em todas as partes gomos vigorosos, predigo na presença do mestre Marcho que, no Vale de Machway, em uma quarta-feira, haverá sangue e alegria para os homens de Lloegr[199], cujas armas serão vermelhas.[200]

Este trecho se refere a uma batalha que foi profetizada por Myrddin. Aparentemente, profecias de cunho bélico eram comuns no passado, onde guerras e batalhas assombravam as pessoas. Isso talvez explique o termo "senso de morte" encontrado na *Palavra Ogham* de Morann, referindo-se ao senso (isto é, sentido, vidência ou profecia) da morte que estava para acontecer nas guerras e batalhas profetizadas pelos loucos da floresta.

Jean Markale, grande estudioso dos mitos e culturas celtas, exalta a conexão de Merlin (ou Myrddin) à macieira:

> A macieira é encontrada nas ilhas maravilhosas onde moram os heróis e os Deuses, a *Insula Pomorum,* de Geoffroy de Monmouth, a Ilha de Abalum dos textos antigos, onde se acha o âmbar do báltico, o Emain Ablach dos irlandeses, o Ynys Affallach dos galeses, a Ilha de Avalon dos romances da Távola Redonda.
>
> E é precisamente sobre uma macieira que se encontra Merlin nos poemas que lhe são atribuídos, sobre uma macieira que permanece invisível para o mundo dos mortais.[201]

Parece indiscutível a associação entre Merlin, o louco da floresta e a macieira, árvore associada à letra *quert*.

A corça, por sua vez, é frequentemente descrita nos contos como um ser sobrenatural, associado às fadas e ao Outromundo. As corças, ou cervos brancos, eram especialmente diferentes, pois simbolizavam a inalcançável sabedoria que o caçador deveria perseguir através da misteriosa floresta, o reino dos Deuses e dos espíritos da natureza. A presença de corças nos contos demarcava algum tipo de presságio ou chamado, sendo assim, elas também eram animais proféticos, sempre associadas ao mundo selvagem.

A lenda irlandesa de Sadb expressa muito bem o simbolismo da corça que busca refúgio e abrigo. A história conta que o malicioso druida

---

199 Palavra galesa para designar os reinos conquistados pelos anglo-saxões na Grã-Bretanha. Posteriormente passou a significar a própria Inglaterra, sob o nome de *Logres* nos contos arturianos.

200 MARKALE, Jean. Merlim, o Mago. São Paulo: Editora Paz e Terra, 1989.

201 Ibid.

Fer Doirich[202], por ciúmes, transforma a bela Sadb em corça. Assustada, ela foge e é perseguida pelos cães de Fionn, Bran e Sceolang, que a reconhecem como, semelhante a eles próprios, um ser humano encantado. Fionn, apaixonado, dá abrigo à Sadb em sua casa, único lugar onde o encanto não tem poder, e assim, ela assume novamente a forma humana e casa-se com ele. Quando Fionn sai para caçar[203], Sadb, já grávida, é enganada pelo druida Fer Doirich e novamente é transformada em corça. Fionn a procura desesperadamente por sete anos, até encontrar uma criança selvagem que ele reconhece ser seu filho, dando-lhe o nome de Oisín, ou seja, o "pequeno cervo", filho de Sadb a mulher-corça.

Nesse conto maravilhoso, podemos perceber que a corça, o símbolo do Outromundo, quando abrigada e segura, transforma-se em uma linda donzela, mas quando desamparada, volta ao seu incompreendido estado selvagem. Aqui há evidentes semelhanças ao mito da Deusa da Soberania. Desta maneira, quando a *Palavra Ogham* diz "corças, a saber, são luminosas", pode se referir ao encontro com a almejada inspiração luminosa ou Soberania, que se dá mediante à loucura, concedendo ao aspirante o dom da profecia.

Palavra Ogham de Mac ind Óic

Brigh anduine, "valor de uma pessoa insignificante", a saber, *queirt*, a letra Q, a macieira. Por isso é dado à letra correspondente.

Comentários

Essa *Palavra Ogham* também pode ser interpretada como a "força de alguém sem valor" ou a "força de um fraco". Aqui temos uma contradição, afinal, qual o valor de alguém sem valor? Ou a força de um fraco? Provavelmente a *Palavra Ogham* de Mac ind Óic se refere também ao homem selvagem, o louco inspirado (*bailedach*) da floresta, desprezado pela sociedade, mas admirado por sua capacidade profética.

Na Irlanda, há um conto poético conhecido como *Buile Shuibhne*[204], semelhante ao *Myrddin-Merlin* dos galeses, que conta como o Rei Suibhne ficou louco e suas façanhas. A história diz que São Rónán pretendia construir uma igreja nos limites das terras do Rei Suibhne que, ao saber disso, não

202 Homem escuro. Possivelmente o mesmo Far Dorocha do folclore irlandês.

203 Algumas versões dizem que Fionn estava em batalha.

204 *A Loucura de Suibhne.* Provavelmente do século 13 EC.

gostou nada, pois era pagão e não lhe agradava cristãos em suas terras. Suibhne foi ao encontro do santo, jogou seu saltério no lago e o humilhou. Naquele mesmo dia, ele foi convocado a ajudar na batalha de Mag Rath. São Rónán, então o amaldiçoou a vagar sem destino, completamente nu, voando de árvore em árvore, como uma ave. Após a batalha, Suibhne enlouquece, foge para a floresta e, como o santo determinou, passa a viver como uma ave, nos galhos de um teixo. Suibhne oscila entre loucura e lucidez, enquanto recitava poemas inspirados:

> [...]
> Com certeza sou Suibhne Geilt[205],
> aquele que dorme sob o abrigo de um trapo,
> sobre Sliabh Liag se (...)
> esses homens me perseguem.[206]

Essa pequena estrofe revela muito bem a ligação entre Suibhne e a letra *quert*, que significa “trapo” ou “arbusto”, portanto, *quert* é o abrigo de um louco, talvez a fonte de sua inspiração poética.

Segundo John Matthews[207], a história de Suibhne expressa, de forma oculta, uma iniciação xamânica. Desta forma, Suibhne assume os aspectos de um verdadeiro xamã ao voar como uma ave e recitar poemas proféticos. Acredito que a loucura de Suibhne, assim como a de Myrddin, esteja relacionada com os traumas pós-guerra, o que, talvez, os levaram a experiências próximas da morte, portanto, próximas do Outromundo.

De qualquer forma, Suibhne Geilt foi exaltado por sua poesia, mas não só isso, também foi, e continua sendo, fonte de inspiração a outros poetas. Talvez seja esse o verdadeiro significado do “valor de uma pessoa insignificante”.

Outro interessante personagem dos contos irlandeses ligado ao mundo selvagem é Derg Corra. O herói Fionn se apaixona por uma linda donzela, que, por sua vez, era apaixonada por Derg (Dearg ou Derc). Fionn descobre, expulsa o jovem e lhe dá três dias e três noites de trégua, para que ele fuja. Derg então busca exílio na floresta, onde anda “sobre pernas de veado” devido à sua leveza. Certo dia, Fionn o encontra sob uma árvore, com um melro em seu ombro, um vaso de bronze cheio de água, onde vivia uma truta, e acompanhado de um veado, que ficava aos pés da árvore. Derg se alimentava da metade

---

205 Suibhne, o Louco.
206 Referência: https://celt.ucc.ie//published/T302018/index.html
207 MATTHEWS, John. Xamanismo Celta. São Paulo: Editora Hi-Brasil, 2002.

de uma noz e de metade de uma maçã, a outra metade dividia com os animais, assim como a água do vaso. Fionn não o reconheceu de imediato, para isso, foi preciso utilizar o *imbas forosnai*, um método divinatório. Esse conto, como dito, refere-se à árvore sagrada, o eixo cósmico que liga os três mundos. Contudo, há outros elementos interessantes a serem analisados. Derg está intimamente ligado à figura do veado, como descrito no conto. Seu nome provém de *derg* "avermelhado" ou "ruivo" e *corra* (ou *corr*[208]) que significa algo como "pontudo" ou "chifres", portanto, o nome *Derg Corra* pode ser interpretado como "veado vermelho", talvez o correspondente irlandês do Deus gaulês Cernunnos, o Deus com chifres de veado, senhor e guardião dos animais. Derg se alimenta de uma parte da noz, possivelmente da noz de avelã, que lhe concede sabedoria, e de uma parte da maçã, a fruta da imortalidade, além de tomar do vaso de bronze, que representa a fonte de inspiração. Por ter fugido e assumido características selvagens, Derg foi considerado uma pessoa insignificante e fraca por Fionn, contudo, demonstrou ser verdadeiramente um iniciado e guardião do mundo selvagem, revelado apenas sob a inspiração.

Assim, *quert*, a décima letra do ogham, está ligada ao louco, o homem selvagem, aquele que é perseguido e incompreendido pelos homens incultos e admirado pelos poetas.

Palavra Ogham de Con Culainn

Dígu fethail, "trapos de roupa".

Comentários

A palavra *dígu* normalmente é traduzida como trapos, mas pode significar qualquer coisa desprezível ou rejeitada, e a palavra *fethail*, traduzida aqui como "roupa", significa também "insígnia" ou "emblema", mas também "algo sagrado", como uma relíquia usada em juramentos. Assim, a *Palavra Ogham* de Con Culainn pode ser interpretada também como uma "relíquia desprezada"[209]. McManus sugere que a palavra *quert* provém da antiga

208 *Corr* também significa garça, animal que simboliza o eixo cósmico. Esse trocadilho pode ressaltar a ligação entre Derg e o *axis mundi*.

209 Talvez uma referência à heresia. Se levarmos em consideração que as *Palavras Ogham* foram registradas no período cristão, as profecias dos loucos da floresta, reminiscentes da religião druídica, certamente seriam consideradas heresias. Mas também pode se referir simplesmente ao desprezo da sociedade pelos loucos inspirados.

palavra irlandesa *ceirt*, que significa "pano", "trapos" ou "pedaço de roupa", o que corrobora o significado da *Palavra Ogham*.

Diversos autores modernos insistem em dizer que a associação de *quert* aos trapos e farrapos, símbolos de perdas e pobreza, é um erro de interpretação medieval devido à proximidade sonora entre essas duas palavras (parônimas). Segundo alguns, o correto seria associar *quert* apenas à macieira, árvore que simboliza a juventude e a imortalidade. No entanto, acredito que essas associações não sejam meros erros de interpretação. Na antiguidade, o uso de trocadilhos e metáforas era algo muito comum, principalmente em questões filosóficas e espirituais, e entre os celtas não foi diferente, como expôs Diodoro da Sicília:

> (Os gauleses) quando se reúnem conversam com poucas palavras e em enigmas, insinuando sombriamente as coisas em sua maior parte e usando uma palavra quando representa outra; e gostam de falar em superlativos, para que eles possam se exaltar e depreciar todos os outros homens.[210]

Desta forma, parece evidente que o jogo de palavras foi proposital, assim, as *Palavras Ogham* reforçam a ideia de algo que é selvagem, desprezível e insignificante. Mas essas associações contradizem a simbologia da macieira, o que deixa muitos estudiosos de ogham confusos. Creio que o elo entre a simbologia dos trapos e da macieira, são os conhecidos poços *clootie*.

Cloot é uma palavra escocesa que significa simplesmente "pedaço de pano" ou "trapo" e designa uma prática muito antiga, comum praticamente a todos os países de língua celta. A prática geral consiste em mergulhar um trapo ou farrapo de roupa de uma pessoa doente em um poço sagrado e pendurá-lo nos galhos de uma árvore próxima, rogando e pedindo por cura. Acredita-se que, assim como o pano vai se desfazendo com o tempo no galho da árvore, a doença também é eliminada do corpo aos poucos. Hoje, esses poços estão associados à religião cristã, mas sabe-se que os poços de cura eram comuns desde a época dos antigos celtas, ou antes. Existem algumas pequenas variações desta prática, dependendo da região, mas basicamente são todas muito parecidas, e também não apontam uma árvore específica. Qualquer árvore próxima do poço é utilizada, ou seja, pode ser um espinheiro, um freixo ou qualquer outro arbusto. Compreendo

210 Referência: https://penelope.uchicago.edu/Thayer/E/Roman/Texts/Diodorus_Siculus/5B*.html

que a doença, simbolizada pelo trapo de roupa, converte-se em boa saúde, um dos símbolos da macieira ao se efetuar o ritual, mergulhando-o nas águas sagradas do poço.

Assim, essa letra pode indicar a esperança e a cura de doenças crônicas, ou daquelas que demoram para curar. É o abandono e o desapego de uma parte do corpo, simbolizado pelo trapo ou farrapo, que será regenerado e curado através das águas do poço sagrado, a conexão com o Outromundo, também conhecido como "a Terra da Juventude" ou "Ilha das Macieiras" como veremos a seguir.

Além disso, é interessante notar, que a cor atribuída a *quert* é a "cor de um rato". O rato simboliza algo insignificante, devido ao seu tamanho, mas que pode causar grandes perdas materiais. Assim como o trapo, ou seja, uma roupa desgastada, o rato representa os desgastes constantes que são imperceptíveis a curto prazo, mas a longo prazo levam a grandes prejuízos. Dessa forma, *quert* também simboliza tudo aquilo que está desgastado (ou em decadência) e pode significar perdas, instabilidade e pobreza.

CRANN OGHAM

Queirt dano, is o chrand rohainmnighead, .i. abhull, ut dicitur: 'clithar boaiscille' .i. elit geit quert .i. aball.

Queirt, novamente, recebe seu nome a partir de uma árvore, isto é, uma macieira, como é chamado: abrigo de um *boiscill*, isto é, uma corça selvagem é *queirt*, ou seja, uma macieira.

COMENTÁRIOS

Acredita-se que, originalmente, o nome dessa letra significava "arbusto", devido à proximidade com a palavra galesa *perth*, com o mesmo significado. A árvore normalmente associada a *quert* é a macieira (*aball*), mas outras árvores também foram associadas a essa letra, como a sorveira-brava (*cáerthann*). Há uma passagem interessante na história, conhecida como *Tóraigheacht Dhiarmada agus Ghráinne*[211] sobre a sorveira-brava. A história conta que a Tuatha Dé Danann, ou seja, a tribo dos Deuses, deixou cair uma pequena fruta de sorveira em Ui Fiacrach, que deu origem a uma árvore

211 A perseguição de Diarmud e Grainne. Possivelmente do século 10 EC.

com propriedades incríveis, pois suas bagas eram capazes de curar qualquer doença ou enfermidade, além de rejuvenescer quem a consumisse. Essas características de cura e juventude são muito parecidas ao simbolismo da maçã, como veremos a seguir.

O *Immram Brain*[212] narra as aventuras de Bran Mac Febal ao Outromundo. Isso acontece após ele ouvir uma doce música encantada que o fez dormir. Ao acordar, ele encontra um ramo de macieira prateado com flores brancas. Uma mulher do povo das fadas então recita uma canção: "Um galho de macieira de Emain,/ Eu trago, como aqueles que se conhece,/ Sobre ele há ramos de prata branca,/ Borda de cristal em flores." Emain é o nome do local e, possivelmente, significa "gêmeo", "par" ou "semelhante". Esse lugar encantado certamente é o mesmo Emain Ablach, ou seja, Emain das Macieiras, o reino do Deus dos mares e do Outromundo, Manannán Mac Lir, descrito como uma terra sem tristeza, sem desespero, sem doença e sem morte, uma terra verdadeiramente maravilhosa.

No conto *Echtra Cormaic*[213], o rei Cormac recebe a visita de um misterioso guerreiro portando um galho de prata com três maçãs de ouro. O ramo de prata emitia um som maravilhoso, capaz de fazer adormecer: "homens feridos, mulheres em parto ou pessoas doentes". O guerreiro não é outro senão o próprio Deus Manannán Mac Lir disfarçado, que presenteia Cormac com o ramo mágico. Nessa história, o ramo é utilizado pelo rei sempre que seu povo apresenta alguma dor ou lamentação, fazendo-os dormir profundamente, ou seja, evidentemente, o ramo de prata de macieira era um símbolo de cura.

Já no *Immram Curaig Mael Dúin*, o ramo de macieira com três maçãs mágicas representava a abundância do Outromundo, pois a cada maçã comida por Mael Dúin e sua tripulação, outras cresciam na ponta do galho. Nesse mesmo conto, em outra ilha mítica, as maçãs serviam como fonte de alimento para porcos (símbolo do Submundo) e pássaros (símbolo do Mundo Superior), o que pode indicar que, além de representar a abundância e o sustento, a macieira também serviu como eixo cósmico, que ligava o céu ao mundo subterrâneo (Mundo Inferior).

Essas narrativas irlandesas sobre aventuras e viagens ao Outromundo influenciaram fortemente a literatura medieval galesa, onde encontramos referências à *Ynys Afallon* (*Ynys Afallach* ou *Insula Avallonis*), a tão

---

212 *A remada (ou viagem) de Bran (filho de Febail)*. Século 8.

213 Echtra Cormaic i Tir Tairngiri, ou seja, *Aventura de Cormac na Terra da Promessa*. Registrado no século 14, mas datado do século 12.

conhecida Ilha de Avalon, a Ilha das Macieiras. O primeiro a falar sobre Avalon foi Geoffrey de Monmouth em *Historia Regum Britanniae*[214], lugar onde o corpo moribundo do Rei Artur foi levado para ser sanado por sua irmã, a fada Morgana. Diversas versões posteriores afirmam que Avalon foi habitada por Morgana e suas nove irmãs, conhecedoras de toda a magia do mundo. Há diversas tentativas de encontrar a Ilha de Avalon no mundo real, a candidata mais famosa é a cidade de Glastonbury, na Inglaterra, envolta em lendas e mistérios, mas me parece claro que Avalon inicialmente não estava situada neste, mas verdadeiramente no Outromundo, a Terra das Mulheres Fadas, onde os heróis mortos seguem para se alimentar das maçãs da imortalidade.

Nas lendas galesas e nos contos do Graal, Afallach (o das macieiras) era o rei da ilha das maçãs, ou seja, Avalon, e pai de Modron. Possivelmente ele era uma antiga divindade do Outromundo e pai da Deusa Mãe da Terra. Assim, o mundo espiritual, governado pelo Deus das Maçãs, deu origem ao mundo físico, regido pela Deusa Mãe da Fertilidade e Senhora do Lago.

Parece não restar dúvidas de que a macieira está ligada simbolicamente ao Outromundo e às fadas e que, por isso, a maçã foi considerada o fruto da imortalidade, tema frequente em diversos mitos indo-europeus, como no caso das maçãs douradas guardadas pelas Hespérides, da mitologia grega, e as maçãs da imortalidade concedidas pela Deusa nórdica da juventude, Iduna.

Assim, *quert*, a última letra do segundo grupo, quando associada à macieira, representa o Outromundo, local onde as almas dos heróis se dirigem para obter a imortalidade, talvez outro significado para o "senso de morte" mencionado na *Palavra Ogham* de Morann, referindo-se ao sentido que a alma deve tomar, rumo à Ilha das Maçãs. Mas *quert* é também o símbolo dos desgastes, da profecia, da loucura e, sobretudo, da esperança de tempos melhores.

Significados Oraculares

Incompreensão, desgaste, perdas, ilusão, loucura, doenças crônicas, esperança de tempos melhores, cura, solidão, profecia, pobreza, retiro, refúgio, mal-estar, abnegação, abandono, renúncia, exílio.

---

214 História dos reis da Grã-Bretanha. Século 12.

Afirmação

Em meu interior encontro proteção e refúgio, pois estou próximo aos Deuses e não devo satisfação a nada nem a ninguém.

Perguntas

Sinto-me incompreendido e diferente dos outros?
O que me causa desgastes e perdas?
Como devo lidar com o isolamento?

Práticas

Retire-se para um lugar isolado na natureza e medite sobre seus valores e crenças.
Mergulhe trapos de suas próprias roupas numa fonte sagrada ou em água previamente abençoada, amarre nos galhos de uma árvore e peça cura.
Volte-se para o Oeste e medite sobre a Terra da Eterna Juventude, a Ilha das Maçãs e os mistérios do Outromundo.

Temas

Superação das perdas.
Saber lidar com a rejeição.
Aceitação de si mesmo.

AICME MUIN

Galhos e folhas
Direção: Leste (*athius*)
Província da Irlanda: Leinster
Atributo da direção: flor ou prosperidade (*bláth*)
Estação: primavera (*errach*)
Pessoa (*daenogam*): jovens
Mulher (*daenogam*): donzelas
Água (*ogam uisceach*): rio
Cão (*conogam*): cão pastor
Boi (*damogam*): boi castrado
Vaca (*boogam*): novilha de três anos

COMENTÁRIOS

O *aicme muin*, o terceiro grupo de letras ogham, recebe seu nome da décima primeira letra do alfabeto e corresponde à ação e dádivas que desempenhamos e conquistamos na jornada da vida. Está associado ao despertar da natureza, representado na figura dos jovens e donzelas, portanto, simboliza o calor crescente da primavera, que faz com que desabrochem as flores da juventude, da alegria, do relacionamento, do amor e da paixão.

Esse *aicme* representa toda forma de trabalho e esforço, indicando que, antes da colheita, é preciso muito empenho e dedicação. O trabalho é representado pelo cão pastor, um guia fiel que conduz o rebanho aos campos verdes.

Indica também que o ciclo da natureza é perfeito e tudo tem seu tempo de plantio, maturação e colheita. O boi castrado e a jovem novilha simbolizam a abundância, a engorda e o crescimento da prosperidade, indicado pela energia crescente que está em vigor.

Aqui, os espíritos da natureza estão em toda sua plenitude e o rio da vida corre largo e pleno, fertilizando as planícies e os campos arados. Mas também é necessário sacrifícios, é preciso abrir mão de alguma coisa para que muitas outras possam vingar.

O *aicme muin* simboliza os galhos e folhas das árvores, o meio pelo qual as árvores recebem os importantes raios solares. É, além de tudo, como a árvore se comunica, como ela se expressa e se expande rumo ao céu, aos Deuses e à espiritualidade.

MUIN

Significado do nome: pescoço, amor ou astúcia
Árvores: videira, também conhecida como vinha, vinhal, vinhedo ou parreira (*Vitis vinifera*); amoreira-silvestre, também conhecida como amoreira-preta (*Rubus fruticosus* agg.)
Letra: m
Pronúncia: *mu-in* ou *miu-in* (o som do *i* é bem suave, quase neutro)
Classe: chefe
Lei Brehon: não há.
Nobre da escola de Fénius: Muiriath
Cor (*dathogam*): variada (*mBracht*)
Ave ou pássaro (*enogam*): chapim (*mintan*)
Agricultura (*ogam tirda*): *machad*
Santo (*naemogam*): Manchan
Arte (*danogam*): soldado

PALAVRA OGHAM DE MORANN MAC MAIN

Tresim fedma, "o mais forte esforço", que é *muin*, a videira, a letra M, ou seja, devido à semelhança de seu nome com *muin*, as costas do homem ou do boi, pois são eles que são os mais fortes que existem no que diz respeito ao esforço.

COMENTÁRIOS

A *Palavra Ogham* de Morann, refere-se certamente à canga ou jugo que é colocado nas costas do boi para ser atrelado ao arado ou numa carroça, exigindo, assim, grande esforço do animal. A própria palavra *muin* significa a "parte superior das costas" ou simplesmente o "pescoço".

O gado era, como vimos, um símbolo de prosperidade, não apenas pela carne e couro que fornecia, mas também por ser utilizado como animal de tração. Podemos dizer que o boi era o elo entre a pecuária e a agricultura, talvez seja por isso que ele tenha se tornado um dos bens mais caros aos celtas. Eram animais essenciais no desenvolvimento da economia e passaram a ser um dos maiores sacrifícios oferecidos aos Deuses.

Há indícios de que o boi, ou o touro selvagem, fosse considerado pelos celtas a reencarnação, ou a representação, do espírito da vegetação que precisava ser sacrificado para garantir boas colheitas. Plínio descreveu o sacrifício de touros brancos na colheita do visco pelos Druidas da Gália, o que talvez confirme a hipótese de que o touro estava ligado simbolicamente às colheitas. Encontramos algo parecido no culto ao Deus grego Dioniso, o Deus das Parreiras, chamado de "o touro", pois assumia a imagem desse animal. Já no mitraísmo, acreditava-se que Mitra, o antigo Deus persa indo-europeu da luz, patrono dos soldados romanos, sacrificou um touro cósmico, que deu origem a espigas de trigo e cachos de uva.

Certamente, o touro era também o símbolo da virilidade e da masculinidade. Podemos supor que *muin*, a letra associada ao touro e ao boi, é o oposto e complementar de *gort*, a próxima letra, associada à vaca e à fertilidade. Em outras palavras, *muin* representa o trabalho, o esforço e o sacrifício, e *gort* representa o crescimento, a vida e a colheita.

A videira, ou parreira, é a árvore associada a *muin* e isso fez com que muitos estudiosos modernos buscassem em outras árvores uma correspondência fiel à realidade celta, uma vez que a videira não é uma árvore nativa da Irlanda. Acredito que isso seja um grande equívoco, pois o fato de a videira não ser nativa da Irlanda não significa que os celtas irlandeses não a conheciam, muito pelo contrário. Quando as primeiras pedras ogâmicas foram erigidas, o cristianismo já estava presente na Irlanda e sabemos muito bem que um dos, senão o principal rito cristão, é a eucaristia, ou seja, o rito em que o pão e o vinho eram transubstanciados no corpo e no sangue de Cristo, assim, possivelmente o vinho e as uvas não eram elementos desconhecidos dos irlandeses. Isso sem falar no comércio que havia com os romanos, que dominaram a vizinha Grã-Bretanha por séculos, ou seja, a Irlanda não estava isolada.

Robert Graves, por exemplo, sugeriu que a letra *muin* deveria ser associada, não à videira, mas à amoreira-silvestre (*Rubus fruticosus*) nativa da Irlanda, pois, segundo ele, a amoreira "tem a mesma estação de maturação dos frutos (que a videira), a cor parecida das frutinhas, a semelhança das folhas e o fato de o vinho de amora constituir uma bebida forte"[215]. Contudo, a palavra para videira (*fínemain* ou *finemhain*[216]) e vinho (*fín* ou *fíno*) são muito bem atestadas em irlandês antigo (certamente influenciado

215 GRAVES. Robert. *A Deusa Branca:* uma gramática histórica do mito poético.
216 Do latim *vindemia*.

pelo latim) e realmente desconheço qualquer associação de *muin*, anterior a Graves, à outra árvore que não seja a videira (*Vitis vinifera*). Mas isso não significa que a associação à amoreira ou a qualquer outra árvore esteja errada, apenas não tem fundamento histórico. Na dúvida, busque dentro de si aquilo que faz mais sentido.

O vinho produzido na região mediterrânea era extremamente apreciado pelos gauleses, como descreveu Diodoro da Sicília. Segundo ele:

> Os gauleses são extremamente viciados no uso de vinho e se fartam com o vinho que é trazido para seu país pelos mercadores, bebendo-o sem mistura, uma vez que participam desta bebida sem moderação por causa de seu desejo por ela, quando estão bêbados, caem em estupor ou em estado de loucura. Consequentemente, muitos dos comerciantes italianos, induzidos pelo amor ao dinheiro que os caracteriza, acreditam que o amor ao vinho desses gauleses é uma dádiva de Deus.[217]

Para os gregos, beber vinho sem diluí-lo na água era uma barbárie, devido à sua alta concentração de álcool e a grande chance de embebedar-se e perder os sentidos. Para os gauleses, isso não parecia algo ruim, ao contrário, quando Diodoro diz que eles caiam "em estupor ou em estado de loucura", parece supor que eles estavam em um transe extático, como se isso fosse uma dádiva divina. Assim como o hidromel, o vinho era uma bebida muito cara e servida apenas em ocasiões especiais, como em festas ou em rituais, portanto, a imagem do celta bêbado de vinho não era algo tão comum como nos faz crer os autores greco-romanos. Em outras palavras, para os celtas, o vinho não era uma bebida alcoólica comum; era evidentemente muito precioso para ser desperdiçado e possivelmente possuía propriedades sagradas atribuídas a ele.

Palavra Ogham de Mac Ind Óic

Arusc n-airlig, "condição do abate", ou seja, as costas de um homem, a letra M. Por isso é dado à letra correspondente.

217 Referência: https://penelope.uchicago.edu/Thayer/E/Roman/Texts/Diodorus_Siculus/5B*.html

COMENTÁRIOS

A *Palavra Ogham* de Mac ind Óic parece ser clara ao se referir ao abate, ou seja, sobre o abate do gado (*ar n-orlech a bo fein*[218]). Miranda Green[219] sugere que há fortes evidências, como no Santuário de Gournay-sur-Aronde, de que o gado foi sacrificado pelos celtas aos Deuses ctônicos para abastecer a fecundidade da terra.

Outra possível evidência de que o touro, ou o boi, simbolizava a fertilidade da terra, o ciclo sazonal e o crescimento dos vegetais, aparece na figura mítica de *Tarvos Trigaranus* (touro com três garças). Talvez a mais conhecida representação desse touro mítico se encontra no famoso Altar de Nautes[220], em Paris, onde é possível ver claramente em um de seus painéis, além da inscrição que o nomeia, o relevo de um grande touro atrás do tronco de uma árvore (possivelmente um salgueiro), que estranhamente parece se fundir ao corpo do animal. Nos galhos da árvore e nas costas do touro estão as três graças. Nesse mesmo monumento, em outro painel, encontramos uma intrigante figura divina denominada Esus. Como na imagem de Tarvos, Esus aparece junto da mesma árvore, mas golpeando-a com um machado. Em outro monumento encontrado em Trèves, a iconografia de Tarvos, apesar de deteriorada, é ainda mais interessante. No relevo de Trèves, o Deus lenhador, Esus, derruba uma árvore, onde é possível ver claramente entre seus galhos no topo a cabeça do touro acompanhado de três garças (duas atualmente visíveis). O mito que narra esse evento cósmico se perdeu, mas muitos estudiosos estão de acordo que Esus parece ter sido um Deus da Fertilidade (comparado ao Marte romano) e da vegetação, pois, segundo Lucano, suas vítimas sacrificais eram penduradas em árvores. A árvore talvez seja o eixo do mudo que, ao ser derrubada, demarcava a renovação da natureza que se regeneraria através do sacrifício do touro cósmico. As garças, por sua vez, talvez fossem as emissárias dos Deuses, o elo entre as divindades e os humanos, que anunciavam a mudança das estações.

No famoso Caldeirão de Gundestrup, há um evidente simbolismo envolvendo a figura de touros sagrados. A placa base, certamente a mais importante do Caldeirão, retrata o sacrifício de um touro. Nessa placa é possível ver a representação de um grande touro abatido; em suas costas há uma figura humana empunhando uma espada e um cão; sob as patas trasei-

---

218 http://dil.ie/

219 GREEN, Miranda. *Animals in Celtic Life and Myth. Abingdon: Routledge,* 2002.

220 Também conhecido como "Pilar dos marinheiros". Século 1 EC.

ras do touro há um cão aparentemente morto; ao lado do touro, um terceiro cão, dessa vez em destaque. Na placa D do mesmo Caldeirão, a cena retratada é interpretada como mais um indício de sacrifício de touros. Nela, vemos três touros[221] atacados por três homens que empunham espadas; nas costas dos touros, em sentido contrário, há animais que se assemelham a felinos, e na parte de baixo três cães no mesmo sentido que os felinos, perseguem os touros. O Caldeirão provavelmente é uma síntese iconográfica da mitologia gaulesa, que gira ao redor do sacrifício do touro, o que sugere um possível mito da criação a partir do sacrifício de um grande animal sagrado, que deu origem ao Universo ou à fertilidade da terra e ao crescimento da vegetação.

O Caldeirão aparece como um dos principais símbolos na cultura celta. Além do Caldeirão de Gundestrup, diversos outros Caldeirões celtas foram descobertos e tudo indica que foram largamente utilizados em rituais religiosos. Sobre a importância dos Caldeirões celtas, Miranda Green diz que:

> Os caldeirões figuram de forma proeminente como símbolos de renovação na tradição literária galesa e irlandesa e no ritual da pré-história europeia posterior. Estes, e certamente os baldes de metal do final da Idade do Bronze, *Hallstatt* e posterior Idade do Ferro, eram recipientes de mistura de vinho e pode ser que o simbolismo do recipiente nas imagens da Deusa celta possa representar não apenas a presença de vinho, mas especificamente de vinho tinto e, portanto, sangue, morte e ressurreição[222].

Assim, o Caldeirão, o antigo vaso sacrificial celta, também foi utilizado para misturar o vinho tinto, conhecido como o sangue da terra, possivelmente um substituto simbólico do sangue da vítima sacrifical.

Em um documentário sobre os celtas do canal televisivo Discovery Civilization, apresentado por Richard Rudgley, o arqueólogo Matthieu Poux demonstra, através de evidências arqueológicas, que os gauleses *averni*, hoje na comuna de Corent, "sacrificavam", simbolicamente, ânforas cheias de vinho, a substituir os sacrifícios sangrentos, humanos ou animais. Diodoro da Sicília, sobre a paixão dos celtas pelo vinho, diz que os gauleses trocavam escravos por ânforas de vinho com os mercadores romanos. Ou seja, uma vida humana por vinho, o símbolo da vida eterna, certamente um preço muito alto, o que demonstra mais uma vez a importância do vinho para os antigos celtas.

---

221 Seria o mesmo Tarvos Trigaranus sob outro aspecto?

222 GREEN, Miranda. *Symbol & Image in Celtic Religious Art. Abingdon: Routledge*, 1992.

Não nos resta dúvidas de que o vinho simbolizava o sangue e estava intimamente relacionado aos rituais sacrificiais. A letra *muin*, então, representa perfeitamente o simbolismo do Caldeirão sacrificial celta, que culminará nas histórias do Santo Graal, o Cálice que recebeu o sangue do Cristo crucificado, como veremos mais adiante.

Palavra Ogham de Con Culainn

Conar gotha, "caminho da voz".

Comentários

Caminho da voz, refere-se ao pescoço, ou seja, o caminho pelo qual a voz percorre, provavelmente o termo que deu origem à palavra *muin*. Outros candidatos à origem de *muin* é a antiga palavra para "amor" e a palavra para "astúcia" ou "trapaça", todas grafadas da mesma forma.

A voz era, sem dúvida, a maior ferramenta dos Druidas, poetas e Magos. Como vimos, a poesia estava intimamente ligada à magia e foi amplamente utilizada como aparato na perpetuação da tradição e do conhecimento oculto dos Druidas.

A palavra *gutuatri* (sing. *gutuatros*) foi utilizada por César como nome próprio (Gutuater) para se referir a um opositor de Roma. No entanto, em monumentos galo-romanos, a palavra *gutuatri* possivelmente estava associada a alguma função na religiosidade celta, uma vez que essa palavra significa literalmente os "invocadores", da raiz celta *gutu* "voz" (*guth* em irlandês), o que reforça a importância que os celtas davam ao poder da palavra falada. Talvez os antigos *gutuatri* correspondessem aos nossos conhecidos rezadores e benzedeiras, uma vez que eles, aparentemente, não faziam parte da classe sacerdotal druídica.

O poder da voz era tão importante, tanto para abençoar quanto para amaldiçoar, que até mesmo os romanos se admiravam diante desses encantamentos. Suetônio Paulino descreve perfeitamente os efeitos das maldições proferidas aos romanos, quando esses invadiram a ilha sagrada de Mona. Segundo Suetônio, ao se aproximar da ilha dos Druidas, os romanos avistaram:

> ...uma multidão densa de guerreiros armados e mulheres gritando maldições, vestidas de preto, como as Fúrias, seus cabelos estavam desgrenhados e brandiam tochas. Por toda parte, os Druidas, com

> as mãos erguidas para o céu, lançavam maldições assustadoras, espantando os soldados com a novidade da visão; era como se seus membros estivessem paralisados; seus corpos imóveis se ofereciam às feridas. Mas ao chamado de seu líder e exortando-se a não tremer diante de uma tropa de fanáticas, avançaram diante dos sinais, quebraram todas as resistências e envolveram o inimigo em suas próprias chamas.[223]

Aqui temos um exemplo de como funcionava a magia celta: ao ouvir as maldições druídicas, os romanos foram acometidos por um transe que os deixaram paralisados de medo, mas diante de sua forte disciplina racional, responderam aos comandos de seu líder e, assim, conseguiram conquistar a ilha e massacrar os Druidas e Druidesas, além de queimar os bosques sagrados.

Na Irlanda, o encantamento poético era conhecido como *rosc*, um tipo de métrica não rimada e aliterada utilizada por Deuses, heróis, Druidas e *filid* em seus encantamentos e profecias, como na profecia de Morrígan, no final da *Segunda Batalha de Moytura*. Acredita-se que *rosc* era originalmente uma abreviação da palavra "retórica", utilizada posteriormente para designar poemas curtos e encantamentos. A palavra *roscad* provavelmente tem a mesma origem e significa "aforismo". Segundo o *Glossário de Cormac*, *roscad* significa "grande palavra". É interessante notar que em Irlandês Médio a palavra *rosc* significava "olho". Talvez, devido a esse trocadilho entre as palavras para "olho, retórica e poesia", posteriormente o termo também tenha sido utilizado para designar profecias.

O "caminho da voz" é o meio pelo qual o Druida lança suas bênçãos e maldições e se comunica com o todo. É o pescoço, o elo entre a cabeça, a morada da alma, e o corpo, seu servo. Portanto, a letra *muin* indica o poder da voz e a força do pescoço.

Crann Ogham

Muin dono, .i. finemhain, ut dicitur: 'airdi masi muin', .i. iarsinni fhasas a n airde .i. finemhain.

Muin, novamente, isto é, uma videira, como é chamada: a mais alta em beleza é *muin*, ou seja, porque cresce no alto, isto é, uma videira.

---

223 GUYONVARC'H, Christian J.; ROUX, Françoise. Les Druides. Rennes: Ouest-France, 1986.

COMENTÁRIOS

A videira, uma trepadeira, cresce se apoiando sobre outros substratos, por isso a Crann Ogham diz que ela cresce no alto. O fato de "crescer no alto" faz dela uma árvore sagrada, ligada ao céu e a grades alturas, ou seja, ao mundo divino, semelhante ao simbolismo do visco sagrado que crescia no carvalho, a dádiva dos céus, utilizadas pelos Druidas como panaceia, como já explicado (veja *duir*).

Talvez a simbologia do vinho associado ao sacrifício humano e animal não fosse tão evidente na Irlanda e no País de Gales inicialmente, como foi na Gália. Contudo, esse mesmo simbolismo sobreviveu em terras celtas insulares por influências cristãs posteriores.

Na história de São Ciarán (ou Kieran), contemporâneo de São Patrício, diz que o santo abateu oito bois em um banquete e, semelhante a Jesus, transformou as águas de um poço em vinho para saciar a multidão. O milagre do santo, por mais que corresponda ao milagre de Jesus, possivelmente teve origem em antigos ritos que envolviam o sacrifício ritual de bois e o simbolismo de seu sangue fértil.

Menções ao vinho não são comuns na tradição literária irlandesa, diferentemente da galesa, que foi fortemente influenciada pelo cristianismo. Na religião cristã, assim como em outras antigas Escolas de Mistério mediterrâneas, o vinho desempenhava papel de destaque, pois simboliza o sangue de Deus. As histórias medievais que falavam da busca mítica pelo Santo Graal (sangue real?) pelos cavaleiros da Távola Redonda, originaram-se da fusão entre a eucaristia cristã e o simbolismo do vaso sacrificial celta, o antigo Caldeirão de morte e renascimento. Acredita-se que a versão do Caldeirão que deu origem direta ao Graal seja aquela descrita em um antigo e enigmático poema galês intitulado *Preiddeu Annwn*, os Espólios do Submundo. O poema narra a incursão do Rei Artur e sua tripulação rumo ao Outromundo em busca de um Caldeirão mágico aquecido com o sopro de nove donzelas, onde a comida de um covarde não é cozida. O sopro que aquece o Caldeirão pode ser sinônimo de *awen*, a inspiração, e as donzelas, semelhante às fadas (veja *quert*) representavam as guardiãs do paraíso, o que reforça a simbologia do Caldeirão como fonte de inspiração e renascimento espiritual. No *Segundo Ramo do Mabinogion, Branwen, filha de Llyr*, o Rei Bran dirige-se à Irlanda, talvez uma referência ao Outromundo, para resgatar sua irmã, símbolo da Soberania, e um Caldeirão mágico, capaz de ressuscitar os mortos. O Rei Bran (possivelmente um antigo Deus celta) passou para as histórias arturianas como "o Rei Pescador" (ou Rei Ferido), guardião do Santo Graal e cunhado de José de Arimatéia, o responsável por recolher o sangue de Cristo em um cálice e levá-lo à Grã-Bretanha.

Assim, o circuito se fecha e todas as lendas, mitos e achados arqueológicos parecem fazer sentido sob a luz da letra *muin*, associada à videira, árvore rara na Irlanda, mas muito rica em simbolismo no antigo mundo celta.

Significados Oraculares

Sacrifício, esforço, trabalho, responsabilidades, peso, dever, autossacrifício, amor incondicional, lealdade, força, renúncia, devoção, obrigação, doação, comunicação, expressão.

Afirmação

Meu sangue é o vinho da terra e meu corpo é o altar da floresta.
Ofereço o que há de melhor em mim para receber as dádivas da vida.

Perguntas

Quais são minhas responsabilidades?
O que devo renunciar ou sacrificar?
Sei me expressar com desenvoltura?

Práticas

Doe algo que lhe é precioso e exerça o desapego.
Pegue uma pedra qualquer, segure-a nas mãos e medite sobre os pesos que você carrega, depois, jogue-a num lago ou num poço.
Peça aos Deuses que tirem o peso de suas costas e grite, grite o mais alto que puder, sinta-se em seguida livre desse peso.

Temas

Superação dos fardos e pesos da vida.
Encontrar e adaptar-se ao trabalho.
Conseguir expressar seus sentimentos.

GORT

Significado do nome: campo, seara, pasto ou jardim
Árvores: hera, também conhecida como hera-trepadeira, hedra, hereira ou hera-verdadeira (*Hedera helix*); trigo (*Triticum* spp.); abeto (*Abies*)
Letra: g
Pronúncia: *górt*
Classe: chefe
Lei Brehon: mato[224]
Nobre da escola de Fénius: Gotli
Cor (*dathogam*): azul (*gorm*)
Ave ou pássaro (*enogam*): cisne (*geis*)
Agricultura (*ogam tirda*): vime (*gat*)
Santo (*naemogam*): George
Arte (*danogam*): forja

PALAVRA OGHAM DE MORANN MAC MAIN

Millsiu feraib, "mais doce que as gramas", ou seja, *gort*, a hera, a letra G, devido à semelhança de seu nome com o campo de grãos. Quando está no broto, mais doce que qualquer grama é essa grama, a saber, a seara.

COMENTÁRIOS

A palavra *gort* significa literalmente "campo", ou seja, refere-se às terras aráveis, como o campo de trigo e outros cereais, mas também às pastagens e a qualquer tipo de campo, como o campo de batalha, por exemplo. Seu cognato galês é *garth*, "jardim", que tem origem na antiga palavra para "recinto".

A *Palavra Ogham* de Morann certamente se refere à hera, ao trigo e ao pasto, todos como "a mais doce das gramas", porque são fontes de alimento tanto ao gado e outros animais (pasto e hera) quanto aos humanos (trigo e outros cereais).

A base do sustento celta era a agropecuária, assim, o campo, ou pasto, tinha especial destaque na vida simbólica desse povo. Segundo o *Livro das*

224 Alguns manuscritos incluem a hera como a oitava "árvore" da classificação de mato ou arbusto.

Invasões da Irlanda, o responsável por introduzir a agricultura na Irlanda foi Partholón, que limpou quatro planícies para o plantio. Partholón é uma figura mítica obscura e, certamente, introduzida na mitologia celta pelos copistas cristãos, pois não há evidências que o ligue à original tradição celta irlandesa. Os próximos invasores da Irlanda, Nemed e seu povo, também limparam planícies, ou seja, derrubaram florestas para o cultivo de cereais e criação de gado, além de represar lagos, transformando a paisagem da Irlanda. *Nemed* significa "divino", ou "celestial", e conseguimos encontrar em sua história resquícios das antigas crenças druídicas. Do povo de Nemed, originaram-se duas raças divinas, o Fír Bolg e a Tuatha Dé Danann, que invadiram a Irlanda posteriormente.

O Fír Bolg, ou seja, "o povo da bolsa" (talvez uma referência à barriga ou ao saco para guardar mantimentos, pois, supõe-se, esse povo era constituído por Deuses da provisão e do sustento[225]), tinha como rainha a Deusa Tailtiu. Essa Deusa é, sem dúvidas, a representação máxima da agricultura e do trabalho na mitologia celta irlandesa.

Assim como Modron, a Deusa Mãe da mitologia galesa, Tailtiu é filha do Deus do Outromundo, Mag Mór, a "grande planície"[226]. Ela foi casada com o último rei dos Fír Bolg, Eochaid mac Eirc, descrito como um rei perfeito, pois durante seu reinado a terra era fértil e a chuva caía suave como o orvalho. Após a morte de seu primeiro marido na primeira batalha de Mag Tuired, ela desposou um membro da Tuatha Dé Danann, Eochaid Garbh. Os dois maridos de Tailtiu chamavam-se *Eochaid*, ou seja, "cavaleiro" e isso pode indicar que eles eram a mesma divindade sob aspectos diferentes. O cavalo é um antigo símbolo indo-europeu do Sol, portanto, os maridos da Deusa da Terra e da Agricultura parecem estar associados às estações e ao ciclo solar. O primeiro marido, *Mac Eirc*, talvez signifique algo como filho do "salpicado", "pintado" ou "malhado" e a palavra *erc* pode designar muitas coisas, como "céu", "salmão" ou "vaca". Veremos isso mais adiante. O mito conta que ele morreu de sede, pois os Druidas da Tribo dos Deuses esconderam dele todos os lagos e nascentes, através de ilusões mágicas. Assim, parece que esse Deus estava associado à seca ou à época do verão onde as chuvas são amenas. Já o segundo marido, chamado *Garbh*,

---

225 Alguns estudiosos acreditam que *bolg* referia-se originalmente aos povos belgas que invadiram a Irlanda, outros, contudo, dizem que *bolg* refere-se aos barcos feitos de couro. De qualquer forma, *bolg* significa "bolsa" ou "saco" (de couro).

226 Comparável a Afallach, Rei da Ilha das Maçãs, um dos nomes do Outromundo celta, assim como Mag Mór.

significa rude ou bruto, mas essa palavra também está ligada às tempestades e torrentes. Portanto, esse outro Deus talvez representasse o inverno, a época das grandes tempestades.

É no *Dindshenchas* que encontramos a mais conhecida descrição de Tailtiu. Foi dito que ela derrubou uma floresta inteira com seu machado, criando uma grande planície fértil, onde o trevo crescia. No final desse árduo trabalho, seu coração não resistiu. Antes de morrer, ela pediu que sua morte fosse lembrada através de jogos fúnebres. E assim foi criado a *Aonach Tailteann*, a feira mais conhecida e mais importante da Irlanda, na época de *Lughnasadh*, em agosto, instituída por Lug, seu filho adotivo. Agosto era conhecido como mês das colheitas, especialmente a colheita do trigo e dos cereais, assim, Tailtiu é a Deusa padroeira do trabalho no campo, das searas e dos campos de cereais, que se sacrifica para garantir a fertilidade da terra.

A letra *gort* representa, portanto, a importância do campo arado e do pasto na vida cotidiana dos celtas como principal símbolo de abundância, fertilidade e crescimento, semelhante à mãe que provê alimento a seus filhos.

Palavra Ogham de Mac ind Óic

Med nercc, "lugar adequado para as vacas", ou seja, a hera, a letra G. Por isso é dado à letra correspondente.

Comentários

A *Palavra Ogham* de Mac ind Óic talvez seja uma das mais obscuras do ogham. Muitos autores sequer a traduzem, por não estarem certos do seu real significado. A palavra *med* significa "medida" ou "peso", uma referência clara à balança. Já a palavra *nerc* não tem um significado claro em irlandês antigo. O grande estudioso de ogham, Damian McManus, propõe que essa *Palavra Ogham* estava originalmente ligada ao termo *ined erc*, traduzido por ele como "lugar adequado para as vacas". A palavra *ined*[227] indica um "lugar interno", mas também um "centro" ou o "coração" de algo, e *erc* significa "malhado" ou qualquer coisa "pintada", mas também é utilizada para se referir aos céus, a vacas malhadas (ou de orelhas vermelhas), salmões,

227 A palavra *inde* significa "cercado", "pasto" ou "estábulo". E a palavra *inne* significa "essência", "centro", "coração", "entranhas" ou "lugar adequado", assim, evidentemente, o glossarista das *Palavras Ogham* utilizou-se de um trocadilho para transmitir sua mensagem.

trutas ou outros peixes pintados, lagartos ou víboras, abelhas e até mesmo à cor vermelho-escuro. Em outras palavras, *erc* é uma palavra muito versátil e pode indicar coisas completamente diferentes. Assim, há uma gama imensa de possibilidades de interpretações, por exemplo, "centro dos céus", "coração de uma vaca", "abrigo do salmão", etc.

Dentre todas essas possibilidades, McManus escolheu "lugar adequado para as vacas" e isso para mim faz todo o sentido, pois *gort* significa "campo", mas também "pasto", ou seja, o pasto é um bom lugar para vacas. Todas as *Palavras Ogham* parecem girar em torno do simbolismo do trabalho no campo, da fertilidade e da abundância da terra, e a vaca, ao lado da seara e da própria hera, é um antigo símbolo de abundância e crescimento.

Na mitologia e no folclore da Irlanda, da Escócia e do País de Gales, encontramos diversas histórias de vacas mágicas, mas talvez a mais conhecida seja a *Glas Gaibhnenn* (ou *Glas Ghaibhleann*), que, segundo os contos, era descrita como uma vaca capaz de alimentar multidões com seu leite e, por onde passava, a grama dos pastos se tornava mais verde e abundante. De qualquer forma, parece que essa vaca maravilhosa estava associada aos ferreiros, pois muitos contos dizem que ela pertencia a um ferreiro chamado Gaivnin, possivelmente o mesmo que Goibniu, o ferreiro dos Deuses, de onde talvez tenha originado o nome da vaca, Gaibhnenn. *Glas* significa "verde", mas também cinza ou acinzentado, portanto, *Glas Gaibhnenn* é "a vaca cinzenta de Goibniu". A história mais conhecida de Glas, conta que os Druidas do rei fomoriano Balor profetizaram que ele seria morto por seu próprio neto. Rapidamente, Balor prende sua filha, Eithne, numa torre, para que ela não tivesse contato com nenhum homem e não ficasse grávida. Porém, Balor, como um bom fomoriano, adorava uma desordem. Ele então arquitetou um meio para roubar a vaca mágica, Glas Gaibhnenn, que pertencia a um ferreiro (certamente Goibniu) e era guardada por Cian, um membro da raça dos Deuses. Ao saber que foi roubado, o ferreiro exigiu que Cian tomasse a vaca de volta, assim, ele se dirigiu para o reino de Balor em busca de Glas. Balor promete devolvê-la se Cian realizasse algumas tarefas impossíveis, e assim ele o faz, até descobrir a filha encarcerada de Balor. Cian apaixona-se por ela e, disfarçado de mulher, consegue seduzi-la e engravidá-la posteriormente. Da união do amor de Cian e Eithne, nasceu o grande Deus Lug, o assassino de seu tirânico avô, Balor. Glas Gaibhnenn é devolvida ao ferreiro, estabelecendo novamente a ordem.

Glas Gaibhnenn certamente é herdeira de um antiquíssimo culto à vaca divina, associada à fertilidade e à abundância. Esse tema é frequente nos mitos indo-europeus, como fator primordial da criação. Segundo um antigo conto[228], três vacas mágicas surgiram do mar ocidental da Irlanda, na época em que o país era estéril. Seus nomes eram Bó Find, a vaca branca; Bó Ruadh, a vaca vermelha e Bó Dhu, a vaca preta. A vaca vermelha foi para o Norte, a vaca preta para o Sul e a vaca branca foi para o centro da ilha. Essas vacas trouxeram fertilidade e abundância para a terra e os três bezerros de Bó Find deram origem a todo o gado da Irlanda. A vaca branca parece desempenhar um papel de destaque nos contos e mitos, talvez porque esteja associada ao céu e à pureza.

A Deusa Boand (ou Boann), a personificação do Rio Boyne, é, possivelmente, outra herdeira do culto à vaca divina. Apesar de não encontrarmos referências a vacas em seus mitos, seu nome a denuncia. Boand significa "vaca branca" (*bó find*). Encontramos sua história no *Dindshenchas*. Semelhante à história de Sinann, que deu origem ao Rio Shannon, Boand visitou o poço proibido de Nechtan (Nuada), seu esposo, o mesmo poço conhecido como Segais. As águas do poço transbordaram e a perseguiram até o mar, matando-a afogada e dando origem ao Rio Boyne. Boand foi também amante do Deus Dagda, que paralisou o transcurso do Sol por nove meses, a aparentar que apenas um dia transcorreu, para que ela pudesse dar à luz o Deus Angus Mac Óg (Oengus) sem levantar suspeitas de seu comportamento extraconjugal. Foi justamente o sentimento de culpa por ter traído seu esposo que levou Boand a procurar o poço secreto, na esperança de se purificar em suas águas brancas. A história da morte de Boand parece conter resquícios de um antigo mito sobre o sacrifício da vaca primordial que deu origem ao Universo. Isso talvez possa ser confirmado ao traduzirmos o termo irlandês que corresponde à Via Láctea, *Bealach na Bó Finne*, ou seja, "o caminho da vaca branca". Além disso, tudo indica que o Rio Boyne correspondia à Via Láctea celestial, pois ambos recebiam nomes idênticos em irlandês. Assim, podemos supor que na antiguidade celta, a Via Láctea fosse a representação simbólica do leite da Deusa vaca que concedia vida, abundância e fertilidade, semelhante às águas do Rio Boyne, seu correspondente na Terra.

Ined erc, então, é "o bom lugar para vacas", ou seja, o pasto. Mas também é o centro dos céus, onde a vaca branca primordial deu origem ao rio da vida, que fertiliza as searas e os campos, representados simbolicamente pela letra *gort*.

---

228 MONAGHAN, Patricia. *The Encyclopedia of Celtic Mythology and Folkore*. New York: Facts On File, 2004.

Palavra Ogham de Con Culainn

Sásad ile, "satisfação das multidões".

Comentários

A *Palavra Ogham* de Com Culainn, refere-se ao alimento que satisfaz muitas pessoas. Na época das colheitas, feiras e assembleias intertribais reuniam multidões em um grande festival em honra aos ancestrais e à fertilidade da terra. Era o momento propício para vender ou trocar gado, cavalos e grãos, assim como realizar peregrinações a montanhas sagradas, costume esse adotado pelos cristãos posteriormente. Os festivais celtas da colheita que aconteciam mais ou menos em agosto, giravam ao redor de um antigo mito sobre a morte e o renascimento de uma Deusa da Terra e da Agricultura. Mas o tema principal desses festivais é a vitória do Deus da Luz e da Fertilidade sobre o espírito da seca e da morte, cristianizado posteriormente sob a figura do São Miguel, que vence Satanás, comemorado no final de setembro.

Para os antigos celtas, a simbologia da abundância de alimentos era algo muito importante, uma vez que qualquer alteração climática poderia resultar em grandes prejuízos na agricultura e na pecuária. A fome era uma realidade constante e assombrava até mesmo os mais nobres, pois eles também dependiam da terra e de sua produção. Por isso encontramos diversos mitos que falam desse tema, por exemplo: o caldeirão da abundância; a carne de javali que não se esgota; as maçãs que se multiplicam e a vaca sagrada que alimenta multidões com seu leite.

No épico *Táin Bó Flidhais*[229], a rainha Flidais possuía uma magnífica vaca branca chamada Maol (*sem chifres* ou *mocha*[230]). Essa vaca mágica foi descrita como capaz de alimentar com seu leite 300 homens e suas famílias em apenas uma ordenha. Além de Maol, Flidais possuía um grande rebanho de gado e de veados, além de ser descrita como uma linda mulher sexualmente insaciável. Isso talvez indique que essa rainha fosse uma antiga divindade associada à fertilidade da terra. De qualquer maneira, Flidais está intimamente ligada à ordenha, tanto das vacas (animais domésticos) quanto das corças (animais selvagens), e com a riqueza, como descrito na *Cóir Anmann*:

---

229 *O Roubo do Gado de Flidias* (ou Flidais).

230 É interessante notar que, pela interpretação de seu nome, a vaca de Flidais não possuía chifres. Isso significa que ela simboliza a passividade e a maternidade, e que seus chifres talvez tenham sido utilizados como recipientes para bebidas (chifres de beber), outro símbolo de abundância, prosperidade e realeza, semelhante à cornucópia.

25 *Adammair* Flidais(e) Foltcaín, ou seja, Flidais, uma rainha da Tuath Dé Danann, mulher de Adamair mac de Fir Cuirp, assim foi nomeada as *Buar Flidhaisi*[231] e Adamair Flidhaisi Foltchain[232], como é conhecido o rei.

26 Niadh Séghamain, ou seja, *ségh*[233] é seu principal (tesouro), pois em seu tempo as vacas e as corças eram ordenhadas todos os dias da mesma maneira, de forma que ele tinha grande riqueza nessas coisas, além dos outros reis. Flidais (já mencionada) era a mãe de Nia Segamain, filho de Adammair, pois dois tipos de gado, vacas e corças, eram ordenhados nos dias de Nia Segamain, e foi sua mãe que deu a ele aquele poder feérico.[234]

Portanto, *gort*, a décima primeira letra ogâmica, simboliza a abundância do alimento que sustenta multidões, mas também a fertilidade, retratada por uma Deusa-vaca, responsável tanto pelo alimento como pela perpetuação da vida através do sexo e da riqueza.

CRANN OGHAM

Gort dono, .i. edeand: Glaisiu geltaibh gort .i. edind.

Gort, novamente, isto é, a hera: mais verde que os pastos é a hera.

COMENTÁRIOS

A hera é uma planta que cresce e se alastra facilmente. Ela pode ser encontrada em muitos lugares, como em florestas, troncos de árvores e até mesmo nos muros das casas, por isso, muitas vezes são consideradas ervas daninhas. Diferentemente do que dizem, a hera não é uma planta parasita. Assim como a videira, a hera é uma trepadeira que se utiliza de suportes para crescer.

A *Palavra Ogham* refere-se ao uso da hera como outra fonte de alimento para veados, cavalos e o gado, utilizada também como forragem na época do inverno, por isso é chamada "mais verde que o pasto". Justamente por crescer e se espalhar rapidamente, a hera simboliza a abundância.

---

231 Vacas de Flidais.

232 Adammair cabelos claros de Flidais.

233 Veado.

234 Referência: https://celt.ucc.ie//published/G503002/index.html

De acordo com uma canção tradicional natalina inglesa do século 19, alguns autores associam a hera ao azevinho, mas as evidências apontam que para os celtas irlandeses a hera estava associada simbolicamente à videira e não ao azevinho.

A associação celta da hera à videira talvez seja uma influência indireta do culto a Baco/Dioniso[235], o Deus greco-romano da agricultura e do vinho. Nos mitos e rituais a esse Deus, a hera desempenhava um papel especial ao lado das folhas e frutas da videira. Acreditava-se que a hera era capaz de amenizar a embriaguez causada pelo vinho, por isso, supunha-se que as mênades/bacantes, as Sacerdotisas de Dioniso, utilizavam coroas de folhas de hera.

Se de fato a hera estiver associada à videira, como dito anteriormente, podemos supor, então, que a letra *muin* (videira) simboliza o Caldeirão sacrificial (e de renascimento), e a letra *gort* (hera), por sua vez, simboliza o Caldeirão da Abundância, a cornucópia dos antigos gregos e romanos, o símbolo da fartura e da prosperidade, outro aspecto do Santo Graal, responsável por trazer a cura e a abundância ao Logres, a terra devastada.

Significados Oraculares

Crescimento, fortuna, abundância, fertilidade, colheita, felicidade, generosidade, prosperidade, riqueza, fartura, paciência, desenvolvimento, semear, cultivar, aumentar.

Afirmação

Quanto mais generoso e altruísta sou, mais a natureza me abençoa com sua abundância e grandeza.

Perguntas

Como devo lidar com a ansiedade?
Qual será a minha colheita?
O que devo cortar pela raiz?

Práticas

Confeccione uma boneca de palha de trigo ou milho, consagre-a e enterre-a em uma colina como símbolo de boa colheita e fertilidade.

235 Talvez uma influência do orfismo ou de outra escola de mistério mediterrânea como o pitagorismo.

Faça um pão com farinha de trigo ou outros grãos e compartilhe com sua família invocando abundância.
Dirija-se ao Sul e medite sobre quanto tempo é preciso esperar para que seus objetivos se concretizem; exerça a paciência.

Temas

Crescimento e desenvolvimento espiritual.
Invocar a abundância em todos os aspectos da vida.
Trabalhar a ansiedade.

NGÉTAL

Variante ortográfica: *getal, gedal, gétal, cétal, ngedar, ngéadar, ngetol*
Significado do nome: matar, (ato de) ferir ou encanto
Árvores: giesta, também conhecida como giesta-das-vassouras ou giesta-brava (*Cytisus scoparius*); samambaia, também conhecida como feto ou feiteira (*Pteridium aquilinum*); junco, conhecido como caniço ou caniço-de-água (*Phragmites australis*); samouco-de-brabante, conhecido como mirto-de-barbante ou alecrim-do-norte (*Myrica gale*)
Letras: ng (talvez tenha sido usado para representar o som g^{w})
Pronúncia: *nie-tal*
Classe: arbusto
Lei Brehon: mato[236]
Nobre da escola de Fénius: Gomers
Cor (*dathogam*): verde (*nGlas*)
Ave ou pássaro (*enogam*): ganso (*nGeigh*)
Agricultura (*ogam tirda*): cunha (*nGend*)
Santo (*naemogam*): nGeminus
Arte (*danogam*): modelagem

PALAVRA OGHAM DE MORANN MAC MAIN

Portanto, a letra em Ogham, devido à completa semelhança do nome entre elas, *Luth legha*, "a força de um médico"; ou seja, a giesta, a letra Ng, pois é forte com os médicos e existe uma afinidade entre *cath*, panaceia e *getal*, a giesta.

COMENTÁRIOS

A palavra *luth* significa "vigor", força ou sustento, já a palavra *legha* é traduzida como "médico" ou "curandeiro" e provém do antigo irlandês *leiges*, "cura" ou "medicina". Assim, essa *Palavra Ogham* também pode ser interpretada como "sustento de um médico". A palavra *leiges*, por sua vez, originou-se provavelmente da raiz protoindo-europeia **leg-* "recolher" ou

236 Tanto a giesta quanto a samambaia e o samouco-de-brabante são classificados como mato ou arbustos.

"falar"[237], que deu origem, por exemplo, à palavra latina *legere*, "escolher" e à palavra germânica *lēkjaz*, "encantador", ou seja, aquele que fala palavras mágicas, que passou para o inglês antigo como *læce* e depois para o inglês moderno *leech*[238], que significava originalmente um "médico", mas foi assimilada posteriormente à palavra para "sanguessuga". É daí que vem a confusão entre médicos e sanguessugas quando as *Palavras Ogham* foram traduzidas para o inglês.

Aparentemente, a letra *nGétal* não tem nenhuma ligação com esses pequenos animais parasitas. Tudo indica que os antigos médicos irlandeses eram conselheiros que recolhiam e escolhiam ervas e outros elementos para cura, como sugere a antiga raiz protoindo-europeia da palavra. Isso parece ficar evidente se associarmos a palavra *cétal*[239], que significa "encanto" ou "cantar", à palavra *líaig*, "médico", mencionada na *Palavra Ogham* (*legha*). Assim, podemos supor que o glossarista medieval, ao fazer uso de palavras parônimas, quis ocultar a ideia de que os médicos irlandeses eram, assim como seus correlatos germânicos, encantadores. Mas se também levarmos em consideração que a palavra *getal*[240], significava possivelmente "ferir" ou "perfurar", o simbolismo das sanguessugas caberia perfeitamente nesse contexto, pois elas foram largamente utilizadas em procedimentos medicinais de sangria, desde a antiguidade.

Quando o *Auraicept Na N-Éces* foi traduzido para o inglês, em 1917, George Calder optou por traduzir a palavra *gilcach* como "giesta". Anos mais tarde, em 1948, Robert Graves, em seu livro *A Deusa Branca*, optou por traduzir o mesmo termo como "junco". Desde então, essa planta passou a ser frequentemente associada à letra *nGétal*[241]. Isso me levou a crer, erroneamente, que o junco tenha sido uma associação criada por Graves posteriormente, semelhante ao caso da amoreira-silvestre, relacionada à letra *muin* por ele, contudo, em estudos recentes, descobri que a palavra *gilcach* (ou *gileagh*) realmente significa giesta, mas também pode significar junco ou outro tipo de caniço (também grafado como *giolcach*). A segunda planta associada à *nGétal* é *raith*, ou seja, "samambaia".

237 Compare com o termo grego *lógos*, "linguagem", "fala" ou "razão".

238 Referência: https://www.etymonline.com/word/leech

239 Palavra que supostamente deu origem ao nome da letra *nGétal*. Descartada por McManus, pois o nome desse *fid* não poderia começar com a letra/som c/k.

240 De *gonid*, "ato de ferir". Outra palavra que supostamente deu origem ao nome da letra *nGétal*. Hipótese mais aceita hoje.

241 Segundo George Calder, a palavra *getal* significa giesta ou junco, uma letra do ogham. *(Auraicept Na N-Éces*, 1917*)*.

Segundo McManus[242], a palavra *rait*, muito próxima de *raith*, significa "samouco-de-brabante" (ou *mirto-do-pântano*), mas também poderia se referir ao junco, à samambaia ou a qualquer outra vegetação rasteira que nasce em lugares úmidos, como brejos. Curiosamente, brejos e pântanos formam o ambiente perfeito para a proliferação de sanguessugas.

A palavra *cath* é traduzida aqui como "panaceia", ou seja, um remédio para todos os males, contudo, *cath* também significa "batalha" ou "luta". Apesar de serem palavras homônimas, seus significados são contrastantes e opostos. Talvez seja por esse motivo que foram escolhidas pelos glossaristas, já que o trabalho do médico se intensifica após a batalha, o que parece ser confirmado pela *Palavra Ogham*, atribuída a Com Culainn, ao referir à mortandade, como veremos.

Independentemente de todas essas origens etimológicas e das diversas possibilidades de interpretação, o que fica evidente é que, a *Palavra Ogham* de Morann se refere à força de um médico-curandeiro, pois o sustento (*luth*) do médico, ou seja, sua renda, provém da sua capacidade em curar as feridas dos enfermos.

Palavra Ogham de Mac ind Óic

Etiud midach, "túnica dos médicos", a saber, *cath*, "panaceia". Por isso foi dado o nome à *getal*, a giesta, a letra Ng[243].

Comentários

Etiud claramente indica algum tipo de vestimenta, como uma roupa ou até mesmo uma armadura. E a palavra *midach*, semelhante à *legha*, também significa "médico", mas sua etimologia é mais clara, acredita-se que tem a mesma origem ou derivou-se do termo latino *medicus*, que, segundo os estudiosos, originou-se da raiz protoindo-europeia **med-*, "medir" ou "avaliar". Em latim, *medicus* também se referia a alguém que estava ligado à magia, portanto, um encantador ou curandeiro.

242 MCMANUS, Damian. *Irish Letter-Names and Their Kennings*. (Ériu, Vol. 39 pp. 127-168). Dubin: Royal Irish Academy, 1988.

243 Essa *Palavra Ogham* não aparece listada entre as de Mac ind Óic, mas foi inserida entre as letras *onn* e *úr* das *Palavras Ogham* de Morann Mac Main. Possivelmente um descuido do escriba que tentou encaixá-la no espaço disponível no texto.

Na mitologia celta irlandesa, os principais Deuses responsáveis pela saúde e pela cura são Dian Cécht e seus filhos, Miach e Airmid. As histórias contam que Dian Cécht era filho do Dagda e avô paterno de Lug. É perceptível que Dian Cécht, o médico, é o oposto simbólico do avô materno de Lug, Balor, que tinha um olho venenoso. Na *Segunda Batalha de Moytura*, o rei dos Deuses, Nuada, teve seu braço decepado em batalha[244]. Segundo a tradição, ele não poderia mais reinar, pois um rei não poderia governar caso tivesse algum tipo de deficiência, com isso, Dian Cécht constrói um braço de prata para Nuada, que passou a ser conhecido como Nuada Airgeadlámh, ou seja, Nuada do "braço de prata". Ao ver o trabalho de seu pai, Miach diz a Nuada que consegue restituir-lhe seu braço de carne e osso e recita um encantamento sobre Nuada: "junta por junta e tendão por tendão" curando, assim, o rei dos Deuses em três dias e três noites. Dian Cécht se sentiu ultrajado por seu filho demonstrar superioridade nas artes medicinais e, movido pela inveja, tenta matá-lo por três vezes, mas em todas as investidas Miach conseguiu se curar. Na quarta vez, Dian Cécht conseguiu romper o crânio de seu filho até o pescoço, matando-o finalmente. Do túmulo de Miach nasceram 365 ervas medicinais, "de acordo com o número de suas articulações e tendões". Airmid, irmã de Miach, recolhe as ervas em seu manto e as separa de acordo com suas propriedades, mas seu pai, Dian Cécht, ainda furioso, misturou as ervas para que ninguém soubesse suas propriedades, a não ser que "o Espírito Santo as ensine".

Essa passagem da mitologia irlandesa é riquíssima em simbolismo. O tema do filho que supera as habilidades de seu pai é relativamente comum nos mitos indo-europeus e fala do choque entre duas gerações. O nome *Miach* significa "alqueire", uma referência à medida de grãos, semelhante à palavra "médico" que talvez tenha a mesma raiz da palavra "medir", no sentido de avaliar e examinar. Seu nome também pode se referir a um saco ou bolsa de medir, e isso faz todo sentido, pois seu corpo talvez simbolizasse um recipiente que continha ervas e grãos. O encantamento proferido por Miach sobre Nuada parece ter origem antiquíssima, pois é possível rastreá--lo em fontes diversas e antigas como nos *Encantamentos de Merseburg*[245] e no *Atharvaveda*, que remonta ao século 2 AEC. Esses encantamentos são, em sua maioria, utilizados em casos de torções ou fraturas, tanto em humanos, como em animais, e é praticamente comum em toda a Europa,

244 Em outra versão é a mão de Nuada que foi decepada.

245 *Merseburger Zaubersprüche*. Manuscrito alemão de magias e encantamentos pagãos, datado do século 9 EC.

onde os nomes dos Deuses pagãos foram substituídos por Jesus ou outro santo da cristandade. Há, por exemplo, alguns encantamentos cristãos muito semelhantes àquele de Miach, encontrados na *Carmina Gadelica:*

Encantamento da torção
Bride[246] saiu
De manhã cedo,
Com um par de cavalos:
Um quebrou a perna,
Com muito alvoroço,
Esse foi apartado,
Ela colocou osso por osso,
Ela colocou carne por carne,
Ela colocou tendão por tendão,
Ela colocou veia por veia,
Assim como ela curou isso
Também posso curar isso.[247]

Airmid desempenha um papel importante na trama, pois ela foi responsável por recolher e separar as ervas que nasceram do corpo de seu irmão. Airmid provém de *airmed*, medida seca[248] ou de *ad-rími*, contar, numerar ou examinar. Em outras palavras, essa Deusa foi responsável por registrar, mensurar e atribuir as propriedades medicinais e mágicas das ervas. Ela é a Deusa da Cura através do uso de plantas e ervas, a única que é capaz de diferenciá-las e escolhê-las de acordo com a enfermidade. A passagem, obviamente cristianizada, em que Dian Cécht diz que somente o Espírito Santo pode ensinar as pessoas a distinguirem as ervas, talvez originalmente significava que somente a inspiração concedida por Airmid seria capaz de ensinar as pessoas a distingui-las, pois Dian Cécht complementa dizendo: "Ainda que Miach não viva, Airmed permanecerá", em outras palavras, se a cura não vier através de encantamentos mágicos (Miach), virá através das

---

246 Santa Brígida. Reminiscência da Deusa celta Brigid, também considerada uma Deusa da Cura, como vimos anteriormente.

247 CARMICHEAL, Alexander. *Carmina Gadelica:* Hymns and incantations from the gaelic. Edinburgh: Floris Books, 1994.

248 Uma medida de grãos. Perceba, mais uma vez, a relação entre a raiz protoindo-europeia **med-* e a palavra médico, que se referia originalmente ao ato de medir, examinar, avaliar, julgar ou aconselhar e passou a significar alguém capaz de sanar e curar.

ervas medicinais (Airmid), ou ainda, embora Miach esteja morto, Airmid viverá (para sempre) como senhora das ervas e da cura através de seu corpo renascido.

Esse mito, para mim, é a representação do sacrifício como fator gerador, ou seja, através do sacrifício de Miach, as ervas e plantas medicinais são entregues aos humanos. Assim, ao plantarmos e colhermos as ervas e plantas para fins mágicos e medicinais, estamos recriando esse sacrifício primordial, pois as ervas são as representações simbólicas das partes do corpo do Deus. Também é possível traçar paralelos com os mitos dos Deuses que morrem e renascem sob outras formas, tema central das religiões de mistério mediterrâneas, como no caso do deus Dioniso (que dá origem à videira) e da Deusa Perséfone (o trigo).

Apesar de seu ato "pouco nobre" descrito no mito, Dian Cécht ainda foi cultuado como Deus da Cura e da Medicina após a cristianização da Irlanda, como podemos ver em um dos encantamentos fragmentados de São Gall[249]:

> **Contra várias doenças**
> Salvo o semimorto. Contra a eructação, contra o laço da lança (*amentum*[250]), contra o tumor súbito, contra a hemorragia causada pelo ferro, contra (...) que queima como fogo, contra (...), contra (...) que um cão devora, (...) que definha: três nozes que (...) três tendões se entrelaçam (?). Eu ataco sua doença, eu venço o sangue (...) que não seja um tumor crônico. Inteiro seja aquilo em que (o remédio de Diancecht) deve ir. Depositei minha confiança no remédio que Diancecht deixou com sua família, que inteiramente vá para onde deve ir.[251]

De acordo com o métrico *Dindshenchas*, Dian Cécht matou o monstruoso filho da Deusa Morrígan, Méich, que possuía a forma de uma serpente-dragão (em outra versão do mito, ao abrir o coração de Méich, Dian Cécht encontrou três serpentes venenosas). Méiche (ou as serpentes em seu interior) era capaz de matar toda a população da Irlanda se não fosse

249 Cod. S. Galli Nº. 1395. Textos diversos, onde se encontra uma página de origem irlandesa contendo feitiços e encantamentos de cura, atribuídos a São Gall. Datado aproximadamente do século 9.
250 Tira ou correia de couro usada para arremessar dardos e lanças, utilizada pelos antigos gregos.
251 Referência: http://www.maryjones.us/ctexts/incantations_gall.html (traduzido e adaptado por Osvaldo R Feres).

detido. Após matar a serpente-dragão, Dian Cécht a queimou. Temendo que o veneno contido em suas cinzas pudessem causar algum mal, ele as joga em um rio próximo. Em contato com as cinzas, o rio ferve e mata todos os seres vivos que ali habitavam, sendo nomeado, assim, como *Bhearú* (*Barrow*), ou seja, "o fervente" ou "borbulhante". Essa história pode ser comparada ao mito de Miach, uma vez que ambos foram mortos por Dian Cécht, e seus nomes, tanto Miach como Méich, provavelmente tenham a mesma origem ou o mesmo significado. Além disso, Miach dá origem a todas as ervas medicinais e é o princípio de toda cura, já Méich, por sua vez, é a fonte de todos os venenos e causou a morte de todos os seres que viviam no rio. É interessante notar também, que o nome do rio tem a mesma raiz etimológica que o nome do Deus gaulês Borvo, também cultuado na península Ibérica. Borvo era a divindade das fontes e águas termais (águas que fervem ou borbulham), adorado como um Deus da Cura, foi comparado desde a antiguidade ao Deus Apolo.

Apesar de ser frequentemente associada ao veneno e à morte, a serpente também era um antigo símbolo de cura e renascimento para diversos povos, isso porque, ao observar as serpentes e cobras trocarem de pele, os antigos acreditavam que elas tinham a capacidade de se regenerar. Na Gália, a conhecida Deusa da Cura e das Fontes, Sirona, possivelmente associada às estrelas e à lua, pois seu nome significa "grande estrela", a companheira de Apolo, era representada em tempos romanos como uma mulher que segura uma tigela de ovos e possui uma serpente enroscada em seu braço. Tanto os ovos como a serpente representavam o renascimento e a cura.

De volta à *Palavra Ogham* de Mac ind Óic, "túnica dos médicos" ou "vestimenta dos médicos" pode ser interpretada esotericamente como o manto que a Deusa Airmid utilizou para recolher e separar as ervas medicinais (veja *O Manto de Airmid* no capítulo sobre *Saúde e Cura*), em outras palavras, as vestes do médico é o corpo de Miach (as ervas)[252]. E, mais uma vez, percebemos que a letra *nGétal*, a décima segunda letra do ogham, evidentemente está associada à cura e à medicina.

Palavra Ogham de Con Culainn

Tosach n-échto, "início da mortandade".

252 Em linguagem esotérica, as vestimentas simbolizam os corpos: físico, astral, mental, etc.

COMENTÁRIOS

A *Palavra Ogham* de Com Culainn sugere alguma ligação com atividades guerreiras, e isso fica evidente se levarmos em consideração uma das possíveis etimologias do nome dessa letra, "ferir" ou "matar", isto é, o início de uma batalha. O cognato galês de *gonaid*, "ferir", é *gWan*, "perfurar" ou "golpe". Outras possíveis traduções dessa *Palavra Ogham* são "início do massacre" e "início dos feitos heroicos".

O poço de *Sláine*, ou seja, o poço da saúde, da cura ou da salvação, é citado na *Segunda Batalha de Moytura* como o poço onde os homens da tribo dos Deuses mortalmente feridos em batalha eram mergulhados para se curarem e, consequentemente, recuperarem suas vidas, assim como sua energia e vigor. O texto ainda diz que "Dían Cécht, seus dois filhos, Octriuil e Míach, e sua filha Airmed entoavam feitiços sobre o poço chamado Sláine". Esse poço também era conhecido como *Loch Luibe*, ou seja, o lago das ervas, pois "Dían Cécht colocou nele todas as ervas que cresciam na Irlanda". O poço da cura, assim como o Caldeirão de Bran, dos mitos galeses, possuía a capacidade de restituir a vida aos mortos e moribundos, portanto, é o símbolo da esperança do renascimento diante do massacre bélico.

Segundo um texto judicial do século 15, possivelmente ainda mais antigo, intitulado *Bretha Déin Chécht*[253], as feridas mais graves no corpo humano eram conhecidas como as *Doze Portas da Alma*[254] listadas da seguinte forma: topo da cabeça; fossa occipital (região da nuca); fossa temporal (têmporas); cartilagem tireóidea (proeminência laríngea); fúrcula supraesternal (cavidade da garganta); axila; esterno; umbigo; fossa antecubital (porção posterior ao cotovelo); fossa poplítea (porção posterior ao joelho); triângulo femoral (região da virilha) e a sola do pé. Além das doze portas da alma, sete principais fraturas também foram listadas: dentes; braço (úmero); antebraço (rádio e ulna); coxa (fêmur); canela (tíbia); ponta do ombro (clavícula) e ponta do calcanhar (calcâneo). Esse interessante texto antigo talvez nos dê a pista para desvendar a *Palavra Ogham* de Com Culainn, pois é através desses pontos letais, conhecidos como "Portas da Alma", que inicia a mortandade. Em outras palavras, se as portas da alma forem abertas nos inimigos, ou seja, se os golpes forem desferidos nos lugares corretos, a morte deles terá início no campo de batalha.

---

253 Os julgamentos de Dian Cécht.

254 *Da dorus .x. anma fil i curp duine.* Ou "doze aberturas da alma no corpo humano".

nGétal, portanto, indica que a ferida, a dor ou o início da mortandade é uma oportunidade de autoconhecimento, pois nos leva obrigatoriamente à cura e à regeneração. Aqui, caberia perfeitamente uma famosa frase de Rumi[255] "A ferida é por onde a luz entra em você".

CRANN OGHAM

Ngetal dono, .i. gilcach no raith, ut dicitur: 'luth lega getal', .i. gilcach no raith.

Ngetal, novamente, isto é, a giesta ou samambaia, como é chamada: a força de um médico é *getal*, isto é, a giesta ou samambaia.

COMENTÁRIOS

Como dito anteriormente, diversas plantas foram associadas à letra *nGétal*, ou melhor, há diversas interpretações para as plantas associadas a essa letra, o que pode causar uma certa confusão àqueles que acreditam que o ogham é um alfabeto arbóreo. Dentre essas plantas, a giesta, também conhecida como giesta-das-vassouras, pois as vassouras eram feitas de seus ramos, destaca-se, obviamente, como símbolo de limpeza e purificação, semelhante à letra *beith*, associando-a ao importante simbolismo da cura e da medicina presente na maioria das *Palavras Ogham* como agente de expurgação das doenças.

No poema *Cad Goddeu, A Batalha das Árvores*, do bardo Taliesin, curiosamente, a samambaia e a giesta, as duas plantas associadas a *nGétal*, aparecem seguidas uma da outra. No poema, dependendo da tradução, é dito que "a samambaia foi saqueada/a giesta, a vanguarda do exército, foi ferida nas trincheiras", e disso pode sugerir uma ligação entre o poema e a letra ogâmica, enfatizando a periculosidade do ferimento no campo de batalha.

No *Glossário de Cormac*, a palavra *gilcach*, ou seja, "caniço" ou "giesta", é descrita da seguinte forma: "giesta (ou caniço), ou seja, porque (crescem)em áreas geladas"[256]. O termo "áreas geladas" pode ser interpretado tanto como o pântano, onde crescem juncos e caniços, ou pedreiras e rochedos, onde as giestas nascem. É interessante notar, que os caniços do junco e da giesta foram utilizados pelos celtas como cobertura nos telhados de suas casas. Isso pode significar, simbolicamente, que as plantas que nascem em áreas geladas protegem as pessoas do frio, ou esotericamente, que as protegem da "friagem" da doença.

255 Jalaladim Maomé Rumi (1207-1273) foi um poeta e teólogo persa.
256 Do latim: *gilcach .i. quia in gelidis locis [nascuntur].*

Novamente, parafraseando a *Palavra Ogham* de Morann, *luth lega*, "sustento de um médico", também pode ser interpretado como "força de um médico", ou seja, devido ao poder de cura que é retirado do junco, da giesta e da samambaia, que crescem em abundância.

SIGNIFICADOS ORACULARES

Cura, saúde, bem-estar, ferimentos, medicina, regeneração, recuperação, conforto, remédios, coração partido, cirurgias, antigas feridas emocionais que precisam ser curadas, encanto.

Afirmação

O meu corpo é o reflexo perfeito do Universo. Busco sempre o equilíbrio para que todas as minhas doenças e feridas sejam curadas e cicatrizadas.

Perguntas

Qual setor da minha vida necessita de cura?
Como devo curar antigas feridas que ainda não cicatrizaram?
Eu me aceito como sou e encaro meu corpo como sagrado?

Práticas

Visite uma fonte ou poço de águas limpas, peça pela cura do seu corpo físico, mental e espiritual e ofereça uma gota de seu sangue.
Colha ervas em um bosque e forme um maço, mergulhe esse maço nas águas de um caldeirão, aspirja em seu altar ou em outro lugar que considere sagrado e peça pela cura da Terra.
Crie um encantamento utilizando os dúile, os elementos da tradição celta.

Temas

Cura de todos os males.
Regenerar-se e recuperar-se de uma situação difícil.
Reconhecer a sacralidade do corpo.

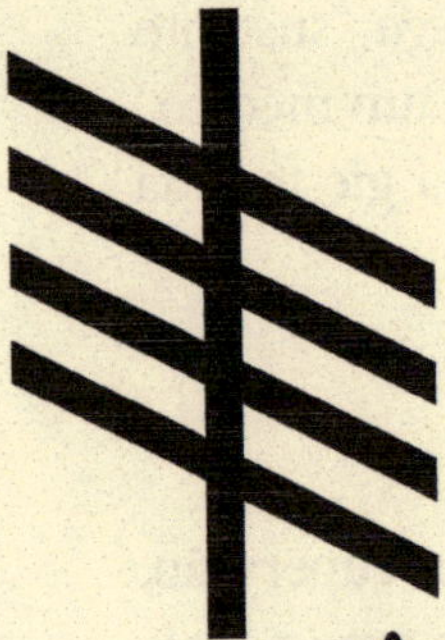

STRAIF

Variante ortográfica: *zraif, straiph, sraib*
Significado do nome: enxofre
Árvore: espinheiro-negro, também conhecido abrunheiro, ameixeira-brava ou abrunheiro-bravo (*Prunus spinosa*)
Letra: st ou z
Pronúncia: *stra-if* ou *stré-if* (o som do *i* é bem suave, quase neutro)
Classe: chefe
Lei Brehon: divisão inferior
Nobre da escola de Fénius: Stru
Cor (*dathogam*): brilhante (*sorcha*)
Ave ou pássaro (*enogam*): tordo (*stmolach*)
Agricultura (*ogam tirda*): mangual (*sust*)
Santo (*naemogam*): Strannan
Arte (*danogam*): caça a cervos

PALAVRA OGHAM DE MORANN MAC MAIN

Tresim ruamna, "o mais forte vermelho", está com ele em Ogham *straif*, o espinheiro-negro, de acordo com esse fato; pois o vermelho do fruto do espinheiro[257] é o mais forte para tingir as coisas, pois é isso que torna a prata pálida em azulada, tornando-a prata genuína. É fervido na urina o ouro branco, de modo a torná-lo vermelho. *Tresim ruamna* é o espinheiro--negro de acordo com esse fato. Por isso foi dado o nome à letra *Str*, devido à semelhança de seus nomes, ou seja, *straif* é o nome de cada um deles.

COMENTÁRIOS

A *Palavra Ogham* de Morann, refere-se à propriedade corante das bagas de espinheiro-negro, os abrunhos, que dão uma tintura vermelha, rubra ou magenta, utilizada principalmente em tecidos. Curiosamente, a *Palavra Ogham* não se refere ao tingimento de tecidos, mas em processos alquímicos capazes de transformar simples metais em ouro.

257 Abrunho.

Deve-se lembrar de que a palavra *straif* significa literalmente "enxofre", um dos principais elementos utilizados pelos alquimistas medievais em suas experiências. Os antigos livros de alquimia estão repletos de símbolos, códigos e metáforas, mas nem sempre os elementos ali mencionados se referem ao seu equivalente real. Segundo Paracelso[258], os três elementos primeiros, aqueles que compõem as substâncias materiais são: Mercúrio, que corresponde à mente, ao líquido e ao feminino; Sal, que corresponde ao corpo físico, à mãe e à matéria e o Enxofre, que representa a alma, o masculino e o fogo.

Por ser abundante em áreas vulcânicas e fontes termais, o enxofre, com seu cheiro característico, foi associado ao fogo e ao Submundo. Na Bíblia há diversas passagens em que o enxofre, sempre associado ao fogo, foi utilizado contra os pecadores como uma forma de castigo divino. Inclusive, é dito que o inferno, ou o lago de fogo onde encontra-se a besta (o diabo) e os pecadores, arde em enxofre. Talvez o "vermelho mais forte" mencionado na *Palavra Ogham* de Morann, além de se referir às propriedades corantes dos abrunhos, possa indicar uma relação com o enxofre, o fogo intenso da transmutação.

De volta à alquimia... a urina foi largamente utilizada em processos alquímicos que visavam transformar metais brutos em ouro, provavelmente isso se deu por causa da cor amarela da urina, que lembra a cor do ouro, ou talvez porque a palavra para urina em grego (*ούρο*) soa muito parecida com a palavra para ouro em línguas latinas. Foi justamente graças à crença de que a urina fosse um dos elementos essenciais para se conseguir transmutar metais em ouro que levou o alquimista Hennig Brand[259] a descobrir acidentalmente o fósforo.

De qualquer forma, os antigos alquimistas acreditavam que a Pedra Filosofal (*Lapis Philosophorum*)[260], poderia ser obtida a partir do complexo processo de combinação, separação e recombinação de dois elementos opostos e complementares, conhecidos como "Enxofre" e "Mercúrio" (não confunda com os elementos químicos enxofre e mercúrio), representados simbolicamente como Fogo e Água, Sol e Lua, rei e rainha, dia e noite, quente e frio, seco e úmido, vermelho e branco, dragão áptero e alado, etc. Talvez a urina descrita na *Palavra Ogham* de Morann representasse o mercúrio (líquido) dos alquimistas, que dá a cor vermelha ao ouro branco, enquanto o enxofre (fogo) transforma a prata branca em azulada, ou seja, em prata genuína.

---

258 Paracelso (1493 – 1541) conhecido médico, alquimista e ocultista alemão.

259 Henning Brand (1630 – 1710) foi um alquimista alemão conhecido por ter descoberto o fósforo acidentalmente.

260 Objeto mítico capaz de transmutar chumbo ou outro metal em ouro.

Certamente, Morann, ou seja lá quem compôs suas *Palavras Ogham*, tinha algum conhecimento de alquimia, considerada uma arte oculta e mágica. Se levarmos em consideração que o antigo druidismo, assim como a alquimia medieval, era baseado na Física, Astrologia, Astronomia, Filosofia e nas Ciências Naturais, não seria nenhuma novidade encontrar fragmentos de textos alquímicos em um livro sobre ogham. Além disso, o *Tratado de Ogham*, semelhante aos textos alquímicos, está repleto de criptografias, formas secretas de se escrever e símbolos utilizados para diversos fins. Podemos supor, portanto, que a alquimia fosse o equivalente medieval do antigo druidismo da Idade do Ferro, reservado apenas aos iniciados conhecedores dos símbolos e seus mistérios.

Sendo assim, *straif*, a décima quinta letra ogâmica, está intimamente associada à alquimia, a arte de transmutar vis metais em ouro. Porém, é importante frisar que a verdadeira alquimia é aquela que transmuta o interior do ser. A tintura vermelha mais intensa obtida através das bagas de abrunho nos lembra a obra em vermelho (*rubedo*) dos alquimistas, o quarto e último estágio do processo alquímico, a obtenção do ouro espiritual, ou seja, a iluminação.

Palavra Ogham de Mac ind Óic

Morad run, "aumento dos segredos", a saber, o espinheiro-negro, a letra *Str*. Por isso é dado à letra correspondente.

Comentários

A palavra *rún* significa "mistério" ou "segredo" e está fortemente associada ao ocultismo e ao encantamento. A palavra é reconstruída em protocelta como **rūnā* (mistério ou sussurrar) e talvez tenha a mesma origem proto-indo-europeia, ou provavelmente deu origem à palavra proto-germânica **rūnō* com mesmo significado. Daí surgiu a termo para designar o antigo alfabeto germânico, as runas, ou seja, a escrita misteriosa.

Na região de Évora, em Portugal, foi descoberta uma dedicatória romana a um Deus lusitano[261] de nome Runesus Cesius (ou Runesuscéius). Sabe-se que Runesus significa "o Misterioso", já a palavra *cesius* pode significar

261 Há evidências de que os antigos lusitanos que habitavam regiões da Península Ibérica eram povos celtas ou celticizados.

"dardo" ou "lança", portanto, podemos presumir que essa divindade era responsável pelos dardos invisíveis, algo semelhante aos dardos das fadas citados na mitologia irlandesa, que causavam doenças inexplicáveis, como inchaços e paralisias.

Como vimos anteriormente, a letra *straif* significa "enxofre" e estava associada simbolicamente aos procedimentos alquímicos. Apesar de a origem da alquimia ocidental ser egípcia, ela ganhou notoriedade a partir do movimento renascentista europeu, influenciada pela tradução das obras de grandes filósofos clássicos, preservada pelos árabes, por textos místicos atribuídos a Hermes Trismegisto[262] e por obras sobre Astrologia e Cabala.

O termo hermético, que se refere a Hermes Trismegisto, foi associado à alquimia e significa "algo que está oculto" ou está "fechado", "lacrado", reservado apenas aos iniciados. Os textos alquímicos medievais e renascentistas têm como principal característica uma linguagem obscura e difícil, ou seja, hermética, pois estão repletos de gravuras alegóricas associadas à Astrologia e passagens da mitologia, perífrases, figuras de linguagem, símbolos e sinais de difícil compreensão, isso tudo para confundir o leitor. Acredita-se que os alquimistas utilizavam essa linguagem oculta para que seus conhecimentos não acabassem em mãos erradas, outros, contudo, acreditam que essa linguagem oculta servia para despistar as investidas da inquisição, o que não faz muito sentido, pois um texto alquímico nas mãos de um inquisidor era o suficiente para condenar seu dono à fogueira.

Na mitologia e na cultura celta, a feitiçaria, a magia e o curandeirismo (especificamente os herbalistas e os que utilizavam fitoterapia espagírica[263]), normalmente são comparados à alquimia. Assim, Deuses curandeiros como Dian Cecht, Miach e Airmid, ou mesmo Deuses feiticeiros como Gwydion, podem, grosso modo, ser considerados semelhantes aos alquimistas. Na tradição galesa, no conto *Hanes Taliesin*[264], encontramos a primeira menção ao *Livro de Fferyllt*, o livro de magia da Deusa-feiticeira Cerridwen. Muitos acreditam que esse livro era semelhante a um texto alquímico ou a um herbário mágico, contudo, esse famoso livro nunca existiu de fato. *Fferyllt* é a tradução galesa do nome Virgílio, o famoso poeta romano e autor da *Eneida*. Na Idade Média, Virgílio ganhou fama de mago, profeta e alquimista,

262 Hermes Trismegisto ou Hermes, o três vezes grande, foi um filósofo mítico contemporâneo de Moisés, que viveu no Egito. Sabe-se que os textos atribuídos a Hermes Trismegisto remontam aos primeiros séculos da Era Comum.

263 Procedimento alquímico que utiliza ervas medicinais na confecção de tinturas, elixires e outros tipos de remédios.

264 História de Taliesin. Conto folclórico galês registrado no século 16.

e essas lendas se espalharam por toda a Europa. No País de Gales, a lenda do mago Virgílio tornou-se tão popular, que a palavra *fferyllt* ou *pheryllt* passou a ser sinônimo de "mago" e deu origem à palavra *pheryllt*, ou seja, "farmacêutico", que não deixa de ser sucessor dos antigos alquimistas.

O segredo, o mistério e o ocultismo são características tanto dos alquimistas quanto dos Druidas que se esforçavam para manter suas tradições e conhecimentos longe de olhares profanos. O antigo druidismo proibia o uso da escrita, mas utilizava associações, poesias místicas, trocadilhos, contos alegóricos e outras técnicas para manter sua sabedoria reservada apenas aos instruídos. Os alquimistas, por sua vez, faziam uso da escrita, mas semelhante aos antigos Druidas, utilizavam-se de símbolos e sinais ocultos para despistar os desavisados que procuravam, inconsequentemente, as ilusões das riquezas materiais e da imortalidade.

Portanto, a letra *straif*, associada ao espinheiro-negro, representa os segredos e os mistérios, ou seja, aquilo que está fora do conhecimento mundano. Assim como os espinhos do abrunheiro mantém as pessoas distantes e afastadas, *straif* nos alerta sobre algo que está além da visão comum.

Palavra Ogham de Con Culainn

Saigid nél, "buscar das nuvens".

Comentários

A palavra *saigid* significa "buscar" ou "aproximar-se". Já a palavra *nél* significa literalmente "nuvem", mas também pode indicar um sonho ou visão. O "buscar das nuvens" segundo a *Palavra Ogham* de Com Culainn, pode ser uma metáfora para a travessia entre os mundos.

Como já disse, a névoa, ou seja, a nuvem que está em contato com o solo, simboliza a transição entre o Céu, a Terra e o Submundo (representado pela água). A névoa é um elemento místico, a Tribo dos Deuses chegou à Terra envolta em nuvens e nevoeiros. Quando os Deuses se retiram da superfície da Terra, com a ajuda de Manannán Mac Lir, o Deus do Mar e do Outromundo, fizeram descer sobre eles uma névoa mágica que os deixaram invisíveis aos olhos humanos. Esse encantamento era conhecido como *féth fíada*, ou seja, "mestre da névoa da invisibilidade". Mas não só os Deuses e fadas utilizavam-se desse disfarce para se tornarem invisíveis, a tradição conta que São Patrício, o santo responsável por cristianizar a Irlanda, fez uso desse mesmo encantamento para escapar de seus inimigos, transformando-se em cervo[265].

Nem sempre a névoa apresenta aspectos encantadores e mágicos como citado. Muitas vezes o nevoeiro é descrito como algo a ser temido, um elemento sombrio e malévolo. Isso fica evidente na figura mítica irlandesa conhecida como *Far Liath* (homem cinzento), a personificação má do nevoeiro. *Far Liath* apresenta-se como uma bruma ou nevoeiro característico que encobre a costa, a terra e as montanhas com seu manto cinzento, causando confusão nos viajantes e ocasionando catástrofes no mar, levando os navios a se chocarem contra as rochas.

Como a letra *straif* está intimamente associada aos mistérios e à magia, o "buscar das nuvens" também pode ser uma referência ao *néldoracht*, um antigo método divinatório pelas nuvens. Alguns autores acreditam que o *néldoracht* referia-se à Astrologia e não exatamente a interpretação das nuvens, mas se levarmos em consideração que o clima irlandês é predominantemente nublado e chuvoso, podemos supor que previsões por meio de nuvens não fosse algo tão incomum, uma vez que aquele que fazia o prognóstico desse método divinatório era conhecido como *néladóir*, ou seja, "o servo das nuvens".

Segundo McManus, os antigos glossaristas interpretavam o "buscar das nuvens" como o enxofre, talvez por influência bíblica, onde é possível encontrar passagens em que fogo e enxofre eram lançados do céu como chuva. Mas ele sugere também que a palavra *saigid*, "buscar" ou "aproximar-se", poderia originalmente ser *saiget*, que significa "flecha" ou "dardo". Assim, "flecha das nuvens" certamente referia-se aos raios e relâmpagos. Perceba que, em irlandês antigo, uma das palavras para relâmpago é *sraibtine*, composta pelas palavras *sraib* "enxofre" e *tine* "fogo", ou seja, o fogo sulfuroso. Além disso, a letra latina correspondente à *straif* é o *Z*, que possui o formato semelhante ao do raio. É possível encontrar representações de raios em formato de *Z* nos escudos dos soldados romanos, por exemplo. Portanto, é indubitável o vasto conhecimento dos glossaristas medievais e sua tentativa em confundir os leitores com trocadilhos para ocultar alguns significados das letras ogâmicas.

Novamente, aqui fica evidente os aspectos místicos e ocultos associados à letra *straif*. É importante frisar também, que nem sempre as nuvens e as névoas denotam a boa magia dos Deuses, por vezes, as névoas nos

265 A história de São Patrício diz que o santo recitou um hino chamado *fáeth fiada*, ou seja, "o grito do cervo", mas certamente o termo derivou-se do *féth fíada* dos druidas pagãos.

cegam, causam confusão, perda de sentido e ilusão. Há diversos relatos míticos e folclóricos de pessoas que se perderam no mundo das fadas em meio a essas névoas mágicas. Os aspectos punitivos que o enxofre apresenta nos textos, já sob influência cristã, também indicam cautela diante da letra *straif*.

CRANN OGHAM

Straiph dono, .i. draighen, ut dicitur: 'aire srabha sraibh', .i. draighin.

Straiph, novamente, isto é, o espinheiro-negro, como é chamado: a sebe de um córrego é *straiph*, isto é, o espinheiro-negro.

COMENTÁRIOS

A palavra *srabha* ou *sráb* significa "córrego", "multidão" ou "rebanho" e a palavra *sraibh* significa uma "sebe" ou "cerca viva". Provavelmente o autor dessa *Palavra Ogham* também fez uso de palavras parônimas, pois a palavra *sraíb*, que possui som idênticos às outras palavras, significa "enxofre", o significado original da letra *straif*.

O espinheiro-negro (*draighen* ou *draigen*) foi (e ainda é) largamente utilizado como "cerca viva", porque se emaranha facilmente com arbustos selvagens e seus espinhos mantém rebanhos e intrusos afastados. Além disso, o espinheiro-negro é considerado a árvore das fadas, e tem, por vezes, uma reputação negativa no folclore celta. Sabe-se que seus ramos eram utilizados para afastar bruxarias e feitiçarias, mas as Bruxas também se valiam de varinhas ou cajados de espinheiro-negro para lançar seus feitiços e maldições. Por estar ligada à magia, um tabu para os cristãos, essa árvore possui aspectos simbólicos dúbios, ora protetora de ataques psíquicos, ora causadora de malefícios.

No folclore irlandês, as fadas que guardam as árvores de espinheiro--negro são as *lunantishee*. A crença geral era de que essas fadas causavam infortúnios àqueles que cortassem os galhos de um espinheiro-negro no início do verão ou no início do inverno, respectivamente *Beltane* e *Samhain*. Talvez a origem da palavra *lunantishee* provenha da junção de *lennán* "amada" e *síde* "fadas", uma forma respeitosa que os antigos utilizavam para aplacar a ira das fadas dos espinheiros-negros. Com o advento da Bruxaria e da Wicca nos últimos anos, os aspectos obscuros dessa árvore foram incorporados ao simbolismo da Deusa-Bruxa, a velha, a anciã, o terceiro aspecto da grande Deusa cultuada na Bruxaria. Alguns autores ressaltam o contraste entre o espinheiro-branco, associado ao início do verão, em *Beltane*, e o espinheiro--negro, associado ao início do inverno, em *Samhain*, contudo, essas relações são mais recentes e, como vimos, ambos (espinheiro-branco e espinheiro--negro) demarcavam as estações, tanto do inverno quanto do verão.

Straif, a décima quarta letra do ogham, está claramente associada à magia, aos mistérios, aos encantamentos e ao ignoto. Sua associação ao espinheiro-negro, também conhecido como "abrunheiro", reforça seu simbolismo ocultista, classificada como uma árvore-bruxa, amada por uns e odiada por outros.

Significados Oraculares

Mistério, segredo, oculto, magia, feitiçaria, oráculo, ocultismo, alquimia, astrologia, perigo, inimigos ocultos, sonho, ilusão, metamorfose, transformação, privacidade, engano, mentiras, falsidade, dúvidas, silêncio.

Afirmação

Compreendo que estou em constante transformação e nada será permanente, por isso, dissipo a névoa da ilusão e confio no futuro.

Perguntas

Como devo lidar com o desconhecido e a ilusão?
O que em mim deve ser transformado em "ouro"?
Quais segredos devem ser revelados ou guardados?

Práticas

Volte-se para o céu, observe as nuvens, quais seus formatos? O que elas dizem? Procure desvendar seus sinais.
Carregue uma pedra de enxofre consigo e medite sobre as transformações na natureza e em sua vida.
Desenvolva seus dons psíquicos praticando vidência em um Caldeirão ou bacia com água. Em um lugar escuro, acenda uma pequena vela e fixe seu olhar sobre a água até que formas apareçam no reflexo; interprete-as.

Temas

Dissipar o véu da ilusão.
Esclarecer mal-entendidos.
Bloquear ataques psíquicos.

RUIS

Significado do nome: vermelhidão ou enrubescer
Árvores: sabugueiro, também conhecido como sabugueirinho (*Sambucus nigra*); rosa-selvagem, também conhecida como rosa-canina ou rosa-mosqueta (*Rosa canina*)
Letra: r
Pronúncia: *rush* ou *râsh*
Classe: arbusto
Lei Brehon: divisão inferior[266]
Nobre da escola de Fénius: Ruben
Cor (*dathogam*): vermelho (*ruadh*)
Ave ou pássaro (*enogam*): pequena gralha (*rocnat*)
Agricultura (*ogam tirda*): cesto (*rusc*)
Santo (*naemogam*): Ruadhan
Arte (*danogam*): distribuição

PALAVRA OGHAM DE MORANN MAC MAIN

Tinnem ruccae, "o mais intenso dos rubores", ou seja, *ruis*, o sabugueiro, a letra R, do enrubescer ou da vergonha. De fato, pois assim a letra R é escrita e é o avermelhamento que cresce no rosto de um homem através do sumo da erva, quando esfregado nele. *Tindi ruccae*, um metal fundido de rubor, novamente, disse sobre *ruis*, o sabugueiro, da vergonha ou do enrubescer, pois é por isso que a própria letra R foi escrita.

COMENTÁRIOS

A palavra para "rubor", *ruccae,* está intimamente associada ao enrubescer causado pela vergonha, mas também pela "desgraça", ou seja, quando alguém caia em desgraça por algum motivo (quando, por exemplo, era difamado ou desonrado), seu rosto ficava vermelho de raiva ou de vergonha. Acredita-se que a vermelhidão no rosto causada pelo constrangimento ou pela ira é devido à liberação de adrenalina no sangue, que aumenta os batimentos cardíacos e dilata os vasos sanguíneos da face, contudo, a *Palavra Ogham* de

266 Referente ao sabugueiro. Já a rosa-selvagem é classificada como mato ou arbusto.

Morann diz que o rubor se intensifica quando o sumo da erva é esfregado no rosto. Aqui, fica subentendido que algum tipo de ritual era praticado na antiguidade, em que ervas, possivelmente as bagas de sabugueiro, eram esfregadas no rosto para intensificar seu estado de fúria.

Os guerreiros celtas eram conhecidos por suas famosas pinturas corporais. Eles enfrentavam seus inimigos completamente nus e seus corpos eram pintados para a batalha. Acreditava-se que isso, além de fortalecer e proteger devido às propriedades mágicas das imagens pintadas no corpo, também intimidava os inimigos. Os pictos, povos nativos da Escócia, possivelmente de origem celta, foram assim chamados pelos romanos, porque se pintavam para a batalha. Segundo Júlio César, todos os britanos se pintavam com uma substância que os deixavam azulados e com aspectos terríveis. A partir desse relato, criou-se a imagem do guerreiro celta pintado de azul, muito comum hoje em dia, contudo, é possível que outros pigmentos tenham sido utilizados pelos guerreiros, e um rosto pintado de vermelho intenso certamente causava mais impacto e medo no inimigo do que um rosto pintado de azul.

Essa *Palavra Ogham* ainda guarda um segredo muito interessante a ser analisado. A palavra *tinnem* indica algo intenso e forte e corresponde à palavra *teinne*, que significa "força", "severidade" e "violência", o que evidencia que essa letra está intimamente ligada aos guerreiros e à batalha. Além disso, sabemos que *tinne* é o nome da oitava letra ogâmica e significa "lingote" ou "ferro fundido". Quando se funde o ferro, ele assume uma cor vermelha viva e intensa, reforçando a ideia da vermelhidão causada pelo calor do momento, pois *tine* também significa "fogo". Mas as associações não param por aí, veja que interessante, a antiga palavra irlandesa *tin* indica uma parte mole do corpo, como a gordura, e *tinne* (homônima de *tinne* = lingote de ferro) refere-se a uma parte comestível do porco salgado ou defumado. Isto posto, não poderia deixar de mencionar a "porção do campeão".

A porção do campeão, *curadmír*, era uma prática comum nas sociedades celtas, da Gália a Irlanda, onde o herói da tribo recebia a melhor e maior parte do banquete, normalmente um pedaço de carne de javali que era assado e servido aos campeões. Essa porção era motivo de disputa entre os mais valorosos guerreiros, pois simbolizava o prestígio e a honra para quem o recebesse. Logo, o guerreiro que não recebia a porção do campeão encarava isso como grande desonra e vergonha. Assim, disputas eram travadas por causa dessa porção aparentemente simples. Uma coisa importante a ser analisada é que normalmente essa porção era descrita como um pedaço de carne de javali, um dos mais importantes símbolos celtas. Sem dúvida, o animal mais representado na arte e citado nos mitos celtas foi o javali, denotando um rico simbolismo místico.

Como animal selvagem, o javali representa tudo aquilo que é violento e perigoso. Portanto, somente os mais corajosos da tribo eram capazes de enfrentar um javali em uma caçada. Na mitologia celta há algumas passagens sobre javalis monstruosos que, por onde passavam, deixavam um rastro de destruição e pavor. Um exemplo muito conhecido é a Caçada do Javali *Twrch Trwyth*, por Mabon. Mas o javali não representava apenas a ferocidade e a selvageria, sua carne era muito apreciada pelos antigos e há mitos que falam da carne inesgotável de porcos e javalis. Assim, podemos dizer que o javali, do mesmo modo que os porcos selvagens, possui duplo significado simbólico, ora representando o perigo iminente da morte, ora o alimento, o sustento da vida e da riqueza.

Podemos concluir, portanto, que o enrubescer ou vermelhidão citado na *Palavra Ogham*, está associado aos instintos mais primitivos e ferozes, característica dos guerreiros na fúria da batalha, assim como de animais selvagens, em especial o javali, que foi o animal mais temido e adorado pelos celtas. Quando um guerreiro não demonstra todo seu potencial em luta, ou seja, quando não é tomado pelo furor efervescente do rubor, ele cai em desgraça e é tomado por outro rubor, o da vergonha e da desonra.

Palavra Ogham de Mac ind Óic

Ruanma deach, "vermelhidão dos rostos", ou seja, a seiva da rosa que causa a vermelhidão dos rostos, de modo que o rubor está nelas. *Ruanma dreach*, mais uma vez, disse sobre *ruis*, o sabugueiro, a letra *R*, do rubor ou do avermelhamento, pois é do sabugueiro que a letra *R* é escrita.

Comentários

Como vimos anteriormente, um dos motivos que causam o rubor nas faces é a vergonha, especialmente aquela causada pelo insulto ou pela desonra. Para povos antigos, como os celtas, a honra é um dos principais pilares que sustenta toda a sociedade. Isso significa, que alguém desonrado era realmente rechaçado e afastado das atividades sociais da tribo. Uma vez desonrado, humilhado, satirizado ou caluniado, a solução mais comum que um indivíduo tomava nessas condições era a vingança. Importante dizer que nem sempre a justiça feita pelas próprias mãos era o único recurso. Existiam leis muito bem fundamentadas que impunham multas a quem colocasse a honra de uma pessoa em dúvida sem motivos reais para tal. Em casos mais graves envolvendo morte, a família da pessoa assassinada poderia exigir legalmente que o assassino pagasse o preço da honra (*log nEnech*), considerada a maior pena que poderia ser paga a alguém.

A palavra *enechgreiss* (ou *ainechgreiss*) indica um tipo de ataque à honra de alguém, a fim de diminuir e humilhar o alvo, contudo, essa palavra também foi utilizada para se referir à multa àqueles que ofendiam e feriam a honra de alguém injustamente. Essa palavra está associada à *enechgrís*, que significa justamente rubor facial, cognata de *enechrucce* (de *enech* = face + *rucce* = enrubescer). As palavras para rosto e para honra na antiga língua irlandesa eram as mesmas (*agad*, *aiged* ou *enech*) e isso estava intimamente associado à aparência e como uma pessoa se mostrava para a comunidade, o seu real semblante deveria ser livre de vergonha, ou seja, de cabeça erguida, digna e voltada para frente.

Já a seiva da rosa mencionada na *Palavra Ogham*, certamente se refere ao sumo dos frutos vermelhos da rosa selvagem, mas também pode ter outro significado. Certamente o autor dessa *Palavra Ogham* fez um trocadilho entre as palavras para rosa, *rós*, e a palavra para vermelhidão, *ruis*, o nome da *Letra Ogham*. Além disso, a palavra *ros* também significa "saudável", portanto, o termo "seiva da rosa" pode ser interpretado como a "energia da saúde" que faz o rosto corar. Em algumas passagens da mitologia celta, a princesa ou donzela, ou mesmo o herói, são descritos com a face (ou bochechas) mais vermelha que as rosas, certamente um indicativo de sua grande beleza, contrastando com a pele branca e os cabelos escuros. Até hoje é muito comum as mulheres usarem *blush* (ou *rouge*) nas bochechas, para deixar o rosto com um aspecto saudável. Talvez, na antiguidade, as mulheres utilizassem a seiva das rosas maceradas com o mesmo propósito. Fica subtendido que as rosas utilizadas para deixar a pele do rosto mais corada, também deixavam as mulheres mais bonitas, portanto, não há como desassociar a arte da sedução às rosas, mundialmente conhecidas como as flores do amor, da beleza, do sexo e da sedução, um dos principais símbolos de Vênus, a Deusa romana da beleza e do amor.

Portanto, *ruis*, a décima quinta letra ogâmica, está associada ao enrubescer, seja através da vergonha causada pela desonra, seja pelo enrubescer da timidez de uma jovem bela e sedutora. Como veremos, o vermelho é a cor do sangue, a cor que rege nossos instintos mais selvagens, como a raiva, a vingança, a vergonha, o sexo e a paixão.

PALAVRA OGHAM DE CON CULAINN

Bruth fergae, "fulgor da raiva".

COMENTÁRIOS

A palavra *bruth*, aqui traduzida como "fulgor", ou seja, "o brilho do fogo", também pode ser interpretada como algo que é intenso, como uma grande excitação ou um fervor e calor descontrolado, causado pela raiva e pela fúria. Há uma palavra em irlandês antigo para "fúria, pânico ou grande excitação", *dásacht*. Esse termo também foi utilizado para descrever alguém que perde o controle através de uma raiva que beira a loucura ou que é motivada por um desejo selvagem, uma paixão incontrolável. Na antiguidade, uma pessoa tomada por tal fúria era tida como louca, selvagem e violenta, ou mesmo, sob uma perspectiva cristã, possuída por demônios.

Na mitologia irlandesa, quem desperta o furor nos corações dos guerreiros é Nemain, uma antiga Deusa da Guerra e esposa do obscuro Deus Néit. Seu nome significa "fúria da batalha" ou "frenesi bélico". Possivelmente, esse termo também foi utilizado para indicar um conflito ou assassinato. Nemain é considerada um dos aspectos de Morrígan, a grande rainha, ao lado de Badb, a gralha escaldada, e Macha, o campo de batalha.

Diversos heróis e Deuses célticos são descritos como furiosos em batalha, mas o mais conhecido por seu frenesi é Cú Chulainn, o grande herói do ciclo do Ulster. É dito no *Táin* que, quando tomado pela fúria, Cú Chulainn emitia um grande calor, capaz de derreter dez metros de neve ao seu redor, e ninguém conseguia se aproximar dele, todo os seus músculos se reviravam e revolviam abaixo da pele, distorcendo também sua fisionomia. Assim é descrito Cú Chulainn quando possuído pela raiva em batalha:

> Lá foram vistas as tochas de Badb, e as nuvens da chuva venenosa, e as faíscas de fogo vermelho brilhante, ardendo e brilhando em neblinas e névoas sobre sua cabeça com a visão da ira verdadeiramente selvagem que se ergueu acima dele. Seu cabelo eriçou-se por toda a cabeça como galhos de um espinheiro vermelho, enfiados em uma abertura de uma grande cerca viva. Se a macieira de um rei carregada de frutas reais tivesse sido sacudida ao seu redor, dificilmente uma dessas maçãs passaria por cima dele e cairia no chão, mas ficariam presas em cada fio de seu cabelo,

devido à torção causada pela raiva que seu cabelo se ergueu e eriçou. A *Lon Laith* (Luz do Campeão) se destacava de sua testa, de modo que era tão longa e grossa quanto a pedra de amolar de um guerreiro, tão longa quanto seu nariz, até que ele ficou furioso ao manusear os escudos, empurrando o cocheiro, destruindo as hostes. Tão alto, tão grosso, tão forte, tão firme, tão longo quanto a árvore-mastro de um enorme navio era o esguicho reto de sangue escuro que se ergueu, bem no alto da cumeeira de sua coroa, de modo que uma névoa negra de feitiçaria surgiu dele, semelhante à fumaça da hospedaria de um rei, quando o rei vem para ser atendido ao anoitecer de um dia de inverno.[267]

O termo *lon laith* ou *lúan láith*[268], citado, pode ser traduzido tanto como "luz do campeão" como "esplendor do guerreiro" e referia-se ao brilho acima da cabeça do guerreiro em batalha. Certamente é um termo poético ou uma figura de linguagem para o frenesi que incitava os guerreiros em sua fúria descontrolada, causando grande devastação em combate. Assim, supõe-se que a letra *ruis* representa esse furor selvagem e incontrolável que acomete os guerreiros antes da batalha, descrito como um brilho que emite um calor sobre-humano, semelhante a algo que está fervendo, prestes a explodir.

CRANN OGHAM

Ruis dono, .i. trom, ut dicitur: 'ruamna ruice ruis', .i. trom.

Ruis, novamente, isto é, o sabugueiro, como é chamado: a vermelhidão da vergonha é *ruis*, ou seja, o sabugueiro.

COMENTÁRIOS

Como dito, *ruis* está associado à cor vermelha, ou seja, à vermelhidão da vergonha ou da raiva, mas também ao vermelho do sangue (ligado à guerra) e da luxuria (ou seja, do sexo). Na antiga língua irlandesa há diversas outras palavras para "vermelho" como, por exemplo, *derg, erc* e *flann*, deixando claro que o vermelho foi especialmente apreciado pelos antigos irlandeses.

267 *Táin Bó Cúailnge.* Referência: <https://www.gutenberg.org/files/16464/16464-h/16464-h.htm>
268 *Lúan* significa "lua" ou esplendor e *láith* ou *láech* significa "guerreiro", "leigo" ou "pagão"

A antiga palavra gaélica para vermelho, que está associada à letra *ruis* é *ruad*, que também pode ser traduzida como "castanho avermelhado". Ruad é também o nome de uma possível Deusa associada às cachoeiras de Assaroe (*Eas Ruaid*), que tragicamente se afogou em suas águas ao ouvir um misterioso som feérico e perder seus sentidos. Outra versão da lenda diz que a cachoeira recebeu seu nome de Áed Rúad, um dos grandes reis que governou a Irlanda junto de seus dois irmãos, que também se afogou na fatídica cachoeira. Áed Rúad significa literalmente "fogo vermelho" ou "vermelho como fogo" ou ainda "fogo intenso". O Deus Dagda também era conhecido como Ruad Rofessa, ou seja, "vermelho (ou poderoso) de grande conhecimento". É interessante notar, que a palavra *ruad* também pode ser traduzida como "poderoso" ou "forte", ou seja, para os celtas, a cor vermelha era símbolo de força e poder e era indicativa de intensidade e fervor, seja em batalha ou em uma paixão avassaladora.

Já o sabugueiro é uma árvore muito presente no folclore e nas superstições dos povos celtas, frequentemente associada à magia, à feitiçaria e à má sorte. É considerado um grande tabu cortar sua madeira, pois acredita-se que atraia o infortúnio. Possivelmente, esse aspecto negativo do sabugueiro tenha se intensificado com o advento do cristianismo, uma vez que se se acreditava que o sabugueiro, assim como o álamo, foi a árvore em que Judas se enforcou ou a árvore em que Jesus foi crucificado. De uma maneira ou de outra, tanto a madeira como as folhas e as frutas de sabugueiro foram utilizadas em encantamentos para afastar o mal, as bruxas e o diabo. É comum que essa árvore seja associada à figura de uma Deusa anciã, ou uma Deusa Bruxa, mas isso parece ter origem nórdica e não céltica, como se supõe.

Em um poema irlandês que descreve quais madeiras são boas e quais não são para queimar, o sabugueiro é descrito como uma má madeira, pois: "tem a casca dura, árvore que na verdade dói muito: é aquela que fornece cavalos aos exércitos dos *sidh*, queima para que seja carbonizada". Assim, fica evidente que é uma árvore associada ao povo das fadas, ou seja, é uma árvore sagrada que deve, sobretudo, ser respeitada, caso contrário, cortá-la sem nenhum motivo importante poderá despertar a ira do povo nobre. Já sua lenha não tem muita utilidade para nós, pois queima rapidamente, tornando-se "carbonizada", como descrito no poema.

Significados Oraculares

Raiva, vergonha, timidez, instinto selvagem, fortes emoções, paixão, sexo, desonra, vingança, irritabilidade, descontrole, brigas, disputas, lutas, guerra, violência, abuso, êxtase, estresse, ciúmes, impulso.

Afirmação

Eu controlo e domino meu animal interior. Ele não tem poder sobre meus pensamentos ou sentimentos, pois minha arma é a quietude.

Perguntas

Sei controlar meus sentimentos e emoções?
Como devo lidar com a irritabilidade?
O que me deixa envergonhado e paralisado?

Práticas

Volte-se para o Sul e medite sobre aquilo que lhe causa vergonha e insegurança e como pode superar isso.
Visualize a imagem de um javali ou outro animal selvagem fundindo-se em seu corpo. Controle sua fúria e desespero através de exercícios de respiração.
Ofereça pétalas de rosas ou folhas de sabugueiro ao fogo e peça pela cura de seus traumas sexuais.

Temas

Controle das emoções.
Superação da vergonha.
Cura sexual.

AICME AILM

Frutos e sementes
Direção: Sul (*teissius*)
Província da Irlanda: Munster
Atributo da direção: melodia ou música (*séis*)
Estação: verão (*samrad*)
Pessoa (*daenogam*): menino ou rapaz
Mulher (*daenogam*): menina
Água (*ogam uisceach*): poço
Cão (*conogam*): cãozinho doméstico
Boi (*damogam*): bezerro
Vaca (*boogam*): novilha de um ano

COMENTÁRIOS

O *aicme ailm*, o quarto e último grupo de letras ogham, composto apenas por vogais, recebe seu nome da décima sexta letra do alfabeto e corresponde ao futuro, ao resultado e ao novo ciclo da jornada que é cíclica e recomeça como uma espiral. Está associado aos meninos, meninas e crianças em geral. É o desfecho da situação, o novo ciclo, os nossos filhos e descendentes. Esse *aicme* sintetiza tudo aquilo que deixaremos para a posteridade.

Este último *aicme* possui uma particularidade interessante, as letras que compõem este grupo indicam a trajetória da vida humana. O primeiro *fid* deste *aicme*, *ailm*, representa o nascimento e a infância; o segundo, *onn*, a juventude e a inquietação dos jovens e adolescentes; *úr*, o terceiro, representa a morte e o renascimento: o rito de iniciação; o quarto, *edad*, é o amadurecimento, a união e os relacionamentos, e por fim, *idad*, representando a velhice, a experiência de vida e o fim do ciclo.

Portanto, o *aicme ailm* é o fim, mas também o recomeço, pois a vida é cíclica e não há um fim absoluto. Tudo é mutável, nada é permanente e a morte é apenas uma porta para uma nova vida.

O bezerro, a novilha e o cãozinho representam a esperança de um futuro melhor, é o novo ciclo que se inicia, mas também não devemos deixar de olhar para trás, para nossas raízes. O poço é a fonte, o começo, situa-se no

Submundo para nos lembrar de que a vida vem dos ancestrais. Em outras palavras, a vida provém da morte. É o renascimento, simbolizado pela criança da promessa que nasce no difícil inverno a anunciar a esperança de tempos melhores. O *aicme ailm* é a transição do novo ao velho e do velho ao novo.

Na árvore, esse *aicme* representa os frutos e as sementes, que são nada mais que árvores em potencial. É o nosso legado, pois boas sementes darão boas árvores, más sementes resultarão em árvores doentes. É o momento da colheita, daquilo que foi plantado nos *aicmi* anteriores, a síntese de tudo aquilo que vivemos e experienciamos.

AILM

Significado do nome: desconhecido. Talvez pinheiro, grito, gemido ou o som da letra "a".
Árvores: pinheiro, também conhecido como pinheiro-escocês, pinheiro-da-Escócia ou pinheiro-silvestre (*Pinus sylvestris*); abeto-prateado, também conhecido como abeto-branco (*Abies alba*); palmeira (família *Arecaceae*)
Letra: a
Pronúncia: *ai-lim* (o som do *i* é bem suave, quase neutro)
Classe: arbusto
Lei Brehon: nobre
Nobre da escola de Fénius: Achab
Cor (*dathogam*): malhado (*alad*)
Ave ou pássaro (*enogam*): abibe (*aidhircleog*)
Agricultura (*ogam tirda*): arado (*arathar*)
Santo (*naemogam*): Aed
Arte (*danogam*): soberania

PALAVRA OGHAM DE MORANN MAC MAIN

Ardam iachtadh, "o mais alto dos gemidos", que causa admiração, isso é *ailm*, o abeto, a letra A; pois é *ailm* ou "A" o som que um homem emite enquanto geme em doenças, ou quando se surpreende, maravilhando-se em qualquer circunstância.

COMENTÁRIOS

A letra *ailm*, que corresponde à letra "a" do alfabeto latino, não é a primeira letra do ogham, ao contrário de outros alfabetos, como o *alfa* do grego e o *alef* do hebraico, contudo, seu significado certamente compartilha o mesmo simbolismo da letra "A" em outros alfabetos, o início de tudo. É importante ressaltar, que *ailm* de fato não é a primeira letra ogâmica, mas a primeira letra do último grupo, composto apenas por vogais, destacando sua importância dentre as letras.

Não se sabe exatamente qual o significado do nome da letra *ailm*. Como está evidentemente ligada à letra latina "a" ou à letra grega *alfa*, supõe-se que esse é o seu significado e nada mais. Como veremos, essa letra foi diversas vezes associada a uma expressão de dor, espanto, surpresa ou alegria, ou seja, a um grito ou gemido (ah!) e muitos veem aí a origem de seu nome, como fica evidente no sentido da *Palavra Ogham*. Nos manuscritos medievais certamente a palavra *ailm* foi utilizada para se referir ao pinheiro-silvestre (*ochtach*), outros a associam ao abeto, especificamente ao abeto-prateado, o que particularmente acho improvável, sendo o pinheiro-silvestre, de todas as opções, a mais aceitável, já que é nativo da Irlanda.

Mesmo que aparentemente não tenham nenhuma relação, a letra "a", o grito e o pinheiro se conectam quando compreendemos a *Palavra Ogham* de Morann. Mais uma vez, fica evidente que os glossaristas medievais estavam fazendo um jogo com os significados dessas palavras (circunlóquio). Vejamos: o termo *iachtadh* pode ser traduzido como um "grito" ou "choro" e é sinônimo da palavra *uchtach*, que, por sua vez, soa muito parecido com *ochtach*, ou seja, "pinheiro". Já a palavra *ardam* ou *ard*, é mais fácil de ser interpretada, pois significa algo ou um lugar elevado, nesse contexto, "um som alto". E é dessa forma extraordinária que tudo se encaixa e começa a fazer sentido.

Nos glossários medievais também é dito que: "*ailm id est quaisi pailm a palma*", ou seja, que *ailm* é quase (semelhante) à palavra *pailm*, "palmeira". A antiga palavra irlandesa para palmeira, *pailm*, tem origem na palavra latina *palma*, mas as associações não param por aí, acredita-se também que a palavra *ailm* originou-se de *ulmus*, a palavra latina para "olmo" (compare com o antigo nórdico *álmr*). Contudo, essas associações com palavras latinas soam um tanto artificiais e não são aceitas por todos os acadêmicos.

É interessante notar, que essa *Palavra Ogham* também pode ser traduzida como "o mais alto pinheiro" (se for levado em consideração o termo *ardam ochtach*) e talvez seja por esse motivo que é citado o grito ou expressão de surpresa e maravilhamento, devido à reação de uma pessoa ao admirar o tamanho notável dessa árvore. Seja como for, *ailm* simboliza uma expressão vocal relacionada ao som da letra "a", portanto, representa a emissão do grito proferido pela boca, é a abertura e a passagem da voz. Também simboliza a extensão da voz presente no fim da vida, como no choro de um doente antes de morrer, mas, além disso, esse som está presente no início da vida, como veremos a seguir.

Palavra Ogham de Mac ind Óic

Tosach fregra, "começo de uma resposta", isto é, *ailm*, a letra A; pois a primeira expressão de um ser humano ao nascer é "A".

COMENTÁRIOS

A *Palavra Ogham* de Mac ind Óic, refere-se ao som de um bebê ao nascer, ou seja, o choro da criança ou o grito de nascimento que se assemelha ao som da letra "a". Podemos concluir que essa letra simboliza o início de algo, neste caso, especificamente, é o início de uma resposta. Quando falamos de uma resposta, presume-se que antes havia uma pergunta, mas qual seria a pergunta para essa resposta? A chave está no *Immacallam in dá Thuarad*, ou seja, no "Colóquio dos dois sábios"[269]. Nesse diálogo entre os Bardos Ferchertne e Adna, este último, depois de responder à pergunta do primeiro, replica: "E tu, ó meu mais velho, de quem és filho?" e assim Ferchertne o responde:

> Não é difícil (dizer): sou filho do homem que nasceu e não nasceu:
> foi sepultado no ventre de sua mãe:
> foi batizado após a morte:
> sua primeira presença, a morte, o desposou:
> a primeira pronunciação de todo ser vivo:
> o grito de todo morto:
> o altivo A é seu nome.[270]

O bardo Ferchertne, através de sua resposta poética, descreve todas as características simbólicas da letra *ailm*. Ele diz que é filho de um homem que nasceu e não nasceu (ou seja, de um ser divino e sobrenatural), que foi sepultado no ventre de sua mãe (o interior da terra, o Submundo), batizado após a morte e esposo dela própria (sendo assim, regente do decesso), em outras palavras, Ferchertne descende do antigo Deus do Submundo, o Senhor do Mundo dos Mortos, do qual todos os seres humanos se originaram, o nosso ancestral primordial, o princípio de tudo. O bardo completa sua resposta afirmando que o som da letra A (o nome de seu progenitor) é o primeiro e o último som de um ser vivo, isto é, o início e o fim do ciclo da vida. Assim, a letra *ailm* representa perfeitamente os polos morte/vida e vida/morte que são opostos e complementares.

Tudo indica então que a letra *ailm* simboliza sobretudo o início ou o começo, seja o início da vida ou o início da morte que antecede a vida, representado pelo Deus do Submundo, que deu origem aos seres humanos

269 Presente no Livro de Leinster do século 12.
270 Fonte: <https://www.ancienttexts.org/library/celtic/ctexts/colloquy.html>

junto da Deusa Mãe, a Terra. É interessante notar, que o formato dessa letra nos lembra uma cruz, ou seja, a união dos opostos (vide elementos primordiais) que resulta no nascimento da criança divina em nosso interior.

Palavra Ogham de Con Culainn

Tosach garmae, "início de um chamado".

Comentários

A palavra *tosach* significa início ou começo e está associada à palavra *tòiseach,* que significa "o primeiro", "chefe", "líder", ou seja, aquele que conduz seu povo. Assim, a *Palavra Ogham* de Con Culainn também pode ser interpretada como o "chamado do líder" ou ainda como o "primeiro chamado". Quando nos referimos ao primeiro chamado ou primeiro grito, uma vez que a palavra *garma (gairm)* significa tanto um chamado ou convocação, como um grito, novamente nos vêm em mente a imagem de um bebê que chama por sua mãe através do grito e do choro pela primeira vez.

Na mitologia celta, encontramos diversos personagens que representam a figura arquetípica da Criança Divina, o Grande Filho provavelmente adorado desde tempos imemoriais. Na antiga Gália, havia o culto ao Deus Maponos, que significa literalmente "grande filho", provavelmente filho de Dea Matrona, obviamente a "grande Deusa Mãe" ou de Epona. Seu mito se perdeu, mas os romanos o associaram ao Deus Apolo, provavelmente porque ele personificava a juventude ou os aspectos benéficos do Sol. No País de Gales, o equivalente a Maponos é, sem dúvida, Mabon ap Modron, ou seja, o "grande filho", "filho da Grande Mãe", citado no conto medieval Culhwch ac Olwen. A história de Mabon é muito curiosa e nos dará pistas sobre as características simbólicas de um possível culto ao Grande Filho (Criança Divina) adorado pelos antigos celtas. Mas antes de falar sobre Mabon especificamente, vamos entender como tudo começou[271]: Culhwch, o herói dessa história, é amaldiçoado por sua madrasta, que o obriga a se casar com ninguém menos que Olwen, a jovem mais linda do mundo, filha do gigante Ysbaddaden. Culhwch se apaixona por Olwen antes mesmo de vê-la e segue rumo ao castelo do gigante para pedir a mão da donzela em casamento, mas antes, antevendo problemas, ele solicita ajuda a seu primo,

---

271 Neste link há uma tradução para o inglês do conto *Culhwch ac Olwen,* a mais antiga história arturiana conhecida: <https://www.culhwch.info/>

o Rei Artur, que disponibiliza alguns cavaleiros em seu auxílio. Ao sitiar o castelo do gigante, Ysbaddaden concorda em ceder a mão de sua filha a Culhwch, desde que ele cumprisse uma série de tarefas muito difíceis. O herói aceita o desafio e, com a ajuda dos cavaleiros de Artur, segue sua aventura atrás daquela tarefa que talvez seja a peça-chave de toda a história, caçar o javali Twrch Trwyth, que só poderia ser caçado por Mabon filho de Modron. Acontece que Mabon tinha sido raptado de sua mãe com três noites de vida e ninguém sabia o seu paradeiro. O propósito não era apenas capturar o javali monstruoso, mas obter uma tesoura, uma navalha e um pente que estavam escondidos entre as orelhas do animal e que serviriam para cortar o cabelo e a barba extremamente rígida do gigante. O Rei Artur convoca alguns de seus cavaleiros, dentre eles, Gwrhyr Gwalstawd Ieithoed, que compreendia todas as línguas, inclusive a língua dos pássaros e dos animais. Eles partiram em busca de Mabon e se deparam com o Melro de Cilgwri, uma das criaturas mais antigas do mundo. Ao ser questionado sobre o paradeiro de Mabon, o Melro diz que, apesar de ser um animal antigo, havia outro, mais antigo que ele, que talvez soubesse sobre Mabon, assim, o Melro os conduziu ao Cervo de Rhedynfre. O Cervo, semelhante ao Melro, disse que apesar de ser muito velho, havia um animal ainda mais velho que a si mesmo, talvez ele soubesse sobre Mabon e os conduziu à Coruja de Cwm Colwyd. A Coruja os conduziu à Águia de Gwernabwy, que por fim os levou ao animal mais antigo de todos, o Salmão de Llyn Lliw. O Salmão disse que Mabon é prisioneiro em Caer Lloyw, onde lamenta e chora constantemente. Os cavaleiros Cai e Bedwyr sobem no dorso do Salmão, que os conduziu até a prisão de Mabon e, com a ajuda de Artur, conseguiram libertar o prisioneiro, já adulto, de sua prisão. Posteriormente, Mabon caçou o javali, recuperou a tesoura, o pente e a navalha, que serviram para fazer a barba do gigante e depois degolá-lo. No final, Culhwch casou-se com Olwen, como era de se esperar, e viveram felizes para sempre, semelhante aos finais dos contos de fada.

Como vimos na história, Mabon foi raptado de sua mãe com três noites de vida. Talvez isso simbolizasse as forças do inverno e do Submundo que raptam o Deus Sol. Em diversos mitos antigos, o Deus Sol nascia justamente no Solstício de Inverno, pois acreditava-se que, apesar de ainda fraca e sem força, a Criança da Promessa, como era conhecido o Deus Solar, indicava que as forças do inverno estavam em declínio. Perceba o simbolismo por trás disso: do Equinócio de Outono (onde noite e dia têm a mesma duração) até o Solstício de Inverno, as noites se tornam mais longas e frias, mas é a partir do Solstício de Inverno que o dia e o calor vão gradativamente se recuperando até chegar o Equinócio de Primavera (onde dia e noite também possuem a mesma duração). Mabon, portanto, é o próprio Deus Sol em seu aspecto jovem. Ao caçar o javali Twrch Trwyth, símbolo da destruição e do caos, Mabon assume o papel de Caçador Divino (compare com Apolo, o Deus arqueiro caçador) que captura o espírito do inverno e fornece os meios para matar o gigante Ysbaddaden, o espinheiro.

Em outra passagem da história, Mabon é conhecido como o filho de Mellt (Mabon mab Mellt). Mellt significa "relâmpago", assim, podemos concluir que seu pai era Mellt e sua mãe Modron (a Grande Mãe). Eles provavelmente representavam a fertilidade do campo que dava origem ao Deus sol, a Criança da Promessa.

Como veremos no próximo capítulo, a Deusa gaulesa Epona, outra candidata à mãe de Maponos, possivelmente Rhiannon em Gales, foi cultuada pelos romanos em um festival próximo ao Solstício de Inverno, talvez como símbolo da Grande Mãe que dá à luz a Criança Divina. O calendário de Coligny, no 15º dia do mês de Rivos, marca a palavra "Mapanos", os estudiosos não estão certos sobre o que isso significa, talvez fosse um festival em honra ao Deus Maponos. Se essa colocação estiver correta, acredita-se que o mês de Rivos (ou Riuos) correspondesse a julho[272], o mês do verão no Hemisfério Norte, assim, Maponos e por extensão, Mabon, poderia ter sido cultuado no inverno, como criança, e no verão como jovem adulto.

A lenda do Filho Divino encaixa-se perfeitamente aos significados místicos da letra *ailm* explicadas através da *Palavra Ogham* de Con Culainn, pois simboliza o primeiro chamado de uma criança que é levada de sua mãe ou o choro de um prisioneiro que clama por justiça. Mas também é o chamado de um líder que convoca seus guerreiros para a caçada ao javali selvagem, que personifica as forças destrutivas do inverno, vencidas pelo verão.

Crann Ogham

Ailm dono, .i. crand giuis .i. ochtach.

Ailim, novamente, isto é, um abeto, ou seja, um pinheiro.

272 É importante frisar, que ainda não há um consenso sobre quais os reais significados dos nomes dos meses do Calendário de Coligny e seus correspondentes no Calendário Gregoriano. Há quem acredite, por exemplo, que o mês de Rivos correspondia ao mês de janeiro, portanto inverno, e não julho, como sugerido anteriormente.

Comentários

Tanto o abeto (*gius*) como o pinheiro-silvestre (*ochtach*) foram associados à letra *ailm*, no entanto, as palavras para abeto e pinheiro em gaélico antigo pode indicar ora uma, ora outra árvore sem distinção. Apesar de o abeto não ser nativo da Irlanda, seu simbolismo é idêntico ao do pinheiro. Desde tempos remotos, os abetos e pinheiros foram associados à imortalidade e ao renascimento, pois suas folhas em formato de agulha sempre se mantêm verdes, mesmo no mais rigoroso inverno. Povos antigos tinham o costume de trazer ramos de pinheiro (ou outra árvore conífera) para dentro de suas casas no Solstício de Inverno, pois acreditavam que estavam trazendo consigo o espírito da vida que vencia o frio inverno. Sabe-se que esse costume deu origem à conhecida "Árvore de Natal", em comemoração ao nascimento do menino Jesus. Entre os antigos gregos e romanos, o culto de origem frígia ao Deus Átis, filho e consorte da Grande Mãe Cibele, estava associado ao pinheiro. Algumas versões do mito contam que Átis era o filho de Cibele que, ao se apaixonar por ele, leva-o a um frenesi que culmina com sua autocastração e, posteriormente, sua morte. Arrependida por ter se apaixonado e causado a morte de seu próprio filho, a Grande Mãe apela a Zeus, que o transforma em pinheiro. Outra versão diz que a morte de Átis é causada por um javali enviado por Zeus, seja como for, Átis representava o renascimento da própria natureza, celebrado próximo ao Equinócio de Primavera (no Hemisfério Norte) onde seu nascimento, autocastração, morte e ressurreição eram comemorados em um festival chamado Hilária[273].

Mais uma vez vimos que a letra *ailm*, através de sua associação com o pinheiro, simboliza o nascimento (e o renascimento) de uma divindade, semelhante ao mito do Grande Filho adorado pelos celtas. Na mitologia irlandesa, essa figura notável, o equivalente a Mabon e Maponus, é Angus Mac Óg (Oengus, Aengus Óg ou Macan Óc). No *Dindshenchas* seu nome significa "único desejo", contudo, estudiosos acreditam que a origem de seu nome é protocelta e significa "verdadeiro vigor", já *mác óg* significa filho do jovem, menino ou filho jovem, enfatizando uma de suas principais características, a juventude. Angus é filho da Deusa Boann em uma relação extraconjugal com o Deus Dagda. Para consumar sua união com Boann, o

273 Os mistérios da morte e ressurreição de Átis podem ser comparados às comemorações da Páscoa cristã, em que a morte e ressurreição de Jesus são celebradas até os dias atuais em uma data muito próxima.

Dagda enviou o esposo dela, Elcmar[274], em uma missão na época do *Imbolc*. Enquanto Elcmar esteve fora, o Dagda impediu que o Sol percorresse o céu por nove meses, até que Angus nascesse, assim, Elcmar, o senhor dos cavalos, acreditou que apenas um dia havia se passado. Ao nascer, Angus foi dado a Midir para ser criado. Quando o Dagda distribuiu os *sídhe*, ou seja, os montes encantados, residências dos Deuses, Elcmar ficou com Sí an Bhrú (Newgrange) em Brú na Bóinne, mas Angus, já adulto, não foi contemplado e então reivindicou ao seu pai o direito de receber uma porção da terra também. Em resposta, o Dagda ajudou Angus a enganar Elcmar para que pudesse tomar o Brú para si. Com isso, Angus desafiou Elcmar a um duelo. Ao vencê-lo, pediu a posse de Newgrange por um dia e uma noite e assim lhe foi concedido, contudo, o que Angus queria dizer não era um dia e uma noite, mas dia e noite, ou seja, toda a eternidade. A Elcmar foi dada outra morada e Angus Mac Óg passou a ser então o Senhor de Newgrange.

Sí an Bhrú (Newgrange) é o principal monumento do complexo de Brú na Bóinne. Trata-se de um grandioso túmulo Neolítico formado por um monte artificial com uma câmara cruciforme alinhada ao nascer do sol no Solstício de Inverno. Os raios solares penetram a câmara por uma abertura superior à entrada, iluminando uma espiral tripla gravada na pedra. Muitos veem aí uma referência à união do Deus pai (Dagda?) simbolizado pelos raios solares à Deusa Mãe (Boann?) representada pelo túmulo em formato de útero. Deste modo, o túmulo talvez originalmente representasse o renascimento do morto como o Filho Divino (simbolizado pela espiral tripla) que surge da união do Deus do céu com a Deusa da Terra no Solstício de Inverno. Há evidências de que os restos mortais encontrados em Newgrange são de descendentes de uniões incestuosas e as coisas começam a ficar muito interessantes quando percebemos paralelos com a mitologia e o folclore local. Por exemplo, um dos nomes pelo qual Boann é conhecida, é Eithne (Eithliu), o mesmo nome da mãe do Dagda, e se realmente Boann foi sua mãe, Angus então é o fruto de uma união incestuosa, fato comum na mitologia de diversos povos e em sociedades em que os reis perpetuavam sua origem divina. Mas os paralelos não param por aí, Englec, descrita como a amada e amante de Angus é também a filha de Elcmar. Não se sabe o nome de sua mãe, mas como a única esposa de Elcmar mencionada na mitologia é Boann, presume-se que Englec seja também irmã de Angus, que foi posteriormente raptada por Midir, causando grande

274 Comparado ao Deus Nuada e muitas vezes confundido com Nechtan, talvez outro esposo de Boann.

pesar em Angus, que teve sua irmã amada levada de si. Uma passagem do *Dindshenchas*, referente ao túmulo Dubhadh (escurecimento), também localizado em Brú na Bóinne, conta a história do Rei Bresal, que desejava que uma torre fosse construída naquele local em apenas um dia, obrigando os homens da Irlanda a realizarem tal feito impossível. A irmã do rei, para ajudar os construtores a completarem o trabalho no prazo, interrompeu o percurso do Sol através de um encantamento, mas Bresal comete incesto com ela e o encantamento é quebrado, o Sol volta a seguir seu curso e os trabalhadores abandonam a construção da torre, trazendo a escuridão para o local, daí seu nome. Se realmente os mitos e lendas citados anteriormente estão ligados aos construtores Neolíticos do complexo de Brú na Bóinne, podemos imaginar que essas histórias atravessaram milhares de anos e gerações. Quando os celtas ali chegaram e se depararam com as histórias de seus antecessores que falavam de reis míticos que mantinham sua linhagem através de uniões incestuosas e construíram túmulos gigantescos como símbolo do renascimento, logo associaram aos seus próprios mitos e costumes relacionados à Criança Divina que nasce no inverno, perpetuando o ciclo de vida, morte e renascimento.

Assim, concluímos que a letra *ailm*, quando associada ao pinheiro, também representa o nascimento do Filho Divino, a Criança da Promessa, que nasce no Solstício de Inverno como símbolo da esperança do renascimento, vencendo a morte e o frio, trazendo a fertilidade à natureza e dando início a um novo ciclo semelhante a espiral, ou seja, a eternidade.

SIGNIFICADOS ORACULARES

Nascimento, gestação, infância, crianças, filhos, novidades, abertura, o novo, maternidade, surpresas, início, começo, descobertas, princípio, iniciação, ritos de passagem, nova fase, renascimento.

Afirmação

Sou a criança da promessa que traz luz ao mundo. Gero em mim a felicidade e profetizo um futuro glorioso.

Perguntas

Estou aberto a um novo ciclo?
Como devo superar meus traumas de infância?
Quais projetos devo semear?

Práticas

Escreva seus objetivos e a letra *ailm* em um papel, faça um pequeno orifício na casca de um ovo, insira o papel no ovo e o enterre solicitando aos Deuses que seus objetivos se concretizem.
Dirija-se ao Oeste e medite sobre suas expectativas para o futuro.
Plante uma semente e acompanhe o crescimento da planta.

Temas

Novos projetos.
Perspectiva e planejamento para o futuro.
Cura de traumas do passado.

ONN

Significado do nome: freixo ou pedra
Árvores: tojo, também conhecido como tojo-comum (*Ulex europaeus*); tojo-ocidental, também conhecido como junco--de-Le-Gall (*Ulex gallii*); freixo (*Fraxinus excelsior*)
Letra: o
Pronúncia: *on*
Classe: chefe
Lei Brehon: mato
Nobre da escola de Fénius: Oise
Cor (*dathogam*): pardo (*odhar*)
Ave ou pássaro (*enogam*): *sacrat*[275] (*odoroscrach*)
Agricultura (*ogam tirda*): martelo (*ord*)
Santo (*naemogam*): Oena
Arte (*danogam*): colheita

PALAVRA OGHAM DE MORANN MAC MAIN

Congnamaid echraide, "ajudante dos cavalos", a *onnaid* da carruagem, ou seja, as rodas que são *onn*, o tojo, pois é com *onn*, a letra O, que as rodas da carruagem são escritas. Também, *comguinidech*, igualmente ferido, isto é, o tojo. Por isso, foi colocado para a letra que é nomeada *onn*, devido à semelhança entre eles, pois *onn* é um de seus nomes; e é daí que o nome *onn* foi dado à letra O do Ogham.

COMENTÁRIOS

Ajudante dos cavalos é uma evidente alusão às rodas das carruagens que auxiliam na locomoção, como fica evidente na *Palavra Ogham*. A palavra *onnaid*, certamente uma variante de *fonnaid*, significa "mover", "dar voltas", "movimento rápido", muito semelhante à palavra *fonnad*, que significa "aro de roda". Talvez o autor dessa *Palavra Ogham* queria associar o simbolismo da roda das carruagens ao formato da letra latina "o" que se assemelha nitidamente a uma roda.

---

275 Talvez seja o corvo-marinho-de-crista ou galheta.

McManus, no entanto, diz que o termo mais antigo para a letra *onn* é *congnaid ech*, ou seja, "ferimento de cavalos" ou "ferir os cavalos", ressaltando, assim, sua associação à palavra *comguinidech* que significa "igualmente ferido". Ainda segundo McManus, os ferimentos dos cavalos eram causados devido ao uso de chicotes feitos com hastes de freixo, pois a palavra *onn* deriva de *uinnius*, isto é, freixo. Essa tradução faz todo o sentido, pois chicotes de freixo realmente eram usados pelos celtas irlandeses para instigar os cavalos a correrem e, consequentemente, acabavam os ferindo. É também interessante notar que, apesar de distintas, a palavra para "tojo", *aiten*, e a palavra para "chicote de cavalos", *echlasc*, foram associadas pelos glossaristas medievais, ressaltando a importância desses termos para o significado simbólico da letra *onn*. Já a palavra *comguinidech* tem como radical *guinid*, ou seja, "assassino" ou "matador", mas evidentemente está associada à palavra *guinige*, que significa "infligir feridas", assim sendo, talvez a *Palavra Ogham* de Morann além de se referir às feridas dos cavalos causadas pelos chicotes, estava, de forma figurada, também se referindo às feridas dos guerreiros em batalha. Podemos concluir, portanto, que a carruagem citada seria uma carruagem de guerra. Importante ressaltar novamente, que a planta associada a essa letra é o tojo, um arbusto muito semelhante à giesta (associada à letra *nGétal*), contudo, as folhas do tojo são como espinhos que podem, igualmente, causar ferimentos a quem esbarrar neles. Podemos imaginar então, que de alguma forma as letras *onn* e *nGétal* estavam associadas, seja através das plantas associadas a elas[276] seja através do simbolismo do ferimento[277].

Conhecidos por sua belicosidade, os celtas atribuíam vários símbolos animais à guerra e à batalha. Como vimos, o cão, o javali e o corvo talvez sejam os mais conhecidos símbolos de guerra, muitas vezes associados a valorosos guerreiros, mas o cavalo tinha um apreço muito especial, pois, além de servir de montaria aos guerreiros, simbolizava a velocidade, a força, a vitória e um elevado status social. Sabe-se que os cavalos também foram utilizados como animais de tração. Mas diferentemente dos animais modernos, os cavalos celtas eram pequenos e não tão fortes como os bois, assim, os celtas aproveitavam seus cavalos principalmente como montaria para fins militares. Segundo César, a aristocracia gaulesa era composta por Druidas que presidiam todas as coisas sagradas e por cavaleiros, ou seja, os que estavam à frente das guerras, justamente porque somente nobres poderiam ter cavalos.

276 O tojo e a giesta são frequentemente confundidos.
277 Compare com o nome da letra *nGétal*, que possivelmente significa "ato de ferir".

O cavalo também era um antigo símbolo indo-europeu do Sol. Deuses como Apolo, Hélios, Surya e o Deus nórdico do dia, Dagr, foram associados aos cavalos, pois acreditava-se que o disco solar era conduzido por uma carruagem puxada por cavalos divinos ao longo do céu. No entanto, mesmo com a carência de evidências explícitas, possivelmente na mitologia celta não foi diferente. Sabe-se que o Deus gaulês Grannus, que foi comparado a Apolo e Febo dos romanos, era a personificação do disco solar e, por extensão, também estava associado aos cavalos. E mesmo diante das divergências acadêmicas, supõe-se que seu nome tenha se originado de uma antiga palavra celta para "calor" ou "barba", mas talvez esteja associado à antiga palavra irlandesa para "Sol", *grían*. Um dos epítetos de Grannus era *amarcolitanos*, o que quer dizer, "visão ampla", ressaltando a associação do olho ao Sol, ou seja, "aquele que tudo vê". É interessante pensar também, que o antigo símbolo para o Sol, assim como para o olho, era uma roda ou um círculo. Apesar de a roda estar associada ao Deus do Trovão na iconografia celta gaulesa, Taranis, a suástica (ou a roda solar, conhecida como "cruz celta") representava, de fato, os poderes do Deus Sol.

Seja como for, há indícios de que os guerreiros celtas foram associados a um herói ou a uma divindade solar que morria e renascia constantemente. Enterros em carruagens de guerra evidenciam que o guerreiro morto seguiria ao Outromundo, acompanhando o percurso do Sol rumo ao Oeste, a entrada para o mundo dos mortos, antes de renascer mais uma vez junto ao sol, no Leste, sobre seu cavalo. Para mim, esse ciclo de morte e renascimento que a alma do guerreiro morto fazia junto ao Sol está muito evidente na iconografia da conhecida placa interior E do Caldeirão de Gundestrup. A cena mostra guerreiros armados e com escudos (outros portam carnyx[278]), dirigindo-se para a esquerda, ou seja, para o Oeste, abaixo de uma ramificação que possivelmente representa a Árvore do Mundo. Na entrada do mundo dos mortos, para onde os guerreiros se dirigem, há um cão, o psicopompo[279], e uma divindade, que se destaca por sua altura. O Deus segura um guerreiro de cabeça para baixo, a fim de mergulhá-lo no Caldeirão de Renascimento. Na parte superior da árvore, na direção oposta, ou seja, voltando-se para Leste, os guerreiros que foram mergulhados no Caldeirão retornam a cavalo para o mundo dos vivos, seguindo uma serpente com cabeça de carneiro, talvez um símbolo de renascimento. Assim, podemos concluir que os cavalos representavam, sobretudo, o retorno à vida.

278 Instrumento musical de sopro, semelhante a uma trombeta com formato de animal, talvez um javali. Foi frequentemente associada à guerra.
279 Vide a letra hÚath.

Como vimos, a décima sétima letra do ogham, *onn*, representa o movimento e a força do cavalo, seja por seu simbolismo relacionado as rodas das carruagens que o auxiliam em sua jornada, seja pelo chicote que o instiga a correr e seguir em frente. De maneira geral, essa letra sugere mobilidade e ação, além de sua evidente associação aos guerreiros e heróis.

Palavra Ogham de Mac ind Óic

Fethim saire, "o mais suave dos trabalhos", ou *fedem*, a saber, *onn*, a pedra, a letra O.

Comentários

A palavra *fethim,* aqui traduzida como "mais suave", quer dizer que o trabalho do artesão é bem-acabado, ou seja, há um refinamento ou polimento na peça, deixando-a com um aspecto delicado, sem rusticidade. Já a palavra *saire*, assim como *sairse*, significa tanto um "trabalho artesanal", como "um homem livre"[280].

O termo *fedem* é, de fato, obscuro. Segundo o Dicionário de Língua Irlandesa (DIL) esse termo é *vox nihili*, ou seja, uma palavra sem sentido ou, talvez, um erro do autor. McManus diz que as formas alternativas dessa palavra não estão claras e sugere que a palavra *fóilem* é superlativa de *fóill* que significa "fino" ou "sutil"[281], provavelmente uma referência à delicadeza do trabalho, associando-o, assim, à palavra *fethim*. George Calder diz que *fedem* é uma pedra, talvez influenciado pela palavra que a segue no texto, ou seja, *onn* (ou *ond*), que significa "pedra" ou "rocha".

Se minha interpretação estiver correta, essa *Palavra Ogham*, assim como a origem do nome da letra *onn*, referia-se originalmente a uma pedra polida, talvez uma pedra esculpida com desenhos delicados.

A pedra mais conhecida da mitologia irlandesa era a *Lia Fáil* (a pedra do destino[282]). Segundo o *Livro das Invasões*, a *Lia Fáil* foi trazida à Irlanda pela Tuatha Dé Danann de uma cidade mística, situada no Norte do mundo ou, possivelmente, no céu, chamada "Falias". Segundo o mito, quando o verdadeiro rei da Irlanda depositasse seus pés sobre a pedra, ela emitiria um grito de alegria e, assim, ao rei era concedida a Soberania de toda a ilha. Hoje é possível ver uma

280 Note a semelhança com a *Palavra Ogham* de Mac ind Óic da letra *duir*.
281 MCMANUS, Damian. *Irish Letter-Names and Their Kennings*. (Ériu, Vol. 39 pp. 127-168).
282 *Lía* designa uma pedra erguida, como um menir, já a palavra *fáil* ou *fál*, normalmente interpretada como destino, era um antigo nome para a Irlanda.

pedra erguida na colina de Tara que, acredita-se, podia ser a mesma *Lia Fáil* citada nos mitos. A Soberania, como vimos, é normalmente representada na mitologia celta como uma figura feminina, mais notadamente, uma Deusa.

Muitos autores concordam que um dos principais símbolos da Deusa da Soberania da Terra é o cavalo. Isso fica evidente, por exemplo, na história da Deusa galesa Rhiannon, assim como no conto da Deusa irlandesa Macha. O nome da Deusa Rhiannon aparentemente deriva de *Rigantona*, uma forma reconstruída do antigo britônico, que significa "Grande Rainha".

Segundo o *Mabinogion*, Pwyll, príncipe de Dyfed, ao subir em um monte encantado, onde coisas maravilhosas aconteciam, avista uma linda mulher cavalgando um corcel branco. Por dois dias ele envia seus melhores cavaleiros para que lhe tragam aquela linda mulher, mas ninguém consegue alcançá-la. No terceiro dia, ele mesmo decide ir atrás dela, mas por mais que cavalgasse rapidamente, ele nunca conseguia alcançá-la, mesmo que aparentemente ela estivesse apenas trotando. Finalmente, ele pede a ela que pare. Ela para, apresenta-se como Rhiannon e o escolhe como pretendente, pois não está satisfeita com seu atual noivo, Gwawl fab Clud. Depois de conquistar Rhiannon das tramas de Gwawl, eles se casam e após três anos ela fica grávida. No entanto, seu filho foi raptado na noite de seu nascimento enquanto a rainha estava dormindo. As suas criadas, que também adormeceram enquanto a criança era raptada, temendo por suas vidas, sujaram a boca de Rhiannon com sangue de um cãozinho e a acusaram de ter comido seu próprio filho. Pwyll então impõe uma penitência sobre Rhiannon, ela deveria se instalar junto aos cavalos e contar a todos os viajantes sua fatídica história, além de se oferecer para carregá-los em suas costas, como um cavalo. Em outro local do País de Gales, Teyrnon, o senhor do Reino de Gwent, possuía uma égua que dava à luz todos os anos em maio um potro que era misteriosamente raptado. Decidido a capturar o raptor de seus potros, Teyrnon fica de espreita após sua égua ter dado à luz. Ao avistar o monstro se aproximar para roubar o potrinho, Teyrnon lhe decepa a guarra. O monstro desaparece, mas ele encontra um bebê ali perto e o cria como seu filho. O menino cresce rapidamente e então descobre-se que se trata do filho de Rhiannon com Pwyll, devido à semelhança com seu pai. O príncipe então é entregue à sua mãe verdadeira que o rebatiza como Pryderi, que significa "perda".

A história de Rhiannon e seu filho perdido Pryderi, assemelha-se à história de Mabon, o Filho Divino, raptado de sua mãe, Modron, com três dias de vida, como dito no capítulo anterior. Assim, devido à sua evidente associação aos cavalos, Rhiannon foi recentemente associada à

Deusa gaulesa dos cavalos, Epona. Pouco se sabe sobre os mitos de Epona, mas por ser uma Deusa adotada pelos romanos, há diversas representações suas que podem nos auxiliar a interpretar suas atribuições. Seu nome é indiscutivelmente celta e significa "Grande Égua", considerada pelos romanos como a padroeira da cavalaria que, por extensão, protegia os cavaleiros em batalha. Um de seus epítetos é justamente *Catona*, ou seja, "a da batalha". Além de estar evidentemente associada à guerra, a iconografia de Epona sugere que ela era também uma Deusa Mãe nutridora, pois portava páteras e cornucópias repletas de grãos e sempre é representada junto a cavalos e éguas. Ela era celebrada, segundo o calendário romano, no dia 18 de dezembro, próximo ao Solstício de Inverno no Hemisfério Norte.

Podemos comparar o mito de Rhiannon, e consequentemente de Epona, à história da Deusa Deméter. Segundo a mitologia grega, Deméter[283] enquanto procurava sua filha raptada, Perséfone, foi cobiçada pelo Deus dos mares, Poseidon. Para fugir de Poseidon, Deméter assumiu a forma de uma Grande Égua, mas o Deus dos mares a encontrou e, sob a forma de um garanhão, acasalou-se com ela. Dessa união nasceu Árion, o fabuloso cavalo do rei de Argos, Adrastus. Assim como Deméter, Rhiannon, também teve um filho raptado e, posteriormente, também se casa com um possível Deus dos mares, Manawyddan fab Llŷr, o correspondente galês do Deus dos mares irlandês, Manannán mac Lir. É possível que o nome da Deusa Deméter signifique "Deusa Mãe" algo muito parecido com Modron, mãe de Mabon, equivalente a Dea Matrona, a Deusa Mãe dos gauleses. Então, Epona e Matrona talvez fossem dois aspectos da mesma divindade, ou, como alguns sugerem, a mãe real e a mãe adotiva da Criança Divina que foi raptada no Solstício de Inverno.

No Sul do País de Gales, há uma curiosa tradição folclórica natalina, onde uma figura chamada Mari Lwyd[284], representada através de uma fantasia composta por um crânio de uma égua enfeitado com fitas e outros adereços e coberto por um lençol branco que esconde seu portador, encena uma lenda cristã que diz que uma égua prenhe foi expulsa do seu estábulo para ceder lugar à Virgem Maria, que estava preste a dar à luz o Menino Jesus. Desde então, essa égua fantasmagórica vaga pelo mundo atrás de um lugar para dar à luz. As comemorações basicamente trata-se de festejos com disputas de rimas e cânticos, em que a figura de Mari visita diversas casas junto de seu séquito, desafiando os moradores que, se perderem a disputa, são obrigados a convidá-la a entrar e servir um banquete a todos. Os acadêmicos acreditam

283 Deméter Erinys, ou seja, Deméter vingativa.

284 Mari Cinzenta ou Égua Cinzenta.

que esse costume é puramente cristão e não há indícios de nada parecido na Idade Média, por exemplo. Porém, é interessante notar as semelhanças com as figuras equinas divinas anteriormente citadas. Semelhante à Epona, Mari Lwyd é comemorada na época do inverno e, semelhante a Rhiannon, sua história gira em torno de seu filho "perdido". Na Irlanda há um costume muito parecido, comemorado na época do *Samhain*, conhecido como *Láir Bhán*, ou seja, "Égua Branca".

De volta à figura da Soberania da Terra, Geraldo de Gales[285] descreve um curioso e bizarro ritual medieval de coroação do rei da Irlanda em sua obra *Topographia Hiberniae*. Segundo Geraldo, uma égua branca era conduzida no meio do povo, ali, o futuro rei, assumindo o comportamento de um animal, unia-se sexualmente à égua, que logo em seguida era sacrificada, cortada em pedaços e cozida em água. O rei se banhava na água do cozimento do animal e depois o povo que estava presente comia a carne da égua. Somente então a Soberania era conferida ao rei. É provável que Geraldo tenha exagerado em sua descrição, contudo, o sacrifício de um cavalo na posse de um rei não era algo tão incomum no mundo indo-europeu pré-cristão; é possível que esse ritual tenha origens antiquíssimas.

Talvez a melhor representação irlandesa da Deusa da Soberania seja a Deusa Macha. Há diversos mitos e contos que falam de Macha como grande rainha e guerreira, contudo, a história que nos interessa é encontrada em um conto do Ciclo do Ulster. Conta a história que Cruinniuc, um fazendeiro viúvo, é surpreendido com a chegada de uma linda e enigmática mulher que assume os deveres de sua casa, inclusive, cuida de seus filhos e passa a dormir com ele, mas sem revelar seu verdadeiro nome. Essa mulher sobrenatural demonstra ser excelente em tudo o que faz e a riqueza de Cruinniuc passa a aumentar desde sua chegada. Depois de algum tempo, o rei da Irlanda organiza um festival e Cruinniuc resolve participar, então sua atual esposa, agora grávida, adverte-o a não dizer nada sobre ela, pois se assim fizesse, a perderia. Ao chegar ao local e ver a corrida de cavalos promovida pelo rei, considerados os cavalos mais rápidos do mundo, Cruinniuc se gaba e diz que sua mulher correria mais rápido que os cavalos do rei. O rei, ao ouvir isso, exige que seus homens tragam a mulher de Cruinniuc. Mesmo em estado avançado de gravidez, a mulher é forçada a correr com os cavalos do rei, mas para o espanto e surpresa de todos ela não só vence a corrida, como solta um grito de dor e dá à luz gêmeos. Por ter sido ultrajada e humilhada,

---

285 Giraldus Cambrensis (1146—1223) foi um arquidiácono e historiador cambriano-normando.

ela então revela que seu nome é Macha e lança uma maldição sobre os homens do Ulster. Macha diz que assim como ela sentiu as dores do parto, os homens daquele lugar também sentiriam dores semelhantes no momento de maior necessidade. Essa maldição duraria por nove gerações. A Deusa desapareceu com seus filhos e o local passou a se chamar *Emain Macha*, ou seja, "os Gêmeos de Macha" e é por esse motivo que no *Táin Bó Cúailnge* os homens do Ulster sofreram de dores e tornaram-se fracos, com exceção do herói Cú Chulainn. Como vimos, Macha, a Deusa da Soberania, também foi intimamente associada aos cavalos. Essa interessante história deixa claro que a Soberania, quando desposada e respeitada, concede riqueza e felicidade, mas quando desrespeitada, a dor, a doença, a esterilidade e a guerra prevalecem.

Assim, podemos concluir que a letra *onn*, que talvez significasse originalmente "pedra" estava associada à Soberania que, mais uma vez, remete-nos ao simbolismo do cavalo, animal associado não só aos guerreiros, mas também a todos os nobres e homens livres como os artesãos e sobretudo ao rei que desposa a Deusa da Terra. Note que existe uma interessante semelhança com a *Palavra Ogham* de Mac ind Óic da letra *duir*, o carvalho, ou seja, o rei das árvores, muitas vezes comparado à dureza de uma rocha. Portanto, deduz-se que *duir* era a árvore mais alta e *onn* a pedra da coroação, ambas as letras associadas à nobreza e à realeza.

Palavra Ogham de Con Culainn

Lúth fían, "força do bando de guerreiros".

Comentários

Como vimos, a palavra *lúth* pode ter diversos significados, como "poder, vigor, força, movimento, agilidade e sustento". Mas segundo McManus, também pode significar "equipamento" ou "aparato". Em outras palavras, o aparato do bando de guerreiros são as armas. Esse bando aqui descrito se trata, como já vimos, dos *fianna*, um grupo de guerreiros liderados por Fionn mac Cumhaill que, talvez, a princípio, eram caçadores.

McManus sugere que *onn* inicialmente significava freixo (*unnius*) e como as lanças dos guerreiros eram comumente feitas da madeira dessa árvore, pode-se imaginar que o autor da *Palavra Ogham* de Con Culainn, ao mencionar o equipamento dos guerreiros, referia-se particularmente às lanças de freixo utilizadas tanto em batalha como na caça.

Se interpretarmos essa *Palavra Ogham* como a "agilidade do bando de guerreiros" ou a "velocidade do bando de guerreiros", mais uma vez, podemos associá-la ao simbolismo do cavalo, um animal rápido, veloz, ágil, vigoroso e forte. Por ter sido um animal utilizado essencialmente como montaria, o cavalo é, sem dúvida, o símbolo da força dos guerreiros em batalha.

Além do freixo, e mais raramente do pinheiro, a letra *onn* foi frequentemente associada ao tojo. No entanto, podemos ver uma breve associação entre o tojo e a fúria dos guerreiros em um texto do Ciclo Fenniano chamado *Cath Finntrágha*[286]. Na narrativa, Finn, o rei dos *fianna*, pergunta a Fergus quem é o melhor na batalha. Fergus responde que é Duban Donn, que ao correr pela batalha, era semelhante às chamas sobre uma colina coberta por tojos, ou seja, sua fúria em batalha era tão devastadora como o fogo que queima o tojo e se alastra rapidamente. Assim, mais uma vez, fica evidente que o tojo inserido no simbolismo da letra *onn* representa a velocidade dos cavalos e a fúria dos guerreiros, devido às suas folhas espinhosas que causam feridas, mas também por estar associado ao fogo que se propaga velozmente.

CRANN OGHAM

Onn .i. aiten.

Onn, ou seja, o tojo.

COMENTÁRIOS

Apesar de o nome da letra estar ligada originalmente ao freixo, com o tempo, devido à falta de familiaridade do autor da *Palavra Ogham* com a palavra que deu origem ao nome da letra, ela passou a ser associada ao tojo (*aittenn*) e aos aros das rodas (*onnaid*).

O tojo, um arbusto com folhas espinhosas e carregado de pequenas flores amarelas, é muito comum em charnecas e solos rochosos de toda a Europa Ocidental. Devido à sua semelhança com a giesta, com exceção das folhas espinhosas, podemos supor que ele estava associado simbolicamente aos ferimentos (compare com a palavra *comguinidech* que significa "igualmente ferido"), enquanto a giesta, à cura (associada à letra *nGétal*, a letra dos médicos e curandeiros).

---

286 Batalha de Ventry. Texto do século 15, em antigo irlandês moderno. (Ventry, uma anglicização de Fionntrá, é uma vila no Condado de Kerry, Irlanda).

Para Robert Graves, o tojo, com suas flores douradas, representava o sol jovem no Equinócio de Primavera. De fato, esse arbusto foi relacionado ao sol, à primavera e ao verão em diversos lugares da Irlanda e da Grã-Bretanha, isso porque se acredita que o tojo floresce praticamente o ano todo e cobre vastas áreas com suas lindas flores amarelas, a cor do Sol. Além disso, o tojo é altamente inflamável e foi largamente utilizado como combustível para acender fogueiras e fornos. Presume-se, que fogueiras acesas em festivais como Beltane eram feitas com ramos secos de tojo. Por estar associado ao sol, à primavera e por crescer novamente após um incêndio devastador, esse arbusto simboliza a vida e a fertilidade, que supera diversas adversidades, desde o terreno aparentemente infértil em que floresce, até ao fogo que o consome.

É comum encontrarmos hoje associações do tojo ao Deus Lug, supostamente o Deus Sol gaélico, e seu festival, o *Lughnasadh*, mas não encontrei nada na mitologia e no folclore irlandês que confirme isso. Contudo, há um festival bretão criado no começo do século 20, que é comemorado no primeiro domingo de agosto, chamado *Fête des Fleurs d´Ajonc*, ou seja, o Festival das Flores de Tojo. Apesar de não ter originalmente nenhuma relação com o *Lughnasadh*, o festival francês acontece igualmente no verão e está repleto de costumes e tradições celtas da Bretanha francesa.

Por mais que a letra *onn* esteja associada a uma Deusa equina celebrada no inverno, possivelmente devido ao nascimento de seu filho divino, tudo leva a crer que essa letra, ao contrário de sua antecessora, a letra *ailm*, está ligada ao simbolismo do Solstício de Verão, assim como a letra *duir*, que, como vimos, possui uma *Palavra Ogham* muito parecida. Mas além disso, *onn* representa a força e o calor do Sol, simbolismo presente tanto na primavera como no verão.

O tojo, através da beleza de suas flores douradas, poeticamente representa as fagulhas de fogo da carruagem solar conduzida pelos cavalos alados da vitória, que se alimentavam das flores de ouro no topo das colinas, ligando-o, portanto, ao simbolismo da letra *onn*, o instigador dos cavalos.

Significados Oraculares

Movimento, jornada, ação, vontade, mudanças, velocidade, escolhas, urgência, força, vitória, coragem, atitude, motivação, polimento, cortesia, sucesso, objetivos, ansiedade, progresso, determinação.

Afirmação

Sou destemido e determinado, não há obstáculo que eu não possa superar, pois sou impulsionado pela minha força de vontade.

Perguntas

O que deve ser mudado em minha vida?
O que me motiva a progredir?
Consigo manter o ritmo dos acontecimentos sem perder o foco?

Práticas

Volte-se para o Leste e saúde o Sol nos primeiros minutos do alvorecer, imaginando cavalos puxando o carro solar.
Próximo do Solstício de Inverno, celebre a Deusa dos cavalos, oferecendo frutos e sementes a terra em sinal de gratidão e honra.
Enterre uma pedra ou seixo com a letra *onn* pintada em sua superfície e medite sobre seus objetivos e a base que fará com que você progrida.

Temas

Atrair movimento e dinamismo.
Ter foco e objetivos bem definidos.
Saber lidar com as mudanças.

ÚR

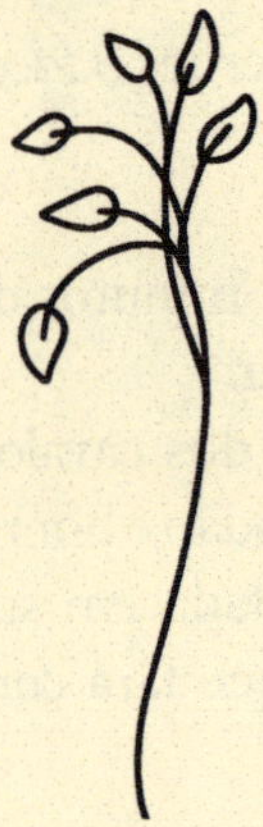

Variante ortográfica: *úir*
Significado do nome: argila, solo ou terra
Árvores: urze, também conhecida como torga ou charneca (*Calluna vulgaris*); mirtilo, também conhecido como mirtilo azul (*Vaccinium myrtillus*)
Letra: u
Pronúncia: *ur*
Classe: chefe
Lei Brehon: mato
Nobre da escola de Fénius: Urith
Cor (*dathogam*): resinoso (*usgdha*)
Ave ou pássaro (*enogam*): cotovia (*uiseoc*)
Agricultura (*ogam tirda*): escova de urze (*usca*)
Santo (*naemogam*): Ultan
Arte (*danogam*): trabalho em bronze

PALAVRA OGHAM DE MORANN MAC MAIN

Uaraib adbaib, "em habitações frias", ou seja, de *ur*, fresco, pois de *uir* o mofo da terra é o nome *uaraib adbaib*. Por isso foi dado o nome *úr* à *Letra Ogham*, a urze, devido à semelhança de seus nomes, cada um é *úr* e assim a letra *U* foi escrita.

COMENTÁRIOS

Provavelmente a origem do nome dessa letra vem de *úir*, ou seja, "solo, terra, argila, mofo", mas também, de forma figurada, "o túmulo" ou "o corpo humano". Aqui, na *Palavra Ogham* de Morann, há um trocadilho entre as palavras *úir*, "solo ou terra" e a palavra *úar*, "frio ou fresco".

Por essa letra estar associada à terra, supõe-se evidentemente que as habitações frias se referem aos túmulos. Como vimos, para os antigos celtas as habitações dos mortos situavam-se no Submundo, ou seja, abaixo da terra ou da água.

É de conhecimento que não existia uma regra comum a todos os celtas quanto aos seus costumes funerários, há indícios de cremação entre algumas tribos, mas graças a arqueologia, diversos túmulos foram descobertos. Assim, podemos ter um vislumbre, por exemplo, de como eram suas crenças no pós-morte.

Seja como for, o túmulo não era a morada eterna como os romanos acreditavam. Para os celtas, o túmulo era uma transição para o Outromundo, um caminho ao reino dos mortos. Há relatos de que os Druidas acreditavam que uma pessoa, ao morrer aqui no mundo dos vivos, renascia no mundo dos mortos, e o contrário também era verdadeiro, ou seja, quando se morria no mundo dos mortos, renascia-se aqui, no mundo dos vivos. Assim, o sepultamento na terra poderia ter diversos significados, uma analogia muito comum é com o simbolismo da semente que, aparentemente morta, é depositada no interior da terra e renasce como broto, portanto, apesar de uma carência de evidências concretas, podemos supor que o morto talvez fosse plantado como uma árvore, uma vez que há diversos contos celtas que falam de árvores especiais que nasciam nos túmulos de heróis e heroínas. Outra hipótese muito aceita é a analogia da terra como útero materno. Apesar de não ser uma regra, foram encontrados diversos túmulos em que os corpos dos mortos eram dispostos em posição fetal, assim, acredita-se que o morto retornava ao ventre de sua mãe, neste caso, a própria terra, a mãe de todos, para renascer no mundo dos mortos. Como veremos, algumas Deusas realmente personificavam a superfície da terra e o abismo, a morada dos mortos.

O mundo dos mortos era frequentemente descrito como escuro e frio, como evidenciado na *Palavra Ogham*. O túmulo, por exemplo, era conhecido pelos irlandeses como *tigh dorcha*, a morada escura. Escuro também era o nome de uma figura mítica associada aos mortos, Donn.

Segundo o *Lebor Gabala Erenn,* Donn (Éber Donn, ou seja, Éber o escuro ou Éber, o nobre) era o filho mais velho de Míl Espáine, portanto, não fazia parte da raça dos Deuses, mas dos homens. A história conta que quando os filhos de Míl partiram para invadir a Irlanda, Donn sentiu inveja de seu irmão Ír, pois ele remava mais rápido do que todos. Assim, Donn proferiu sobre seu irmão uma maldição que causou a quebra de seus remos e, consequentemente, a queda de Ír no mar, levando-o à morte. Seus outros irmãos, Éber Finn[287], Érimón e Amorgen, decidiram que Éber Donn não teria parte na terra a ser conquistada, devido à inveja que sentiu de seu irmão.

---

287 Repare que Éber Donn significa "Éber, o escuro" e o nome de seu irmão Éber Finn, significa "Éber, o claro ou o brilhante".

Posteriormente, a Deusa Ériu, a personificação da própria Irlanda, dá as boas-vindas aos filhos de Míl, mas Éber Donn desdenha a Deusa e diz que não é certo agradecer a ela pela conquista da Irlanda, mas aos seus próprios Deuses e poder. A Deusa então profetiza que Donn e seus descendentes, ao contrário de seus irmãos, não terão proveitos na Irlanda. Quando os Druidas da Irlanda lançaram seus encantamentos contra os homens, um vento mágico virou o navio de Éber Donn, afogando-o em *Tech Duinn* (a casa de Donn ou a casa escura), lugar descrito no texto como o túmulo de todos os homens.

Segundo o *Dindshenchas*, há outra origem para a *Tech Duinn* como podemos ver a seguir:

> *Tech Duinn*, de onde vem o nome? Não é difícil dizer. Quando os filhos de Míl vieram do Oeste para Erin, seu Druida disse a eles: "Se um de vocês subir no mastro e cantar encantamentos contra a Tuatha Dé, antes que possam fazê-lo, eles perderão a batalha e a sua terra será nossa; mas aquele que lançar o feitiço morrerá". Eles tiraram a sorte entre si e a sorte recaiu sobre Donn para subir no mastro. Assim foi feito: Donn subiu no mastro e cantou encantamentos contra a Tuatha Dé, e então desceu. E ele disse: "Juro pelos Deuses", disse ele, "que agora não vos será concedido direito nem justiça". A Tuatha Dé também cantou encantamentos contra os filhos de Míl em resposta a terra. Então, depois de amaldiçoarem Donn, recaiu imediatamente uma febre sobre seu navio. Disse Amairgen: "Donn vai morrer, e não teremos a sorte de mantermos o corpo dele, para não pegarmos a doença. Pois se Donn for trazido para terra firme, a doença permanecerá em Erin para sempre". Ao que Donn respondeu: "Deixe meu corpo ser carregado para uma das ilhas", disse ele, "e meu povo me abençoará para sempre". Então, através dos encantamentos dos Druidas, uma tempestade veio sobre eles e o navio em que Donn estava foi naufragado. "Deixe seu corpo ser carregado para aquela rocha alta", disse Amairgen: "seu povo virá para este local". Por isso é chamado *Tech Duinn*: e por isso, segundo os pagãos, as almas dos pecadores visitam *Tech Duinn* antes de irem para o inferno e dão sua bênção à alma de Donn antes de irem. Mas quando a alma justa de um penitente vê o lugar de longe, ela não se deixa enganar. Tal, pelo menos, é a crença dos pagãos. Daí *Tech Duinn* é assim chamada.[288]

---

288 Referência: <https://celt.ucc.ie/published/T106500D/text113.html>

Como vimos, a Casa de Donn[289] é o local para onde todas as almas dos mortos (pagãos) se dirigem ao morrer. Apesar de Donn não ter deixado descendentes, conforme vimos nas citações anteriores, segundo o poeta do século 9, Máel Muire Othain, Donn diz em seu testamento que seus descendentes deveriam visitá-lo em sua casa, após a morte. Assim, entende-se que os irlandeses, e por extensão, todos os humanos, tem ele como um ancestral primordial. No folclore irlandês, quando alguém estava próximo a morrer, dizia-se que estava a caminho da Casa de Donn.

É possível que o Éber Donn dos contos seja herdeiro de uma divindade muito mais antiga ligada aos mortos, conhecido apenas como Donn, possivelmente um ancestral que deu origem à raça humana, ou seja, aquele que primeiro morreu e passou a ser o Senhor dos Mortos, semelhante ao mito do Deus egípcio Osíris. Sabe-se que um dos epítetos do Deus Dagda era *donn*, ou seja, "o escuro". Dagda, por sua vez, era conhecido como o grande pai, talvez o progenitor dos Deuses e dos homens, semelhante à figura do Dis Pater, citado pelos romanos como o Deus dos mortos e o ancestral dos povos gauleses.

Apesar de *Tech Duinn* ser descrita como o local para onde as almas dos mortos se dirigem, não é realmente o destino final delas, apenas uma passagem para o Submundo, até chegar o momento de reencarnarem. O túmulo, semelhante ao simbolismo da Casa de Donn, representa uma morada fria e escura, muitas vezes temida, mas não eterna, apenas uma etapa na grande jornada da alma.

Portanto, a letra *úr*, que está ligada evidentemente à terra, representa os túmulos e a morada dos mortos, simbolizando o fim de um ciclo, mas não o fim absoluto. É a transição causada pela morte e, como a semente ao ser depositada no solo, o renascer para uma nova vida.

Palavra Ogham de Mac ind Óic

Silad Clann, "o propagar das plantas", que é *ur*, a charneca, pois *uir* é o solo da terra que causa o crescimento das plantas que nele são colocadas. Novamente, o cultivo das plantas, dito do solo da terra, diz que a *Letra Ogham* recebeu o mesmo nome, ou seja, cada um deles é *ur*.

289 Acredita-se que a *Tech Duinn* seja uma ilha rochosa no sudoeste da Península de Beara, na Irlanda, conhecida hoje como Bull Rock.

COMENTÁRIOS

Como vimos, a palavra *úir* significa solo ou argila, mas ao contrário da *Palavra Ogham* de Morann, que fala do túmulo e da sepultura, a *Palavra Ogham* de Mac ind Óic destaca a qualidade da terra como o meio pelo qual as plantas crescem, ou seja, símbolo de abundância, sustento e fartura.

Na mitologia celta encontramos diversas personagens femininas que aparentemente personificavam a terra e sua abundância, um tema comum em mitos indo-europeus. Na mitologia galesa, já sob forte influência cristã e medieval, encontramos Dôn, mãe do Deus agricultor, Amaethon, e do Deus ferreiro, Gofannon, mas também considerada a progenitora de diversas outras divindades (os filhos de Dôn). Apesar de não ser descrita claramente como uma Deusa nos mitos e lendas galeses, subentende-se que Dôn foi, outrora, uma Deusa da terra, isso porque seu nome talvez signifique solo, lugar ou terra, cognato de *don* em irlandês[290]. Assim, as figuras mitológicas conhecidas como Plant Dôn, ou seja, os filhos de Dôn, são, em verdade, os filhos da terra, em oposição aos filhos de Llŷr, a personificação do mar.

Na Gália, havia diversas divindades que poderiam ser consideradas "Deusas da terra" apesar da ausência de tal título ou atributo de forma explícita. Talvez as mais conhecidas Deusas que simbolizassem a abundância da terra fossem as Matres ou Matronae (sing. Matrona), as grandes mães gaulesas e germânicas. Sabe-se que o antigo nome do Rio Marne, localizado na França, era originalmente "Matrona", o que levou diversos estudiosos a concluírem que as Matronae eram Deusas que personificavam um rio e não a terra, contudo, a iconografia romana dessas Deusas celtas nos leva a crer que elas poderiam estar relacionadas à terra igualmente. Normalmente representadas em um trio, as Matronae portavam cornucópias, frutas, bebês e outros alimentos, símbolos da colheita e da fertilidade da terra.

A Deusa gaulesa Rosmerta, era, possivelmente, outra divindade da terra e suas riquezas. Seu nome significa "grande provedora". Isso sugere que ela personificava a terra (símbolo de provisão), tornando-se responsável pelo amadurecimento das frutas e dos grãos. Em sua iconografia, Rosmerta também porta uma cornucópia ou uma pátera, e é acompanhada de seu consorte, o Deus romano Mercúrio, possivelmente uma reinterpretação de um Deus celta anterior. Em uma curiosa imagem em relevo, supostamente de Rosmerta e Mercúrio, encontrada em Somerset, Inglaterra, é possível ver

290 KOCH, John T. (Editor). *Celtic Culture: A historical encyclopedia. Santa Barbara:* ABC-CLIO, 2006.

um pequeno animal, talvez um cão, e três figuras diminutas abaixo das divindades. Esse trio é, evidentemente, os *genii cuculati*, isto é, os espíritos encapuzados, os elementais da natureza, que serviam e prestavam serviço à Deusa da terra e seu consorte.

Ainda na Gália, a Deusa Nantosuelta seria outra candidata à Deusa da terra. Seu nome significa "vale ensolarado" e seu consorte é o Deus Sucellos, o Deus do Submundo e da vegetação; ele portava um grande martelo. Supõe-se que, ao contrário de outros povos indo-europeus que viam a Deusa da terra como consorte do Deus do céu, para os celtas, ela seria a companheira e esposa do Deus do Submundo. Como vimos, Sucellos poderia estar relacionado ao Deus irlandês Dagda, assim, Nantosuelta estaria associada à Deusa Boann, uma das amantes do Dagda e Deusa do Rio Boyne, o que a associaria, portanto, ao simbolismo da água e não ao da terra (talvez a Deusa da terra e a Deusa do rio estejam ligadas através do simbolismo da maternidade, sendo uma a mãe adotiva que sustenta[291] e a outra a mãe de fato, que deu origem). Em um relevo de Nantosuelta, a Deusa é representada junto de um corvo, assim, é possível associá-la também à Deusa Morrígan, outra das amantes do Dagda.

Acredita-se que os Deuses irlandeses, as Tuatha Dé Danann (*Tuath(a) Dé Donann*, ou seja, as tribos da Deusa Donann[292]), eram filhos de uma Deusa que personificava a terra. Assim como a Deusa galesa Dôn, é possível que o nome da hipotética Deusa Donann (Danu), a matriarca dos Deuses irlandeses, derive do radical *don*, ou seja, "terra" ou "solo". Por estar ausente praticamente de qualquer passagem da mitologia ou do folclore irlandês, Donann logo foi associada a outras Deusas como Anu ou Ana, mas os estudiosos acreditam que se trata de personagens ou divindades diferentes, com etimologias diferentes para seus nomes, o que impossibilitaria essas associações. No *Glossário de Cormac*, a Deusa Anu é chamada de "a mãe dos Deuses irlandeses" (*mater deorum Hiberniensium*), o que acentuou sua associação à Donann por alguns mitólogos. No condado de Kerry há duas colinas gêmeas que são conhecidas como *Dá chích nAnann*, ou seja, os dois seios de Anu, evidenciando seus atributos como Deusa da Terra e da Fertilidade. Segundo Koch, o termo *Íath nAnann*, "terra de Anu", era frequentemente utilizado na poesia como um dos epítetos para a Irlanda, não nos deixando dúvidas de que Anu era a personificação da própria terra,

291 Entre os celtas, era comum que as crianças fossem criadas por outras famílias, portanto, a figura da mãe adotiva é tão importante quanto a da mãe biológica.

292 A tradução de Donann ou Danann ainda é motivo de debate entre os acadêmicos.

responsável pela fertilidade, abundância e maternidade. Em outras palavras, Anu não é outra senão a própria Mãe Terra que nos alimenta.

Mas nem sempre a terra é a boa mãe que provê alimentos aos seus filhos. Segundo o *Livro das Invasões*, a mãe do líder fomoriano Indech é Domnu e pouco se sabe sobre ela, mas acredita-se que tenha sido a equivalente fomoriana da divina Donann, ou seja, ela era a matriarca dos antagonistas dos Deuses. Seu nome significa "profundidade" e é provável que ela estivesse associada aos abismos e aos lugares profundos da terra, possivelmente o Submundo, o temido reino dos mortos, que passou posteriormente a indicar a escura morada dos fomorianos nas profundezas misteriosas do oceano. Os fomorianos eram descritos ora como gigantes, ora como demônios, Domnu, portanto, representava a mãe tenebrosa, fonte de todos os males, símbolo da morte e da destruição. É provável que Domnu inicialmente representasse os aspectos sombrios da mãe terra (profundezas) que recebia os corpos dos mortos.

De volta à *Palavra Ogham*, podemos perceber que ela carrega semelhanças simbólicas com a letra *gort*, pois representa o crescimento das plantas e, por extensão, a abundância e a fertilidade. Contudo, aqui não se trata do resultado, ou seja, não representa a colheita e a fartura, mas a causa, isto é, a terra, nossa mãe primeva que nos dá vida, mas também nos acolhe na morte.

Palavra Ogham de Con Culainn

Forbbaid ambí, "cobertura do não vivo".

Comentários

Essa *Palavra Ogham* também pode ser traduzida como a "mortalha de um sem-vida". É provável que, mais uma vez, ela se refira à terra que cobre uma pessoa morta em seu túmulo.

Fica evidente que a letra *úr* está associada à morte e às sepulturas, mas a terra, mais precisamente a argila (*úir*), é também a matéria-prima na criação do ser humano. Assim, podemos concluir que o princípio e o fim estavam próximos, ou seja, da terra nascemos e para a terra retornaremos.

Em um tratado irlandês medieval conhecido como *Octo pondera unde factus est Adam*[293], Adão, o ser primordial, foi criado a partir de sete (ou oito) elementos que correspondiam a partes de seu corpo, sendo a terra

293 Do latim "Oito pesos dos quais Adão foi feito".

o primeiro elemento citado, de onde seu corpo físico foi feito. Em outras palavras, a terra correspondia à carne de Adão. Muitos estudiosos acreditam que essa passagem se refere aos *dúile*, ou seja, aos elementos que deram origem ao mundo e ao corpo humano segundo o antigo paganismo celta, um tema também presente em muitos mitos indo-europeus. Contudo, diversos acadêmicos estão de acordo que esse texto foi inspirado em uma passagem de um livro apócrifo cristão conhecido como *Segundo Livro de Enoque* (2 Enoque ou Enoque Eslavo)[294], o que me parece ser bem plausível. Seja como for, o elemento Terra, de uma forma universal, independentemente de qual tradição cultural ou religiosa for, é encarado como a matéria-prima do corpo humano. Podemos encontrar isso em mitos indo-europeus, semitas, chineses, africanos, indígenas, etc.

No esoterismo, quando nos referimos a vestimentas, estamos falando de corpos, sejam eles físicos ou não. Assim sendo, a cobertura de um não vivo, ou ainda, a mortalha de um sem vida, pode ser uma referência clara à matéria mundana desprovida de espírito. Repare que a palavra irlandesa *úr*, refere-se também à carne, e a palavra *uir* também significa homem, no sentido amplo da palavra, ou seja, o ser humano ou criatura terrestre.

Portanto, a letra ogâmica *úr* não só representa a terra ou o solo associados às sepulturas e covas, mas também ao corpo físico, à carne e à matéria densa. Além disso, de maneira figurada, o termo *úir* também foi utilizado para se referir às provisões da natureza, nossa Grande Mãe.

CRANN OGHAM

Ur .i. fraech.

Ur, ou seja, a urze.

294 Perceba a semelhança entre os *dúile* (elementos da tradição celta irlandesa) e o *Segundo Livro de Enoque* 30: 8-9:

> *E no sexto dia ordenei à minha sabedoria que criasse o homem de sete componentes:*
> *1º sua carne, da terra;*
> *2º seu sangue, do orvalho e do sol;*
> *3º seus olhos, do mar sem fundo;*
> *4º seus ossos, da pedra;*
> *5º sua razão, do movimento dos anjos e das nuvens;*
> *6º suas veias e cabelos, da grama da terra;*
> *7º seu espírito, do meu espírito e do vento.*

Referência: <https://www.marquette.edu/maqom/slavonicenoch.html>

COMENTÁRIOS

A palavra *fraech* normalmente é traduzida como "urze", contudo, também pode designar qualquer vegetação rasteira que nasce em charnecas, e isso inclui os mirtilos, ou, ainda, pode designar charnecas e pântanos propriamente ditos.

Mirtilos eram colhidos por jovens rapazes irlandeses no último domingo de julho, próximo ao festival de *Lughnasadh,* em colinas e montanhas. As frutinhas eram entregues às moças que as incorporavam em bolos e tortas que seriam servidos posteriormente a seus pretendentes. Acredita-se que esse costume, que envolvia também festas, jogos e danças, era originalmente pagão e fazia parte, a princípio, de um costume conhecido como "casamento temporário", que durava um ano e um dia. É interessante notar, que antigamente o *Lughnasadh* também era conhecido como *Brón Trogain*, ou seja, "as dores da terra", pois considerava-se que a terra dava à luz simbolicamente frutas e grãos, ressaltando, mais uma vez, o simbolismo da terra como provedora de alimentos e responsável pela fertilidade humana. Mas não só isso, as dores da terra também simbolizavam o lamento pela última colheita, era o prenúncio de que o inverno estava próximo e a terra deixaria de ser fértil.

Já as urzes são arbustos rasteiros com lindas flores lilases ou arroxeadas que, semelhante aos tojos, cobrem extensas áreas montanhosas e inóspitas, pois se proliferam em terrenos pobres. Segundo *A Batalha das Árvores*, a urze dava consolo aos feridos. Para Robert Graves, isso certamente se referia ao vinho de urze dado aos feridos para amenizar suas dores. Ainda de acordo com Robert Graves[295], as urzes estavam associadas à Vênus Ericina, a Deusa romana e siciliana do amor, ao Solstício de Verão e também às abelhas, atribuindo a essa planta o simbolismo do amor, da procriação e da abelha-rainha, que emascula o zangão no ato nupcial. Ele também cita a Deusa Uroica, a Deusa gaulesa suíça das urzes. Conforme John Matthews e Will Worthington[296], o tom rosa ou roxo das urzes foi causado pelo sangue dos guerreiros pictos que morreram em batalha nas fronteiras da Escócia.

---

295 GRAVES, Robert. *A Deusa Branca:* Uma gramática histórica do mito poético. Rio de Janeiro: Editora Bertrand Brasil, 2003.

296 MATTHEWS, John; WORTHINGTON, Will. *The Spirit of Nature Oracle:* Ancient wisdom from the Green Man and celtic ogam tree alphabet. London: Eddison Books Limited, 2018.

A antiga palavra irlandesa para "urze", ou seja, *fraech*, poeticamente também significava fúria, ferocidade ou ira, associando-a aos guerreiros e à batalha, mas essa palavra também foi utilizada para designar "cabelos grossos e desgrenhados" (como as urzes), possivelmente outra característica dos guerreiros que mantinham seus cabelos eriçados para causar espanto no inimigo.

É possível que o simbolismo da urze e do tojo estejam conectados de alguma forma, pois ambos são arbustos que se propagam em colinas, e o fato de aparecem associados a letras ogâmicas seguidas, aponta uma conexão. Assim, podemos imaginar que as urzes arroxeadas representavam o sangue dos guerreiros mortos e suas sepulturas no solo, enquanto os tojos, ao contrário, representavam o brilho do sol, a vida e a valentia dos guerreiros. Desse modo, fica evidente que *onn*, o "tojo" e *úr*, a "urze", são letras opostas e complementares.

Não nos resta dúvida de que a urze também estava relacionada ao simbolismo da morte. Certamente por isso, a urze foi associada à letra *úr*, ligada à terra, ao solo e à sepultura. Importante frisar, que para os antigos celtas, a morte não era o fim absoluto, isso significa que a morte é apenas uma passagem para uma nova vida, por isso essa letra também simboliza o renascimento, a reencarnação ou a metempsicose, ou seja, a transmigração da alma para outro corpo, talvez em outro lugar e outro tempo.

Significados Oraculares

Morte, renascimento, renovação, conclusão, transformação, reencarnação, finalização, separação, encerramento, o corpo físico, matéria, esquecimento, passado, lugares abandonados, túmulo, melancolia, saudade, portal entre a vida e a morte, rito de iniciação, o fim.

Afirmação

Aceito os fins naturalmente e não permito que obstáculos do passado possam me atrapalhar. A vida é cíclica e todo fim é o prenúncio de uma nova oportunidade.

Perguntas

Quais situações do passado devem ser enterradas?
O que deve morrer e o que deve renascer em minha vida?
Quais pensamentos devo plantar e cultivar?

Práticas

Volte-se para o Oeste, plante uma erva ou planta e medite sobre a morte e o renascimento.

Visite uma caverna e medite sobre como o passado afeta você.

Escreva em uma folha seca de árvore tudo aquilo que deseja encerrar em sua vida, como um relacionamento abusivo ou uma situação difícil, e a enterre ou deposite em uma cova ou poço seco, meditando sobre a letra úr.

Temas

Finalizar uma situação.

Esquecer o passado e viver o presente.

Saber lidar com mortes e perdas.

EDAD

Variante ortográfica: *eadhadh*
Significado do nome: desconhecido. Talvez salmão ou teixo.
Árvores: álamo-tremedor[297], também conhecido como choupo-tremedor (*Populus tremula*); álamo-branco (*Populus alba*); teixo (*Taxus baccata*); zimbro (*Juniperus communis*)
Letra: e
Pronúncia: *edad* ou *ehad*
Classe: arbusto
Lei Brehon: divisão inferior
Nobre da escola de Fénius: Essu
Cor (*dathogam*): vermelho-escuro ou salpicado (*erc*)
Ave ou pássaro (*enogam*): cisne (*ela*)
Agricultura (*ogam tirda*): machadinha ou podão (*eipit*)
Santo (*naemogam*): Ernen
Arte (*danogam*): caça a aves

PALAVRA OGHAM DE MORANN MAC MAIN

Ergnaid fid, "árvore perspicaz", que é o álamo-tremedor, pois *ergnaid fid* é um dos nomes para a árvore trêmula. Por isso foi dado o nome *edad* à *Letra Ogham*, o álamo-tremedor, pois é de *edad*, a letra *E*, que recebeu seu nome.

COMENTÁRIOS

A palavra *ergnaid* também pode ser traduzida como "perspicaz, inteligente, discernente ou conhecedor". Mas por que, segundo os glossários medievais, o álamo foi considerado uma árvore perspicaz ou inteligente? Antes de responder a essa pergunta, é preciso compreender qual a etimologia da letra *edad*. Segundo McManus, apesar de essa letra e suas *Palavras Ogham* terem interpretações complicadas e enigmáticas, é possível que originalmente *edad* estivesse associada à palavra para "salmão", ou seja, *eó*.

Como vimos na letra *coll*, o salmão era conhecido como o detentor do conhecimento e da sabedoria (*eó fis*), portanto, tudo nos leva a crer que o

---

297 Não confunda com álamo-trêmulo *(Populus tremuloides)*, árvore nativa da América do Norte.

autor da *Palavra Ogham* de Morann não estava se referindo exatamente ao álamo-tremedor, mas especificamente à letra (*fid*) *edad* e sua associação ao salmão. Repare que a palavra *fid* também pode ser traduzida como "madeira", "árvore" ou "letra".

Diferentemente do significado da letra *coll* que está ligada ao conhecimento místico ou inspiração (*imbas*), a letra *idad* certamente está associada ao conhecimento adquirido através da experiência, que em irlandês antigo é *eólas*[298]. Esse tipo de conhecimento é adquirido através da experiência, da prática e do aprendizado. É necessário ter certa familiaridade e compreensão daquilo que será experienciado. Em outras palavras, esse conhecimento é adquirido através da proximidade com o elemento de estudo. *Eólas* também pode ser traduzido como guia, caminho, senda, direção, designação, familiaridade e até mesmo, em alguns casos, como um encantamento ou conhecimento secreto. Assim, é possível dizer que dentro deste contexto, *eólas* é, poeticamente falando, o caminho de álamos, ou seja, uma alameda que nos conduz ao conhecimento.

É interessante notar que, como os amieiros e salgueiros, os álamos-tremedores também suportam a água e é possível encontrá-los próximos a rios e lagos. São extremamente importantes para a vida aquática, especificamente a dos salmões, pois são responsáveis por abrigarem insetos que servirão como fonte de alimentos para esses peixes que simbolizam o conhecimento.

O álamo-tremedor é assim conhecido por toda Europa, pois suas folhas balançam (ou tremem) ao vento. Fica evidente que essa árvore foi muito associada ao simbolismo dos ventos, conhecidos na antiguidade como mensageiros dos Deuses, regentes do clima e das estações. Os ventos também representavam a comunicação e o conhecimento, pois acreditava-se que eles sussurravam mensagens ocultas nos ouvidos de magos e xamãs. Assim como os gregos, os celtas também acreditavam que havia um vento para cada ponto cardeal e outros subordinados aos primeiros. No *Senchus Mor*, um antigo texto jurídico irlandês cristianizado, diz que Deus criou doze ventos e cada um estava associado a uma cor específica, como podemos ver a seguir:

> Ele (Deus) também formou os oito ventos, ou seja, quatro ventos principais e quatro ventos subordinados; e quatro outros ventos subordinados são mencionados, de modo que há doze ventos em conformidade.

---

298 Compare com a palavra para "salmão" *eó* e para "cisne" *ela*.

Ele também formou as cores dos ventos, de modo que as cores de todos esses ventos são diferentes uns dos outros, ou seja, branco e púrpura; cinza-pálido e verde; amarelo e vermelho; preto e cinza; o salpicado e o escuro; o marrom-escuro e os pálidos. Do Leste sopra o vento púrpura, do Sul o branco, do Norte o preto, do Oeste o pálido. O vermelho e o amarelo estão entre o vento branco e o púrpura; o verde e o cinza-pálido estão entre o pálido e o branco puro; o cinza e o marrom-escuro estão entre o pálido e o preto-azeviche; o escuro e o salpicado estão entre o preto e o púrpura. E assim há dois ventos subordinados entre cada vento principal.[299]

É provável que os celtas, semelhante aos gregos e romanos, atribuíssem significados aos ventos, assim, podemos imaginar que o vento Sul, ligado à cor branca, representava boas colheitas, já o vento Norte, associado ao preto, representava o inverno e a batalha. O pálido do Oeste talvez representasse o pôr do sol e o púrpura do Leste, ao contrário, representava o nascer do sol, por exemplo. Assim, presume-se que o conhecimento de cada vento fosse transmitido através do farfalhar das folhas de álamo e interpretado por adivinhos e profetas.

Portanto, a décima nona letra do ogham, *edad*, representa o conhecimento que é adquirido através da experiência, da proximidade, da observação e da prática. Ao contrário do conhecimento gnóstico interior, o álamo-tremedor, por meio de suas folhas, convida-nos a ouvir o que os ventos têm a nos dizer, isto é, aquilo que está ao nosso redor, a natureza exterior, que nos envia diversos sinais, basta estar atento.

Palavra Ogham de Mac Ind Óic

Comainm carat, "sinônimo de amigo", a saber, o álamo-tremedor, a letra E, na floresta. Por isso é dado à letra correspondente do Ogham.

Comentários

Presume-se que o termo "sinônimo de amigo", refere-se a uma característica dos álamos e choupos, eles formam uma extensa colônia a partir de uma única árvore. Esses clones da árvore-mãe, espalham-se, formando um bosque de álamos. Em outras palavras, formam um grupo de árvores "amigas" ou "irmãs".

299 Referência: <https://archive.org/details/ancientlaws01hancuof>

Outra interessante característica é que diversas espécies de álamos (dentre elas o álamo-tremedor e o álamo-branco) são utilizadas como árvores ornamentais, comumente plantadas uma ao lado da outra ao longo de uma estrada, e é daí que surge a palavra "alameda", ou seja, "um caminho ladeado por álamos". Por serem árvores que nascem próximas umas das outras, podemos concluir que talvez, para os celtas, os álamos simbolizassem a amizade, a proximidade e a união.

Os antigos celtas tinham um especial apreço pela amizade. Isso fica evidente no termo em irlandês médio *anmcharae*, alma amiga (também conhecido hoje como *anam cara*, ou seja, "amigo da alma"). Para os primeiros cristãos irlandeses, o *anmcharae* era alguém extremamente próximo, um confidente, mas também um guia espiritual. Era uma pessoa que conhecia os segredos mais íntimos de seu amigo, capaz, assim, de orientá-los e de ajudá-los em suas angústias. Apesar de o termo ser cristão e normalmente se referir à figura do confessor, não indicava necessariamente um sacerdote ou religioso, mas como o nome sugere, um amigo ou conselheiro espiritual. Como se sabe, os Druidas atuavam como conselheiros espirituais e possivelmente eram os correspondentes pagãos dos *anmcharae* cristãos. Hoje, o termo *anam cara*, "amigo da alma", é utilizado pela comunidade pagã druídica não só para se referir a um amigo íntimo e conselheiro, mas também a todas aquelas almas que possuem afinidades, como, por exemplo, animais, árvores, espíritos da natureza, ancestrais, etc.

Na mitologia celta irlandesa, talvez o exemplo de amizade mais conhecido esteja presente no *Táin Bó Cúailnge*. A história conta que o herói Cú Chulainn possuía um grande amigo chamado Ferdiad, que também era seu irmão adotivo. Ambos foram treinados pela guerreira Scáthach e eram idênticos em suas habilidades. Contudo, quando a guerra foi desencadeada no Ulster, devido à tentativa de roubo do fabuloso touro Donn Cúailnge, Cú Chulainn desafia os campeões de Connacht e vence a todos eles. Sabendo que seria impossível vencer Cú Chulainn, a rainha Medb convoca Ferdiad, o único que poderia vencê-lo. Obviamente que Ferdiad não aceitou lutar contra seu melhor amigo, mas a rainha convocou seus Druidas e Bardos para satirizá-lo, causando-lhe grande vergonha. Com a honra manchada, Ferdiad aceita lutar, após embebedar-se e ser incitado pela rainha, que lhe oferece diversas recompensas. Cú Chulainn lamenta duramente ter que lutar contra seu melhor amigo, mas a honra de ambas as partes estava em jogo. Após três longos dias lutando no vau de um rio, Cú Chulainn empunha sua lança letal, a Gáe Bulga, dada a ele por sua professora de artes marciais,

Scáthach, que o ensinou a manejá-la, e transpassa o corpo de Ferdiad, enchendo-o de farpas e finalmente o matando. Após a morte de seu amigo, Cú Chulainn recita um doloroso, porém belo, lamento:

> Ah, Ferdiad, traído até a morte.
> Nosso último encontro, oh, que triste!
> Tu morreres, eu permaneço.
> Sempre triste, nossa longa despedida!
> Quando lá moramos
> Com nossa Scáthach, firmes, verdadeiros,
> Isso pensamos nós até o fim dos tempos,
> Que nossa amizade nunca terminaria!
>
> Querido para mim é o teu nobre rubor;
> Querida é tua formosa e perfeita forma;
> Querido é teu olho, azul-acinzentado e claro;
> Querida é a tua sabedoria e a tua fala!
>
> Nunca andei a passos largos para a luta dilacerante,
> Nunca a ira e a masculinidade foram mantidas,
> Nem o escudo foi pendurado nas costas largas,
> Um como tu, filho vermelho de Daman!
>
> Nunca conheci até agora,
> Desde que Oenfer Aife matei,
> Teu semelhante em feitos de armas,
> Nunca encontrei, Ferdiad!
>
> Finnabair, a bela filha de Medb,
> Bela, por mais adorável que seja,
> Como retirada da areia ou do cascalho,
> Ela te foi mostrada, Ferdiad!"[300]

Alguns autores modernos sugerem que o relacionamento entre Cú Chulainn e Ferdiad era mais que um relacionamento entre amigos, mas, sim, um relacionamento homoafetivo. Acredito que o amor entre eles era

---

300 Referência: <http://adminstaff.vassar.edu/sttaylor/Cooley/Ferdiad.html>

realmente um amor entre amigos, esse amor é conhecido em grego como *phílos* (φίλος), ou seja, aquilo que é amado, querido e amigável, algo muito diferente da concepção de amigo que temos hoje, normalmente empregada erroneamente como sinônimo de colega ou companheiro. A própria palavra "amigo", do latim *amicus*, talvez tenha se originado da palavra latina *amare*, ou seja, amar.

Assim, fica evidente que a letra *edad* simboliza muito bem a amizade e o amor entre duas pessoas. E, mais uma vez, vemos a representação da proximidade, da parceria, da união e do laço que formamos ao longo de nossa vida com outras pessoas, locais e almas.

Palavra Ogham de Con Culainn

Bráthair bethi, "irmão da bétula".

Comentários

É possível que essa *Palavra Ogham* se refira à aparência do álamo-tremedor e da bétula, que compartilham algumas semelhanças. Por exemplo, apesar de distintas, tanto as folhas da bétula quanto as do álamo se tornam amarelas no outono. Já o tronco do álamo-tremedor, semelhante ao da bétula, é claro, é mais precisamente de cor cinza, levemente esverdeado e com algumas fissuras, porém, por ser propício a líquens, a casca do álamo-tremedor pode assumir uma cor escura. Apesar de o álamo-branco, que também possui algumas semelhanças com a bétula, não ser nativo da Irlanda, ele foi introduzido e naturalizado nesse país, e é comum que ele hibridize com o álamo-tremedor nativo, resultando em uma árvore conhecida popularmente como "álamo-cinzento". É importante dizer, que apesar dessas semelhanças, o álamo e a bétula são árvores bem diferentes e inconfundíveis.

Eryn Rowan Laurie associa essa letra ao cogumelo conhecido como *amanita muscaria* ou "agário-das-moscas", pois, segundo ela, a cor associada a essa letra, ou seja, *erc* (que significa muitas coisas, dentre elas, "salpicado", "vermelho-escuro" ou mesmo "um salmão" ou "uma vaca", como já vimos na letra *gort*), referia-se à cor vermelha salpicada de branco, característica de tais cogumelos. Ela também diz que, como esse tipo de fungo vive em simbiose com as bétulas, presume-se que a *Palavra Ogham* se referia originalmente ao *amanita muscaria* como o verdadeiro irmão da bétula que, apesar de ser venenoso, foi utilizado em algumas culturas xamânicas europeias como psicotrópico.

Para McManus, essa *Palavra Ogham* é bem enigmática, mas ele sugere que ela possivelmente esteja relacionada ao penúltimo *forfid*, ou seja, *ifín* ou *phín*, que correspondia ao som da letra "p", conhecida posteriormente como *peith* ou *beith bog*, ou seja, *beith* "suave".

Outra possível associação entre as letras *edad* e *beith* talvez seja as palavras para "Salmão do Conhecimento" em irlandês. Como vimos, é possível que o nome da letra *edad* tenha se originado de uma palavra em irlandês antigo para "salmão", mas havia outras palavras que também significavam salmão. Normalmente, o Salmão do Conhecimento e da Sabedoria encontrado nos mitos e lendas irlandeses era conhecido como *eó fis*, mas a expressão *bradán feasa* também era conhecida e possuía o mesmo significado. Portanto, *edad* era irmão de *beith*, assim como *eó* (salmão) era irmão de *bradán* (salmão).

Talvez, no entanto, o conceito de irmandade não esteja presente apenas no simbolismo do álamo e do salmão, mas também no do cisne (*ela*), ave associada a essa letra. Na mitologia celta, o cisne é frequentemente citado como uma ave do Outromundo, capaz de encantar as pessoas através de seu canto. No conto *Aislinge Oenguso*[301] encontramos perfeitamente o simbolismo do cisne associado aos irmãos, mas também aos amantes. A história conta que o Deus Oengus (Angus Mac Óg) teve um sonho com uma linda donzela, a mais linda de toda a Irlanda, ele tentou tocá-la, mas ela desapareceu. Oengus ficou transtornado, não conseguia comer, só pensava na donzela. Na noite seguinte, ela apareceu novamente segurando um *timpán*[302] e tocou para ele, até que ele adormecesse. Após um ano com esses recorrentes sonhos, Oengus passou a definhar, pois só pensava na donzela misteriosa de seus sonhos. Nenhum médico conseguiu diagnosticá-lo, até que Fergne, um médico que era capaz de diagnosticar uma pessoa apenas olhando para seu rosto, foi chamado e identificou que a doença de Oengus era uma "doença do coração", ou seja, que ele sofria por amor. Então Fergne entrega Oengus aos cuidados de sua mãe. Boand, ao saber da doença do filho, manda procurar pela donzela por um ano, mas sem sucesso. Após um ano, o pai de Oengus, o Dagda, foi chamado para ajudar na busca, pois ele, como rei, detinha grande conhecimento. O Dagda enviou mensageiros a Bodb, o Rei de Munster, para que ele ajudasse na procura da donzela que aparecia

---

301 *(Aisling Aonghasa)* "Sonho de Oengus" ou "Sonho de Angus".

302 Apesar de o nome derivar do latim *tympanum* (tambor), sabe-se que o *timpán* era um instrumento de cordas, semelhante à lira.

nos sonhos de seu filho adoentado. Bodb percorre a Irlanda por um ano e encontra a donzela com a mesma aparência citada por Oengus no *Loch Bél Dracon*[303]. Oengus, então, foi levado ao local, onde havia três grupos de 50 donzelas, todas muito parecidas. Elas possuíam correntes de pratas que envolviam seus pescoços, ligando-as em duplas, mas a donzela dos sonhos de Oengus era mais alta que as demais e possuía correntes de ouro no pescoço. A jovem se revela como Caer Ibormeith, filha de Ethal Anbuail, e por estar encantada, não poderia ser levada. Oengus volta à sua casa e informa seus pais sobre o ocorrido e o Dagda lamenta não poder resgatar a garota, mas procura o Rei Ailill e a Rainha Medb, pois a jovem estava no território deles. Ethal Anbuail, o administrador de Ailill é chamado, mas recusa-se a entregar sua filha ao filho do Dagda, assim uma batalha é travada e, após ser confinado Ethal revela que não pode entregar sua filha, pois ela está sob um encanto mais forte que ele. Durante um ano ela assumia a forma de um pássaro e no outro ano a forma de uma pessoa. Ailill o persuade e Ethal revela que no próximo *Samhain*, Caer Ibormeith e suas irmãs assumirão a forma de cisnes. Oengus volta ao lago na noite de *Samhain* e vê 150 lindos cisnes brancos ligados por correntes de prata em seus pescoços. Ao chamar por Caer, Oengus encontra sua amada, que pede a ele que prometa deixar que ela volte ao lago com suas irmãs; ele faz a promessa. Ao se abraçarem, Oengus e Caer assumem a forma de cisnes e, juntos, voam pela Irlanda, cantando uma canção que fez as pessoas dormirem por três dias e três noites. Após isso, eles assumem a forma humana e se casam.

O conto é muito rico em simbolismo, mas fica evidente que o cisne representa não só a beleza e graça das jovens, como também o elo que as ligam, pois são irmãs e companheiras inseparáveis. Além disso, o cisne é o símbolo do amor que une o casal e quebra o encanto. Outra coisa importante a se dizer é que os cisnes, também descritos no conto como pássaros brancos (*éan fionn*) estão ligados ao simbolismo da cor branca e prateada (repare na semelhança com o simbolismo da letra *beith*, bétula), a representação da pureza e da inocência.

O nome da donzela encantada do conto, Caer Ibormeith, significa "fruto do teixo fértil". Repare que tanto a palavra *ibar*, quanto à palavra *eó* (que talvez tenham dado origem ao nome da letra *edad*), significam teixo, árvore também associada à última letra do ogham, *idad*. O teixo, considerado

---

303 Lago da boca do Dragão. Segundo o *Dindshenchas*, o lago recebe esse nome, pois ali foi encontrado um dragão de fogo em forma de salmão.

a árvore mais velha, pode ser outro candidato a irmão da bétula, sendo *beith* a primeira letra do ogham, portanto, a irmã mais nova[304].

Mais uma vez, a letra *edad* indica proximidade, ora indicando uma amizade, ora um parentesco ou irmandade. Independentemente de como é interpretada, essa letra também indica união, intimidade, aliança ou associação.

CRANN OGHAM

Eadhadh .i. ed uath .i. crand fir no crithach.

Edadh, isto é, *ed uath*, horrível pesar, ou seja, a árvore da provação[305] ou o álamo-tremedor.

COMENTÁRIOS

Presume-se que o autor da *Palavra Ogham* se referia ao medo ou ao horror que causam tremor nas pessoas, uma característica do álamo que é conhecido em irlandês antigo como *crithach*, ou seja, "trêmulo". Mas é possível que a reputação do álamo como árvore da provação tenha outra origem, como veremos a seguir.

Além de "salmão", a palavra *eó* possuía outros significados. Acredita-se que nas antigas glosas, essa palavra indicava uma haste, uma trave ou um eixo. Normalmente associada a uma árvore grande e antiga, posteriormente esse termo foi utilizado para designar especificamente a árvore de teixo e é por esse motivo que possivelmente o nome da letra *edad* também significa "teixo". McManus sugere que o trocadilho entre as palavras para salmão e teixo deu origem, mesmo que de forma artificial, à letra *edad*, frequentemente confundida com *idad*, a próxima letra que, de fato, significa teixo. O álamo-tremedor, a árvore associada à letra *edad*, foi considerada pelos escoceses cristãos como uma árvore amaldiçoada, pois de sua madeira foi confeccionada a cruz em que Jesus foi crucificado. Segundo o folclore, é por isso que a árvore treme ao menor sinal de vento, devido à vergonha que sente por ter servido como cruz. Note que a palavra *eó* também foi utilizada em irlandês para se referir à madeira da cruz.

---

304 *Beith* (bétula) simboliza a transição do velho para o novo, enquanto *idad* (teixo), ao contrário, simboliza a transição do novo para o velho, como veremos.

305 Também pode ser traduzida como árvore-teste ou zimbro/junípero *(crann fir)*.

Pode-se então concluir, que o álamo-tremedor foi considerado a árvore da provação, que causa horrível pesar, pois, segundo o cristianismo, carregar a cruz é uma figura de linguagem que significa grande esforço e sacrifício para se chegar ao objetivo.

É possível que as associações do álamo ao pesar e ao sofrimento sejam mais antigas que o simbolismo cristão. No *Glossário de Cormac*, é dito que varas de álamos eram utilizadas para medir corpos e sepulturas onde os mortos seriam enterrados. Esse era, segundo o Glossário, um costume pagão, e ninguém poderia tocar na tal vara de álamo, pois era odiosa. Aqui, evidentemente, o simbolismo está associado ao pesar e à tristeza de pessoas que se despediam de seus entes queridos, atribuindo à vara de álamo-tremedor aspectos sombrios ligados aos ritos funerários.

Assim como era proibido tocar na vara de álamo-tremedor utilizada para medir os mortos e as sepulturas, encontramos diversas outras proibições e obrigações semelhantes na mitologia irlandesa. Essas restrições ou tabus eram conhecidos como *geis* ou *geasa*, e quem infringisse tais proibições, teria consequências desagradáveis que normalmente levavam à morte. Mas nem sempre essas proibições tinham aspectos negativos. A *geasa* foi também utilizada como um encantamento que, ao ser lançado sobre uma determinada pessoa por um Druida, assegurava que sua morte seria quase impossível de acontecer, mas que sempre acontecia de uma forma inesperada e fantástica, como nos é contado na mitologia.

Como é perceptível, de todo o ogham, a letra *edad* talvez seja a mais complicada e confusa em seu simbolismo, desde a etimologia de seu nome, até os significados das *Palavras Ogham*. Seja como for, como todas as demais letras, *edad* também possui polos opostos e complementares. Assim, essa letra simboliza a proximidade e a intimidade que temos com nossos semelhantes, ou ainda, de um conhecimento que é adquirido através da experiência. Contudo, também simboliza a dor da perda e a falta que o outro nos faz, além de nos alertar sobre determinados tabus sociais, que, ao serem infringidos, causam-nos provações.

Significados Oraculares

Companheirismo, proximidade, conhecimento, familiaridade, atenção, proibição, amizade, acordos, tabu, namoro, casamento, parceria, experiência, irmandade, amigos, fidelidade, trocas, exames, provação/testes, intimidade, convivência, união.

Afirmação

Quanto mais próximo e íntimo eu estiver de algo ou de alguém, mais conhecimento terei sobre ele e assim me liberto cada vez mais dos meus preconceitos.

Perguntas

Sou fiel aos meus próprios princípios?
Quais proibições me foram impostas?
Sei respeitar o espaço e o pensamento do outro?

Práticas

Confeccione uma argola com ramos de árvore ou cipó e medite sobre seu círculo de amizades e os vínculos que foram criados.
Visite uma alameda, que pode ser um bosque de álamos ou apenas um caminho ladeado por árvores em fileiras. Respire fundo e perceba como os elementos da paisagem se integram.
Visite uma mata, quando se deparar com algum galho seco no meio do caminho, pegue-o e quebre-o enquanto imagina as proibições e limitações que lhe foram impostas sendo quebradas. Em seguida, continue caminhando.

Temas

Fortalecer a união e os relacionamentos.
Estreitar laços de amizade.
Superar preconceitos e tabus.

IDAD

Variante ortográfica: *iodhad, ido*
Significado do nome: desconhecido. Talvez teixo ou idade.
Árvores: teixo, também conhecido como teixo-europeu ou teixo-comum (*Taxus baccata*); zimbro, também conhecido como junípero, junípero-comum ou zimbro--vulgar (*Juniperus communis*); sorva (*Sorbus domestica L.* ou *Sorbus torminalis*)
Letra: i
Pronúncia: *idad*
Classe: arbusto
Lei Brehon: nobre
Nobre da escola de Fénius: Iachim
Cor (*dathogam*): muito branco (*irfind*)
Ave ou pássaro (*enogam*): aguieta (*illait*)
Agricultura (*ogam tirda*): bigorna (*indeoin*)
Santo (*naemogam*): Ita
Arte (*danogam*): pesca ou trabalho em teixo

Palavra Ogham de Morann Mac Main

Siniu fedaib, "o mais velho nos bosques", que é *idad*, o teixo; pois *siniu fedaib* é um dos nomes para o teixo. Por isso foi dado a essa *Letra Ogham* o nome *idad*, o teixo, a letra *I*, pois o nome *idad* foi dado a ela; pois *idad*, é um dos nomes para *ibur*, o teixo.

Comentários

A palavra *siniu* significa "mais velho" ou "ancestral". Já *fedaib* significa "árvores" ou "bosque", esta palavra, no entanto, também foi utilizada para designar as letras do ogham (*feda*), assim, a *Palavra Ogham* de Morann pode indicar tanto a mais antiga das árvores, ou seja, o teixo, como a letra mais velha, justamente por ser a última letra do alfabeto, antes da adição dos ditongos.

Não há dúvidas entre os acadêmicos de que a árvore mais velha citada nessa *Palavra Ogham* seja o teixo, uma vez que o nome da letra *idad*, certamente deriva-se de *ibar* ou *eó*, "teixo". McManus acredita que originalmente as letras *edad* e *idad* estavam relacionadas e ambas derivaram de antigas palavras para teixo[306].

George Calder traduziu a palavra *ibar* (*ibur* ou *ibor*) para o inglês não só como teixo, mas também como sorva (*service-tree*), contudo, em minha pesquisa, não encontrei esse significado e tudo leva a crer que *ibar* de fato refere-se ao teixo (*Taxus baccata*). A sorva não é uma árvore nativa da Irlanda, mas seu simbolismo pode estar ligado ao da sorveira-brava (vide letra *luis*).

O título de "árvore anciã" é dado aos teixos não por acaso, uma vez que essas árvores podem atingir até dois mil anos. Sabe-se que teixos presentes em cemitérios e lugares sagrados na Grã-Bretanha remontam à época dos celtas, ou até mesmo à Idade do Bronze, evidenciando que esses lugares já eram sagrados muito tempo antes da chegada do cristianismo. O teixo Fortingall, na Escócia, por exemplo, é provavelmente a árvore mais antiga da Grã-Bretanha e, estima-se, que ela tenha entre dois ou três mil anos. Sabe-se, através de evidências arqueológicas, que o teixo Fortingall era possivelmente um centro de culto celta que foi cristianizado na Idade Média. No *Livro de Lismore*, do final do século 15, o teixo é considerado o ser mais longevo do mundo, mais velho, inclusive, que o salmão, que o antecede na lista. Mais uma vez, o teixo e o salmão estão relacionados. Neste caso, fica evidente que ambos estão ligados à longevidade e ao renascimento.

O teixo é uma das árvores mais presentes na mitologia irlandesa, muitas vezes relacionado à morte e à imortalidade. No conto *Baile Binnbérlach mac Búain*[307], é dito que Baile, filho de Búan, era amado por todos devido às suas histórias românticas. Um dia ele marcou um encontro com sua amada, Aillinn, filha de Lugaid, filho de Fergus Fairge, às margens do Rio Boyne. No caminho, Baile se depara com um espectro horrível que informa a ele que Aillinn havia morrido, uma vez que uma profecia dizia que eles nunca poderiam se encontrar em vida, mas seriam inseparáveis na morte. Ao ouvir tão triste notícia, o jovem Baile subitamente morreu. O espectro viaja para se encontrar com Aillinn, que ainda estava viva, e informa a ela que seu amado, Baile, morreu, e que ele, o espectro, havia presenciado seu enterro, onde uma pedra foi erguida com seu nome no local de seu túmulo. Da mesma forma que Baile, Aillinn ao ouvir a triste

306 A palavra *eó*, do irlandês primitivo *iwas*, possivelmente deu origem à letra *idad*. E a palavra *ibar*, do irlandês primitivo *eburas*, possivelmente deu origem à letra *edad*. Ambas as palavras significam "teixo", e como as vogais foram trocadas posteriormente, acabou gerando essa confusão entre as letras "e" e "i".

307 Baile, o de fala doce, filho de Búan.

notícia, morreu em seguida. Eles foram sepultados em lugares separados. Do túmulo de Baile nasceu um teixo e do túmulo de Aillinn nasceu uma macieira, e o topo das árvores possuíam o formato de suas cabeças. Após sete anos, os poetas e profetas cortaram as árvores e de suas madeiras fizeram tabuinhas para escrever poesias, romances e profecias. Na época do *Samhain*, Art, filho de Conn, ofereceu um banquete a todos os poetas e professores da Irlanda e, como de costume, levaram as tabuinhas em que foram escritas as histórias de seus respectivos lugares. Quando Art segurou as tabuinhas, uma de frente para a outra, elas se uniram e nunca mais se soltaram. Essa história relata muito bem a concepção celta de transmigração das almas, ou seja, mesmo após a morte dos amantes e das árvores, as almas deles ainda estavam presentes nas tábuas usadas para escrever, e assim, eles permaneceram unidos até que foram queimadas posteriormente.

Robert Graves, em seu livro *A Deusa Branca*, informa que no conto *Naoise e Deirdre*, estacas de teixo foram fincadas nos cadáveres dos amantes para mantê-los separados, mas as estacas brotaram de seus túmulos e os ramos das árvores se encontraram e se entrelaçaram sobre a Catedral de Armagh.

É possível que o teixo realmente estivesse presente em rituais celtas relacionados à morte e à velhice. Júlio César cita em *De Bello Gallico*, que o rei de uma parte dos eburões se envenenou com teixo, pois tinha idade avançada e não suportava enfrentar a guerra, nem a fuga. Os eburões, uma tribo belga de origem gaulesa e germânica, devem seu nome à palavra celta *eburos*, "teixo". Inclusive, essa palavra está presente em alguns topônimos europeus, como a cidade de Évora em Portugal, chamada Ebora (dos teixos) e a cidade de York, na Inglaterra, que era conhecida em tempos romanos como Eburacum, ou seja, o lugar dos teixos. Segundo a tradição folclórica, os teixos simbolizam a imortalidade. Durante a Idade Média, diversos teixos foram plantados em cemitérios cristãos por toda a Grã-Bretanha com esse significado.

Perceba que as três últimas letras do ogham estão ligadas de alguma forma ao simbolismo da morte. Em *úr*, é a morte propriamente dita do corpo físico, ou seja, o fim de um ciclo. Em *edad*, encontramos os tabus presentes nos ritos funerários, aqui em *idad*, a morte se apresenta não como o fim, mas como um estágio para a eternidade e a imortalidade.

A letra *idad* também pode estar ligada ao simbolismo da letra *beith*, a primeira letra do ogham, devido às cores associadas a essas letras. Enquanto *beith* foi associada à *ban*, o branco; *idad* foi associada à *irfind* (ou *airfind*), ou seja, muito branco. Podemos concluir que *beith*, o início da jornada, simboliza a transição do velho para o novo, enquanto *idad*, ao contrário, representa a transição do novo para velho. Por ser a última letra do alfabeto, *idad* representa a maturidade, a experiência de vida, a velhice, a morte e a imortalidade. Em outras palavras, representa nossos ancestrais, os guardiões da tradição que é passada milenarmente de boca a ouvido.

Palavra Ogham de Mac ind Óic

Crinem feda, "mais murcha das madeiras", ou retorcida, a saber, o teixo, a letra *I*. Por isso foi dado à *Letra Ogham*, que tomou outro nome, a saber, *idad*, o teixo.

Comentários

Crín (de *crinem*) pode significar tanto "murcho", como "velho" ou "decrépito". Mais uma vez temos aqui uma referência ao teixo, considerado a árvore mais velha devido à sua longevidade. Mas essa *Palavra Ogham* também poderia ter sido usada como figura de linguagem para se referir a pessoas idosas, que possuem a pele enrugada e murcha.

George Calder traduziu a palavra *claidem* como "espada", contudo, McManus informa que se trata de um erro, já que a palavra correta, *cainem*, significa torcido, torto ou curvado, uma referência clara ao tronco e galhos do teixo, que são retorcidos e arqueados devido à idade da árvore. Contudo, há outra palavra em irlandês antigo muito próxima, *claidid* (ou *claide*), que significa "escavar", utilizada para indicar a construção de uma sepultura ou túmulo. Se minha colocação estiver correta, o autor da *Palavra Ogham* de Mac ind Óic estava fazendo um trocadilho entre as palavras para "curvado", ou seja, uma pessoa idosa, e a palavra para "escavar" um túmulo, relacionando essa letra, mais uma vez, ao simbolismo da velhice e da morte.

Seja como for, o teixo também foi associado a armas na mitologia celta, não a espadas como sugeriu Calder, mas a lanças. A lança do Deus Lug, a Gáe Assail (lança de Assal) tinha a capacidade de atingir qualquer alvo quando o encantamento *ibar* "teixo" era recitado. E quando o encantamento *athibar* "retorno do teixo" era entoado, a lança voltava à mão de Lug. No texto *Oidheadh chloinne Tuireann*[308], a lança do Deus Lug é chamada de *Areadbhar*, confeccionada de "teixo, a melhor das madeiras" e pertencia

308 A morte violenta dos filhos de Tuireann. Referência: <https://archive.org/details/oidhechloinnetui00oduf/page/96/mode/2up>

ao rei da Pérsia, Pisear, antes de ser dada a Lug pelos filhos de Tuireann. Essa lança deveria ser mergulhada em um caldeirão de água, para que não pegasse fogo devido ao seu veneno. Outra lança que deveria ser mergulhada em um caldeirão, dessa vez de veneno, para conter seu ardor flamejante, era a Lúin de Celtchar. Essa lança, se não fosse mergulhada no caldeirão, queimaria a mão de quem a portasse, pois ela emitia um calor extraordinário. Apesar de serem distintas, alguns autores acreditam que a lança de Lug (Gáe Assail) e a Lúin de Celtchar sejam a mesma arma. O fato de essas lanças serem descritas como flamejantes e, semelhante ao martelo do Deus Thor da mitologia nórdica, voltarem à mão de seu portador, acredita-se que elas simbolizavam os raios. É interessante notar, que segundo o folclore irlandês, o teixo era considerado a primeira árvore a ser atingida por um raio. Em outros lugares, ao contrário, o costume diz que ramos de teixo protegiam de raios e tempestades.

Fica evidente, mais uma vez, a associação do teixo aos idosos e à ancestralidade. Quando associado à magnífica lança de Lug, a letra *idad* indica que tudo que vai, volta para sua origem, ou seja, assim como nossos ancestrais, nós também iremos envelhecer, morrer e voltar ao Submundo, de onde viemos, para nascer novamente em outra existência.

Palavra Ogham de Con Culainn

Lúth lobair, "energia de uma pessoa instável".

Comentários

Essa *Palavra Ogham* também pode ser interpretada como "energia de um doente" ou "vigor de um fraco". Semelhante à letra *quert*, aqui também temos uma contradição, afinal, qual a energia ou o vigor de uma pessoa fraca? A resposta talvez seja muito óbvia, acredito que a *Palavra Ogham* de Con Culainn se refere à sabedoria e à experiência de vida de um ancião, pois mesmo já fraco e debilitado devido à sua idade avançada, suas experiências e cicatrizes são motivos de orgulho, fortificando-o diante da comunidade. É possível, mais uma vez, que essa *Palavra Ogham* também esteja se referindo ao teixo, uma árvore forte, mas ainda assim, muito velha.

No *Immram Curaig Mael Dúin*[309], o herói Máel Dúin parte com sua tripulação em busca de vingança pela morte de seu pai, mas acaba atravessando

309 Fonte: https://sejh.pagesperso-orange.fr/keltia/immrama/maeldun_en.html

o véu que separa os mundos e aporta em diversas ilhas fantásticas e sobrenaturais. Porém, antes de chegar ao seu destino, ou seja, antes de retornar à Irlanda e vingar seu pai, ele e sua tripulação aportam em uma ilha rochosa onde vivia um eremita de cabelos brancos. Máel Dúin pede ao velho que conte sua história e como ele chegou naquela ilha, o eremita então conta ao herói que, quando mais jovem, era cozinheiro da igreja da ilha de Torach, mas vendia a comida em troca de dinheiro e joias, ajuntado um grande tesouro. Um dia pediram que ele cavasse uma cova para enterrar um camponês, mas ele ouviu uma voz que provinha da terra, avisando-o para que ele não enterrasse o corpo de um pecador naquele lugar. Era a voz de um homem santo que havia sido enterrado ali. Ainda assim, ele insistiu em enterrar o corpo naquela cova, mas a voz o advertiu de que se ele fizesse isso, em três dias pereceria e iria para o inferno. Imediatamente o cozinheiro desistiu de enterrar o corpo naquele lugar e procurou outro canto para sepultar o cadáver. Após essa experiência, ele decidiu confeccionar um barco com couro para fugir da ilha com seu tesouro. Quando seu barquinho foi sacudido pelo vento, levando-o para o alto-mar, ele avistou um homem sentado sobre as ondas. Esse homem não era outro senão o mesmo santo, que o adverte mais uma vez, ele diz que devido à sua cobiça, orgulho e arrogância, sua alma estaria condenada ao inferno, a não ser que ele jogasse todo seu tesouro ao mar. O cozinheiro se recusou e o santo disse que enquanto ele não fizesse isso, seu barco permaneceria parado no mar e sua visão seria atormentada por demônios. Finalmente, o cozinheiro concordou em jogar o tesouro ao mar, com exceção de um copo, e se arrependeu de seus pecados até aportar em uma rocha no meio do mar. O santo encheu seu copo de soro de leite e deu a ele sete pedaços de bolos para sua provisão. O cozinheiro passou sete anos se alimentando apenas do que foi dado a ele pelo santo. Após esse período, uma lontra lhe trouxe um salmão (símbolo de longevidade e sabedoria) para se alimentar, mas o cozinheiro, já convertido em eremita, recusou-se, pois não comeria o salmão cru, assim, após três dias de jejum, outra lontra trouxe brasas e lenha e ele pode cozinhar o salmão. Após contar sua história, o ancião profetiza que Máel Dúin chegará ao seu destino e encontrará o homem que matou seu pai, mas pede a ele que não o mate, mas que o perdoe, pois Deus o protegeu durante a viagem. Essa passagem da viagem de Máel Dúin é essencialmente cristã, mas há alguns elementos interessantes a serem analisados. O eremita representa a experiência de vida de alguém que cometeu diversas infrações, mas se arrependeu e, agora, alerta ao jovem aventureiro para que não cometa os mesmos erros. Uma pessoa anciã, de maneira geral, representa os bons conselhos que devemos ouvir, é aquele velho professor que aprendeu as lições da vida vivendo, ou seja, aquela pessoa que sentiu na pele o que uma escolha errada pode acarretar.

Outra possibilidade é talvez que a *Palavra Ogham* de Con Culainn esteja se referindo ao veneno do teixo, que mesmo provindo de uma árvore retorcida e velha, é extremamente poderoso e perigoso.

Seja como for, tudo indica que o teixo e, por conseguinte, a letra *idad*, representam, não só uma pessoa idosa, mas a tudo que esteja relacionado à velhice em seus aspectos positivos ou não. Então, *idad* representa a sabedoria e os conselhos de um ancião, mas também sua fragilidade e senilidade.

CRANN OGHAM

Idho .i. ibhar.

Ido, ou seja, o teixo.

COMENTÁRIOS

O teixo foi uma das árvores mais sagradas da Irlanda, ao lado do freixo e do carvalho. Em *Suidiugud Tellaich Temra*[310] é dito que um gigante chamado Trefuilngid Tre-eochair, ou seja, Tríplice Campeão de Três Gumes (ou Tríplice Portador das Três Chaves), aparece a uma assembleia junto ao rei da Irlanda, na colina de Tara, vindo do Oeste. Todos ficaram maravilhados com tal gigante, descrito como "tão alto como um bosque era o topo de seus ombros, o céu e o sol visíveis entre suas pernas devido ao seu tamanho e beleza". De longos cabelos amarelos dourados, o gigante segurava um ramo de onde pendiam três tipos de frutos, avelãs, bolotas de carvalho e maçãs. Quando questionado qual o significado de seu nome, de onde vinha e para onde ia, o gigante respondeu que era responsável pelo nascer e o pôr do sol, por isso assim foi nomeado. Ele vinha do ocidente e se dirigia para o oriente, pois soube da crucificação de Jesus, que abalou o percurso do sol. Após se apresentar, Trefuilngid pediu ao Rei Conan Bec-eclach que todos os homens da Irlanda se reunissem. Quando todos estavam presentes, ensinou aos sete homens mais sábios de cada uma das quatro províncias da Irlanda sua história e

310 A colonização do domínio de Tara. Presente no *Livro Amarelo de Lecan* do século 12.

seu conhecimento, e ainda demarcou suas fronteiras. Então, Trefuilngid Tre-eochair entregou a Fintan Mac Bochra, o homem mais velho e mais sábio da Irlanda, bagas, nozes de avelãs e bolotas de carvalho, para que ele as plantasse. Fintan assim o fez e desses frutos nasceram cinco grandes árvores sagradas. Das cinco árvores sagradas (*bile*), pelo menos duas eram possivelmente teixos, Eó Rossa e Eó Mugna. Apesar de a palavra *eó* normalmente indicar um teixo, a Eó Mugna foi descrita como um carvalho que descendia da Árvore do Conhecimento do Jardim do Éden e, além de bolotas, essa árvore também produzia maçãs e avelãs, como o ramo de Trefuilngid. Já a árvore Eó Rossa (Eó Ruis) foi descrita realmente como um teixo, derrubada por São Molaisse no século 6, que distribuiu sua madeira aos santos da Irlanda.[311]

Ainda em *Suidiugud Tellaich Temra*, Fintan, tido como o homem mais velho da Irlanda, foi desafiado por alguém na multidão que queria saber quão boa era sua memória. Fintan então disse que um dia colheu uma baga de teixo e a plantou, a árvore cresceu, envelheceu, morreu e então, de sua madeira ele fez cântaros e outros utensílios, que com o tempo apodreceram. Do que restou da madeira ele fez novos utensílios, que finalmente, naquele momento já tinham virado pó devido à sua longa idade. Essa passagem demonstra o quão velho era Fintan e quão boa era sua memória, pois sua idade ultrapassava a de um teixo, tido como o ser mais velho do mundo, como dito anteriormente.

Em irlandês, o zimbro era conhecido como *iubhar beinne,* ou seja, "teixo da montanha", *iubhar talamh*, "teixo da terra" ou *iubhar craigi*, "teixo das rochas", isso porque, provavelmente o tronco do zimbro foi comparado ao do teixo, ambos igualmente retorcidos. A madeira do zimbro (ou junípero) foi queimada na Escócia em rituais de purificação de Ano Novo, pois, acreditava-se, que sua fumaça afastava bruxas, doenças e pragas. Esse ritual, conhecido como *saining,* que significa algo como abençoar ou consagrar em gaélico escocês, consiste em aspergir água benta e depois defumar um local com zimbro, seja uma casa ou estábulo, ao ponto de a fumaça causar tosse nas pessoas. Após isso, tudo é aberto para que o ar puro do novo ano entre e purifique o local. É possível então comparar o poder purificante do zimbro ao da bétula, também associada à purificação e à limpeza, como dito anteriormente. Assim, mais uma vez o simbolismo da primeira letra do ogham, *beith*, está associado ao da última letra, *idad*, onde um ciclo é encerrado para dar lugar a outro, num eterno retorno.

---

311 Fonte: <https://celt.ucc.ie/published/T201003/text012.html>

Significados Oraculares

Velhice, experiência de vida, tradição, professores, aprendizado, avós, senilidade, transição do novo para o velho, memória, herança, ancestrais, conselhos, honra, respeito, maturidade, antiguidade, finalização.

Afirmação

Já tive muitas vidas, sou experiente, mas sempre que preciso recorro aos meus ancestrais em busca de aprendizado e entendimento.

Perguntas

Respeito minhas tradições?
O que devo aprender com minha experiência de vida?
Sou grato aos ancestrais e ao Universo?

Práticas

Leia e estude algo sobre a tradição celta, como se fosse um antigo poema medieval ou um costume há muito esquecido.
Visite um cemitério e medite sobre como os seus ancestrais foram importantes para sua formação.
Visite uma antiga árvore, passe as mãos em seu tronco e imagine que ela é uma anciã de pele enrugada. Sente-se em suas raízes "ouça" o que a árvore tem a ensinar sobre o ciclo da vida.

Temas

Honrar os antepassados.
Manter viva a tradição.
Superar o medo do envelhecimento.

FORFEDA

Direção: Centro (*mide*) e os pontos colaterais
Província da Irlanda: Meath
Simbolismo da direção: realeza (*flaith*)

Forfeda significa "letras adicionais". Esse grupo também é conhecido como *Aicme na Forfed* ou "grupo de letras adicionais". Essas letras, hoje conhecidas como ditongos, foram desenvolvidas posteriormente e sofreram diversas influências ao longo da história, como a da gramática grega, por exemplo. Não há um consenso sobre quantas letras adicionais foram utilizadas e suas correlações são escassas.

Alguns Druidas modernos simplesmente descartam as letras adicionais do conjunto ogham, por não as ver como parte do sistema original. Em contraposição, há aqueles que as utilizam em suas práticas mágicas e oraculares sem distinção das letras originais. Os *forfeda*, de fato, são raros em pedras ogham, contudo, são muito bem atestados em manuscritos medievais, o que não invalida sua importância e o legado que os celtas nos deixaram.

Ainda assim, é preciso observar que os *forfeda* são distintos dos *feda*, isto é, são diferentes e complementares. Importante frisar, que os *forfeda* não são letras especiais e também não são mais importantes que as demais letras, como algumas pessoas já sugeriram, dando grande destaque a essas letras adicionais, apenas para se diferenciarem da maioria. Devemos nos lembrar de que os *forfeda* nunca se destacaram na história do ogham e devem ser, como sempre foram, utilizados como complementos ou, no máximo, como uma das demais letras, sem distinção.

Os *forfeda* representam o elo entre os demais grupos, ou seja, além de uni-los no eixo vertical, representado pelo centro, une-os também no eixo horizontal, representado pelos pontos colaterais (Nordeste, Sudeste, Sudoeste, Noroeste), como podemos ver na Janela de Fionn. O centro é onde está o rei, a direção da realeza, mas a função dos *forfeda* não é comandar ou governar, mas, sim, ligar ou conectar os demais *aicmi*, como o laço que une o feixe de gravetos, e servi-los, pois, em verdade, o rei serve seu povo e não ao contrário.

Por representar um elo entre as demais letras, os *forfeda* também indicam caminhos a serem explorados na aventura da vida. São fatores exteriores ou interiores que o consulente precisa trabalhar, buscar e vivenciar, antes de atingir o objetivo.

Robert Graves sugere que os *forfeda* estão relacionados a objetos místicos da *corrbolg*, "a bolsa de garça", uma bolsa mágica que pertencia ao Deus dos mares e névoas, Manannán Mac Lir. A bolsa de garça foi feita da pele de Aífe (ou Aoife), transformada em garça pela ciumenta Luchra, como descrito em um poema encontrado em *Duanaire Finn*[312]. No poema é dito que após 200 anos morando com Manannán, sob a forma de garça, Aífe morre e de sua pele o Deus confecciona uma bolsa para guardar seus tesouros mais preciosos. Os tesouros são compostos pela túnica de Manannán e sua faca; o cinto e o gancho de ferreiro de Goibhniu; a tesoura do rei da Escócia; o elmo do rei de Lochlainn[313]; os ossos dos porcos de Assal e uma tira das costas da grande baleia. E ainda é dito que: "Quando a maré estava cheia, seus tesouros eram visíveis no mar: quando a maré feroz estava em vazante, a bolsa de garça estava vazia". Isso talvez signifique que a bolsa representava o próprio mar.

Não precisa muita imaginação para entender como Robert Graves chegou a essas associações. O *forfid ébad*, que tem o formato semelhante a um "X", foi associado por Graves à tesoura (de poda) do rei da Escócia. *Óir*, semelhante a um losango, é o capacete ou elmo do rei da Escandinávia. *Uilleann* com seu formato espiral foi associado ao gancho do Deus ferreiro Goibhniu. *Ifín*, que se assemelha a varas cruzadas, foi associado aos ossos dos porcos de Assal. E por fim, *emancholl*, semelhante ao padrão xadrez, foi relacionado à camisa de Manannán, presumo que seja pelo padrão xadrez que os celtas utilizavam em suas roupas, mas segundo Robert Graves, também por ser um mapa náutico. Aparentemente, um dos tesouros ficou de fora das associações, a tira das costas da grande baleia. Mas Graves pensou em tudo. Para ele, a tira das costas da grande baleia é a haste vertical onde são escritas as letras ogâmicas.

Apesar de absolutamente nada comprovar as associações feitas por Robert Graves aos *forfeda*, devemos reconhecer que foi um trabalho repleto de inspiração, principalmente em relação ao simbolismo da garça. Como vimos, os *forfeda* representam o eixo cósmico, ou a Árvore Sagrada, que liga

312 As Canções de Finn.

313 *Lochlainn* significa "terra dos lagos", referência à Escandinávia, mais especificamente à Noruega.

Céu, Terra e Submundo, e, curiosamente, a garça possui o mesmo simbolismo. Quando os antigos celtas observavam as garças, aves ribeirinhas, apoiarem-se em apenas uma pata para descansar, viram ali um símbolo do eixo cósmico, uma vez que as garças estão presentes no céu, na terra e na água (representação das profundezas do Submundo). Inclusive, os antigos Druidas assumiam uma postura semelhante à das garças para lançar seus feitiços. Conhecido como *corrguinecht*, esse antigo encantamento verdadeiramente convertia o Druida em um eixo entre os três mundos.

ÉBAD

Variante ortográfica: *ébhadh*
Significado do nome: desconhecido. Talvez salmão.
Árvores: álamo[314] ou álamo-branco, também conhecido como choupo-branco, álamo-prateado (*Populus alba*); álamo-negro, também conhecido como choupo-folhas-de--vidoeiro (*Populus nigra subsp. betulifolia*) erva-campeira, também conhecida como helênio ou ênula (*Inula helenium*); madressilva (*Lonicera periclymenum*).
Letra: ditongo ea ou eo (acredita-se que na Escócia correspondia à letra k ou é)
Pronúncia: *evád*
Classe: arbusto
Lei Brehon: divisão inferior[315]
Nobre da escola de Fénius: Ethrocius
Bolsa de garça[316]: tesoura do rei da Escócia

PALAVRA OGHAM DE MORANN MAC MAIN

Snamchain feda, "a madeira mais flutuante", que é *ebad*, o álamo, pois a madeira é uma boa nadadora; esse é um dos nomes para o grande corvo. Por isso foi dado o nome *ebad* à *Letra Ogham*, pois é um nome para o salmão, e foi escrito como *EA* no alfabeto da fauna: ou seja, junto ao cervo (veado), *EO* por *eonasc* (melro).

COMENTÁRIOS

Assim como a letra *edad*, é possível que o nome do *forfid ébad* tenha se originado da palavra *eó*, "salmão", como fica evidente na *Palavra Ogham* de

314 No texto não especifica qual espécie de álamo ou choupo ele se refere. Em *Edad*, trata-se provavelmente do álamo-tremedor. Acredita-se que *edad* e *ébad* tenham a mesma origem etimológica, neste caso, ambas estariam associadas ao álamo-tremedor *(Populus tremula)*. Outros candidatos à árvore de *ébad* é o álamo-branco, introduzido posteriormente e o álamo-negro (choupo-folhas-de-vidoeiro) que talvez seja nativo da Irlanda.
315 Referente ao álamo-tremedor.
316 Segundo Robert Graves, os *forfeda* estão relacionados a objetos da bolsa de garça do Deus dos Mares e do Outromundo, Manannán mac Lir.

Morann. Essas letras, *edad* e *ébad*, certamente possuíam origem em comum e carregam semelhanças simbólicas, contudo, aqui fica evidente que o salmão simboliza não somente o conhecimento e a sabedoria, mas também a longevidade e a superação.

Por mencionar a madeira mais flutuante e a melhor nadadora, exalta-se as qualidades do salmão, que, para atingir seu objetivo, nada contra a correnteza, saltando, inclusive, sobre os obstáculos em seu caminho. Na mitologia celta irlandesa há alguns personagens que assumiram a forma de um salmão para sobreviver a diversas catástrofes, esse é o caso de Fintan Mac Bochra. O mito conta que Fintan foi uma das primeiras pessoas a chegar à Irlanda, acompanhando Cessair, neta de Noé, antes do Dilúvio. Quando finalmente o Dilúvio atingiu a Irlanda, todos da tribo de Fintan morreram afogados, mas ele sobreviveu, assumindo a forma de um salmão e escondendo-se em uma caverna submarina. Depois ele assumiu a forma de uma águia e de um falcão, antes de assumir novamente a forma humana. Por ter sobrevivido há milhares de anos, Fintan detinha grande conhecimento. Ele foi considerado um grande sábio e passou a ser o conselheiro de vários reis. Tuan Mac Cairill é outro personagem da mitologia irlandesa que assumiu diversas formas animais para sobreviver por milênios. Tuan nasceu peludo como um homem selvagem e presenciou a chegada do povo de Nemed na Irlanda. Ele se transformou em um veado e viu o fim dos nemedianos, depois assumiu a forma de um javali e testemunhou a chegada dos Fir Bolg. Sob a forma de uma águia, presenciou a chegada dos Tuatha Dé Danann e dos Milesianos. Por fim, já sob a forma de um salmão, Tuan foi capturado e servido à esposa de Cairill, que o comeu e ficou grávida, dando à luz posteriormente a Tuan, filho de Cairill, também considerado grande sábio. Alguns veem nessas metamorfoses animais indícios da crença druídica na metempsicose, ou seja, na transmigração da alma.

No *Livro de Lismore* é possível encontrar uma lista dos seres mais longevos e, portanto, mais antigos do mundo. Depois dos humanos, os seres mais longevos, segundo o *Livro de Lismore*, são: o veado, o melro, a águia, o salmão e o teixo. Os animais podem ser comparados aos mais velhos citados no conto galês *Culhwch ac Olwen*, encontrado no *Livro Vermelho de Hergest*, a saber: o Melro de Cilgwri, o Cervo de Rhedynfre, a Coruja de Cwm Colwyd, a Águia de Gwernabwy e o Salmão de Llyn Lliw.

Assim, pode-se concluir que o Alfabeto da Fauna citado na *Palavra Ogham* de Morann, refere-se aos animais mais antigos[317], símbolo de longevidade, transmigração, imortalidade, sabedoria e superação das adversidades.

Palavra Ogham de Mac Ind Óic

Cosc lobair, "corretivo de um doente", a saber, a madressilva para a letra do Ogham, que tomou outro nome, a saber, *ebad*, o álamo-tremedor, a letra EA.

Comentários

A palavra *cosc* pode significar também "castigo", "reprovação" ou "punição", portanto, conclui-se que essa *Palavra Ogham* está falando de uma pena que deve ser paga ou uma lição a ser aprendida. A palavra *cosc*, no entanto, também significa "remédio" ou "cura", assim, seu significado passa a ser a cura de uma pessoa doente e não a punição. A madressilva é outra planta associada à *ébad,* mas pouca informação temos sobre o simbolismo desta planta para os celtas. Neste contexto, ela parece representar a causa da cura do doente, possivelmente através de seu doce aroma.

Por sua vez, a palavra *lobair*, além de significar uma pessoa doente, pode indicar também uma pessoa fraca e instável, como visto na letra *idad*. Nesse caso, seria o castigo sobre uma pessoa débil, sem força de vontade para lutar por seus objetivos. Seja como for, acredita-se que *cosc lobair* seja uma figura de linguagem para um remédio especial, em que é preciso empreender uma penitência ou esforço para encontrá-lo.

Pouca coisa pode-se dizer sobre a associação entre *ébad* e a Tesoura do rei da Escócia, como propôs Graves, a não ser é claro, pelo formato do *forfid,* que de fato lembra uma tesoura aberta. Se recorrermos à mitologia celta, a tesoura mais conhecida é, sem dúvida, aquela que estava presente entre as orelhas do javali Twrch Trwyth, como descrito no conto *Culhwch ac Olwen.* Essa tesoura era a única capaz de cortar o cabelo e a barba do gigante Ysbaddaden. Desta forma, a tesoura representaria a valentia e a habilidade do herói que poda e limita o poder do gigante, o inimigo, símbolo de obstáculo e provação.

317 Sendo o grande corvo possivelmente um símbolo da Deusa Morrígan e da morte, que leva à imortalidade, representada pelos demais animais.

Além disso, acredita-se que o *forfid ébad* foi inscrito em pedras ogâmicas para indicar a palavra *koi*, o correspondente irlandês do termo latino "*hic iacit*", ou seja, "aqui jaz". Isso corrobora a hipótese de que as pedras ogâmicas foram utilizadas como marco tumular.

PALAVRA OGHAM DE CON CULAINN

Caínem éco, "o mais belo dos peixes".

COMENTÁRIOS

Mais uma vez, a *Palavra Ogham* se refere ao peixe, mais precisamente ao salmão, uma vez que o nome desta letra possivelmente tem origem na palavra irlandesa para salmão. Sem dúvidas, o salmão possui uma grande importância para os eruditos que criaram e estudaram o ogham, já que esse peixe era o símbolo do conhecimento e da sabedoria.

O simbolismo do salmão estava atrelado ao do poço do conhecimento que nasce no Submundo, portanto, relacionado também aos ancestrais e aos mais velhos, que detinham todo o conhecimento e erudição. Ademais, o salmão era considerado um dos alimentos favoritos dos irlandeses, simbolizando então a abundância, o sustento e a fartura.

Segundo a mitologia, o herói Cú Chulainn possuía uma técnica de combate conhecida como "salto do salmão", capaz de matar diversos guerreiros de uma só vez. Pouco se sabe sobre tal técnica marcial, mas sabe-se, segundo registro de autores greco-romanos, que os guerreiros celtas saltavam sobre os escudos de seus inimigos, completamente nus, sem nenhum temor ou covardia, para atacá-los. Desta forma, podemos associar o salto do salmão à valentia, coragem, ousadia e bravura, características igualmente atribuídas ao *forfid ébad.*

CRANN OGHAM

Ebhadh .i. crithach.

Ebhadh, ou seja, o álamo.

Comentários

Como *ébad* está associada à letra *edad*, o simbolismo do álamo (seja o álamo-tremedor ou o álamo-branco), são semelhantes para ambas as letras, porém, aqui podemos destacar que o tremor, representado pelo álamo-tremedor, normalmente desencadeado pelo medo e pela vergonha, deve ser superado pela força de vontade e pela valentia, simbolizada pelo salmão, que enfrenta seus desafios sem receio, pois sabe onde quer e precisa chegar. Esta letra nos alerta sobre a aflição e a ansiedade que nos impedem de seguir em frente.

Possivelmente, este *forfid* também foi associado à erva-campeira ou helênio, devido ao seu nome em irlandês antigo *elend,* muito próximo à palavra *elenn,* supostamente outro nome para o álamo. Pouca informação temos sobre a erva-campeira na mitologia celta, mas segundo o naturalista romano Plínio, o Velho, esta planta surgiu das lágrimas de Helena de Troia. Elen é a versão galesa do nome Helena, alguns estudiosos acreditam que a origem de seu nome é celta, mas devido à semelhança com o nome Helena, posteriormente, passou a ser seu equivalente. No País de Gales, Elen Luyddog (Elen das hostes), também conhecida Santa Helena de Caernarfon, por vezes confundida com Santa Helena, mãe do imperador Constantino, foi uma princesa britânica e esposa de Macsen Wledig (Magnus Maximus) que viveu no século 4. Segundo os mitos e lendas galeses, Macsen Wledig, imperador de Roma, sonhou com uma bela virgem de nome Elen, que vivia em uma ilha distante. Ele ficou perdidamente apaixonado por ela e enviou seus homens por todo o mundo em sua busca. Eles a encontram na Grã-Bretanha e o imperador finalmente a reconhece e se casa com ela. À Elen é atribuída a construção de diversas estradas no País de Gales, por isso é também conhecida como "Elen dos Caminhos". As antigas estradas romanas no País de Gales são conhecidas como *Sarn Helen,* devido às lendas sobre Elen, no entanto, é possível que o nome dessas estradas tenha se originado da palavra *elin*, que significa "cotovelo" ou "ângulo" (compare com o nome da letra *uilleann*), pois as estradas celtas, ao contrário das romanas, eram sinuosas. É possível também que as lendas e as histórias sobre Elen dos Caminhos sejam herdeiras de um antigo culto à Deusa bretã Ahes, que teria construído estradas romanas na Bretanha.[318] Vale ressaltar, que o formato desse *forfid* assemelha-se a uma encruzilhada, ou seja, os

---

318 MACKILLOP, James. A Dictionary of Celtic Mythology. Oxford: Oxford University Press, 2017.

caminhos e possibilidades que encontramos no decorrer da nossa vida. Assim, conclui-se que a erva-campeira (ou helênio), facilmente encontrada à beira de estradas, talvez simbolizasse para os celtas a esperança e a confiança, devido à beleza de suas flores amarelas, associadas ao Sol (seu nome deriva de *Helius*, o Deus grego do Sol), que nos estimula e impulsiona a seguir em frente, ligando-a também ao significado simbólico da letra *ébad*.

Significados Oraculares

Coragem, expansão, deixar fluir ou nadar contra a correnteza, longevidade, ancestralidade, correr atrás dos objetivos, animais, lição, audácia, proeza, imortalidade, transmigração, destemor, percepção, superação, caminhos abertos, escolhas, extroversão, confiança.

Afirmação

Como o salmão, eu nado contra a correnteza em busca do meu objetivo. Sei usar meus dons em meu benefício.

Perguntas

O que devo deixar fluir em minha vida?
Arrisco-me a nadar contra a correnteza?
Qual o caminho para a longevidade?

Práticas

Deposite nas correntezas de um riacho um pequeno pedaço de madeira e medite sobre como sua vida flui, sem resistência.
Explore lugares nunca antes visitados, ou preste atenção a pequenos detalhes em sua jornada diária. Permita-se conhecer pessoas e situações diferentes, seja expansivo e confie em si mesmo.
Escreva num papel os objetivos que deseja alcançar, estabeleça metas e marque aquelas que foram realizadas.

Temas

Expansão da consciência.
Explorar novos horizontes.
Empreendimento pessoal.

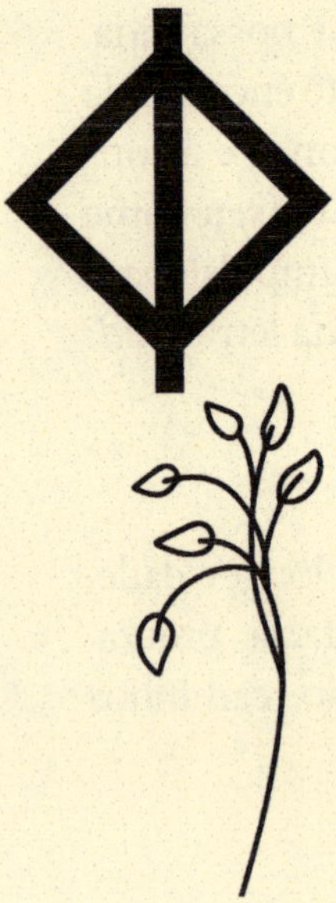

ÓIR

Variante ortográfica: *ór*
Significado do nome: ouro
Árvores: evônimo-europeu, também conhecido como fuseira, barrete-de-padre ou evônimo-da-Europa (*Euonymus europaeus*); hera (*Hedera helix*); urze (*Calluna vulgaris*); giesta (Cytisus scoparius)
Letra: ditongo oi
Pronúncia: *ór*
Classe: arbusto
Lei Brehon: divisão inferior
Nobre da escola de Fénius: Ordines
Bolsa de garça: elmo do rei de Lochlainn

PALAVRA OGHAM DE MORANN MAC MAIN

Sruitem aicdi, "a mais venerável das estruturas", isto é, *oir*, a letra OI, o evônimo-europeu, de acordo com o fato. Por isso foi dado esse nome a essa letra, devido à semelhança entre seus nomes, ou seja, *oir* é o nome de cada um deles.

COMENTÁRIOS

Não há dúvidas de que a palavra *óir* significa "ouro" (do latim, *aurum*), o metal mais precioso e mais apreciado de todos. A palavra *aicdi* também pode ser traduzida como "material", "substância", ou qualquer outro artigo manufaturado, assim, presume-se que a *Palavra Ogham* esteja falando de uma joia ou de qualquer outro objeto precioso, certamente feito de ouro.

Na mitologia celta, assim como na arqueologia, encontramos diversos objetos e artefatos de ouro, certamente associados à nobreza, à riqueza e a grandes destaques. Por exemplo, os *ollamhs*, grandes mestres, versados em poesia, carregavam ramos de ouro, enquanto os jovens Bardos que ainda estavam iniciando seus estudos, portavam ramos de prata para indicar sua inferioridade aos mestres.

É possível que o evônimo-europeu só tenha sido associado a esse *forfid* posteriormente, talvez devido à semelhança entre o formato da letra e as flores do evônimo, que lembram vagamente pequenos losangos, ou, possivelmente, devido à utilização da madeira dessa árvore para confeccionar fusos, que possuem o formato semelhante ao desse *forfid*. É por isso que um dos nomes populares dessa árvore em português é "fuseira", também conhecida em inglês como *spindle tree*, "árvore de fuso". Se minha colocação estiver correta, as árvores e plantas associadas aos *forfeda*, de maneira geral, foram listadas posteriormente, sem nenhuma relação direta com a origem do nome da letra, mas associadas apenas pelos formatos peculiares dos *forfeda*.

Portanto, por estar intimamente relacionada ao ouro e seu simbolismo, este *forfid* não poderia ter outro significado senão "riqueza", "beleza", "fortuna", "brilho" e os demais atributos relacionados ao ouro e sua relevância para os celtas.

Palavra Ogham de Mac ind Óic

Lí crotha, "beleza da forma", ou seja, a "urze". Por isso foi dado o sinônimo à *Letra Ogham OI*.

Comentários

Aqui é ressaltado a beleza e o valor do ouro, sendo que a palavra *lí* também significa "brilho", e a palavra *crotha* pode ser traduzida igualmente como "aparência". Sendo assim, esta *Palavra Ogham* pode ser interpretada como "brilho da forma" ou "bela aparência". Mas sob outro ponto de vista, também pode ser uma referência à forma da letra, semelhante a um losango, que talvez indicasse na antiguidade uma pepita de ouro. Não poderia deixar de mencionar que, apesar de não haver nenhuma relação, no baralho francês o naipe de ouros também é representado por losangos.

Em simbologia, o losango representa a feminilidade, devido à sua semelhança à vulva, o que reforça o simbolismo do fuso como instrumento majoritariamente feminino. Como vimos na letra *nion*, fiar e tecer eram trabalhos destinados às mulheres. Na fronteira entre a Inglaterra e a Escócia há uma figura folclórica conhecida como Habitrot, descrita como uma velha fiandeira com lábios deformados, pois umedecia constantemente seus dedos nos lábios para ajudá-la a fiar em seu fuso e roca. Em um conto folclórico escocês, uma jovem donzela preguiçosa que não sabia fiar, e por isso estava fadada a permanecer solteira, conseguiu a ajuda de Habitrot e suas irmãs, que viviam numa caverna. Habitrot e suas duas irmãs fiaram para a moça, que conseguiu um bom pretendente, mas ele descobriu que quem havia fiado os novelos de lã foram as três velhas deformadas. Habitrot, então, diz ao jovem rapaz que foi justamente o constante fiar que deformou seus lábios. Assim, ele proibiu sua noiva de fiar, para que seus lábios não se deformassem e ela permanecesse sempre bela. Apesar desse tema ser comum em terras celtas, é possível encontrá-lo praticamente em toda a Europa, talvez herdeiro do mito das fiandeiras do destino (como as Parcas e as Moiras). Seja como for, Habitrot é a fada que, apesar de sua fealdade, ajuda a donzela a conquistar seu amado, preservando sua beleza, tema da letra *óir*.

A associação à urze talvez reforce o simbolismo da terra como meio pelo qual as plantas crescem, indicando fartura e crescimento, como visto na letra *úr*. Se essa associação realmente estiver correta, pode ser que essa conexão seja uma forma secreta para se referir aos tesouros (representados pela letra *óir*) enterrados no interior da terra (representada pela urze e pela letra *úr*). Tesouros encantados ou potes cheios de ouro enterrados são temas frequentes em muitos lugares do mundo, inclusive na Irlanda.

Assim, podemos imaginar que essa letra exalta não só a beleza do ouro como também a beleza das mulheres. Mas vale frisar, que estamos falando apenas da beleza exterior. Em outras palavras, essa letra também pode indicar vaidade, soberba, ostentação, orgulho, ilusão e avareza.

Crann Ogham

Oir .i. feorus no edind.

Oir, ou seja, o evônimo-europeu ou a hera.

Comentários

Acredito que essa letra tenha sido associada à hera devido ao simbolismo desta planta, que representa, como vimos na letra *gort*, a abundância e o crescimento, portanto, também à riqueza que está evidentemente relacionada ao ouro, como citado anteriormente. Outra possibilidade é a semelhança entre o formato da folha da hera e, mais uma vez, o formato em losango do *forfid óir*.

Robert Graves associou esta letra ao elmo ou capacete do rei de Lochlainn (ou Lochlann), palavra que significa literalmente "terra dos lagos", uma referência à Escandinávia. Essa região era a terra dos invasores nórdicos ou vikings, descritos como temidos homens cruéis e rudes. Por serem sempre relatados como inimigos, os nórdicos chegaram a ser comparados aos inimigos dos Deuses, os Fomorianos. O fato de um Deus celta possuir o capacete do rei da Escandinávia, talvez fosse uma figura de linguagem para indicar que, na verdade, ele possuía a cabeça do rei de seus inimigos, algo nada estranho aos antigos celtas, que tinham o costume de cortar e levar a cabeça de seus inimigos como troféus de guerra. Portanto, o capacete, ou mais precisamente a cabeça loura do rei da Escandinávia (outra associação ao ouro), talvez indicasse a vitória e domínio sobre os inimigos.

Além de estar associado evidentemente ao fuso, o evônimo-europeu, possui pouquíssima relevância simbólica e é possível que nunca tenha sido usado pelos antigos celtas como madeira para o fuso de fato. Seu nome latino, *euonymos*, derivado do grego, *euōnumos*, significa "bom nome".

Conclui-se, então, que o *forfid óir*, indica sempre uma ganho, seja através do lucro ou da fartura de algo que está crescendo, mas também da conquista de bens materiais, representado pela vitória sobre os inimigos e pelo valor monetário atribuído ao ouro.

Significados Oraculares

Beleza, atração física, boa saúde, materialismo, avareza, matéria, mundo físico, vaidade, conquista, riqueza, dinheiro, prosperidade, reconhecimento, valorização, graça, fisionomia, aparência, quantia, o exterior.

Afirmação

Sou belo, justo e próspero. Meu corpo é meu templo sagrado, é perfeito do jeito que é, pois é um reflexo da natureza.

Perguntas

O que deve ser valorizado em minha vida?
O que é atraente aos meus olhos?
Julgo as pessoas ou objetos de acordo com suas aparências?

Práticas

Reserve um dia de beleza para você. Cuide-se e agradeça a sua beleza e graça.

Dê um presente a si mesmo e diga: "eu mereço!".
Escolha dentre seus pertences aquilo que julga ser o mais precioso e reflita o motivo de esse objeto ser tão valioso, é pelo preço, raridade ou por um valor sentimental?

Temas

Valorizar-se e melhorar a autoestima.
Atrair beleza e riqueza.
Saber lidar com o orgulho e a soberba.

UILLEANN

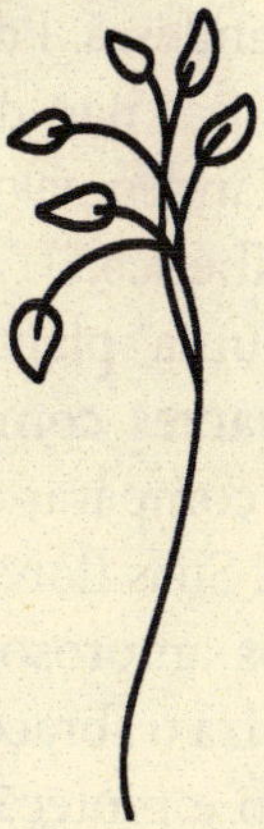

Variante ortográfica: *uilen, uillend*
Significado do nome: cotovelo ou madressilva
Árvores: madressilva, também conhecida como madressilva-das-boticas ou madressilva-dos-jardins (*Lonicera periclymenum*); medronheiro, também conhecido como êrvodo, êrvedo ou ervedeiro (*Arbutus unedo*); zimbro (*Juniperus communis*); hera (*Hedera helix*).
Letra: ditongo ui (originalmente correspondia à letra grega Υ ou υ *upsilon*)
Pronúncia: *ílhan* ou *iúlen*
Classe: arbusto
Lei Brehon: divisão inferior[319]
Nobre da escola de Fénius: Uimelicus
Bolsa de garça: gancho de ferreiro de Goibniu

PALAVRA OGHAM DE MORANN MAC MAIN

Tutmur fid uilleann, "árvore perfumada é a madressilva", pois é um dos nomes para a madressilva-das-boticas. Por isso foi dado o nome à *Letra Ogham UI*, devido à madressilva; pois daí que a madressilva-das-boticas recebeu seu nome[320].

COMENTÁRIOS

Uilen, a palavra que possivelmente deu origem ao nome desse *forfid*, significa "cotovelo" ou "ângulo" e supõe-se que a letra assumiu seu formato devido à semelhança a um cotovelo dobrado. Apesar de a palavra *uillenn* significar "madressilva", estudiosos acreditam que a planta passou a ser conhecida por esse nome após sua associação à letra e não ao contrário, pois a palavra para "madressilva" era *edlenn*.

Sua relação com a hera é clara, pois a palavra *féithlenn* se refere a uma planta trepadeira, termo normalmente utilizado tanto para a hera como para a madressilva. Inclusive, além das palavras citadas, há outros termos

319 Referente ao zimbro.
320 Madressilva e madressilva-das-boticas são usadas aqui como sinônimos *(uilleann e edlenn)*. Não confunda com a espécie *Lonicera japônica*, conhecida popularmente apenas como madressilva, nativa da Ásia.

em irlandês antigo e médio para madressilva, como *féith* e *féithleóg*, sempre indicando plantas que se entrelaçam. A madressilva era conhecida, evidentemente, pelo seu doce perfume, e é provável que, por esse motivo, esta letra também foi associada ao zimbro, pois ambos, madressilva e zimbro, eram conhecidos como árvores perfumadas[321].

Já o medronheiro, conhecido como *caithne*, outra árvore associada ao *forfid uilleann*, não possui relevância simbólica entre os irlandeses. Por ser uma árvore nativa da Irlanda e de países mediterrâneos, mas não da Grã-Bretanha, acredita-se que ela foi introduzida em solo irlandês pelos humanos que ali chegaram no Neolítico, a partir da Península Ibérica.

De volta ao simbolismo da madressilva, por ser uma planta trepadeira, ela simbolizava o abraço e o envolvimento entre amantes, como sugeriu Shakespeare em *Sonho de uma Noite de Verão*, ao comparar o abraço de Titânia, a rainha das fadas, à madressilva e à hera[322]. Suas flores, muito perfumadas à noite, também representavam encontros amorosos. Assim, a letra *uilleann*, quando associada à madressilva, simboliza o abraço, não só entre amantes, mas a todo tipo de acolhimento, abrigo e proteção representado pelos braços que se dobram junto ao peito.

Palavra Ogham de Mac ind Óic

Cubat n-oll, "grande cotovelo", a saber, a madressilva-das-boticas, isto é, a madressilva. Assim foi dado o nome à *Letra Ogham*, ou seja, da madressilva, a letra *UI*.

Comentários

Cubat n-oll também pode ser interpretado como "grande igualdade de comprimento", "grande antebraço", "grande côvado" ou ainda, "notável de igual extensão"[323]. Seja como for, este termo está claramente associado ao nome da letra, que significa "cotovelo", devido ao seu formato, mas também "medida", seja de tempo ou de espaço.

---

321 *Túthmar fid .i. crann fir nó elenn* "árvore perfumada, ou seja, um zimbro ou evônimo-europeu (madressilva?).

322 Citado por John Matthews e Will Worthington em *The Spirit of Nature Oracle:* Ancient wisdom from the Green Man and celtic ogam tree alphabet. London: Eddison Books Limited, 2018.

323 As possibilidades de tradução são diversas: "grande", "do mesmo tamanho", "da mesma duração", etc.

Fica evidente que esta letra estava associada ao côvado, antiga medida que se baseava no comprimento do antebraço, da ponta do dedo médio ao cotovelo. Até hoje, alguns Druidas e magos confeccionam suas varinhas mágicas com base nessa medida, que era muito comum na antiguidade, utilizada desde egípcios e hebreus a gregos e romanos, inclusive, pelos antigos celtas.

Segundo o texto conhecido como *Doze Portas da Alma*, a dobra do cotovelo era um dos pontos mais vulneráveis do corpo, portanto, uma área de especial atenção tanto a guerreiros, quanto a curandeiros e médicos, pois uma ferida em tal lugar poderia acometer completamente a flexibilidade do braço, impossibilitando que um guerreiro, por exemplo, portasse uma arma, isso certamente representaria uma sentença de morte a ele.

Portanto, fica muito claro que o *forfid uilleann* simboliza algum tipo de medida, não apenas o comprimento e o tamanho de algo como já evidenciado pela *Palavra Ogham*, mas a medida do tempo também. Neste caso, pode indicar um longo tempo ou o tempo certo de todas as coisas. Em outras palavras, esta letra representa o enrolar da madressilva (representada pelo abraço) e o desenrolar do tempo, ambos representados pelo próprio formato da letra, similar a uma espiral, que ora se volta para dentro, ora se volta para fora, denotando flexibilidade.

CRANN OGHAM

Uilleand .i. edleand.

Uilleand, ou seja, a madressilva.

COMENTÁRIOS

As flores da madressilva, tubulares, alongadas e curvadas, lembra-nos, mais uma vez, a forma curva ou espiral da letra *uilleann*. Por possuir um inebriante perfume que se intensifica à noite, a madressilva atrai abelhas e mariposas, especialmente a mariposa beija-flor, que se alimentam de seu néctar. Em *A Batalha das Árvores*, a madressilva aparece ao lado da hera e do ligustro, um tipo de arbusto, ressaltando sua característica como trepadeira, uma planta que emaranha e entrelaça.

A associação proposta por Robert Graves entre o *forfid uilleann* e o Gancho de Ferreiro de Goibniu se dá evidentemente devido ao formato da letra, que se assemelha a um gancho. Como vimos, Goibniu é o Deus ferreiro responsável por confeccionar as armas dos Deuses. Seu ofício era um dos mais reconhecidos e prestigiados entre os antigos celtas. A arte da ferraria representava a transformação, ou seja, a capacidade de transformar um pedaço de metal rústico, em uma arma, joia ou qualquer outro artefato utilitário. Logo, os atributos desse *forfid* carregam esse mesmo simbolismo, isto é, a transformação, a mudança, a têmpera e a maleabilidade, representada pelo metal incandescente que é manipulado pelo ferreiro.

Significados Oraculares

Flexibilidade, medida, adaptabilidade, envolvimento, acolhimento, abraço, namoro, aperto, espaço, tempo, destino, resiliência, ciclicidade, tamanho, emanação, quantidade, dimensão, grandiosidade, mudança, mutabilidade, extensão, comprimento, alternativa.

Afirmação

Sou maleável e sei me adaptar às situações que a vida me apresenta, sem assim perder minha essência.

Perguntas

Para mim, o tempo é cíclico ou linear?
Diante das adversidades, sou resiliente ou inflexível?
Qual o caminho para o autoconhecimento?

Práticas

Recolha um galho de árvore, meça o comprimento do galho com base no tamanho do seu antebraço, do seu cotovelo à ponta do dedo médio. Use essa vara como um elo entre você e o mundo natural.
Desenhe uma espiral ou labirinto sobre uma superfície, percorra os dedos sobre o desenho e reflita sobre como você deve percorrer rumo ao interior de si mesmo, em busca de autoconhecimento.
Ao entardecer, com o surgimento das primeiras estrelas na abóbada celeste, reflita sobre as dimensões do Universo.

Temas

Flexibilidade diante das situações.
Envolvimento.
Tempo necessário.

IFÍN OU PIN

Variante ortográfica: *iphín, pín*
Significado do nome: pinho ou espinho[324], groselha
Árvores: groselheira, conhecida como groselha ou groselheira-espinhosa (*Ribes grossularia var. uva-crispa*); pinheiro-silvestre (*Pinus sylvestris*); espinheiro-branco (Crataegus monogyna); espinho (*spín*)
Letra: ditongo io (também correspondia à letra p)
Pronúncia: *ifin* ou *phín* (o som do '*ph*' soa como '*f* suave)
Classe: arbusto
Lei Brehon: nobre[325]
Nobre da escola de Fénius: Iudonius
Bolsa de garça: ossos dos porcos de Assal

PALAVRA OGHAM DE MORANN MAC MAIN

Millsem feda, "a mais doce das madeiras", que é a groselha, pois um dos nomes para a árvore chamada *pin* é *millsem feda*. As groselheiras são, portanto, assim nomeadas. Por isso foi dado o nome *pin* à letra, pois *pin* ou *ifin*, é a letra *IO*.

COMENTÁRIOS

De todos os *forfeda*, parece que a letra *ifín* (ou *pin*) é a única que realmente recebeu seu nome diretamente de uma árvore, provavelmente do pinheiro ou do espinheiro. Contudo, como esta letra possivelmente correspondia ao som da letra "p", som este incomum em irlandês antigo, é possível que sua relação com o pinheiro (do latim *pinus*) seja posterior.

Outra possível origem para o nome da letra *pin* ou *ífin* é *spínán*, que significa "groselheira", mas também "espinheiro-branco", da raiz *spín*, que significa "espinho" ou "rosa selvagem". Talvez a letra tenha sido associada à groselheira posteriormente para se adequar ao simbolismo do espinho, uma vez que o formato da letra se assemelha a espinhos.

324 Segundo McManus, Thurneysen sugere que o nome desse *forfeda* tenha origem na palavra grega *hyphén* que significa "juntamente" ou "em conjunto", e que deu origem ao nosso sinal diacrítico de pontuação hífen.
325 Referente ao pinheiro-selvagem.

A palavra *millsem* significa "intensa doçura" ou "o mais doce", termo que provém da palavra *milis*, significando "doce" ou qualquer coisa que é agradável ao paladar. Normalmente, imagina-se que a doçura mencionada na *Palavra Ogham* de Morann seja uma referência ao sabor das groselhas, que, apesar de serem azedas quando verdes, quando maduras se tornam adocicadas e se assemelham ao gosto da uva, só que mais ácidas, provavelmente não tão doce ao nosso paladar atual, já acostumado a alimentos extremamente açucarados. É interessante notar também, que essa *Palavra Ogham* é idêntica à *Palavra Ogham* de Con Culainn da letra *coll*, *milsem fedo*, ou seja, a "mais doce das madeiras", ressaltando sua importância como alimento e fonte de inspiração.

Fica evidente que esta letra também foi relacionada à palavra *mil*, ou seja, "mel", devido ao simbolismo da doçura. O mel foi associado à Soberania, através da representação do hidromel, como vimos na letra *saille*, contudo, ele possui outro significado. Quando associado à boca e ao paladar, o mel simboliza a inspiração poética e a eloquência representada, por exemplo, em um dos epítetos do Deus Cermait, *milbél*, ou seja, boca de mel, devido à sua perfeita retórica.

Assim, *o forfid pin/ifín*, quando associado às groselhas e ao mel, indica, de uma forma geral, os prazeres da vida. Certamente uma letra relacionada à alimentação, consequentemente, aos banquetes e festas. Mas se levarmos em consideração que o hidromel, uma bebida muito cara e apreciada, era servido apenas em grandes e importantes festas, inclusive em casamentos, podemos concluir que *pin/ifín* simboliza também algum tipo de comemoração.

Palavra Ogham de Mac ind Óic

Amram blais, "o mais maravilhoso sabor", a saber, *pin* ou *ifin*, a groselha. Portanto, foi a partir dele que a letra recebeu seu nome, ou seja, *pin* ou *iphin*, a letra *IO*.

Comentários

Mais uma vez, percebe-se que essa *Palavra Ogham* fala do gosto doce e agradável da groselha ou do mel. A palavra *amram* significa "maravilhoso", fora do comum, extraordinário, portanto, não há dúvidas de que se trata de algo que não é corriqueiro, mas excepcional. Talvez uma referência ao vinho (já que o sabor das groselhas se assemelham vagamente ao das uvas), um produto muito apreciado pelos antigos celtas e também muito caro, mas também ao hidromel, uma bebida igualmente cara, servida apenas em grandes eventos.

Perceba que esta letra também foi utilizada a princípio para expressar o som da letra "p", no entanto, posteriormente foi criada uma letra específica para o "p", chamada *peith*. É possível que o som desta letra fosse incomum aos falantes do irlandês arcaico, visto talvez como algo exótico.

A palavra *amram* também foi utilizada para indicar algo que é prodigioso ou milagroso. Se levarmos em consideração que o santo padroeiro da Irlanda foi São Patrício (Pádraig), podemos imaginar que possivelmente a primeira letra do nome do santo foi escrita com *pin/ifín*, para expressar o som do incomum "p", mas também, talvez, para indicar que ele era um santo milagroso.

Na mitologia irlandesa, os Deuses, como é de se esperar, são frequentemente descritos como seres maravilhosos. Os milesianos, por exemplo, só conseguiram invadir a Irlanda graças ao acordo que foi firmado com a Deusa Ériu, descrita como uma maravilhosa e encantadora donzela sobrenatural. Segundo John Koch, a forma primitiva do nome da Deusa Ériu, que emprestou seu nome à Irlanda, era *Iweriu,* derivado do protoindo-europeu **PiHwerjoHn*, ou seja, "Terra Fértil". Em sua forma abreviada, o substantivo irlandês *íriu*, significa "terra", "país", derivado do protoindo-europeu **peiH-* "engordar, inchar", que, por sua vez, também deu origem ao nome do primeiro milesiano a desembarcar na Irlanda, *Íth*[326]. Assim, mesmo que sem nenhuma relação evidente, a letra *pin/ifín,* através do som do "p" ou de qualquer ditongo que comece com a letra "i", também pode representar as dádivas maravilhosas da mãe terra.

Seja como for, o *forfid pin/ifín* está evidentemente relacionado aos prazeres da vida e a tudo aquilo que é maravilhoso, fantástico e divino.

CRANN OGHAM

Iphin .i. spinan no ispin 7rl

Iphin, ou seja, a groselha ou o espinho, etc.

---

326 KOCH, John T. (Editor). *Celtic Culture:* A historical encyclopedia. Santa Barbara: ABC-CLIO, 2006.

COMENTÁRIOS

Há pouquíssima informação sobre a groselheira entre os celtas, com exceção talvez de alguns costumes folclóricos supersticiosos que fazem uso da planta, de seus espinhos e de suas frutas para fins medicinais.

Segundo a relação com os tesouros da Bolsa de Garça do Deus Manannán, *pin/ifín* corresponde aos "Ossos dos Porcos de Assal", um membro da tribo dos Deuses, conhecido na mitologia por possuir uma lança fantástica, a Gáe Assail (que passou a pertencer ao Deus Lug), e sete porcos mágicos. Segundo o conto, os filhos de Tuireann deveriam recuperar os porcos de Assal como tributo ao Deus Lug, por terem matado o pai desse Deus. Esses porcos mágicos, quando mortos, assados e comidos, tinham a capacidade de se regenerarem no dia seguinte, voltando à vida. Portanto, representam a fatura, as festas e as comemorações, quando servidos nos banquetes, mas quando regenerados no dia seguinte, simbolizam o milagre, o maravilhoso e o fantástico, evidentes características da letra *pin/ifín*, como citado anteriormente.

SIGNIFICADOS ORACULARES

Felicidade, milagre, o maravilhoso, aproveitar a vida, deleite, sabor, satisfação, gozo, alegria, otimismo, comemoração, bons momentos, dádiva, eloquência, simpatia, afeto, fantasia, ilusão, sonho, perseverança nas adversidades, prazer, júbilo.

Afirmação

Aproveito todas as dádivas que me são ofertadas e regozijo cada momento, cada situação, da menor à maior, pois a vida é a maior das bênçãos.

Perguntas

O que me dá prazer?
Tenho jogo de cintura diante dos problemas da vida?
Como posso disseminar alegria e felicidade?

Práticas

Deleite-se ao fazer sua refeição preferida e reflita sobre o quão prazeroso é o sabor e porque isso é importante para você.

Quando se sentir triste, acenda um incenso de flores, frutas ou outro aroma doce e medite sobre a doçura da vida.

Reserve um dia para se encontrar com uma pessoa especial, um namorado(a) ou amigo(a) e aproveite o momento para dar muitas gargalhadas. Faça disso um ritual semanal.

Temas

Despertar o prazer pela vida.
Superar depressão ou mágoas.
Saber lidar com os problemas de forma otimista.

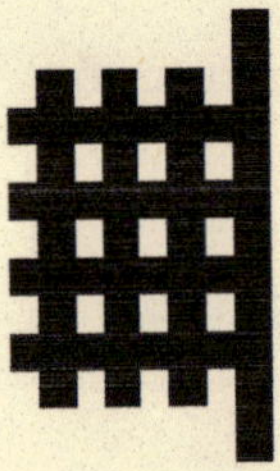

EMANCHOLL

Variante ortográfica: *eamancholl, emancoll*
Significado do nome: gêmeo da aveleira ou duplo c
Árvores: olmo, também conhecido como olmo-silvestre ou ulmeiro-da-montanha (*Ulmus glabra*); faia, também conhecida como faia-europeia ou faia-comum (*Fagus sylvatica*); aveleira (*Corylus avellana*)
Letra: ditongo ae (originalmente correspondia à letra grega *X* ou χ *qui* ou *chi*)
Pronúncia: *eman-hol* ou *evan-hol*
Classe: não listado
Lei Brehon: nobre[327]
Nobre da escola de Fénius: Affrim
Bolsa de garça: camisa de Manannán[328]

PALAVRA OGHAM DE MORANN MAC MAIN

Luad saethaig, "expressão de um cansado", ou seja, ai, ah, ui, ai de mim! Que é *emancoll*, a letra *AE*, pois *emancoll* é usado como ai[329], embora possa ser usado para outra coisa.

COMENTÁRIOS

De todas as letras e ditongos do ogham, *emancholl* é o único que não foi associado a uma árvore ou planta diretamente, a não ser que seu nome seja interpretado como "gêmeo da aveleira". Mas as evidências apontam que o nome desse *forfid* refere-se ao "duplo c", sendo *coll* interpretado não como aveleira, mas como a letra "c", isso porque o formato de *emancholl*, corresponde a duas vezes essa letra sobrepostas. Evidentemente que a *Palavra Ogham* de Morann tem pouca ou nenhuma relação com o simbolismo da aveleira.

Segundo o professor McManus, originalmente esta letra correspondia ao som da letra grega χ, que representava o som das palavras *uch*, *och*, *ach* e tinham como significado uma expressão de lamento ou gemido de dor.

327 Referente à aveleira.
328 Ou seja, o mar ou uma carta náutica.
329 Uma expressão de dor.

Na mitologia irlandesa há diversas referências a lamentações que marcaram importantes passagens, mas talvez o lamento mais conhecido seja aquele que foi proferido pela Deusa Brigid, devido à morte de seu filho, Ruadán, na segunda Batalha de Mag Tuired. Segundo a história, Brigid foi a primeira carpideira da Irlanda e supostamente teria inspirado a criação do *keening* (*Caointeoireacht*), um tipo de canto choroso tradicional, entoado em funerais irlandeses, como sinal de apreço pelo falecido. Assim, podemos concluir que *emancholl* representa, literalmente, o som de uma expressão de dor ou de insatisfação, mas também um pedido de ajuda, afinal, o choro ou a lamúria, pode ser um indício de que as coisas não estão bem e será preciso que algo ou alguém nos socorra. Ao contrário da letra anterior, *ifín*, que indica otimismo e alegria, tudo leva a crer que *emacholl* indica pessimismo e tristeza.

Como esta letra foi associada mais recentemente à camisa do Deus dos mares, Manannán Mac Lir, que para Robert Graves é a representação do próprio mar, também é atribuída a este *forfid* os significados de ultrapassar limites e atravessar grandes distâncias. Certamente é uma representação simbólica da viagem que os antigos heróis faziam através do desconhecido mar ocidental, rumo às ilhas do Outromundo.

Palavra Ogham de Mac ind Óic

Mol galraig, "gemido constante de um enfermo"[330].

Comentários

Esta *Palavra Ogham* está parafraseando a anterior e não tem muito a acrescentar além daquilo que já foi dito anteriormente, referente ao simbolismo da lamentação e da expressão de dor.

Normalmente, a árvore associada à *emancholl* é traduzida para o inglês como *witch hazel*[331], ou seja, hamamélis (*Hamamelis virginica*), contudo, essa árvore é nativa da América do Norte e não da Europa. Acredita-se que *witch hazel* seja um erro de tradução do termo *coll emnaide* "gêmeo da aveleira" ou "duplo c". Não se sabe exatamente qual árvore foi originalmente associada à *emancholl*, a melhor candidata, sem dúvida, é a

330 Esta *Palavra Ogham* é normalmente atribuída à Mac ind Óic, mas não a encontrei nas fontes originais a qual consultei.
331 Aveleira-de-bruxa em tradução livre.

aveleira, mas hoje costumam associá-la à faia, acredito que isso seja porque há algumas semelhanças entre a aveleira e a faia, árvore pouco comum na Irlanda, mas encontrada no sul da Inglaterra.

O olmo, conhecido em inglês como *wych elm*, do antigo inglês *wice*, "flexível", também era conhecido antigamente como *wych hazel*, o que sugere que George Calder ao traduzir o *Auraicept Na N-Éces*, referia-se precisamente ao olmo e não à hamamélis como hoje é comum. Inclusive, a própria hamamélis originalmente não estava ligada à palavra *witch*, "bruxa", mas, sim, *wych*, como no caso do olmo, o que fomenta essa confusão. É interessante notar, que as folhas do olmo realmente se assemelham às da aveleira, o que o tornaria uma boa opção como árvore correspondente ao *forfid emancholl*.

Ainda assim, muitos autores modernos preferem associar esse *forfid* à faia, para diferenciá-lo do simbolismo da aveleira, mesmo estando convictos de que originalmente essa árvore não fazia parte do simbolismo original do ogham. Como há pouca ou nenhuma informação sobre a faia na mitologia celta, já que ela não é nativa da Irlanda, não há muito o que dizer. O que sabemos sobre essa árvore é que seu nome latino, *fagus* provém da raiz grega *phageîn*, que significa "comer", possivelmente porque essa árvore serviu de alimento para diversos animais e isso, talvez, a associe ao simbolismo do olmo, como fonte de alimento para animais, como vimos na letra *luis*.

Seja como for, *emacholl* representa o triste e lamentável fim, é a despedida que damos à longa jornada através do ogham, mas ao mesmo tempo, representa o limiar para o Outromundo. Esta letra nos diz que reclamar e chorar pelo que já passou não adianta, é preciso reconhecer aquilo que foi conquistado e seguir em frente, rumo a novos desafios.

Significados Oraculares

Lamentação, expressão, reclamação, enfermidades, aflição, dor, tristeza, pessimismo, despedida, arrependimento, distância, conquistas não reconhecidas, ultrapassar os limites, superar, limiar, incertezas, gemido, pedido de socorro, auxiliar ou ser auxiliado, transição, viagem, fim da jornada, intensifica ou duplica outras letras.

Afirmação

Reconheço agora todo o esforço que empreendi para ser quem eu sou hoje, sou uma pessoa realizada em todos os aspectos.

Perguntas

Como devo lidar com minhas lamentações e insatisfações?
O que devo superar em minha vida?
Como posso auxiliar os necessitados?

Práticas

Escale uma montanha ou faça alguns minutos a mais de exercícios físicos. Supere seus limites e reflita sobre como você é capaz de se superar.
Faça uma auto-observação e perceba toda vez que você reclamar de alguma coisa. Você é capaz de resolver seus problemas sem se queixar?
Escreva em um pequeno papel tudo aquilo de que já se arrependeu, queime esse papel e liberte-se do passado.

Temas

Superar-se em todas as situações.
Libertar-se de ressentimentos e arrependimentos.
Pedidos de ajuda.

PARTE 3

JORNADA DA ALMA

Três coisas que renovam o mundo:

O ventre da mulher,

O úbere de uma vaca,

O molde de um ferreiro.

Tríades da Irlanda

MEDITAÇÃO E JORNADA INTERIOR

Uma das práticas mais importantes no processo de autoconhecimento é a meditação. Quando ouvimos falar em meditação, a primeira coisa que nos vem em mente são imagens de monges budistas ou hinduístas sentados no alto de uma montanha com as pernas cruzadas, os olhos fechados, enquanto recitam mantras místicos. Essa imagem estereotipada do monge meditando criou a falsa ideia de que a meditação é algo impraticável, uma vez que a nossa mente é inconstante e incontrolável. Se você ainda tem essa percepção, está mais do que na hora de mudar seu conceito, pois a meditação é, em verdade, um mergulho dentro de si mesmo e não há, definitivamente, apenas um meio para dar esse mergulho.

As palavras mais citadas em livros de meditação são "relaxamento" e "concentração". Quando comecei minhas práticas meditativas, imaginava que a concentração exigia força e tensão, com os dentes cerrados e o semblante tenso, mas não era nada disso, muito pelo contrário, pois a primeira coisa que precisamos fazer para nos concentrarmos é justamente relaxar. No começo parecia contraditório relaxar para depois me concentrar. É preciso entender que concentração não é sinônimo de tensão e relaxamento não significa descuidar. Concentração é estar no centro, como o eixo de uma roda, onde tudo ao redor gira freneticamente. Mas esse eixo permanece imóvel no centro. Em outras palavras, concentrar-se é não se deixar levar pelo turbilhão que a mente provoca. Relaxar, por sua vez, refere-se ao ato de tranquilizar-se, mais uma vez, é como sair do turbilhão e encontrar o centro, o ponto imóvel, sem resistência, apenas deixar com que as coisas fluam.

No Oriente, o objetivo da meditação é silenciar a mente, apaziguar o turbilhão no infinito mar de pensamentos através de exercícios ativos e passivos. Na meditação ogâmica, contudo, o objetivo não é apaziguar a tempestade mental, mas saber como navegar nessas águas, até então perigosas e misteriosas dos pensamentos, e chegar ao tão almejado porto seguro.

Mas antes de partir para os exercícios de meditação, quero explanar um pouco mais sobre uma das pedras fundamentais dessa prática: a imaginação, que nada mais é do que a capacidade que temos de criar imagens em nossas mentes.

Se eu pedir a você que imagine uma maçã, imediatamente sua mente formará uma imagem, a princípio, muito vaga, da dita maçã, mas quanto mais concentrado, ou seja, quanto mais focado estiver na imagem da maçã, mais ela se tornará nítida em sua mente. Se eu fornecer alguns detalhes, como por exemplo, a cor, a textura, o cheiro, o sabor dessa maçã, mais nítida ela aparecerá. Mas a imaginação não se limita a coisas que conhecemos. Podemos ir além, muito além.

Quando não temos o controle, ou não sabemos como lidar com nossos pensamentos, a mente irá criar imagens desordenadas instantâneas, que se desfarão muito rapidamente. Quando meditamos, voltando-nos para o centro, conseguimos manter o foco em uma ou várias imagens criadas pela mente. É desta maneira que iremos trabalhar com as letras ogâmicas, direcionando nossa imaginação como um mapa que vai nos auxiliar na jornada da nossa vida.

Imagine que a mente é um mar tempestuoso, nosso barco é atirado para todos os lados, mas se mergulharmos nesse mar onde a água é mais calma e formos sagazes, lá descobriremos a pérola, nosso tesouro oculto, na concha dos medos e dos traumas do passado. Na mitologia celta irlandesa há diversas referências à "Terra sob as ondas", um lugar de eterno prazer e beleza. Podemos entender esse reino encantado como a mente profunda, desconhecida e rica em simbolismo, uma vez que o inconsciente se comunica conosco através de símbolos. Mas esse reino também é o Outromundo, o Mundo Interior, o lar dos Deuses, dos ancestrais e dos espíritos da natureza, que em algum momento, nós, humanos, desligamo-nos deles, sobrando alguns poucos reflexos em nossa vida cotidiana. A proposta é que, ao nos reconectarmos com esse reino encantado, ou Outromundo, possamos curar nossas feridas mais profundas, que nenhum remédio conhecido foi capaz de curar.

Então, para acessar todo o poder da sua imaginação, através da meditação e da visualização, vamos aos passos preliminares.

EXERCÍCIOS PRELIMINARES

Antes de qualquer prática meditativa, é preciso reservar um lugar calmo, com pouca luz, onde não será interrompido durante o processo. É importante que os aparelhos eletrônicos estejam desligados, como celulares ou computadores. Esqueça as redes sociais ou qualquer problema lá fora, não deixe que a ansiedade tome conta de você! Reserve esse momento para o seu autoconhecimento.

Além de um ambiente calmo e pouco iluminado, reserve também uma cadeira com encosto alto e confortável. É possível meditar deitado também, mas acredite, no começo a probabilidade de pegar no sono é grande, então, prefira a cadeira. Caso já pratique *yoga* ou outra prática meditativa oriental e se sinta à vontade na postura conhecida como "posição de lótus"[332], não há problema, você pode realizar sua prática meditativa dessa forma, contudo, se não estiver habituado a essa postura, esqueça e opte pela cadeira.

Sente-se na cadeira, sua coluna deve estar ereta, mas não tensionada. Os pés e os joelhos devem ficar juntos, em paralelos, e as mãos pousadas sobre as pernas suavemente, com as palmas para baixo. Sua cabeça deve estar direcionada para frente. É preferível que seus olhos estejam fechados, mas caso sinta-se inseguro por algum motivo, a meditação poderá ocorrer com os olhos abertos, desde que não haja poluição visual, então, escolha ficar de frente para uma parede sem quadros ou para uma porta.

Bem, essas são as preliminares para uma prática meditativa, mas talvez você sinta a necessidade de outros elementos que o auxiliarão no processo de imersão como, por exemplo, o uso de incensos, velas e sons. Esses elementos são de grande valia, principalmente no início, pois contribuem para deixar o ambiente mais convidativo e criam uma atmosfera mística ou mágica. Contudo, é preciso ter bom senso. Incensos e aromas muito fortes podem atrapalhar mais do que ajudar, isso vale também para sons e músicas. Opte por aromas suaves e sons calmos, de preferência sons da natureza ou músicas instrumentais. Se escolher utilizar incenso, não se esqueça de manter as janelas abertas para que a fumaça não o sufoque.

---

332 Nessa postura, o praticante senta-se com as pernas cruzadas e os pés em oposição às coxas, com as mãos pousadas suavemente sobre as pernas. A coluna deve-se manter ereta.

Quanto a velas, cuidado para não tocar fogo em sua casa! Certifique-se de que tudo está seguro antes de começar a meditação. Parece besteira essas recomendações óbvias, mas há muitos casos de acidentes por causa de negligência. Portanto, seja consciente: qualquer prática, seja espiritual, seja mágica, seja meditativa, é coisa séria.

Exercício de Relaxamento

Sente-se na cadeira e mantenha sua coluna reta, não se escore no encosto da cadeira, apenas encoste sua coluna suavemente. Seus pés devem estar no chão paralelamente, como já explicado. Para dar início ao exercício, inspire fundo pelas narinas e expire pela boca suavemente. Preste atenção em seu corpo, em seu ritmo, comece com sua respiração, atente-se como o ar entra e sai de forma natural, gaste alguns minutos nesta prática. Dirija sua atenção para a parte do seu corpo que está tensa, passe por cada parte e analise-a cuidadosamente. Agora, imagine uma forte luz vermelha sobre cada parte tensa do seu corpo, uma de cada vez, sem pressa. Conforme imagina essa luz se apagando, sinta que a tensão vai se dissolvendo com ela. Após este processo, volte sua atenção novamente à sua respiração, aos seus batimentos cardíacos, enfim, em seu próprio ritmo, sem forçar o relaxamento. Gradativamente e naturalmente você se sentirá mais relaxado e consciente de seu próprio corpo.

John Michael Greer sugere que este tipo de exercício deve ser feito com o corpo o mais imóvel possível[333], assim, durante este processo, pode ser que o praticante sinta os pés ou as mãos formigando, ou que alguma parte de seu corpo comece a coçar ou a incomodar. Isso é um mecanismo que a mente usa para tirá-lo do centro e jogá-lo novamente no turbilhão. Quando a mente está no turbilhão, o indivíduo perde a percepção de seu ritmo e esses pequenos incômodos são ignorados, pois a mente estava ocupada demais com muitas outras coisas ao mesmo tempo. Você certamente já teve aquela incômoda sensação de que o tempo não passa, é exatamente isso que acontece com sua mente quando ela para alguns minutos, pois ela está habituada à tempestade de pensamentos. No começo de sua prática

333 *The Coelbren Alphabet: The forgotten oracle of the welsh bards.* Woodbury: Llewellyn Publications (Ebook edition), 2017.

meditativa é normal que sinta diversos incômodos, mas com o tempo, vai perceber que será mais fácil superar qualquer tipo de incômodo, é uma questão de hábito e treinamento. Portanto, praticar esse exercício todos os dias, por pelo menos dez minutos, é uma efetiva forma de controlar a ansiedade e apaziguar as tormentas mentais.

Quanto mais relaxado estiver, mais fácil será sua evolução no processo meditativo. Lembre-se de que relaxamento não significa descuido ou distração, ao contrário, faz com que você tenha mais consciência sobre seu corpo, e assim, fique mais tranquilo, mais próximo do centro e diminua cada vez mais sua ansiedade.

EXERCÍCIO DE CONCENTRAÇÃO

Agora que já conseguiu dominar a sua ansiedade observando o ritmo natural do seu corpo, passamos para uma técnica de controle de respiração que vai auxiliar a manter a concentração, além de relaxar. Essa técnica muito utilizada pelos *yogis* indianos é conhecida como *sama vritti pranayama*, ou simplesmente "respiração simétrica".

Antes de começar, inspire pelas narinas profundamente e solte o ar pela boca suavemente.

Agora, vamos ao exercício:

- Inspire pelas narinas e conte até quatro (enquanto inspira mantenha a barriga expandida).
- Retenha a respiração mantendo os pulmões cheios de ar e conte até quatro.
- Expire pelas narinas e conte até quatro (enquanto expira mantenha a barriga contraída).
- Por fim, retenha a respiração com os pulmões vazios e novamente conte até quatro.
- Repita o processo por pelo menos dez minutos.

Sua mente deve estar focada na respiração, mas se por algum motivo você perder o controle de seus pensamentos, volte sua atenção à respiração. Este exercício o auxiliará a manter o foco em seus pensamentos, evitando a dispersão e a tensão. O objetivo é que, com o treino diário, você consiga direcionar o seu barquinho no mar tempestuoso dos pensamentos e, assim, traçar uma rota segura rumo ao autoconhecimento.

EXERCÍCIO DE VISUALIZAÇÃO

Antes de seguir para a meditação é preciso dominar a capacidade de manter imagens em sua mente, através de visualizações. Para algumas pessoas, este exercício será realmente muito simples, contudo, para aqueles que possuem uma capacidade muito restrita de imaginar e manter imagens vividas na mente, será essencial a prática diária, até que se consiga efetivos progressos. Antes do exercício de visualização, pratique os exercícios anteriores para que você consiga se manter relaxado e concentrado durante a prática.

Escolha um objeto de sua preferência, uma escultura, uma pedra, uma fruta ou qualquer outra coisa que queira. Ponha esse objeto à sua frente, analise-o minuciosamente, demore o tempo que for preciso nesse processo. Feche seus olhos e visualize o mesmo objeto em sua mente, preste atenção nos detalhes e toda vez que sua mente mudar o foco, volte para o objeto em questão.

No começo é normal que o objeto desapareça de sua mente em poucos segundos. Mas se você praticar o exercício diariamente, vai perceber que cada vez mais irá conseguir manter a imagem por mais tempo gravada em sua mente. Quando conseguir manter a imagem por alguns minutos ininterruptos, o que é algo aparentemente difícil, mas não impossível, poderá passar para a próxima etapa, que consiste na jornada ogâmica propriamente dita.

MEDITAÇÃO OGÂMICA

Quando os exercícios anteriores forem dominados e você conseguir praticá-los com facilidade, é hora de passar para a meditação ogâmica guiada[334].

---

334 A meditação guiada é também conhecida como "visualização criativa" ou "visualização guiada". Importante frisar, que os termos aqui descritos possuem significados distintos e podem variar de acordo com a tradição em que são estudados.

O intuito desta meditação é explorar aspectos ocultos das letras ogâmicas, assim como dar o primeiro passo para sua jornada de autoconhecimento. Antes de começar a meditação, separe um caderno onde serão registradas todas as experiências com o ogham, sejam elas meditações, jornadas, jogadas oraculares ou magia. Este diário ogâmico será muito importante no seu processo de aprendizado. Você deverá anotar o dia, a hora da meditação/visualização e a fase lunar. Essas informações serão importantes ao serem analisadas posteriormente.

Para iniciar a meditação, você pode escolher uma letra previamente ou deixar que ela se revele durante a visualização. Pode também utilizar essa meditação para descobrir a sua *fid* pessoal, ou seja, a letra que rege sua vida atual.

Praticar previamente o exercício de visualização será importante no processo de conexão com as letras. Você irá perceber que no Mundo Interior (ou Outromundo) as coisas nem sempre se apresentam da forma convencional. Nesse reino interior, as árvores e os animais falam como os humanos e assumem formas e cores diferentes das que estamos acostumados. Não se prenda a formas, deixe que sua imaginação o guie! Pode ser que, por exemplo, o tronco branco da bétula assuma outra tonalidade ou que algum animal se apresente a você de forma híbrida, como um cavalo com asas de garça ou uma serpente com galhadas de veado. Tudo que se passa na meditação deverá ser devidamente registrado em seu diário ogâmico.

A meditação ogâmica é uma meditação guiada e uma jornada interior, ou seja, você será conduzido a visualizar certas imagens. Em determinado momento, as imagens se revelarão por si mesmas. Assim, você pode simplesmente decorar as etapas da visualização ou gravar em áudio que lhe servirá de guia. Se optar por gravar o áudio, não esqueça de deixar tempo necessário para que sua imaginação desenrole os acontecimentos sem pressa.

Lembre-se sempre de que, ao se conectar com as letras ogâmicas através da meditação e de ritos mágicos, você acessará camadas profundas de si mesmo. Em outras palavras, você atravessará o portal e terá contato com Outromundo, onde o tempo e o espaço são sagrados. Esse "Outromundo" é diferente do seu mundo mundano, ele está repleto de guias, Deuses, ancestrais e espíritos da natureza, que o auxiliarão em sua jornada de autodescoberta, portanto, faça desta prática um ato sagrado, sempre com muito respeito e reverência.

Meditação Guiada

Como nos exercícios anteriores, sente-se, relaxe, concentre-se, respire fundo e imagine que diante de você há duas grandiosas e místicas árvores, uma ao lado da outra. Seus troncos são grossos e seus galhos se encontram, formando um arco. Suas raízes são igualmente grandiosas e se espalham pelo chão, entrelaçando-se. Entre as duas árvores há um portal que emite uma suave luz difusa, como uma tênue neblina. Atravesse o portal entre as árvores.

Do outro lado do portal há um caminho que conduz a uma colina, siga o caminho. No topo da colina você se depara com uma pedra erguida, um grandioso menir, o eixo do mundo. Observe a paisagem ao redor, o que você vê? Campos ou florestas? Desertos ou montanhas? Há um lago, rio ou mar? Qual é a estação do ano, primavera, verão, outono ou inverno? Está chovendo ou o clima está seco? Faz frio ou calor? É dia ou noite? Permaneça o tempo que for necessário e observe a paisagem do alto da colina.

Agora, volte-se para o menir, é uma pedra alta, observe que a *Letra Ogham* (motivo de sua jornada) está gravada na pedra, o que essa letra significa para você? Sinta a vibração da letra. Não tenha medo, você está seguro. Sinta o chamado!

Você percebe que um animal se aproxima silenciosamente, ele será seu guia ao reino do ogham. O que ele é? Um animal terrestre, aquático ou aéreo? É um animal que você conhece ou é desconhecido? Ele fala sua língua, o que ele diz? Esse amigo animal transmite paz e tranquilidade, você sabe que ele é verdadeiramente o mensageiro dos Deuses. Ele o convida a segui-lo, siga-o sem medo.

Onde você está agora? Em um bosque, uma floresta, um campo, praia ou às margens de um lago? Há construções humanas no local ou apenas elementos da natureza? Observe a nova paisagem calmamente e compreenda que esse é um lugar sagrado, o seu Templo Interior. O animal guia o apresenta ao espírito vegetal que rege a *Letra Ogham*. Trata-se de uma árvore, uma erva ou um arbusto? Quais são seus aspectos? É uma árvore que tradicionalmente corresponde à letra ogâmica ou outra? Observe-a por um momento, analise-a sem julgamentos. Sinta a energia que esse ser divino emite. O espírito vegetal se revela a você, ele diz: "eu sou...", "eu tenho...", "eu lhe dou...". Receba o que o espírito da árvore ou da planta lhe concedeu. Sinta a letra ogâmica pulsar dentro de si, agora vocês são um só.

Após a experiência com o espírito vegetal, você o agradece profundamente e se despede. O animal guia o leva de volta ao topo da colina. Agradeça e se despeça dele também. Você observa mais uma vez a *Letra Ogham* inscrita na pedra. Depois de todo o aprendizado com o animal guia e com o espírito da árvore ou da planta, o que essa letra significa para você? Quais os seus significados? Após responder estas perguntas, entoe o nome da letra e sinta mais uma vez seu brilho interior. Siga o caminho de volta, atravesse o portal entre as duas árvores e volte à consciência gradativamente, vibrando pensamentos de paz e gratidão.

Quando terminar a meditação, é importante que registre em seu diário tudo o que se passou, o que o animal e a árvore ou planta lhe disseram. Registre todos os detalhes imediatamente, evite deixar para outro momento, pois elementos importantes podem ser simplesmente esquecidos se não forem registrados.

Esta breve meditação atua também como uma jornada ao Reino Interior, pois há momentos em que certos acontecimentos se desenrolam fora do "roteiro" de uma meditação guiada comum. Em outras palavras, essa é a porta de entrada para o Outromundo.

Sinta-se livre para adaptá-la e deixar que sua imaginação o guie, contudo, há elementos e símbolos importantes nessa jornada que devem ser levados em consideração.

O portal entre as árvores demarca a fronteira entre os mundos, ou seja, simboliza a passagem do mundo comum para o Outromundo ou Reino Interior. Essa passagem pode ser visualizada de diversas formas, como por exemplo, uma porta de madeira que se abre; um portão de ferro; um buraco nas raízes de uma árvore; a entrada de uma caverna; um *sídhe;* um dólmen; um trílito ou uma névoa que o envolve e o transporta para outra realidade. Ao atravessar o portal, você deixa o mundo profano e adentra no mundo dos Deuses e dos espíritos da natureza, ou, se preferir, explora sua mente profunda.

A colina ou montanha, por si só, demarca o eixo vertical que liga o Mundo Superior ao Mundo Inferior. Ter uma visão ampla do Outromundo o fará sentir-se seguro e disposto a explorar outras paisagens e realidades. O menir ou pedra erguida é outro marco importante, ele representa o centro e reforça a importância do eixo vertical que liga os mundos. A pedra erguida pode ser visualizada também como uma grandiosa árvore que toca os céus, um poste, um pilar, um tronco ou qualquer outra imagem que faça o papel de ligação entre o Céu, a Terra e o Mundo Inferior.

Em diversos mitos e contos ao redor do mundo, os espíritos animais atuam como guias para mundos encantados. Nos mitos celtas há diversos exemplos de animais sobrenaturais, mensageiros dos Deuses, que instigam ou chamam o herói à aventura, assim, os animais atuam não só como guias, mas como elos entre nós, humanos, e o desconhecido Outromundo. Você pode se perguntar "por que não manter o contato diretamente com as árvores correspondentes às letras ogham?" Eu diria que o simbolismo animal, desde tempos imemoriais, atua fortemente na psique humana, despertando admiração, respeito e temor por suas habilidades peculiares. Desta forma, seja como imagem arquetípica ou como espírito da natureza, o animal atuará na jornada como guia, auxiliar e mediador.

Talvez você já possua um forte vínculo com o animal que se apresentará na meditação e ele pode, ou não, ser seu *Amigo da Alma*, conhecido como Animal Totem na tradição xamânica, ou seja, o animal que o acompanha durante toda sua vida. Não é incomum que a cada jornada um animal diferente se apresente, simplesmente deixe que as imagens do seu inconsciente se revelem, não pense em algum animal específico, é provável que se surpreenda e apareça justamente um animal que talvez você não tenha nenhuma ligação ou simpatia. Lembre-se, todos os animais são importantes, não há bonito ou feio, forte ou fraco, todos têm sua importância. É interessante pesquisar o simbolismo do animal após a meditação/jornada para compreender de fato o que se pode aprender com esse amigo tão caro a nós.

Vale salientar, que nem sempre o guia ao Outromundo se apresenta sob aspecto animal. O guia pode se apresentar também como um ancestral, uma divindade, um elemental, um ser sobrenatural ou sob qualquer aspecto possível e imaginável. Apenas deixe que ele se apresente a você.

O contato com a árvore sagrada dispensa apresentações, uma vez que o ogham está fortemente associado ao simbolismo arbóreo e vegetal, como explicado anteriormente. Mas não se engane, esse é o ápice da jornada. Você estará diante do *Nemeton*, o lugar sagrado dos Druidas. É através do espírito vegetal que os aspectos ocultos das letras ogâmicas se revelarão e, evidentemente, essa é uma etapa importante no processo de descoberta.

Para os antigos celtas, todos os processos eram cíclicos, ou seja, tudo tem um começo, um meio, um fim e um recomeço. Portanto, o regresso é tão importante quanto a partida. Interromper uma meditação/jornada ao meio, causará lacunas no processo de aprendizado e é possível que você se sinta confuso. Mas não se desespere, caso seja preciso interromper alguma meditação, por qualquer motivo, nada de mal lhe acometerá, apenas procure retomar em outro momento a partir de onde parou, neste caso, será preciso passar por todas as etapas, inclusive, regressar e atravessar novamente o portal. Passar de volta pelo portal irá fazer com que você volte a sua consciência normal de forma segura e tranquila.

Após registrar sua experiência no diário ogâmico, você pode voltar a seus afazeres normalmente.

EXPLORANDO OS TRÊS MUNDOS

No *In Lebor Ogaim* há três diagramas obscuros e enigmáticos que se destacam das demais formas de se escrever ogham. Os estudiosos não sabem exatamente qual o propósito desses diagramas, mas como estão classificados juntos às variações e criptografias do ogham, muitos estão de acordo que eles foram utilizados para fins místicos e ocultos. São eles:

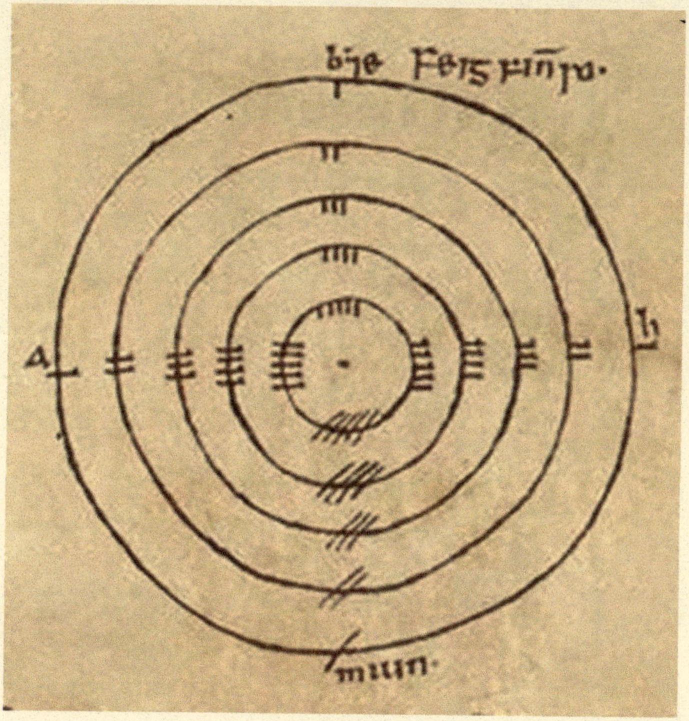

Fege Find – a Janela de Fionn

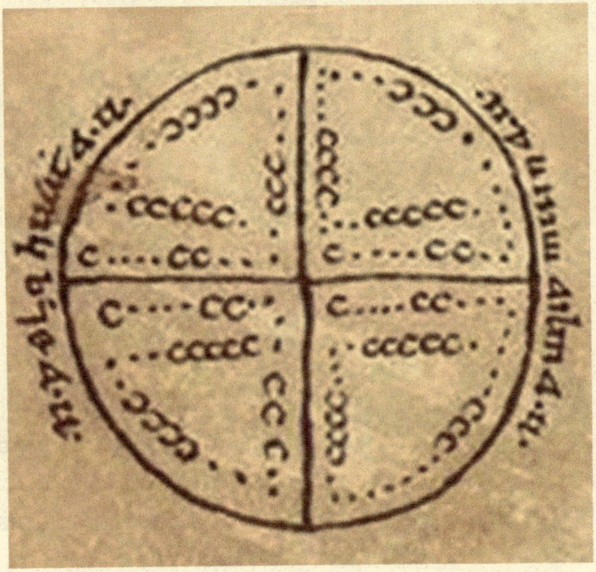

Rothogam Roigni Roscadhaig – Roda Ogham de Roigni, o aforista

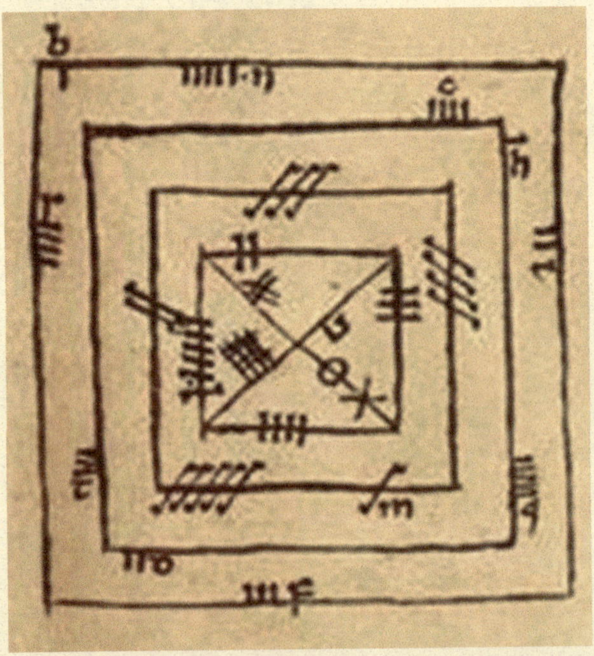

Traig Sruth Ferchertne – Margem do Córrego de Ferchertne

Quando eu ainda era iniciante nos estudos do ogham, meditei sobre a Janela de Fionn, talvez o mais conhecido dos três diagramas, e fui transportado ao Outromundo, a Morada dos Deuses e ancestrais, onde as constelações, nuvens e estrelas ganharam vida e forma. Essas imagens se revelaram como se fossem cenas de um conto mítico. Confesso que fiquei bastante intrigado, sem compreender totalmente o que tinha acontecido. Anos mais tarde, tive a oportunidade de ler o livro da Erynn Rowan Laurie[335] e lá descobri uma descrição da Janela de Fionn muito parecida com o que vivenciei. Então percebi que não somente a Janela de Fionn, mas A Margem do Córrego de Ferchertne e a Roda Ogham são verdadeiramente mapas dos Três Mundos. Em minhas pesquisas, também descobri o magnífico trabalho de Searles O'Dubhai[336] que tem uma visão muito parecida com a minha, mas com abordagens diferentes.

Ao meditar sobre esses antigos diagramas, como portais ou mapas, seremos conduzidos aos mistérios dos Três Mundos. As meditações/jornadas guiadas a seguir têm como propósito despertar sua imaginação e transportá-lo a outras realidades, além de provocar reflexões sobre os temas abordados. Será uma ótima oportunidade para se aproximar de guias e mentores interiores e de compreender melhor os fundamentos da espiritualidade celta. É importante dizer que as meditações guiadas e o poder da imaginação não são meras fantasias, mas instrumentos fundamentais no seu desenvolvimento mágico e espiritual.

Isto posto, vamos explorar esses reinos simbólicos interiores.

335 LAURIE, Erynn Rowan. *Ogam: Weaving word wisdom.* Megalithica Books (Ebook edition), 2015.
336 http://www.summerlands.com/

ROTHOGAM ROIGNI ROSCADHAIG
RODA OGHAM DE ROIGNI, O AFORISTA

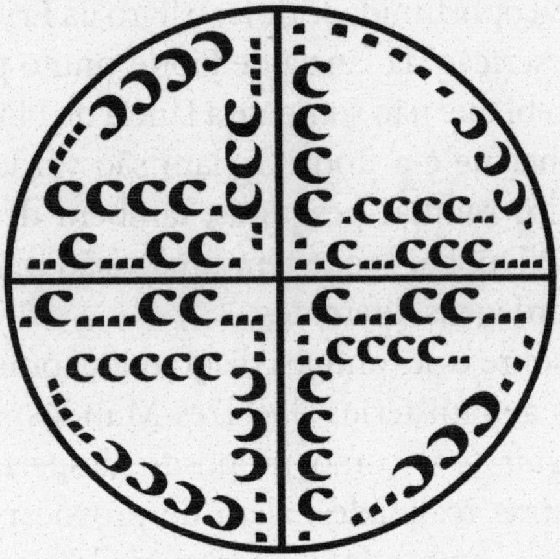

Rothogam significa "roda ogham" ou "ogham circular" ou ainda "disco ogâmico". Roigni é o nome próprio do poeta e filho do grande rei Úgaine Mór, que dividiu a Irlanda entre seus 25 filhos[337]. Acredita-se que o nome Roigni provenha de *rigne* "tenacidade" ou de *rogu* "escolha". A palavra *roscad* significa "aforismo" e *roscadhaig* pode ser traduzido como "aforista".

No *Lebor Gabála Érenn*, o príncipe Muireadbach Mal pede a seu irmão Roigni Roscadhaig que "cante sua descrição no grande conhecimento da Irlanda", então Roigni canta as aventuras dos gaélicos, desde a Cítia, até a tomada da Irlanda e sua divisão.

Nos *Dindshenchas*, encontramos a história de Raigne, possivelmente uma variante do nome Roigni. Raigne foi um romano que partiu de Roma com uma pá e um gancho, passou pela França e fugiu para a Irlanda após ser forçado a trabalhar. Ao chegar à Irlanda, ele corta as árvores de uma planície, a qual é batizada com seu nome "Mag Raigne", ou seja, a Planície de Raigne, o que faz com que essa figura mítica esteja intimamente ligada à terra.

Ao nos voltarmos para a Roda Ogham, percebemos que ela possui uma interessante característica: um círculo dividido por uma cruz. O círculo

337 Talvez uma referência às 25 letras do ogham.

simboliza o céu e a cruz, ou o quadrado, a terra, portanto, essa mandala é a representação da terra dos vivos, onde estamos, o Mundo do Meio, ou seja, a fusão do Mundo Superior e do Mundo Inferior. Assim como Roigni dividiu a Irlanda com seus irmãos, a Roda Ogham representa a divisão da terra em quadrantes. As sequências de pontos e marcas semelhantes à letra "C" são as letras ogâmicas, logo, cada sequência forma uma letra, cada letra representa uma árvore e cada árvore, um dos filhos do grande rei.

É evidente a ligação simbólica entre a Roda Ogham e a divisão da superfície da Terra. Em *Suidiugud tellaig Temra*[338] o sábio Fintan mac Bochra assim divide a Irlanda: "conhecimento no Oeste; batalha no Norte; prosperidade no Leste; música no Sul; realeza no Centro". Deste modo, utilizaremos a Roda Ogham como um mapa ou guia meditativo para explorar a Terra, ou o mundo dos vivos; o início de nossa jornada.

Meditação Guiada

Respire fundo, feche seus olhos. Visualize a Roda Ogham, conecte-se com seu mundo interior, relaxe. Imagine agora que diante de você há duas grandiosas e esplêndidas árvores, uma ao lado da outra. Seus troncos são grandes e grossos, e seus galhos entrelaçam-se e se encontram no céu, formando um arco. Suas raízes são igualmente grandiosas e se espalham pelo chão, entrelaçando-se. Entre as duas árvores há um portal que emite uma suave luz difusa, como uma tênue neblina. Atravesse o portal entre as árvores.

Ao atravessar o portal, você percebe que está de frente para um lindo e esplêndido bosque, contemple a paisagem ao redor. Vire-se para trás e veja que há um lindo campo verde que se estende até longínquas montanhas azuis. O dia está bonito e você ouve o canto dos pássaros. Ao voltar-se novamente para o bosque, perceba que na entrada de uma trilha há a figura de um homem rústico, mas com um semblante bondoso. Ele possui os cabelos castanhos e a pele bronzeada, usa uma túnica marrom com detalhes em cobre e parece ser forte, mas ao mesmo tempo gentil. O homem acena para você e o convida a se aproximar. Aproxime-se tranquilamente, você sabe que ele é um aliado.

Ao se aproximar, ele diz: "Seja bem-vindo forasteiro, eu me chamo Roigni e vou conduzi-lo em sua jornada". O seu guia possui uma voz forte e grave e o conduz bosque adentro. Ao percorrer o caminho, ele explica que

338 O estabelecimento do feudo de Tara.

cada pedra, cada árvore, planta, cogumelo, animal e inseto está vivo e possui alma. Todos estão de alguma forma conectados, portanto, até a mais insignificante criatura tem um papel a ser desempenhado na natureza, onde não há pecado ou vergonha, todos têm seu propósito.

Então Roigni diz: "Somos Um com a Terra. Somos seu espírito e beleza presentes nas águas e nas florestas, nos campos, nas montanhas e nos pântanos. Nós somos a própria Terra!".

Você se dá conta de que há vultos que correm entre as árvores do bosque, ao se virar para examinar o que é, não consegue identificar nada, tudo continua como antes. Seriam animais ou outros seres? Siga pela trilha acompanhando seu guia. Os raios de sol passam por entre as folhagens, concedendo ao local um aspecto sagrado, como uma antiga catedral mágica.

Finalmente, vocês chegam a uma imensa clareira no meio do bosque. Há tocos carbonizados, árvores tombadas e troncos empilhados. A fumaça dos troncos queimados turvam sua visão. É aterrador, tudo naquela clareira foi destruído! Mas por quê? O bosque era tão lindo e cheio de vida, mas aqui só há destruição! Você tenta compreender o motivo de tanta devastação.

Quando pergunta ao seu guia o que isso significa, você percebe que ele já não está mais ao seu lado. No meio da imensa clareira, sobre uma pilha de troncos e árvores derrubadas, você avista a figura majestosa de um cervo branco. Sua galhada é imensa e sua pelagem emite um difuso brilho místico e sobrenatural. O cervo, semelhante a um rei coroado, acena com a cabeça, como se o saudasse. Você entende que ele quer que o siga.

Siga o cervo até o lado oposto da clareira. Ele o conduz novamente ao bosque. Ao adentrar mais uma vez na mata, você percebe que o clima mudou completamente, faz frio e o lugar é escuro. As árvores são medonhas e retorcidas, suas folhas não permitem que a luz do sol chegue ao solo. Você ouve sons de animais, o piar de uma coruja e o rugido de uma fera. Isso o deixa amedrontado, contudo, você avista o cervo ao longe na trilha e seu coração se enche de alegria. Você sabe que ele é um mensageiro dos Deuses e não permitiria que nenhum mal o acometesse.

Após atravessar a sombria floresta, você chega a mais uma clareira, mas diferentemente da anterior, essa é uma clareira cheia de vida. Você se sente em paz e aliviado por ter deixado a mata escura e sombria. Nos quatro cantos da clareira há grandes troncos esculpidos com espirais que demarcam os pontos cardeais. Troncos menores formam um padrão semelhante ao da Roda Ogham. No centro há um grande carvalho que estende seus galhos para todos os lados. O cervo o conduz ao outro lado da árvore, e então você se depara com seu guia sentado em um trono, entalhado na árvore viva. O animal se deita aos pés de seu guia e ele pousa a mão entre as galhadas do cervo, sobre sua cabeça.

Roigni começa a cantar uma linda canção com sua voz grave, em uma antiga língua desconhecida. Você fecha seus olhos para sentir a canção e sente seus pés se fundirem na terra. Agora você é uno com a terra e com tudo o que há no mundo.

Volte-se para o Oeste e ouça o som das ondas do mar, o ir e vir das águas, o fluxo e refluxo ao ritmo do seu coração. Uma voz feminina o acalenta à beira do mar, tudo se acalma enquanto você contempla o pôr do sol. Sinta a sabedoria despertar em seu interior.

Volte-se para o Norte, você sente o cortante vento frio bater em sua face, há gritos de guerra e cheiro de fumaça no ar, seu coração começa a pulsar mais rápido, mas sem temor. Sinta a coragem despertar em seu interior.

Volte-se para o Leste. Uma suave névoa envolve seu corpo enquanto você contempla o nascer do sol que dissipa a névoa. Ouça o cantar dos pássaros, o som dos animais na floresta e o vento batendo nas folhas das árvores. Esteja em paz com a natureza ao redor. Sinta o despertar da sua verdadeira vontade.

Volte-se para o Sul, ouça o som de crianças cantando, rindo e se divertindo. A brisa quente acaricia sua face enquanto você avista um grupo de trabalhadores em um campo de trigo. A energia está crescendo, os grãos e os frutos estão amadurecendo, agradeça aos Deuses pelas dádivas da vida. Sinta que você é uma pessoa renascida a partir de agora.

Gradativamente, vá abrindo os olhos. Ao fundo, bem distante, ouça o canto de Roigni trazendo você de volta ao centro.

Ao abrir os olhos, você está novamente em frente ao portal entre as duas grandiosas e místicas árvores, atravesse-o e volte à consciência aos poucos. Agradeça pelas graças recebidas.

TRAIG SRUTH FERCHERTNE

MARGEM DO CÓRREGO DE FERCHERTNE

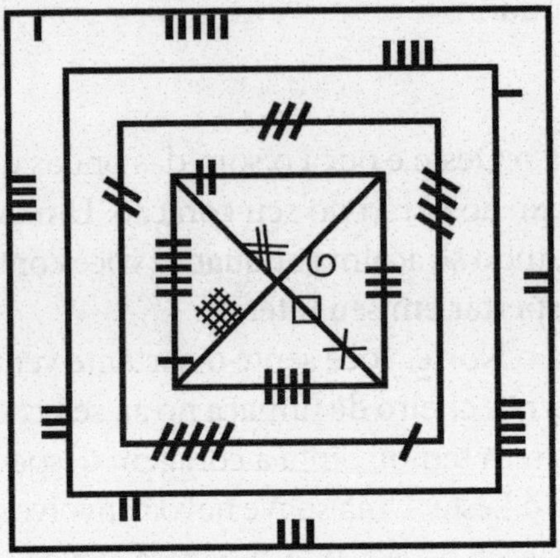

Diferentemente dos outros dois diagramas encontrados no *In Lebor Ogaim*, a Margem do Córrego de Ferchertne é quadrada. Há pelo menos três personagens chamados Ferchertne na mitologia irlandesa e todos são descritos como Bardos e poetas, e isso faz todo sentido, pois no Colóquio dos dois Sábios é dito que: "os poetas consideravam a margem de um corpo d'água um lugar onde o conhecimento era sempre revelado".

No poema *Dind Ríg rúad túaim tenbath*[339], atribuído ao poeta Ferchertne, é contada a história do rei Labraid, que foi humilhado e exilado por seu tio-avô Cobthach, que, movido pelo ciúme, matou o avô e o pai de Labraid. Ferchertne orienta o jovem Labraid a exilar-se no Oeste, na terra dos Fir Morca, em Munster (talvez uma alusão ao Outromundo?). Posteriormente, Labraid vinga-se de Cobthach, matando-o preso em uma casa de ferro incendiada.

Mais uma vez, no Colóquio dos dois Sábios, presente no *Livro de Leinster*, encontramos a história de como outro poeta, também chamado Ferchertne, recebeu o título de *ollam*, grande doutor em ciências e poesia, após a morte de seu antecessor, Adna mac Uthidir. O filho de Adna, Néde,

339 Dind Rig, a vermelha colina da morte em chamas.

soube da morte do pai pelo som das ondas do oceano e então retorna a Emain Macha para reclamar o título de *ollam* a si próprio. Assim começa o colóquio entre Ferchertne e Néde. Infelizmente não é possível reproduzir aqui o colóquio, mas certamente é um dos textos mais interessantes da sabedoria celta irlandesa.

Talvez o poeta Ferchertne mais conhecido da mitologia irlandesa seja o bardo do rei Cú Roí. Em *Aided Conroi Maic Dairi* e no poema *Brinna Ferchertne*[340] a relatos de como Blathnat, esposa de Cú Roí e amante de Cú Chulainn, foi morta pelo fiel poeta Ferchertne, ao se jogar do penhasco arrastando-a consigo. Assim é dito nos versos:

> Triste foi a luta deles
> De Blathnat e Ferchertne,
> E os túmulos de ambos estão
> Na poderosa terra de Cenn Bera.

No conto, o poeta Ferchertne assume o papel de psicopompo, ou seja, o condutor da alma ao mundo dos mortos, por ter arrastado Blathnat às profundezas consigo. Ele também é o exemplo de fidelidade e o executor da justiça.

O diagrama quadrado atribuído ao poeta Ferchertne, é conhecido como a "margem do córrego", contudo, também pode ser traduzido como a "vazante (ou várzea) de Ferchertne". Como foi dito, a forma quadrada simboliza a terra ou o mundo material, em oposição à forma redonda. O vau de um rio, ou a várzea, foi considerado entre os celtas como uma das passagens para o Outromundo, pois está justamente entre a terra e a água, um lugar de transição. Na Segunda Batalha de Moytura, o Deus Dagda une-se à Deusa Morrígan no vau de um rio, em *Samhain*, ao pôr do sol. Isso significa que eles se uniram em um tempo-espaço de transição: nem na terra, nem na água; nem no ano velho, nem no ano novo; nem de dia, nem de noite. Se levarmos em consideração que o poeta Ferchertne pode ter sido o condutor da alma, ora em direção ao Oeste, ora ao encontro da morte, podemos concluir que a mandala conhecida como a "Margem do Córrego de Ferchertne" representa simbolicamente o mapa do Submundo, o reino dos mortos. Assim, utilizaremos tal símbolo para nos guiar ao abissal mundo dos ancestrais.

340 Visão dos sonhos de Ferchertne.

Meditação Guiada

Respire fundo, feche seus olhos. Visualize a imagem da Margem do Córrego de Ferchertne, conecte-se com seu mundo interior, relaxe. Imagine agora que diante de você há duas grandiosas e esplêndidas árvores, uma ao lado da outra. Seus troncos são grandes e grossos, e seus galhos entrelaçam-se e se encontram no céu, formando um arco. Suas raízes são igualmente grandiosas e se espalham pelo chão, entrelaçando-se. Entre as duas árvores há um portal que emite uma suave luz difusa, como uma tênue neblina. Atravesse o portal entre as árvores.

Ao atravessar o portal, perceba-se no alto de uma colina. À sua frente, há uma extensa planície e um lindo rio que a serpenteia. Ao longe, o sol está se pondo e os últimos raios refletem nas águas do rio que corre em sua direção. Contemple o crepúsculo. No alto, as primeiras estrelas começam a despontar, a visão é lindíssima, uma mistura de tons violáceos preenchem a atmosfera. Às suas costas o céu já está escuro, como um manto de veludo cravejado de pontos prateados.

Perceba que no vau do rio, lá embaixo, há um barquinho encalhado e uma figura encapuzada. Seu coração diz que aquele será seu guia, portanto, desça a colina e dirija-se a ele. Ao se aproximar, veja que se trata de um homem idoso. Sua barba branca é longa, ele veste um capuz azul-escuro e um manto da mesma cor. Segurando um pequeno remo em uma das mãos, ele oferece a outra em cumprimento. Ao apertar sua mão, ele diz: "seja bem-vindo buscador, eu me chamo Ferchertne[341] e serei seu guia em sua jornada". Você se apresenta, então ele indica para que entre no barquinho arredondado feito de peles e varas entrelaçadas. Apesar de ser frágil, você entra sem medo e então seu guia empurra o barco em direção à correnteza e agilmente também embarca.

O barquinho segue rio abaixo por uma correnteza suave, enquanto isso, seu guia conta as histórias do lugar. Ele conta como o homem mais sábio e mais velho do mundo escapou do dilúvio, transformando-se em um salmão, depois em uma águia e em vários outros animais. Era tão velho quanto os teixos e tão retorcido como as cascas dos zimbros.

Enquanto ele conta suas histórias fabulosas, um nevoeiro os encobre impedindo-o de distinguir a paisagem ao redor, contudo, apesar de o sol já ter se posto completamente, um brilho difuso e sobrenatural não os deixa na escuridão total. Isso traz um certo alívio ao seu coração.

---

341 A pronúncia aproximada é Ferihertné.

Seu guia agora fica em silêncio, o barquinho se agita. Apesar de o nevoeiro persistir, perceba que o ambiente mudou; ouça o som das ondas do mar batendo contra as falésias e o cheiro característico do mar. O barqueiro diz sério: "atravessamos o primeiro portal"

A jornada continua através do mar, em silêncio, vocês enfrentam as ondas rumo ao Oeste. A névoa se dissipa, o mar agora está tranquilo. O céu está límpido e cravejado de estrelas, é possível ver o brilho da lua crescente, uma bela guia nos céus. No horizonte, uma ilha rochosa é avistada, é para lá que Ferchertne o conduz em silêncio.

Ao chegar à ilha, seu guia desce do barco e o ajuda a descer. Ele o conduz a uma caverna entre as rochas. Na entrada da caverna há duas tochas, uma de cada lado. Ele pega uma para si e lhe entrega outra, dizendo: "Esse é o segundo portal. A partir daqui, você seguirá sozinho, mas não se preocupe, quando precisar de mim, basta me chamar". Ele lhe entrega uma pequena placa de ardósia quadrada com o desenho da Margem do Córrego de Ferchertne gravada nela. Agradeça-o e siga caverna adentro.

Siga pelo caminho da caverna tranquilamente. Apesar da escuridão, o caminho é largo e você o ilumina com a tocha. Desça cada vez mais em direção às entranhas da terra. O barulho dos morcegos e a escuridão o assusta, mas não se deixe perturbar, continue descendo e descendo, isso faz parte da sua jornada ao Submundo. Perceba que o caminho começa a se estreitar, para seguir é preciso se abaixar, continue caminhando.

Finalmente, quando não há mais como continuar, você se depara com uma porta de carvalho. Na porta, há entalhado o desenho da Margem do Córrego de Ferchertne, semelhante àquele gravado em sua placa de ardósia. Esse é o terceiro portal, então, deixe a sua tocha de lado e empurre a porta de carvalho.

Do outro lado da porta há uma linda clareira cercada por um bosque. No centro dessa clareira há uma fonte rodeada por nove aveleiras mágicas. A água da fonte transborda de um caldeirão ou recipiente de pedra, formando um pequeno lago onde é possível ver o reflexo da lua em suas águas serenas. Você se dirige ao caldeirão, pois pretende beber das águas dessa fonte.

Ao olhar para dentro do caldeirão de pedra cheio d'água, seu reflexo muda e então você não vê mais a si mesmo, mas a imagem da mãe de sua mãe. Em seguida, a imagem muda novamente e o pai de seu pai aparece refletido nas águas, depois, veja o pai de sua mãe e a mãe de seu pai, e todos os ancestrais que se apresentarem. Sinta-se acolhido.

Um barulho no lago chama sua atenção, uma figura emerge das águas. É um grandioso e magnífico salmão pintado. Ele o saúda, inclinando a cabeça para fora da água. Ao retribuir a saudação, ele lhe oferece uma noz de avelã. Aceite gentilmente e leve-a à boca. Ao mordê-la, algo é despertado em seu interior, como se o seu verdadeiro eu fosse libertado de uma longa e triste prisão. Sinta nesse momento o conhecimento e sabedoria de todos os seus ancestrais percorrem seu corpo. Você é o resultado dos desejos de todos eles, dos mais remotos aos mais recentes. Você é o rebento mais querido e perfeito de todos aqueles que vieram antes.

Despeça-se do salmão, mas antes de ir, beba um gole da fonte da sabedoria. Atravesse a porta de carvalho, tome novamente sua tocha e siga de volta pelo caminho que percorreu. Ao chegar na entrada da caverna, segure com força sua placa de ardósia e chame mentalmente por seu guia. Ferchertne aparece com um sorriso no rosto e o conduz ao barquinho. Siga o caminho pelo mar, depois siga subindo o rio até chegar à colina em silêncio.

Ao descer do barquinho, no vau do rio, agradeça ao seu guia e suba a colina. No topo, voltado para o Leste, perceba que o sol está prestes a nascer novamente e o clarão da alvorada já o envolve. Uma delicada neblina o envolve e, vagarosamente, você está diante do portal entre as duas grandiosas e místicas árvores, atravesse-o e volte à consciência aos poucos. Agradeça pelas graças recebidas.

FEGE FINN
JANELA DE FIONN

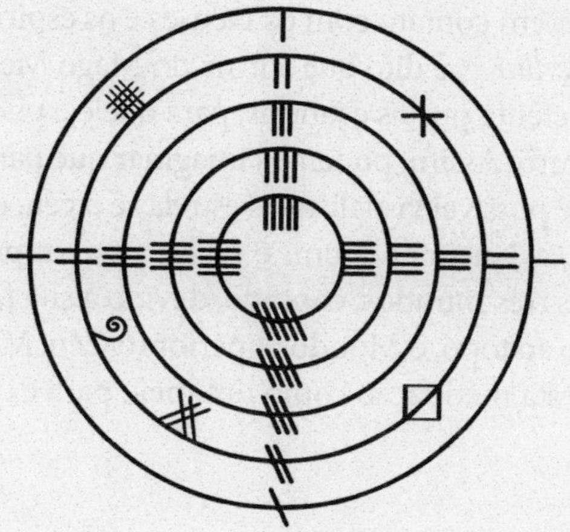

Fege Find, ou "Janela de Fionn", é uma mandala composta por cinco círculos concêntricos, onde as letras ogâmicas são dispostas em grupos. Assim, o *aicme B* encontra-se na parte superior, o *aicme H* no lado direito, o *aicme M* abaixo, o *aicme A* do lado esquerdo e os *forfeda* são distribuídos entre os grupos de letras.

A palavra *fege* normalmente é traduzida como "janela", contudo, pode significar o "topo" ou o "poste" que sustentava o telhado da casa circular celta da Idade do Ferro, simbolizando, portanto, o "eixo cósmico". Essa palavra também pode significar "perspicácia", ou seja, a capacidade de ver longe, inteligência. *Find*, ou *Finn*, refere-se certamente ao herói mítico Fionn mac Cumhaill, grande guerreiro das sagas gaélicas. Desta forma, a Janela de Fionn também pode simbolizar os dons proféticos e inspirados de Fionn (ou *Finn*), como o *teinm laida* e o *imbas forosnai*.

Hoje existem diversas interpretações para a Janela de Fionn, aquela que mais gosto e acho mais plausível foi sugerida por Erynn Rowan, como dito anteriormente. Erynn acredita que a *Fege Find* é a representação esotérica da Árvore Sagrada, a antiga *bile*, o eixo vertical que liga o Céu, a Terra e o Submundo. É interessante notar, que as antigas casas celtas da Idade do Ferro não possuíam janelas como as conhecemos hoje, havia apenas um orifício na cumeeira do telhado, por onde a fumaça da fogueira, que ficava no centro da casa, pudesse escapar. Era nesse buraco que se encaixava a Janela de Fionn.

Erynn também sugere que a Janela de Fionn é um mapa do céu, onde as letras do Ogham representam as constelações e, no topo do polo, ou no mastro sagrado, a estrela polar demarca o centro do Universo. Os Druidas utilizam tal mandala como ferramenta de meditação, viajando pelo eixo cósmico para entrar em contato com os Deuses e os espíritos.

Em *Vita Merlini*[342], é dito que a irmã do Mago Merlin construiu para ele uma casa com setenta portas e janelas, para que ele pudesse estudar as estrelas e prever o futuro. Assim, podemos imaginar que para os celtas, a janela é o meio pelo qual é possível visualizar as estrelas e o céu, ou ainda, o futuro.

Para mim, a Janela de Fionn é realmente a representação do eixo cósmico que une os três mundos, contudo, devido à sua forma circular e sua evidente associação ao topo, o Mundo Superior (o Céu, Morada dos Deuses), iremos utilizá-la nesta meditação como um meio para explorar essa região e seus mistérios.

Meditação Guiada

Respire fundo, feche seus olhos. Visualize a Janela de Fionn, conecte-se com seu mundo interior, relaxe. Imagine agora que diante de você há duas grandiosas e esplêndidas árvores, uma ao lado da outra. Seus troncos são grandes e grossos, seus galhos entrelaçam-se e se encontram no céu, formando um arco. Suas raízes são igualmente grandiosas e se espalham pelo chão, entrelaçando-se. Entre as duas árvores, há um portal que emite uma suave luz difusa, como uma tênue neblina. Atravesse o portal entre as árvores.

Ao atravessar o portal, perceba que adentrou um recinto. É uma casa circular da Idade do Ferro. No centro, há uma fogueira que ilumina todo o ambiente. Sobre a fogueira há um caldeirão de ferro cheio de um líquido borbulhante, seu aroma é agradável, mas você não consegue distinguir o que está sendo cozido. Olhe ao redor, perceba que as paredes circulares da casa são baixas, feitas de pau-a-pique e pintadas de branco, com desenhos de espirais e zigue-zagues feitos com tinta vermelha. O teto é alto e você se sente confortável. Das diversas vigas que sustentam o telhado, pendem maços de ervas que estão secando, você sente o aroma das ervas e da fumaça que sobe em espiral.

342 *A vida de Merlin*. Poema composto por Geoffrey de Monmouth, em 1150, fortemente influenciado por lendas celtas.

Apesar de rústica, a casa é limpa e contém alguns objetos espalhados junto à parede, como potes de barro, pequenos bancos de madeira, escudos, espadas e lanças. Só agora você percebe que próximo à fogueira há uma linda harpa feita de madeira. A harpa emite um leve brilho.

Algo se movimenta na entrada da casa e afasta o tecido que encobre a porta. É um grandioso homem que adentra sorrindo. Um homem alto, musculoso, com cabelos e bigode em tons de cobre. Seus olhos são acinzentados e ele possui um belo e bondoso semblante. Em sua testa é perceptível a marca de uma tatuagem azulada de guerreiro, já apagada pelo tempo. Suas roupas são simples e rústicas, em tons de verde, formando um padrão xadrez. Em seu pescoço há um grande torque de ouro, dando-lhe um ar de nobreza.

O nobre homem senta-se próximo ao fogo, ajeita a harpa em seu colo e o saúda: "Seja bem-vindo viajante. Hoje serei seu guia em sua jornada. Aproxime-se, eu me chamo Fionn."

Você se acomoda próximo à fogueira. O nobre começa a dedilhar a harpa que está em seu colo. Feche os olhos e ouça o suave som da harpa. Ele então começa a cantar suavemente e, mesmo com os olhos fechados, você sente uma névoa o envolvendo em um encantamento.

Seu corpo se tornando mais leve, mais tênue e vaporoso. Aos poucos, vá se misturando à fumaça da fogueira e ao vapor do caldeirão. A fumaça, o vapor e seu corpo em fusão vão subindo em movimentos espirais através das vigas que sustentam o telhado. Abra os olhos e perceba que, no alto, na cumeeira do telhado, está a Janela de Fionn. Em seu centro há um buraco por onde a fumaça escapa. Atravesse a janela.

Sinta a leve brisa fria levando-o para cima. É noite e o firmamento está carregado de estrelas cintilantes. Abra seus braços e contemple-as. As estrelas estão em movimento, com exceção do centro, onde há uma única estrela estática. As estrelas formam o desenho da Janela de Fionn; contemple-as. O padrão se desfaz e as estrelas, em movimento circular, tomam vida e assumem formas de animais como cavalos, cães, cervos, peixes e aves. Continue subindo enquanto contempla as estrelas.

Perceba que o vento traz nuvens distantes. Aos poucos, elas vão se aproximando e seu corpo de fumaça se funde às nuvens que se aproximam. Agora está tudo muito embaçado, fica difícil distinguir o que se passa.

Aos poucos a névoa vai se dissipando e seu corpo volta a consistência normal. Ao seu lado, seu guia o convida a prosseguir. Você está no sopé de uma montanha verdejante. O céu está claro, em tons rosas e azuis, é o prenúncio da aurora. O topo da montanha está encoberto por nuvens, mas emite uma luz dourada. O que será que há no topo da montanha?

Seu guia o conduz por entre rochas e plantas rasteiras úmidas de orvalho. Sinta o aroma da relva fresca aos seus pés. Ao atravessar um pequeno morro de pedras, uma frondosa correnteza desce da montanha à sua frente. Não é uma correnteza comum, as águas são completamente brancas, como o leite. Elas descem e formam um rio, até se perder de vista no vale encoberto pela neblina. Ouça o som da correnteza.

Continue subindo a encosta da montanha ao lado do seu guia. Repentinamente ele diz "chegamos!" Ao olhar para cima, a entrada de um grandioso forte aparece. O topo da montanha é plano e ali, atrás daquela entrada cercada por troncos e pedras, há uma grande cidade.

Ao se aproximar da entrada, um homem vai ao encontro de vocês. Ele é alto, magro, veste roupas grossas, usa um torque de ouro no pescoço e porta uma belíssima lança com a ponta de ferro e detalhes em ouro. Só então você percebe que um de seus olhos é como o olho de um gato. Ele pergunta: "Qual arte você domina? Somente os habilidosos podem entrar na Cidade dos Deuses". Antes que responda, seu guia diz: "ele veio despertar seu dom através da inspiração". Então o porteiro, sem lhes dizer nada, permite a passagem.

Diversas e esplêndidas casas circulares estão do outro lado do portal que atravessaram. Um grandioso freixo se encontra bem no centro da cidade. Seu guia o conduz rumo ao centro, junto ao freixo. A cidade está vazia, você pergunta ao seu guia onde estão todos. Ele diz que estão todos ocupados e aponta para o vale lá embaixo; o freixo é uma grandiosa e antiga árvore gigantesca que liga o Céu, a Terra e o Submundo; é o místico eixo do mundo.

Seu guia o convida a se aproximar.

Um antigo e grandioso altar de pedra está aos pés da árvore do centro. O altar é todo entalhado com formas em espiral e zigue-zague. Nesse altar arde uma chama mágica, em tons de verde, azul e rosa. Seu guia explica que é uma das fontes de inspiração divina. Instintivamente, você coloca as mãos no fogo mágico, mas milagrosamente não se queima. Há algo diferente, um calor que expande do alto de sua cabeça. A sensação é muito boa e o faz entrar em êxtase, é a inspiração divina em forma de língua de fogo que paira sobre sua cabeça. Isso significa que você foi agraciado com o dom da inspiração.

Do Leste, escuta-se uma voz feminina, é a Deusa da Aurora que diz: "Vá e acenda o fogo dos Deuses nos corações dos homens." Sinta-se inspirado, como se seus dons fossem despertados. Após essa experiência maravilhosa, volte-se para o Leste e reverencie o Sol que está nascendo. O Sol se apresenta sorridente, e você entende que é o Deus da Eloquência, o antigo campeão, que o abençoa com raios de luz em forma das letras ogâmicas.

Uma linda melodia de harpa é ouvida ao longe. Feche os olhos para senti-la com toda sua alma. A voz suave de seu guia o envolve novamente em um encantamento e mais uma vez você se sente leve. Uma neblina começa a envolvê-lo vagarosamente até se fundir completamente a ela.

Sinta a brisa carregando seu corpo vaporoso rumo ao Sul. Abra seus olhos e aviste o rebanho dos Deuses pastando no portão Sul. Dentre os animais, um se destaca; uma grande e bela vaca branca de orelhas vermelhas. Dos úberes da vaca escorre ininterruptamente o leite que dá origem à correnteza avistada na encosta da montanha.

Ao sobrevoar o rio de leite, seu corpo começa a se condensar. E então você cai como gotas de chuva sobre a correnteza de leite. Ao se misturar ao leite, sinta milhares de fagulhas cintilantes, como estrelas, formarem o rio. Lembre-se que a Via Láctea é o caminho do leite.

Perceba seu corpo líquido fluir como um rio a descer e descer. Ao sentir que está próximo de uma cachoeira, seu corpo, misturado ao leite radiante, transforma-se em gotas de água que caem novamente em formato de chuva. As gotas de chuva atravessam a Janela de Fionn e, mais uma vez, você está dentro da casa circular, olhando para cima, para a Janela e para as pequenas gotas brilhantes que caem sobre o caldeirão.

Você olha ao redor e percebe que está só. Saia da casa pela porta. Do lado de fora, atravesse novamente o portal entre as duas grandiosas e místicas árvores e volte à consciência aos poucos. Agradeça pelas graças recebidas.

O MITO PESSOAL

Os Magos do final do século 19 já tinham consciência de que o mundo é criado a partir das nossas próprias percepções de realidade, contudo, aprendemos ou fomos condicionados a conceber este mundo de acordo com um padrão preestabelecido. Em outras palavras, aprendemos a ter uma visão distorcida da realidade. Desta forma, se o mundo é uma projeção de suas impressões, é possível transformá-lo de acordo com sua vontade. Para isso, é preciso mudar a consciência no que se refere à realidade. Essa é a pedra fundamental da Magia.

Podemos definir "Magia" (mudança na consciência) como a soma da imaginação (planejamento do futuro) à vontade (execução)[343]. Para que a imaginação se torne um fato concreto é necessário aplicar vontade. Lembre-se de que o homem dotado de imaginação e vontade constrói seu destino[344].

Para criar essa tão almejada mudança no mundo exterior e tangível, repleto de adversidades, é preciso provocar uma mudança na consciência e construir dentro de si ideais humanos com todas as suas qualidades e virtudes, e isso só é possível graças à boa e velha imaginação.

Imaginação nada mais é do que um projeto para o futuro, em outras palavras, você é aquilo que imaginou ser. Observar sua própria imaginação é um precioso exercício de autoconhecimento, já que mais cedo ou mais tarde sua imaginação se manifestará no mundo tangível e terá suas consequências, boas ou más, isso dependerá do que foi projetado.

Isso tudo parece muito fácil, ou seja, basta imaginar uma situação (ou projetá-la) para que ela se torne um fato (no mundo tangível), mas sabemos que, na prática, as coisas são bem diferentes. E por que isso acontece? Isso acontece porque simplesmente não nos autoconhecemos, não

---

343 Segundo Aleister Crowley, Magia é "a arte de provocar mudanças pela vontade". Outra definição, talvez mais completa, mas parecida com a de Crowley e muitas vezes atribuída a Dion Fortune, diz que a Magia é "a arte de provocar mudanças na consciência de acordo com a vontade".

344 Importante frisar, que meu objetivo não é propagar o positivismo ou a conhecida "lei da atração", muito pelo contrário, acredito que para realizar seus desejos e objetivos é preciso muita força de vontade, estratégia e, sobretudo, conhecimento *(fis)* de si mesmo e do ambiente ao seu redor.

sabemos onde estamos e nem para onde queremos ir. Muitas vezes somos simplesmente guiados e influenciados pela fantasia coletiva, tornando-nos marionetes desprovidas de vontade nas mãos de manipuladores.

A meditação é, sem dúvida, um dos melhores meios para se autoconhecer, mas há diversas outras técnicas semelhantes que visam explorar o Reino Interior. Talvez uma das mais comentadas hoje no mundo anglófono seja o *pathworking*[345]. Originalmente técnica utilizada pelos Magos Cabalistas membros da Ordem Hermética da Aurora Dourada (Hermetic Order of the Golden Dawn), o *pathworking* consistia em explorar os caminhos (*path*) da Árvore da Vida através da visualização de símbolos, letras e sigilos cabalísticos. Hoje, o termo é utilizado como sinônimo de "visualização guiada", visando o desenvolvimento mágico e espiritual do indivíduo, semelhante às meditações guiadas, propostas anteriormente. Mas essa técnica não é nova ou simples modismo, os xamãs já faziam uso desse tipo de jornada há milhares de anos e nos últimos anos a psicologia também se utiliza dessa mesma técnica para despertar a consciência do caminho pessoal.

Segundo Joseph Campbell, o caminho é único para cada pessoa. Não adianta seguir um caminho já conhecido ou trilhado por outros, porque cada aventura é única, como fica claro na seguinte passagem sobre as lendas arturianas:

> Quando há um caminho, é o caminho de outra pessoa, e você não está na aventura. E quanto à instrução, que se há de fazer? Podem-se obter indicações dadas por pessoas que seguiram algum caminho; mas é preciso que, obtidas essas indicações, você as traduza segundo seu próprio critério, e para isso não existem livros de normas. Nessa busca fantástica – este é o romance maravilhoso, no qual cada um dos cavaleiros segue o seu caminho –, quando alguém encontra o caminho de outrem e pensa "Ele está chegando lá!" e começa a seguir por ali, mas logo em seguida se vê completamente perdido, muito embora aquele outro possa ter chegado ao destino. É uma história maravilhosa: o que pretendemos, a viagem, a meta, é a realização de algo que nunca antes existira sobre a terra, nossa própria potencialidade. Cada impressão digital é diferente de todas as outras. Cada célula,

345 "Trabalhando o caminho". Não confunda com *Pathwork*, um sistema de autoconhecimento e desenvolvimento espiritual desenvolvido por Eva Pierrakos, mística e canalizadora.

cada estrutura de nosso corpo é diferente da de qualquer outra pessoa que já esteve nesta Terra; cabe a cada um de nós trabalhá-la, elaborá-la, colhendo nossas informações aqui e ali.[346]

Portanto, por mais que uma meditação ou visualização guiada desenvolvida por outra pessoa possa ajudar no seu desenvolvimento, é muito difícil identificar o que precisa ser corrigido em seu mundo interior e desenvolver o autoconhecimento por meio dela. Para isso, você mesmo precisa mapear a trilha da sua vida e, assim, (re)contar sua própria história, criando seu mito pessoal.

CONTANDO SUA HISTÓRIA

Quando os antigos Bardos e poetas celtas recitavam seus poemas épicos, contando os feitos dos Deuses e heróis, as pessoas, através da imaginação, eram transportadas para outros reinos, repletos de magia e encantamento. De repente, a preocupação com o futuro incerto, assim como a dor da fome, de uma perda ou de uma doença eram deixados de lado para dar espaço a uma visão de mundo gloriosa e perfeita. Naquela época, não existiam os diversos recursos visuais que temos hoje, era justamente a imaginação o meio pelo qual eles eram transportados para outras realidades. Nos últimos tempos, a imaginação perdeu sua importância, talvez porque somos levados a acreditar que ela é algo irreal e infantil, que não deve ser valorizada ou sequer alimentada.

A imaginação é inerente ao ser humano, mas o controle da nossa capacidade imaginativa e criativa está se atrofiando, devido às influências que sofremos de ideais fantasiosos coletivos e contagiosos que nos são impostos a todo momento pela sociedade. Quando estudamos um oráculo, por exemplo, nós nos esforçamos para transformar imagens ou símbolos em palavras, mas nos esquecemos de que o contrário é tão importante quanto, ou seja, é imprescindível exercitar a capacidade de transformar palavras (contos) em imagens e isso só é possível através da imaginação.

346 CAMPBELL, Joseph. *As Transformações do Mito Através do Tempo.* São Paulo: Editora Pensamento, 2012.

Antes de continuar, proponho um simples exercício: procure um bom contador de histórias[347] (normalmente pessoas mais velhas ou aquelas que vivem no campo são ótimas contadoras de histórias) e deixe que narrem os fatos livremente. Use sua imaginação para mergulhar na história narrada. Após o exercício, você perceberá que, durante a narração, o tempo foi distorcido. Por um momento somos transportados para outro tempo e outra realidade. Quando nos envolvemos na história verdadeiramente, a noção de tempo e realidade é perdida. Pode ser que muito tempo tenha se passado durante a narração, ou ao contrário, poucos minutos. Podemos dizer que fomos transportados para o Reino das Fadas, semelhante aos contos celtas que falam sobre a visita de heróis ao Outromundo por um breve período, mas que, ao regressarem a suas casas, muitos anos haviam-se passado. Esse é o poder da imaginação, o poder de transformar a percepção que temos do mundo ao nosso redor. Afinal, os céus, os submundos e seus habitantes estão dentro de nós e se expressam através de imagens, símbolos e arquétipos.

Muitas vezes acreditamos que nossas histórias são trágicas ou pouco atrativas, sem "magia" ou "final feliz," mas não se engane, podemos recontar nossas histórias com a ajuda da mitologia e da imaginação. Basicamente, criar o mito pessoal é conectar-se consigo mesmo, é encontrar o caminho rumo a sua verdadeira vontade e saber qual o seu importante papel no mundo.

Jornada Mítica Pessoal

A seguinte prática proposta para a criação da Jornada Mítica Pessoal foi inspirada em um exercício desenvolvido por Caitlin e John Matthews com cartas de Tarô[348], mas também me inspirei na obra de Joseph Campbell, Mircea Eliade e outros mitólogos e psicólogos. Sugiro que a viagem ao Reino Interior seja feita através da imaginação, criando uma narrativa mítica pessoal que visa o autoconhecimento e a autorrealização, mas não descarto a possibilidade da ritualização ou da dramatização dessa viagem interior. Há diversas formas de expressar o mito pessoal, exerça sua criatividade.

347 Ou estória, termo que se refere ao conto popular.

348 MATTHEWS, Caitlin; MATTHEWS, John. *The Complete Arthurian Tarot*. London: Connections Book Publishing, 2015.

Antes de criar o cenário para a Jornada Mítica Pessoal é preciso traçar um objetivo, pergunte-se: "qual o propósito dessa jornada? Busco pela resolução de um problema? Qual a raiz dos meus problemas? Qual setor da minha vida não vai bem?" Não se preocupe com as respostas, reflita sobre como a jornada interior pode lhe ajudar a melhorar como ser humano. Se alguma coisa o incomoda, seja na sua vida profissional, sentimental, física, financeira ou espiritual, certamente uma jornada interior poderá lhe conduzir através de símbolos e imagens a uma possível solução do problema. Após definir o que quer transformar em sua vida, marque em seu diário o "assunto" a ser trabalhado, por exemplo: traumas do passado, vida profissional, relacionamento amoroso, autoestima, etc.

Para criar sua própria jornada de autoconhecimento, basta sortear três letras ogâmicas que servirão como guias, são elas:

- A primeira letra representa a persona, ou seja, o personagem que irá encarnar. É você na jornada do herói.
- A segunda letra representa o cenário, o lugar onde essa história irá se desenrolar, a paisagem.
- A terceira e última letra, representa um guia, uma divindade, um professor ou um instrutor espiritual que irá auxiliá-lo na busca pela solução do problema.

A próxima etapa é verificar na tabela mítica a seguir, as correspondências das letras do ogham e os personagens, paisagens e guias espirituais que vão compor sua jornada.

TABELA MÍTICA DO OGHAM

OGHAM	Personagem	Paisagem	Guia/ Mestre
Beith	Andarilho	Caminho em um bosque de bétulas	Deus da Eloquência
Luis	Rico fazendeiro	Fogueira no alto da colina	Deusa da Inspiração
Fearn	Caçador	*Coracle* em canais entre amieiros	Deus da Proteção
Saille	Vidente	Lago rodeado por salgueiros a refletir a Lua	Deusa da Soberania
Nion	Tecelão	Vila ou tribo com um freixo no centro	Deusa Mãe
hÚath	Marginal ou pária	Terra desolada ou pântano à noite	Deus do Submundo
Duir	Autoridade ou juiz	Casa ou fortaleza em meio à tempestade	Deus Pai
Tinne	Ferreiro ou artesão	Ferraria no inverno	Deus Ferreiro
Coll	Sábio	Poço ou açude rodeado por aveleiras	Deus da Sabedoria
Quert	Eremita ou louco	Ermida ou floresta selvagem	Deus Selvagem
Muin	Serviçal ou trabalhador	Templo com um Caldeirão ou Cálice no altar	Deuses do Sacrifício e do Caldeirão
Gort	Camponês	Campo fértil ou seara	Deusa da Terra ou espíritos encapuzados
nGétal	Curandeiro	Fonte da cura encoberta por samambaias	Deuses da Cura
Straif	Mago ou alquimista	Círculo de pedras envolto em neblina	Povo das Fadas ou Deus Invisível
Ruis	Guerreiro	Campo de batalha	Deus da Guerra
Ailm	Criança ou inocente	Clareira em um bosque de pinheiros	Deus da Juventude
Onn	Cavaleiro	Área descampada ou colinas de tojo	Deus da Luz ou Deusa Equina
Úr	Guardião	Cemitério, *sídhe* ou campos de urzes	Deuses da Morte
Edad	Amante ou amigo	Alameda outonal ou encruzilhada	Deuses Amantes
Idad	Ancião	Antigo teixo que o abriga da chuva branda	Ancestrais ou Deuses Anciões
Ébad	Comandante	Margens de uma correnteza ou encruzilhada	Guardião entre os mundos ou Deusa dos Caminhos
Óir	Rei/Rainha	Sala de tesouros	Deuses da Abundância
Uilleann	Profeta	Caminhos sinuosos	Deuses do Tempo
Ifín ou *Pin*	Poeta	Grande banquete	Deuses dos Encantamentos
Eamancholl	Barqueiro	Pôr do sol na praia	Deus do Mar ou Deuses Gêmeos

Os personagens, paisagens e guias aqui propostos são apenas exemplos a serem seguidos. Sinta-se à vontade para adaptá-los de acordo com sua percepção de cada letra. Optei por não citar o nome das divindades e guias focando apenas em seus aspectos ou "imagens arquetípicas". Por exemplo, o Deus da Juventude pode ser Angus Mac Óg, Mabon ou Maponus, ou qualquer outro Deus, Deusa, entidade ou personagem mítico que possua tais características.

Antes de iniciar sua jornada interior, pratique os exercícios de relaxamento, concentração e visualização já explicados. Além disso, crie o hábito de iniciar e finalizar qualquer jornada interior ou meditação guiada atravessando um "portal" que pode ser, como sugerido, o portal entre duas árvores, mas também pode ser qualquer imagem que sugira uma travessia entre dois mundos.

É possível que você se depare com um bloqueio criativo e não consiga construir uma narrativa (ou jornada) a partir das letras sorteadas (isso também vale para interpretações oraculares), mas não se desespere, isso é absolutamente normal. Há alguns exercícios que podem ajudá-lo a exercitar a criatividade e a imaginação. Um método que aprendi há muitos anos em um livro sobre contos de fadas é, além de fácil, muito eficaz. O exercício em si trata de pensar em alguma coisa, qualquer coisa, por exemplo "ler um livro". Agora escreva em um papel ou caderno sete maneiras diferentes de realizar tal coisa, no caso do nosso exemplo, sete maneiras diferentes de se ler um livro[349], não se limite ou se sinta envergonhado, apenas deixe que sua imaginação o guie. Quando superar as sete formas diferentes, dobre e passe a escrever 14 formas diferentes de realizar determinada coisa. Perceba que no final deste exercício, que pode ser muito divertido, a sua criatividade estará mais aguçada e, assim, será mais fácil criar suas próprias jornadas, além enriquecer seu repertório em uma consulta oracular.

É importante frisar, que a personagem desta história não é você, mas, sim, uma roupagem ou máscara que irá vestir, portanto, é importante que não se identifique permanentemente com essa máscara. Vamos a mais uma breve reflexão: Se eu perguntar "quem é você?" o que irá responder? Algumas pessoas podem responder seu próprio nome "eu sou fulano de tal" outras podem responder a profissão que exercem ou sua nacionalidade, mas reflita verdadeiramente, "o que" você é? Cada ser é mais do que o corpo que carrega, é mais que sua personalidade, sentimentos ou emoções, é mais que seus pensamentos. Tenha a certeza de que você é um espírito que possui um corpo

349 Por exemplo: ler o livro de trás para frente, começando a partir da metade, ler capítulos alternados, etc.

e não um corpo que possui um espírito. Esse corpo, pensamentos e sentimentos que tem hoje é transitório, é apenas uma máscara ou casca projetada exteriormente. Quando proponho essa jornada de visualização, a ideia é que vivencie outras experiências, com outras máscaras, além da que já projeta em sua vida atual. É importante ressaltar, que esse tipo de jornada, assim como qualquer exercício de meditação ou visualização proposto neste livro, não serve como válvula de escape ao mundo "real". Se esses exercícios e meditações tiram você da realidade por algum motivo ou quando a fantasia (ou paranoia) começa a se sobrepor à imaginação, pare e pergunte a si "Quem eu sou?"

Você é o herói da sua vida, só precisa se reconhecer como tal. Portanto, eu o convido a contar sua história, a si mesmo e aos outros.

Exemplo de uma jornada mítica pessoal através do Ogham

Assunto: vida profissional
Personagem: curandeiro (*nGétal*)
Paisagem: alameda outonal (*edad*)
Guia: Deusa do Caldeirão Sacrifical (*muin*)

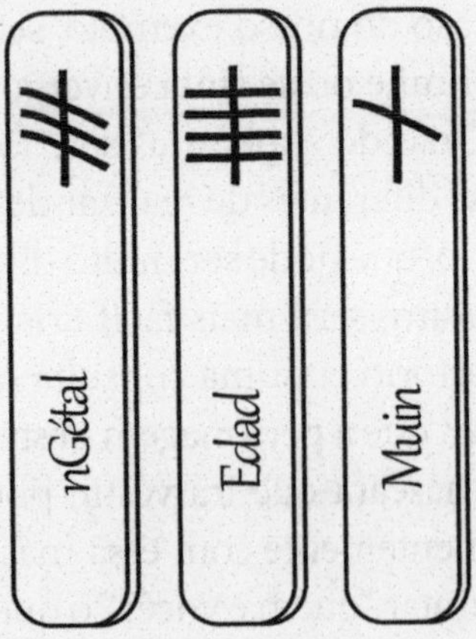

Começo minha jornada atravessando o portal entre as árvores. Estou em uma antiga vila da Idade do Ferro. Ouço choro de crianças e cães latindo ao longe. Sou o curandeiro da tribo, pessoas me procuram em busca de cura. Dirijo-me a minha casa, lá há ervas suspensas nas vigas do telhado. Algumas pessoas me visitam, precisam de cura, receito ervas a elas. Quando estou só, sinto-me ferido, não por fora, mas por dentro, mas quem irá me curar?

Decido que preciso encontrar alguém que possa me ajudar, então parto da vila. É outono e o sol está se pondo, o céu está alaranjado com tons violáceos. Sigo por uma extensa alameda. Há álamos de ambos os lados, suas folhas em tons de amarelo e laranja transmitem uma sensação aconchegante, apesar do vento frio. Ouço o farfalhar das folhas, os álamos estão agitados devido à ação do vento. Vejo ao longe uma serpente atravessando a alameda. Deve ser um sinal (a serpente é um símbolo de cura). Resolvo seguir a serpente, portanto, saio do caminho entre os álamos e me embrenho na floresta.

Depois de caminhar entre galhos secos e arbustos em meio à densa floresta, avisto uma velha senhora remexendo seu Caldeirão numa pequena clareira. É uma visão aterradora! A velha está sorrindo, é um sorriso medonho, faltam-lhe dentes. Seu cabelo está desgrenhado, mas há bondade em seu olhar. Sem se virar para mim, ela diz: "Aproxime-se", então saio de meu refúgio entre arbustos e me sento no chão diretamente de frente para ela. Entre nós está seu gigantesco caldeirão, fervendo uma beberagem mágica. O cheiro é bom, mas a sopa tem um aspecto desagradável. Ela diz: "Eu sou a Senhora do Caldeirão. Quem beber da minha poção encontrará sabedoria ou morte! Está disposto a beber e se arriscar, ou prefere viver com sua dor?" Penso bem e decido beber.

Após beber, sinto meu corpo esquentar, começo a suar e percebo que a Deusa do Caldeirão deposita um olhar faminto sobre mim. Meu coração está pulsando. Ela se levanta e percebo que sua estatura é gigantesca. Então ela me segura pelas pernas e me mergulha em seu Caldeirão. Apesar da cena aterradora, não há desespero em mim, ao contrário, sinto-me em paz! Meu corpo está se dissolvendo completamente. Após a dissolução, sinto que as partículas do meu corpo estão se recombinando, apenas minha consciência está presente.

Saio do Caldeirão renascido! Salto com os braços levantados. A Deusa me ajuda a sair e sussurra em meu ouvido a solução do meu problema. Antes que eu me vá, ela segura um precioso Cálice de ouro e me oferece, diretamente nos lábios, um gole de vinho, o sangue da terra. Então entendo que, apesar de exigirem tanto de mim como curandeiro (*nGétal*), devo romper com parcerias abusivas (*edad*) e tirar o peso do dever e da responsabilidade de minhas costas (*muin*), para conseguir atingir meu objetivo.

Faço o caminho inverso calmamente, refletindo sobre essa experiência. Volto à consciência atravessando novamente o portal entre as árvores.

AUTO-OBSERVAÇÃO

Como dito anteriormente, é importante que todas as meditações e jornadas interiores sejam registradas em um diário. A prática do diário ogâmico é muito importante, pois através dele é possível monitorar a evolução das práticas oraculares e meditativas. Contudo, há outros meios de auto-observação que têm como objetivo identificar e avaliar o temperamento, os humores, os ciclos da vida e suas relações com a natureza e até mesmo verificar a influência do ogham na vida diária.

Ao estudar a Jornada do Herói[350], ou *Monomito*, desenvolvida por Joseph Campbell, pude constatar que o ogham retrata muito bem, de forma simbólica, a trajetória do herói (ou heroína) celta rumo à autorrealização. Como vimos anteriormente, nós somos os heróis e protagonistas da nossa vida, mas qual imagem arquetípica incorporamos no dia a dia? Somos guerreiros ou reis (rainhas)? Magos ou Trabalhadores? O propósito deste capítulo é identificar essas imagens arquetípicas em sua vida, em quais épocas elas se manifestam com maior intensidade, qual sua relação com o ogham e como corrigir algumas deficiências.

Para compreender a jornada do herói celta, faço uso novamente da Janela de Fionn como guia. O primeiro anel da Janela, ou o anel exterior, composto pelas letras *beith, hÚath, muin* e *ailm*, descrevem a jornada da "imagem arquetípica" que denominei de *Buscador(a)*, mas que também

350 CAMPBELL, Joseph. *O Herói de Mil Faces.* São Paulo: Editora Pensamento, 2013.

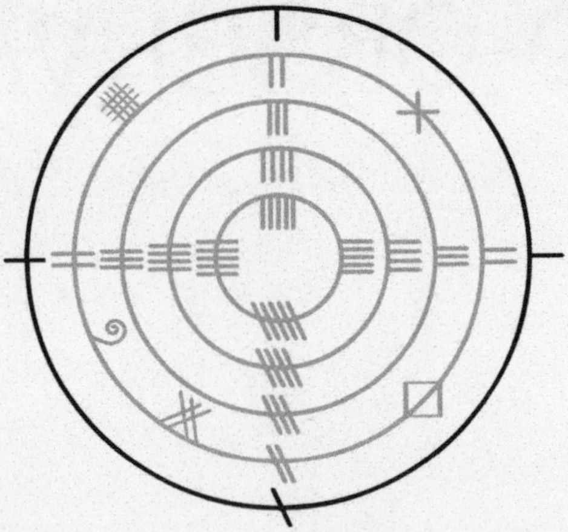

Caminho do Buscador

poderia ser denominada de *Inocente, Bobo(a), Ingênuo(a)*, etc. A primeira letra, *beith*, representa o início da jornada, é aqui que nosso herói interior, o pequeno inocente e despreparado, segue rumo à aventura. Em *hÚath* o herói tem seu primeiro desafio, se ele quer continuar, é preciso superar os obstáculos e medos interiores. A próxima letra é *muin*, que representa o sacrifício de si mesmo, ou seja, o herói venceu a batalha interior e se ofereceu em sacrifício no Caldeirão dos Deuses, é aqui que ele se torna maduro e responsável por sua vida. Finalmente, em *ailm*, nosso herói interior morre como inocente e renasce para uma nova etapa de sua evolução, ele deixou seu pequeno mundo para conhecer outros mundos.

Na próxima etapa, o segundo anel da Janela de Fionn é composto pelas letras *luis, duir, gort, onn* e os *forfeda*. Denominei de *Cultivador(a)* a imagem arquetípica que rege este ciclo, mas que também poderia ser chamada de *Trabalhador(a), Artesã(o), Camponês(a)*, etc. A letra *luis* representa o trabalho com animais, assim, nosso herói assume o papel de fazendeiro e pastor e desenvolve seus dons ligados ao fogo da vida. Em *duir* é o trabalho manual, o artesanato e a construção que o habilitarão na arte da edificação. A próxima letra, *gort*, representa o trabalho no campo, portanto, o herói assume o papel de agricultor e colhe aquilo que plantou. Por fim, a letra *onn* representa o movimento, o comércio e os dons que a terra proporciona, mas por estar ligada ao cavalo, o maior companheiro dos guerreiros, essa letra leva nosso herói à próxima etapa de sua evolução. Os *forfeda*, as letras adicionais ou ditongos, representam os dons da natureza, desta forma, *ébad* representa a água e os peixes; *óir*, a terra e a riqueza; *uilleann*, o tempo e o espaço; *ifín*, o alimento e o sustento e *emancholl*, o Outromundo e seus mistérios.

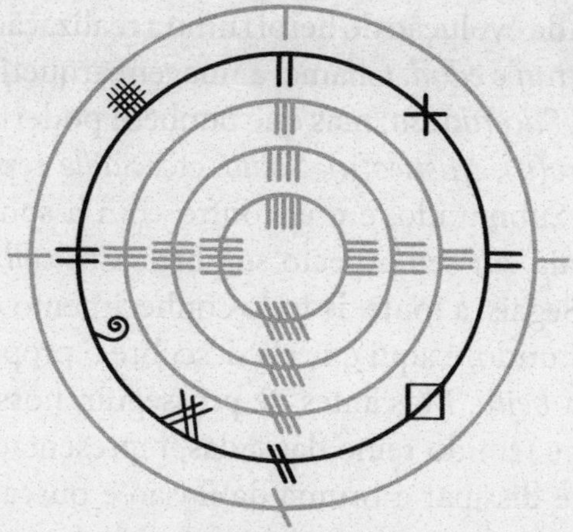

Caminho do Cultivador

O ciclo composto pelas letras *fearn, tinne, nGétal e úr* é regido pela imagem arquetípica que denominei de *Guerreiro(a)*, mas que também poderia ser denominada de *Soldado, Lutador(a), Militar*, etc. Como guerreiro, nosso herói começa sua trajetória com *fearn*, a vanguarda dos guerreiros, ou seja, ele está na linha de frente no campo de batalha. Em *tinne*, ele é o homem armado, perceba que *tinne* representa uma arma divina, portanto, nosso herói recebe aqui sua arma mágica para lutar contra seus inimigos. A letra *nGétal* significa ferimento. Mesmo vitorioso, nosso herói está ferido e precisa se curar. O fim deste ciclo, regido pela letra *úr*, é a morte do Guerreiro, o destino de todos nós. Ele não resistiu aos ferimentos, mas a morte não é o seu fim. Como uma semente, nosso herói é plantado no interior da terra, para renascer e florescer no mundo espiritual, tema do próximo ciclo.

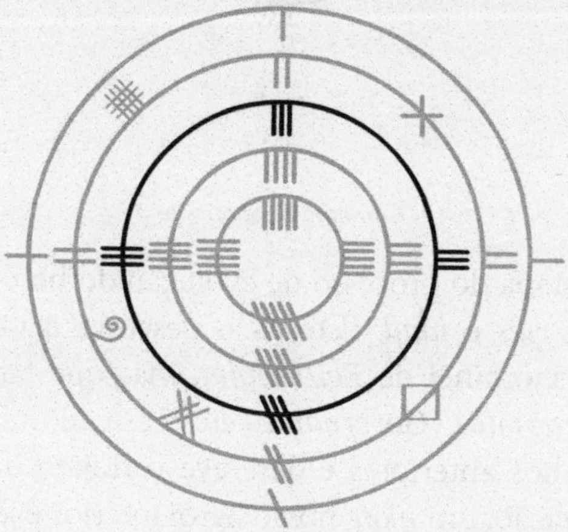

Caminho do Guerreiro

Esta etapa da evolução do herói rumo à realização é composta pelas letras *saille, coll, straif* e *edad.* Chamei a imagem arquetípica regente desse ciclo de *Sacerdote/Sacerdotisa*, mas que também poderia ser denominada de *Mago(a), Bruxo(a), Místico(a), Sábio,* etc. *Saille* representa a jornada ao desconhecido Submundo, é o encontro com a sombra, a misteriosa Dama da Soberania em seu aspecto sombrio. Em *coll,* nosso herói descobre a Fonte de Segais, a fonte de todo conhecimento e sabedoria que se encontra no Submundo, é aqui que ele descobre o propósito de sua busca que se iniciou em *beith.* Mas antes de prosseguir, nosso herói se depara com o misterioso e temido reino das fadas, representado pela letra *straif.* Em *straif,* ele deve dissipar a bruma da ilusão e buscar o conhecimento alquímico que o transformará em um novo ser. Ao completar este ciclo, agora como sacerdote iniciado, nosso herói supera todos os testes e preconceitos relacionados à morte e descobre em *edad* o sentido da palavra "fraternidade", pois o druidismo é uma Escola de Mistérios e seus membros formam uma grande família. É o espírito fraternal que fundamenta a próxima etapa da jornada.

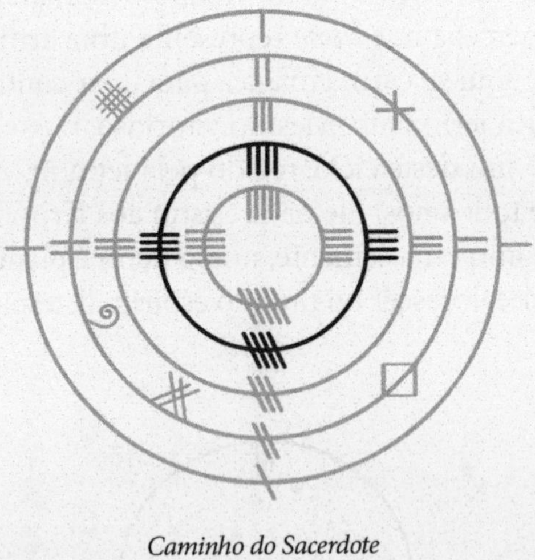

Caminho do Sacerdote

A última etapa do processo de evolução do herói é composta pelas letras *nion, quert, ruis* e *idad.* Este ciclo descreve a jornada da imagem arquetípica que denominei de *Rei/Rainha,* mas que também poderia ser chamada de *Soberano(a), Governante,* etc. Esse último caminho é uma síntese dos caminhos anteriores e descreve o trajeto de um ser humano rumo à autorrealização. Em *nion,* nosso herói interior é jovem e goza da paz familiar junto de sua mãe. Aqui está seu centro sagrado, o ponto de equilíbrio.

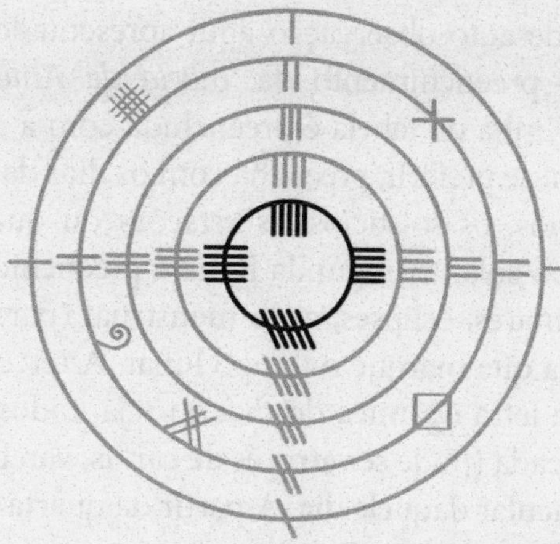

Caminho do Rei

Quando o herói acredita que chegou ao fim de sua jornada e agora pode desfrutar a tão almejada paz, a guerra novamente o tira do conforto do lar. Diante dos horrores da guerra, o herói perde o juízo e se refugia na floresta. Simbolizado por *quert*, ele passa a ser o louco da floresta, incompreendido por muitos, mas detentor de dons proféticos. Na próxima etapa, representada por *ruis*, o herói confronta seu lado animalesco, ainda no seio da floresta. Ele então luta consigo mesmo e doma a fera que existe dentro de si, regressando vitorioso para a civilização. Ao completar sua jornada de autorrealização, o herói interior, agora como rei de si mesmo, assume o papel de sábio, representado pela letra *idad*. O rei/rainha torna-se o/a ancestral da tribo, ou seja, o homem/mulher completo(a), que já passou por diversas experiências e vidas e é senhor(a) de seu destino.

Agora que já identificamos os "caminhos" e as "imagens arquetípicas" que regem a Janela de Fionn, vamos aprender como mensurá-los em nossa vida diária, através da observação dos nossos comportamentos e dos ciclos da natureza.

O método de auto-observação aqui apresentado se dá através do monitoramento do preenchimento da *Tabela de Auto-observação Ogâmica*[351]. A primeira linha da tabela é preenchida com a data do calendário gregoriano (dias) ou, se preferir, preencha com os dias da semana, os signos solares, os equinócios, os solstícios, as estações ou qualquer outra coisa que marque o tempo solar. A segunda linha é preenchida com as fases da lua, ou os signos lunares, eclipses, ciclo menstrual (para as mulheres), ou qualquer outra coisa que marque o tempo lunar. A terceira linha da tabela é preenchida com a letra ogâmica do dia, ou seja, todos os dias uma letra do ogham será sorteada (pode ser através de cartas, varetas ou pedras), essa letra dará o tom oracular daquele dia. A partir da quarta linha, os conceitos arquetípicos serão preenchidos. Cada imagem arquetípica rege uma série de situações relacionadas ao nosso estado físico, emocional, mental, espiritual, etc. como podemos ver a seguir:

Buscador (*beith, hÚath, muin, ailm*).
Rege: o espírito aventureiro, inícios, receptividade, extroversão, sonhos, sentimentos, descoberta e busca.
Perguntas: estou receptível? Descobri algo novo? Fui sociável? Estou disposto a buscar a verdade?

Cultivador (*luis, duir, gort, onn e forfeda*).
Rege: dedicação, foco, trabalho, criatividade e produtividade.
Perguntas: hoje foi um dia produtivo? Estabeleci ou cumpri minhas metas? Dediquei-me ao trabalho?

Guerreiro (*fearn, tinne, nGétal, úr*).
Rege: vitalidade, sexualidade, ânimo, ação, energia e saúde física.
Perguntas: estou com disposição? Como está minha libido? Qual o meu atual estado de saúde?

Sacerdote (*saille, coll, straif, edad*).
Rege: intuição, espiritualidade, fé, sabedoria, conectividade e sensibilidade.
Perguntas: estou conectado com o divino? Confio na minha intuição? Hoje me dediquei à espiritualidade?

351 Vide Apêndice 5 para a tabela em branco.

Rei (*nion, quert, ruis, idad*).
Rege: liderança, soberania, vontade, potencial, realização, autoestima, autoconfiança, amor-próprio, transformação, honra e superação.
Perguntas: sei conduzir minha vida? Confio em mim mesmo? Sou responsável pelo meu destino?

As "imagens arquetípicas" são preenchidas de acordo com a intensidade apresentada no dia. Portanto, quando não preencho alguma imagem arquetípica isso significa que não há intensidade, ou seja, não apresento ou não me identifico com nenhuma característica daquela imagem. Se a intensidade for baixa, marco com um ponto. Se a intensidade for média, marco com dois pontos. E se a intensidade for alta, marco com três pontos. Caso haja dúvidas se há ou não apresentação das características arquetípicas em um determinado dia, responda às perguntas dos caminhos, certamente elas o ajudarão a esclarecer seu atual estado físico, emocional, espiritual, etc.

Exemplo: os dias em que estou receptível e extrovertido, marco com três pontos a imagem arquetípica do Buscador, mas os dias em que estou fechado e introvertido, marco com um ponto ou deixo o espaço em branco. Já os dias em que estou introvertido, mas sonhador e busco algo dentro e não fora, marco com dois pontos, pois estou no meio dos extremos. E assim faço com as demais imagens arquetípicas.

O preenchimento da tabela deve ser livre, isso significa que é possível utilizar outros meios para mensurar a intensidade dos conceitos arquetípicos, como, por exemplo, o uso de cores. Neste caso, cada imagem arquetípica relaciona-se a uma cor, como azul para o Buscador, verde para o Cultivador, vermelho para o Guerreiro, laranja para o Sacerdote e amarelo para o Rei. Cores fortes indicam intensa associação com a imagem arquetípica, cores suaves, baixa associação. A ausência de cor significa que não há nenhuma identificação com aquela imagem ou conceito arquetípico no dia.

ANÁLISE DA TABELA DE AUTO-OBSERVAÇÃO OGÂMICA

A primeira coisa que devemos identificar no ciclo (que pode ser um mês do calendário ou uma lunação) é o excesso e a deficiência no preenchimento das imagens arquetípicas, em outras palavras, durante o período de auto-observação, qual imagem estava debilitada (menos intensa) e qual estava em demasia (mais intensa)? Os excessos e deficiências impactam diretamente em nossa vida e devem ser corrigidos.

Buscador
Excesso: ingenuidade, imaturidade, dispersão, imprudência.
Deficiência: reclusão, teimosia, misantropia.

Cultivador
Excesso: autocobrança, estresse, exaustão, pressão.
Deficiência: falta de foco, ausência de objetivos, frustração.

Guerreiro
Excesso: agressividade, impulso, paixão, raiva.
Deficiência: desânimo, debilidade, cansaço.

Sacerdote
Excesso: fantasia, ilusão, fanatismo.
Deficiência: ceticismo, desconfiança, dúvida.

Rei/Rainha
Excesso: autoritarismo, egoísmo, arrogância, narcisismo.
Deficiência: autoestima baixa, autossabotagem, insegurança.

TABELA DE AUTO-OBSERVAÇÃO OGHÂMICA – EXEMPLO:

Ano: 2021 Mês: janeiro

Dia	1	2	3	4	5	6	7	Total	
Lua						◐			
Ogham	ᚂ	ᚎ	ᚂ	ᚐ	ᚋ	ᚉ	ᚌ		
Buscador/Buscadora	••	•••		•••	•		•••	12	
Cultivador/Cultivadora	•	••	•••	•	••	•	•••	13	↑
Guerreiro/Guerreira	••	•	•	•••		•	•••	11	
Sacerdote/Sacerdotisa	•••	•••	•	••	•	•		11	
Rei/Rainha		•	•	••	•	•	•••	9	↓

Exacesso: Cultivador
autocobrança estresse, exaustão, pressão

Deficiência: Rei
autoestima baixa, autossabotagem, insegurança

A BUSCA DO EQUILÍBRIO

Ao identificar as imagens arquetípicas que estão em excesso e em deficiência, damos o primeiro passo rumo ao autoconhecimento e, assim, podemos buscar o equilíbrio em nossa vida. Todo excesso indica certa agitação (ou ansiedade) e toda deficiência indica certo desânimo (ou depressão). Para corrigir os excessos e deficiências, proponho alguns exercícios simples que o ajudarão a manter o equilíbrio.

O primeiro exercício, destinado a todo tipo de excesso, é semelhante à terapia florestal ou *florestaterapia*. O exercício consiste em visitar uma floresta, fazer uma trilha ou caminhar por entre as árvores, contemplando tudo ao redor com serenidade. Pesquisas feitas no Japão evidenciam que este exercício pode reduzir a pressão arterial, o estresse e fortalecer o sistema imunológico. Aproveite a caminhada para refletir sobre como os excessos fazem mal a você. Aprecie o passeio tranquilamente, deixando tudo que causa o desequilíbrio para trás.

O segundo exercício, destinado a todo tipo de deficiência, busca fortalecer suas energias. Para isso, exercícios físicos a céu aberto, tomando o sol da manhã são excelentes terapias. Caminhadas à beira mar ou sentir o vento bater na face pode despertar aquele ânimo que a tanto se perdeu. Uma alternativa para quem não pode fazer exercícios físicos é tomar uma ducha gelada. Pesquisas indicam que um banho gelado ajuda na circulação do sangue, além de acelerar o metabolismo. Aproveite o momento para traçar metas e objetivos, são eles que o impulsionarão.

Além desses exercícios físicos, os exercícios de relaxamento e concentração explicados anteriormente são ideais para esses mesmos propósitos, pois promovem o equilíbrio interior. Lembre-se de que o corpo e a mente são reflexos um do outro, assim, qualquer desequilíbrio interior será refletido no corpo físico e vice-versa. O ideal é que corpo e mente estejam sempre em sintonia.

Importante ressaltar, que para se atingir o equilíbrio é preciso paciência e perseverança. Não exija muito de si mesmo, a tabela foi criada apenas como uma ferramenta e não deve ser um grilhão que impede sua realização pessoal. Não há regras e nem padrões. Se você identificou algo que está em excesso ou em deficiência em sua vida e ainda assim não sente que isso o prejudica, deixe do jeito que está e siga seu caminho.

A ARTE DA CURA

As doenças, como qualquer problema que temos no decorrer de nossa vida, não devem ser encaradas como castigos dos Deuses ou resultado de uma má conduta, mas oportunidades de crescimento e desenvolvimento. Viemos a esse mundo para lutar, mas nossa luta é, sobretudo, interior. Da mesma forma que os grandes heróis do passado lutaram bravamente por seus ideais, sem medo ou covardia, nós também devemos enfrentar a nossa guerra interior sem medo, pois a cada batalha vencida sairemos mais fortalecidos. Algo parecido acontece em nosso corpo físico, quando somos atacados por micro-organismos que causam doenças, nosso corpo se transforma em um campo de batalha, após a vitória sobre a enfermidade, nosso sistema imunológico se torna mais fortalecido, quando a mesma doença volta a nos atacar, ele já está preparado. Quem não luta, não evolui, quem não possui desafios em sua vida, está acomodado e fadado ao fracasso. Técnicas de cura como meditações, rituais, orações e magias são armas que temos à nossa disposição, se soubermos utilizá-las, elas serão grandes aliadas no processo de cura e recuperação. A linguagem do ogham, como vimos, é essencialmente simbólica, portanto, ela se comunica com o inconsciente, onde se encontra a raiz de nossos problemas e doenças. Por isso é importante conhecer os significados dessas ferramentas e saber utilizá-las adequadamente.

No ogham, há duas letras que tratam especificamente sobre saúde, terapia e cura, uma é *beith*, ligada à limpeza e ao expurgo, e a outra é *nGétal*, a letra da cura e da saúde por excelência. No entanto, cada letra está ligada simbolicamente a uma parte do corpo humano, como órgãos, sistemas e membros, e também a algumas doenças específicas. Através das correspondências a seguir, será possível identificar qual letra condiz com sua necessidade e, a partir disso, é possível criar meditações, magias e rituais a fim de buscar a cura e o bem-estar do corpo físico, emocional e espiritual.

ᚁ **Beith:** cabeça e purificação.

Por ser a primeira letra do alfabeto, *beith* rege a cabeça, ou seja, o guia do corpo, a morada da alma. Também rege qualquer limpeza ou expurgo de doenças. Ao lado de *nGétal*, é uma das principais letras aliadas à boa saúde.

ᚂ **Luis:** face e olhos.

A *Palavra Ogham* menciona o "brilho dos olhos". A letra *luis* significa chama e está associada ao Sol. Nos *dúile*, o Sol corresponde à face, assim, essa letra rege o rosto, os olhos e a inspiração.

ᚃ **Fearn:** pele, pelos e unhas.

A *Palavra Ogham* menciona "vanguardas dos guerreiros". Por representar simbolicamente os escudos, *fearn* rege a pele, a proteção externa do corpo, assim como os pelos e as unhas.

ᚄ **Saille:** líquidos, sangue e sistema circulatório.

A letra *saille* significa "salgueiro", árvore ribeirinha associada ao simbolismo aquático e lunar. Devido à sua associação com a água, *saille* rege todos os líquidos do corpo, especialmente o sangue. Em excesso pode causar impurezas (simbolismo ligado à água parada).

ᚅ **Nion:** membros superiores e seios.

A letra *nion* significa "forquilha", ou seja, galhos bifurcados, portanto, corresponde aos membros superiores na anatomia humana. Por estar simbolicamente associada ao feminino, também rege os seios e os mamilos (nos homens corresponde ao peito).

ᚆ **hÚath:** fígado e glândulas hormonais.

hÚath significa "medo" ou "terror" e está associado aos lobos e cães, assim, rege as glândulas hormonais, responsáveis pelo controle do metabolismo do corpo. Também rege o fígado, responsável, dentre outras coisas, por excretar substâncias tóxicas do organismo. Em excesso, pode agravar fobias.

ᚇ **Duir:** espinha dorsal e músculos.

A *Palavra Ogham* menciona "o mais alto dos arbustos". A letra *duir* significa "carvalho", grande árvore sólida e resistente, deste modo, corresponde à espinha dorsal e aos músculos, responsáveis por sustentar o corpo humano. Em excesso, pode causar rigidez.

ᚈ **Tinne:** medula e sistema nervoso.
A *Palavra Ogham* menciona "medula de carvão". Por estar associada simbolicamente ao trabalho do ferreiro, esta letra rege o sistema nervoso central e periférico, responsáveis pelo controle do corpo, a coordenação motora (junto de *duir*), assim como a medula espinhal.

ᚉ **Coll:** boca e dentes.
As *Palavras Ogham* mencionam "a mais doce das madeiras" e "amigo crocante". A letra *coll* significa aveleira e seus frutos, as avelãs, são especialmente apreciados como alimento. Por estar associada ao mastigar das avelãs, esta letra rege a boca, a gengiva, o maxilar e os dentes.

ᚊ **Quert:** cérebro e sistema digestivo inferior.
Quert significa "trapo" ou "farrapo" e corresponde simbolicamente ao cérebro, por parecer um emaranhado de trapos, e aos intestinos (considerado hoje o segundo cérebro). Portanto, rege o sistema digestivo inferior e problemas psíquicos[352]. Também pode indicar uma doença crônica.

ᚋ **Muin:** costas, pescoço e cordas vocais.
Muin significa "pescoço". As *Palavras Ogham* mencionam "as costas do homem ou do boi" e o "caminho da voz". Assim, essa letra rege as costas, a nuca e o pescoço, assim como as cordas vocais, o esôfago e a garganta.

ᚌ **Gort:** estômago, barriga e umbigo.
Gort significa "jardim" e está ligada simbolicamente ao centro ou âmago, simbolizado no corpo pelo umbigo. A *Palavra Ogham* menciona "satisfação das multidões" e por estar também relacionada ao simbolismo da vaca, esta letra rege o estômago e o sistema digestivo superior. Em excesso, pode causar obesidade.

ᚍ **nGétal:** sistema imunológico.
As *Palavras Ogham* mencionam a "força de um médico" e a "túnica de um médico". *nGétal* é a letra da cura por excelência. Rege o sistema imunológico, responsável por destruir os causadores da doença. Também rege a cura de todo tipo de doença, física, emocional, mental ou espiritual.

---

352 Tanto *tinne*, quanto *quert* regem o cérebro. A letra *tinne* está ligada à resposta e percepção de estímulos externos e internos do cérebro, já *quert* está relacionada à mente e ao psicológico.

ᚎ **Straif:** sistema excretor.

Straif significa "enxofre" e a *Palavra Ogham* menciona a urina utilizada em trabalhos alquímicos. Assim, esta letra rege todo o sistema excretor, bem como a própria urina ou doenças causadas por magia e feitiçaria.

ᚏ **Ruis:** aparelho reprodutor masculino

Ruis significa "vermelhidão" e se refere à raiva e à vergonha, ou seja, aos instintos selvagens. Vermelho é a cor da paixão e do sexo, portanto, é a letra que rege o aparelho reprodutor masculino, assim como a virilidade e a libido (tanto masculina, quanto feminina).

ᚐ **Ailm:** aparelho reprodutor feminino

A *Palavra Ogham* menciona "a expressão de um ser humano ao nascer". Assim, esta letra rege o aparelho reprodutor feminino, especialmente no que se refere à gestação e à fertilidade (tanto feminina, quanto masculina). Também rege as crianças em geral.

ᚑ **Onn:** membros inferiores

A *Palavra Ogham* menciona "as rodas que são *onn*". A letra *onn* significa "fundação", desta forma, rege os pés e as pernas. Por estar associada aos cavalos e às rodas, esta letra também rege a locomoção.

ᚒ **Úr:** ossos e o corpo físico.

Úr significa "terra" ou "argila", portanto, rege todo o corpo físico. Por estar ligada à morte e aos túmulos, rege também os ossos. Em excesso esta letra pode causar proliferação de fungos.

ᚓ **Edad:** sistema respiratório.

Por estar associado ao álamo-tremedor, árvore que tem como característica o tremor de suas folhas ao menor sinal de vento, *edad* rege o sistema respiratório. Também rege doenças de transmissão respiratória, mesmo aquelas que afetam outros órgãos.

ᚔ **Idad:** ouvidos e orelhas.

A *Palavra Ogham* menciona "o mais velho nos bosques". Assim, *idad* rege qualquer doença senil. Como também está ligada à tradição oral, passada de boca a ouvido, esta letra rege os ouvidos e as orelhas.

ᚕ **Ébad:** coração e vasos sanguíneos.

Ébad está ligada simbolicamente ao salmão e na *Palavra Ogham* é chamada de "madeira flutuante" ou "nadadora", portanto, representa o fluxo e o refluxo. Assim, rege o coração e todo o sistema cardiovascular.

ᚖ **Óir:** beleza.

Óir significa "ouro" e a *Palavra Ogham* menciona a "beleza da forma". Assim sendo, este *forfid* rege a beleza e qualquer procedimento estético, como cirurgias plásticas.

ᚗ **Uilleann**: juntas e articulações.

Uilleann significa "cotovelo" e seu formato denota flexibilidade, portanto, rege todas as juntas e articulações, como cotovelos, joelhos e outros ligamentos.

ᚘ **Ifín:** língua

As *Palavras Ogham* mencionam "mais maravilhoso sabor" e "gosto maravilhoso". Desta forma, este *forfid* rege a língua, a saliva e a capacidade de identificar sabores. Auxilia no equilíbrio dos humores e do ânimo.

ᚙ **Emancholl:** órgãos e membros em pares.

Emancholl significa "gêmeo da aveleira" e rege quaisquer órgãos e membros em pares, como pulmões, rins, ovários, testículos, pernas, braços, pés, mãos, olhos, etc. Também dobra o poder de outros *feda*.

OS TRÊS CALDEIRÕES

Em um poema irlandês, possivelmente do século 8, encontrado em um manuscrito do século 16, *Moí coire coir Goiriath*[353], conhecido hoje como *O Caldeirão da Poesia*[354], é dito que o corpo humano contém três Caldeirões, a saber: o Caldeirão do Aquecimento ou Incubação (*Coire Goiriath*),

353 O texto não possui um título original, é conhecido pelo primeiro verso que significa algo como "meu perfeito caldeirão da incubação".

354 Erynn Rowan Laurie fez uma tradução desse poema para o inglês e pode ser conferido nesse link: https://www.seanet.com/~inisglas/cauldronpoesy.html

o Caldeirão do Movimento ou Vocação (*Coire Érmai*) e o Caldeirão da Sabedoria ou do Conhecimento (*Coire Sois*). Esse interessante poema é atribuído a Amergin, o grande bardo e *ollamh* dos milesianos, o povo de Míl, a raça dos homens que invadiu a Irlanda e expulsou os Deuses para os *sidhe*, as colinas encantadas.

Muito se tem dito que esses Caldeirões estão relacionados aos chacras da tradição indiana, contudo, como veremos, eles não têm correspondência aos chacras ou com algum outro fundamento da tradição oriental.

Segundo o poema, o Caldeirão do Aquecimento (ou Incubação) está posicionado com a abertura para cima em todas as pessoas, desde o nascimento. Já o Caldeirão do Movimento (ou Vocação) gira, portanto, nasce inclinado para o lado e varia de pessoa para pessoa. Por fim, o Caldeirão da Sabedoria (ou do Conhecimento) nasce com a abertura para baixo em todas as pessoas e "distribui sabedoria em todas as artes além da poesia". O próprio poema questiona qual a raiz da poesia: segundo alguns, a raiz da poesia está no corpo (herança ancestral), para outros, contudo, encontra-se na alma (origem divina). Seja como for, podemos relacionar os Caldeirões tanto na alma como no corpo.

No corpo, os Caldeirões podem ser posicionados da seguinte forma:

- **Caldeirão do Aquecimento** (*Coire Goiriath*), relaciona-se com a cavidade pélvica. Note que a palavra pelve, do latim *pelvis*, significa literalmente "bacia", "concha" ou "tigela". Este Caldeirão está com sua abertura naturalmente voltada para cima, como um recipiente. A palavra *goiriath* está ligada à raiz *gor*, "piedoso" ou "zeloso", no sentido de algo ou alguém que sustenta e cuida.
- **Caldeirão do Movimento** (*Coire Ērmai*), relaciona-se com cavidade torácica, também conhecida como "caixa torácica" ou "caixa óssea". Ao contrário da cavidade pélvica, a cavidade torácica é vazada por todos os lados e é por isso que se diz que este Caldeirão está em movimento e pode estar inclinado para qualquer lado, dependendo da pessoa.
- **Caldeirão da Sabedoria** (*Coire Sois*), relaciona-se com a cavidade craniana. Este Caldeirão está naturalmente com sua abertura voltada para baixo, por isso se diz que ele distribui ou verte sabedoria para o resto do corpo. Sabe-se que os antigos Druidas da Gália utilizavam crânios como recipientes ritualísticos, certamente como símbolo da sabedoria que é vertida ou compartilhada.

Na "alma" ou em seu sentido simbólico, esses Caldeirões podem ser compreendidos da seguinte forma:

- **Caldeirão do Aquecimento** (*Coire Goiriath*), relaciona-se à vida e ao sustento. É o Caldeirão que acalenta, ampara e mantém a vida estável. Quando desequilibrado, pode causar doenças e distúrbios físicos. Está ligado a tudo que é material como o alimento, a sexualidade e a vida em todas suas manifestações.
- **Caldeirão do Movimento** (*Coire Érmai*), relaciona-se às emoções e sentimentos. Segundo o poema, este Caldeirão é girado pela tristeza ou pela alegria. A tristeza é dividida em quatro: ânsia; pesar; dores do ciúme e disciplina da peregrinação[355]. Já a alegria é dividida em duas: alegria divina e alegria humana.
- **Caldeirão da Sabedoria** (*Coire Sois*), relaciona-se ao espiritual e ao divino. Este Caldeirão é o que concede, evidentemente, sabedoria e conhecimento, mas também está ligado à alegria dupla, que é, por sua vez, subdividida em quatro cada. A alegria humana é dividida da seguinte forma: intimidade sexual; saúde não perturbada; princípio da sabedoria poética e êxtase poético encontrado nas avelãs da sabedoria do poço de Segais. A alegria divina é assim dividida: proferir poemas proféticos; realizar milagres; oferecer julgamentos sábios e oferecer respostas sábias a todos. Ainda segundo o poema, a fonte da alegria divina está fora da pessoa, "embora a causa real da alegria seja interna".

355 Claramente há forte influência cristã no texto, neste caso relacionado à penitência autoimposta quando se faz uma peregrinação a lugares tidos como santos.

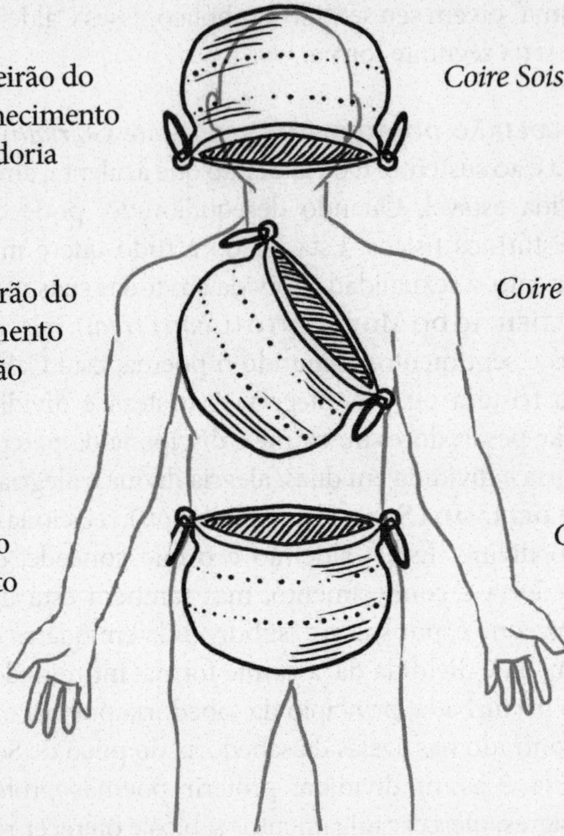

A CURA ATRAVÉS DOS CALDEIRÕES

É possível trabalhar com os Três Caldeirões a fim de restabelecer a saúde do corpo físico, emocional e espiritual. Para isso, é preciso antes de tudo relaxar e se concentrar, conforme as preliminares da meditação e da visualização anteriormente ensinadas.

Em pé ou sentado, imagine que em seu ventre há um enorme Caldeirão borbulhando, o vapor que sai de seu interior sobe ao restante do corpo e se espalha, este é o Caldeirão do Aquecimento e ele é responsável por manter seu corpo físico vivo e funcionando.

Agora, imagine na região do peito, cobrindo a caixa torácica, um enorme Caldeirão inclinado. Observe suas emoções, elas são intensas e incontroláveis? Se sim, imagine que eventualmente esse Caldeirão despeja líquido para os lados, pois ele está girando rapidamente. Este é o Caldeirão do Movimento, responsável por suas emoções.

Por fim, imagine na região da cabeça, cobrindo o crânio, um enorme Caldeirão emborcado, seu líquido verte e atinge todo seu corpo. É a fonte de todo conhecimento que vivifica e dá ânimo. Este é o Caldeirão da Sabedoria, responsável pelo espírito que flui através dos pensamentos.

Uma vez estabelecido em sua imaginação os Três Caldeirões em funcionamento, as letras do ogham relacionadas à cura serão ativadas. A letra correspondente à doença ou ao órgão que você busca curar deve ser previamente escolhida. Não precisa ser necessariamente apenas uma letra, a combinação de letras talvez seja mais interessante. Digamos, por exemplo, que você queira curar uma gastrite. A letra relacionada ao estômago é *gort*, que poderá ser somada à letra *nGétal*, que representa a cura em todos seus aspectos, criando um potente encantamento de cura. Assim que a letra (ou as letras) for escolhida, o próximo passo será projetá-la(s) nos Caldeirões.

Ao contrário da ordem proposta anteriormente, o primeiro a ser imaginado nessa sequência será o Caldeirão da Sabedoria, que se encontra na cabeça, pois a origem de todas as doenças acontece inicialmente no espírito, assim como a origem de toda cura. Imagine agora a(s) letra(s) escolhida(s) projetada(s) no Caldeirão da Sabedoria. Toda essa energia é vertida ao seu corpo, semelhante a um líquido de origem divina, atingindo cada átomo que necessita de cura e regeneração.

O Caldeirão do Movimento, no centro do peito, permanece inclinado, mas a velocidade de seus movimentos giratórios diminui, proporcionando uma sensação de bem-estar e tranquilidade emocional. Em seu interior brilha a(s) letra(s) ogâmica(s) escolhida(s) anteriormente.

Finalmente, o Caldeirão do Aquecimento recebe e mantém todo o fluxo provindo do Caldeirão da Sabedoria e do Movimento. A(s) letra(s) passa(m) a brilhar também em seu interior, irradiando para todo seu corpo físico uma brilhante luz verde suave de cura. Mantenha as imagens dos Caldeirões e da(s) letra(s) em sua mente por um tempo e, quando achar adequado, respire fundo e deixe que as imagens se dissipem encerrando a visualização.

Pratique esse exercício de visualização sempre que necessitar de cura, ele servirá como uma terapia complementar ao tratamento tradicional. É importante frisar que esse tipo de exercício nunca deverá ser utilizado para substituir o tratamento prescrito por um profissional da saúde.

Além das visualizações descritas, é possível somar alguns elementos que poderão potencializar o processo terapêutico, como o uso de sons e ritmos. Segue uma sugestão de sons e instrumentos que podem ser tocados durante a visualização dos Caldeirões.

- **Caldeirão do Aquecimento**: tambor, percussão, gutural, crepitar do fogo.
- **Caldeirão do Movimento**: harpa, vocal, murmúrio da água.
- **Caldeirão da Sabedoria**: flauta, tilintar do sino, sussurro do vento.

MANTO DE AIRMID

Como dito no capítulo sobre a letra *nGétal*, Airmid (ou Airmed) é a Deusa da Cura e do Herbalismo. É a ela que recorremos quando precisamos curar uma doença, através de um antigo ritual. Mas antes de partir para o ritual, vamos relembrar alguns elementos simbólicos encontrados nos mitos sobre essa Deusa. Segundo a mitologia, Airmid era filha do Deus Dian Cécht, o médico dos Deuses, e irmã de Miach e Octriuil. Na Segunda Batalha de Moytura, esses Deuses foram responsáveis por curar os Deuses feridos, mergulhando-os em um Poço de Cura (*Tipra Sláine*). Segundo o *Dindshenchas*, esse poço (ou nascente) localizava-se em uma região conhecida como Achad Abla, o campo da macieira[356], em Lusmag, planície das ervas, como podemos ver a seguir:

> Foi de lá (Lusmag) que Diancecht trouxe todas as ervas medicinais e as triturou no poço de Slainge em Achad Abla, a noroeste de Moytura, quando a grande batalha foi travada entre os Tuatha Dé Danann e os Fomorianos. Todos da Tuatha Dé Danann que foram mergulhados sob aquela água de ervas, se ergueram lisos e curados de suas feridas. Por isso Lusmag "Planície das Ervas" recebeu seu nome.[357]

Quando Miach restituiu o braço de Nuada, superando o trabalho de seu pai, que havia feito um braço de prata, Dian Cécht o mata, decapitando-o, movido pela ira e pela inveja. Airmid, condoída com a morte do irmão, enterra-o. De seu túmulo, nascem 365 ervas medicinais, que correspondiam às partes do corpo de Miach. A Deusa recolheu e organizou as ervas em seu manto, mas seu pai, mais uma vez motivado pela ira, espalhou todas as ervas, para que ninguém soubesse suas propriedades curativas, a não ser a própria Airmid.

---

356 Perceba a semelhança com Avalon (Ilha das Macieiras ou Ilha das Maçãs) dos contos arturianos, onde o Rei Artur foi levado para que suas feridas fossem curadas.

357 Fonte: <http://www.ucd.ie/tlh/trans/ws.rc.16.001.t.text.html>

Esses mitos estão repletos de simbolismo. Tanto o nome de Miach como o de Airmid estão ligados de alguma forma com algum tipo de medida, e talvez estejam relacionados à palavra "médico" (*midach*), ou seja, "aquele que mede, avalia e examina".

Na antiga religião celta o tempo apresentava-se de forma cíclica, ou seja, o fim de um Universo é o início de outro e, logo após o caos, nasce outro Universo, que passará pelo mesmo processo que deu fim ao anterior. O sacrifício de Miach pode ser interpretado como o fator primordial na criação das ervas e plantas medicinais, portanto, representa a morte e o renascimento desse Deus sob um novo aspecto. Em outras palavras, quando Dian Cécht decapita Miach, ele causa o caos, ou seja, a desordem. As 365 ervas que nascem do corpo de Miach, representam os 365 dias do ano solar. Quando Airmid as recolhe e organiza, ela promove o cosmo, ou seja, a ordem. Será este o propósito do nosso ritual, recriar o momento em que a Deusa Airmid cria a harmonia que será refletida em nossos corpos e almas, afastando a desordem causada pela doença.

RITUAL

Este ritual tem por finalidade invocar o auxílio da Deusa Airmid para curar qualquer tipo de doença, física, mental, emocional ou espiritual. Lembre-se de que o ritual é uma recriação do sacrifício primordial e vai trabalhar basicamente com símbolos do nosso inconsciente.

Para este ritual será preciso os seguintes elementos:

- Um manto de algodão cru (pode ser qualquer tecido de fibra natural, de mais ou menos 1,5 m por 60 cm)
- Um recipiente com água (pode ser um cálice ou um copo)
- Uma vela (ou lamparina)
- Diversas ervas e plantas medicinais
- Pilão
- Panela ou Caldeirão

A primeira coisa a ser feita, antes do ritual propriamente dito, será colher as ervas. Tradicionalmente, as ervas eram colhidas na véspera do Solstício de Verão, o dia mais longo do ano, época em que as plantas e ervas estão mais "energizadas". Esse período simbolicamente representa o ápice do Sol, ou seja, o ápice da vitalidade e da saúde. As ervas podem ser colhidas em qualquer data do ano, de preferência entre o Solstício de Inverno e o Solstício de Verão, pois os dias estão evidentemente "crescendo". A ideia é compor um "corpo" no manto com ervas, flores, folhas, frutas e raízes. Desta forma, será preciso colher ervas que representam os olhos, a boca, os ouvidos, a cabeça, os membros, o coração, etc. Há uma infinidade de ervas que podem representar simbolicamente partes do corpo, inclusive, há resquícios dessa tradição no folclore bretão e em outras localidades de origem celta. É possível, por exemplo, utilizar margaridas para representar os olhos; pétalas de rosas para as bochechas; uma maçã para o coração; raízes para as pernas; grama para o tórax, etc. Atenção: não utilize ervas e plantas venenosas ou tóxicas. Não é preciso se limitar, siga sempre sua intuição. Após a colheita das ervas, deixe-as secando na sombra, de preferência dependuradas em um local arejado.

Com as ervas secas e a data do ritual escolhida, escreva (ou borde) o nome Miach (na vertical) e Airmid (na horizontal), em ogham, no manto. Também é possível desenhar a silhueta de um corpo humano, que servirá como guia, mas é opcional. Estenda o manto com os nomes para cima, sobre o chão ou sobre uma mesa.

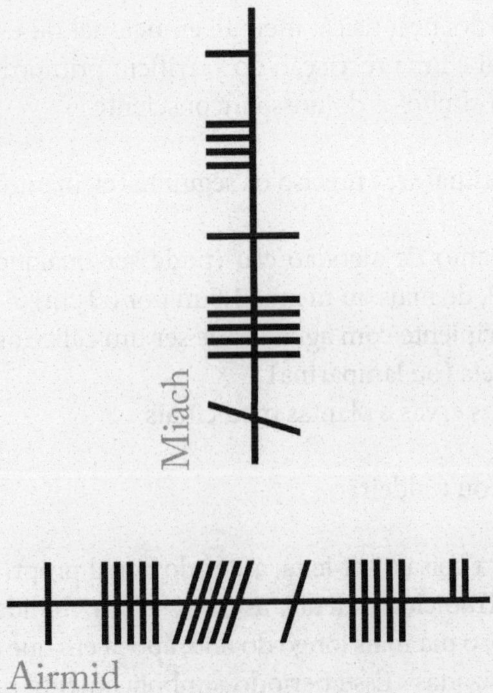

Inicie o ritual pedindo permissão aos espíritos guardiões do local e consagre os elementos primordiais. Na parte superior do manto, que corresponde à cabeça, acenda uma vela ou lamparina. Na parte inferior, posicione e encha o recipiente com água. Recite um pequeno encantamento aos elementos, em seguida, purifique o ambiente circulando no sentido horário três vezes, enquanto asperge a água e recita um encantamento de purificação da sua preferência. Agora, deposite as ervas, uma a uma, sobre o nome de Miach, montando uma efígie ou figura humana enquanto recita o seguinte encantamento:

Que esta erva (diga o nome da erva, raiz, folha, flor, etc.)
Conceda-me a cura de (diga o nome da doença)
Que o fogo não possa me queimar,
Que a água não possa me afogar,
Que o encanto das fadas não possa me matar.
Pois o manto de Airmid há de me curar.

Assim que a figura for completada com as ervas, imponha as mãos sobre o manto e recite o seguinte encantamento:

Do osso ao osso
Da veia a veia
Do bálsamo ao bálsamo
Da seiva a seiva
Da pele a pele
Do tecido ao tecido
Do sangue ao sangue
Da carne a carne
Do tendão ao tendão
Da medula a medula
Do âmago ao âmago
Da gordura a gordura
Da membrana a membrana
Da fibra a fibra
Da umidade a umidade[358]
Ainda que Miach não viva
Airmid permanecerá.

---

358 *Carmina Gadelica, Volume IV*

Una os quatro cantos do manto e faça uma trouxa. Abra novamente o manto, com as ervas já misturadas, separe-as e as triture em um pilão. Jogue as ervas trituradas em uma panela ou Caldeirão com água e prepare um banho. O Caldeirão simbolizará o poço da cura, imagine-o como um portal que o liga às divindades. Após seu banho de asseio, verta o preparado com as ervas da cabeça aos pés, pedindo a Airmid que o cure. Finalize o ritual agradecendo a todos os espíritos e Deuses presentes, declarando paz às quatro direções.

O que sobrar das ervas pode ser descartado em um jardim, na terra ou aos pés de uma árvore. O manto pode ser lavado e utilizado novamente em um novo ritual.

JOGOS ORACULARES

O propósito deste livro não é tratar sobre o ogham como ferramenta divinatória, isso já foi abordado no meu livro anterior. Contudo, diante de algumas lacunas, vou aproveitar a oportunidade para explanar sobre como funciona o uso do ogham como oráculo.

A primeira coisa que temos que ter em mente é que o oráculo nem sempre está associado a algum tipo de método mântico, ou seja, o principal propósito do oráculo não é predizer acontecimentos, mas se comunicar com os Deuses. Na antiga Grécia o oráculo era o meio pelo qual os Deuses se comunicavam com as pessoas, mediante suas dúvidas acerca de diversos assuntos (inclusive prognósticos).

Quando tratamos de oráculos, estamos tratando da linguagem dos Deuses, e essa linguagem é simbólica. Todos os oráculos requerem um intérprete[359], seja um Sacerdote, um iniciado, um vidente ou qualquer pessoa instruída que saiba decodificar os símbolos em palavras compreensíveis. O ogham é, portanto, uma ferramenta oracular simbólica, que serve como meio para receber as mensagens divinas. Sem a compreensão da simbologia presente nas letras ogâmicas é impossível "traduzir" o que o oráculo quer dizer, é como ler uma carta em uma língua desconhecida.

Ao compreender a linguagem simbólica dos Deuses também estamos nos autoconhecendo, afinal, nossos corpos são os templos de nossas almas e dentro de nós ardem chispas divinas. No pátio do templo dedicado ao Deus Apolo, em Delfos, havia uma conhecida máxima, também citada por Platão na voz de Sócrates, que exprime muito bem a função de um oráculo: "conhece a ti mesmo". É interessante notar, que o autoconhecimento abrange o conhecimento de todo o Universo e dos Deuses, além de nos proporcionar a oportunidade de autotransformação.

---

359 Na Antiguidade Grega, o oráculo se referia tanto à mensagem dos Deuses, quanto ao intérprete dessa mensagem, normalmente um Sacerdote ou Sacerdotisa, e ao lugar onde a mensagem era recebida. Hoje, é comum nos referirmos ao oráculo como a ferramenta que utilizamos para nos comunicarmos com os Deuses, já o intérprete passou a ser popularmente conhecido como "oraculista" ou, dependendo da ferramenta, "tarólogo", "cartomante", "astrólogo", etc.

Creio que o ogham, assim como outros oráculos, pode e deve ser utilizado como uma ferramenta de autoconhecimento. Uma das diversas formas de se utilizar este oráculo é através de jogos. Marie-Louise von Franz[360], discípula de Carl Gustav Jung[361], ao dissertar sobre sincronicidade[362] nos diz que:

> (...) a maioria dos jogos são, de certa forma, imagens da vida; podemos usar a nossa razão, mas teremos sempre que enfrentar o acaso – esses são os tipos prediletos e mais difundidos de jogos de azar[363].

Assim, como as alegorias da vida, os jogos representam nossa jornada rumo ao autoconhecimento, onde podemos experienciar e vivenciar certas circunstâncias até então desconhecidas ou menosprezadas na vida real. Além disso, os jogos são mais que jornadas de autodescoberta, eles também podem fazer prognósticos ou predições, como, mais uma vez, Marie-Louise muito bem coloca:

> Quando o Deus – isto é, o arquétipo do Eu, o espírito do inconsciente – joga, ele cria o destino, porque a sua criação é um fenômeno sincronístico[364].

Em outras palavras, quando jogamos, criamos nossos destinos através da sincronicidade dos fatos, atuando como cocriadores da nossa vida, pois somos Deuses em potencial e podemos causar mudanças em nossa consciência.

Isto posto, seguem algumas propostas de jogos oraculares que desenvolvi com base na sabedoria milenar do ogham e em antigos jogos de cartas e tabuleiros, como o Tarô, o Jogo da Gansa e o *Fidchell*, também conhecido como o "Xadrez Celta".

---

360 (1915 - 1998). Psicoterapeuta analítica, escritora, discípula e continuadora do trabalho de Carl Jung.

361 (1875 - 1961). Importante psiquiatra e psicoterapeuta suíço, fundador da psicologia analítica.

362 Segundo Jung, sincronicidade é uma coincidência significativa, em outras palavras, são acontecimentos que se relacionam, não de forma causal, mas por um conteúdo significativo. Portanto, ao consultar um oráculo, estamos causando um evento sincronístico.

363 FRANZ, Marie-Louise von. *Adivinhação e Sincronicidade*: A psicologia da probabilidade significativa. São Paulo: Editora Cultrix, 1993.

364 Ibid., p. 69.

A JORNADA DO HERÓI INTERIOR: UM MÉTODO DE JOGADA

Este método de jogada foi desenvolvido a partir do conceito do *Monomito* proposto por Joseph Campbell, citado anteriormente. Este conceito é o pano de fundo de muitas histórias e mitos antigos, semelhante a um roteiro que narra a Jornada do Herói. Posteriormente, outros autores contribuíram com suas visões, demonstrando que as etapas dessa jornada arquetípica estão presentes em diversos livros, filmes e jogos atuais, além dos mitos e lendas da antiguidade.

O método foi ligeiramente adaptado por mim, mas é largamente utilizado por tarólogos e outros leitores de oráculos como uma ferramenta para exercitar a capacidade criativa de montar histórias a partir da simbologia das cartas. Seguindo a mesma linha, o método Jornada do Herói, aqui descrito pode ser utilizado como uma ferramenta para exercitar sua criatividade ao desenvolver histórias a partir das letras do ogham, mas também como um método oracular comum, em que o consulente pode compreender sua situação presente e quais percalços surgirão em sua vida antes de atingir seus objetivos.

A capacidade de contar histórias é, talvez, uma das principais características do druidismo. Se não é a mais importante, provavelmente é a primeira a ser desenvolvida por um aspirante a Druida. Devemos nos lembrar que a tradição Druida foi, originalmente, uma tradição puramente oral. Até hoje, em muitas ordens Druidas espalhadas pelo mundo, o primeiro grau de aprendizado é o que vai formar um Bardo, ou seja, o poeta contador de histórias. Aproveite este método de leitura para criar historinhas recheadas de magia e encantamento. Reúna as crianças do seu bairro e desenvolva, por exemplo, um conto de fadas a partir do roteiro proposto com as letras do ogham sorteadas. Normalmente as crianças são mais receptivas e imaginativas que os adultos, mas isso não o impede de criar histórias criativas com seu grupo de estudos e práticas espirituais.

Segue abaixo o método de jogada "a Jornada do Herói" pelo Ogham. Não se sinta limitado, se achar que deve mudar alguma coisa neste roteiro, siga sua intuição e mude! Mas não deixe de utilizá-lo, seja como um método preditivo ou como um exercício de aprimoramento da sua capacidade de criar e contar histórias. Use sua imaginação, reúna sua bagagem e parta rumo à jornada que está para se iniciar…

1- O herói (ou heroína): seu aspecto atual; características
2- O convite à aventura: motivação; objetivos
3- A recusa: fatores internos que o impedem de seguir
4- O mentor: o que o ajuda a seguir; o guia; o conselheiro
5- A travessia do limiar: mudanças que estão por vir, primeiro desafio
6- A caverna: grande provação; o dragão; obstáculos a serem superados
7- O tesouro: motivo da busca; dádivas e recompensas
8- O renascimento: transformação; aprendizado
9- O retorno: conclusão; desfecho da aventura

Bealach Ogham: um caminho iniciático através do Ogham

O Caminho Ogham (*Bealach Ogham*) é um jogo iniciático de autoconhecimento, inspirado nos mistérios do Jogo da Gansa, no Caminho de Santiago de Compostela, nos contos arturianos e na sabedoria druídica. O propósito do jogo é adentrar a obscura floresta do subconsciente e identificar onde estamos, de onde viemos e para onde vamos. Mais que um simples jogo de entretenimento, o Caminho Ogham é uma peregrinação sagrada rumo à autodescoberta.

A estrutura do jogo Caminho Ogham, baseia-se essencialmente no simbolismo do Jogo da Gansa (em espanhol, *Juego de la Oca;* em francês, *Jeu de l´Oie;* em italiano, *Gioco dell´Oca;* em Portugal também é conhecido como Jogo da Glória). A origem do Jogo da Gansa, como o conhecemos hoje, é incerta, muitos acreditam que surgiu na Itália no século 16 e que o grão-duque Francisco I de Médici presenteou o rei Felipe II da Espanha com esse jogo. Contudo, jogos de tabuleiros semelhantes ao Jogo da Gansa já eram conhecidos desde a antiguidade. Talvez a versão mais antiga conhecida de um jogo em que os jogadores devem percorrer um "caminho", seja o Jogo Real de Ur, proveniente da Suméria. No antigo Egito, uma das versões mais conhecidas desse jogo foi o Senet, que significa algo como "passagem". Apesar de terem estruturas diferentes, os jogos citados anteriormente são incrivelmente semelhantes ao Jogo da Gansa, pois, além de serem jogos de percurso, possuem casas com significados especiais que conduzem as regras do jogo.

O tradicional Jogo da Gansa é composto por um tabuleiro de 63 casas dispostas em espiral, o que o liga ao simbolismo do labirinto. Para jogá-lo é preciso, no mínimo, dois jogadores e dois dados de seis lados. Nem todas as casas do jogo tradicional têm significados, somente algumas casas específicas. Há diversas versões desse jogo por todo o mundo, mas o que o caracteriza são as quantidades de casas e a presença das gansas (por vezes substituídas por outras aves e mais recentemente por outros símbolos).

A partir do final do século passado, começou-se a especular que a origem do Jogo da Gansa é muito mais antiga do que se imaginava. Propagou-se a teoria de que foram os Cavaleiros Templários os seus criadores. Acredita-se que esse jogo teria sido criado como uma representação do Caminho de Santiago de Compostela para aqueles que não podiam, por algum motivo, realizar a peregrinação (crer-se que o labirinto encontrado na catedral de Chartres, na França, teria função semelhante aos peregrinos que estavam impossibilitados de ir à Jerusalém). Outros acreditam que os Templários utilizaram o jogo como uma espécie de mapa secreto e simbólico. Seja como for, há ligações minimamente interessantes entre o Caminho de Santiago e o Jogo da Gansa. No jogo há casas que podem indicar um tipo de peregrinação, por exemplo, a casa da pousada talvez se referisse aos abrigos dos peregrinos; a casa do labirinto, possivelmente é uma referência à Chartres e a casa da ponte, supõe-se ser a *Puente la Reina* em Navarra; dentre outros exemplos.

Todo o Caminho de Santiago que sai da França e atravessa o norte da Espanha está repleto de simbolismo medieval. Há quem acredite que é possível identificar nesses símbolos uma herança muito antiga, da época em que os celtas habitavam a Península Ibérica. Registros romanos dizem que no cabo de *Finisterra*, próximo à cidade de Santiago de Compostela, povos nativos, possivelmente celtas, mantinham um altar dedicado ao Deus do Sol (*ara solis*). Era o local em que imaginava-se ser literalmente o fim da terra, o ponto mais ocidental da Europa. Ali, onde o sol se punha no extremo Oeste do mundo habitado, era uma região sagrada para os celtas nativos e talvez simbolizasse o elo com o Outromundo. Segundo Estrabão, não havia altares ou templos nesse local, mas pilhas de pedras que eram lançadas pelos que ali chegavam a fim de predizer algum acontecimento. É interessante notar, que esse costume de empilhar pedras persiste até os dias atuais, praticados pelos peregrinos do Caminho de Santiago, o que pode evidenciar que a peregrinação nesse local seja realmente mais antiga do que se imagina, possivelmente remonta à época dos celtas. Se a teoria estiver correta, pode ser que os antigos peregrinos celtas percorriam o caminho rumo ao cabo de Finisterra como um rito de iniciação, acompanhando o trajeto do herói solar que morre no Oeste e renasce no Leste junto ao astro-rei. Portanto, ao observar o pôr do sol no local mais ocidental conhecido, o peregrino simbolicamente morria com ele para renascer como um iniciado nos mistérios da vida.

Mas por que a gansa? No jogo há casas que são representadas por gansas[365], ao cair em uma dessas casas, o jogador deve avançar para a próxima gansa e lançar o dado novamente. Na Espanha, quando o jogador cai

365 A palavra espanhola e italiana *oca* e a palavra francesa *oie* podem ser traduzidas também como "ganso", mas o optei por gansa (gênero feminino), pois, como veremos, será mais adequada ao simbolismo e tradição do jogo.

em uma dessas casas, tradicionalmente se diz "*de oca a oca y tiro porque me toca*", ou seja, "de gansa em gansa eu jogo, porque é a minha vez". Aqueles que creem na origem templária do jogo dizem que as gansas eram simbolizadas por sinais marcados nas igrejas e fortalezas ao longo do Caminho de Santiago, ou seja, lugares que indicavam segurança. Isso porque se supõe que, no período medieval, somente os nobres poderiam criar gansos. Ao avistar uma criação de gansos, os peregrinos sabiam que estariam protegidos por nobres Cavaleiros.

Já Gérard de Sorval[366] menciona em sua obra a "Mãe Gansa", personagem responsável pelos famosos contos de fadas franceses. "Mãe Gansa", era um termo francês para designar mulheres do campo, isto é, mulheres simples que contavam histórias de fadas e fantasia para crianças.

Talvez, para os antigos celtas, o ganso possuía um simbolismo semelhante ao do cisne e da garça. Por ser uma ave aquática, terrestre e aérea, ele transitava pelos três mundos, o céu, a terra e o abismo, e atuava como mensageiro dos Deuses. Por possuírem uma natureza agressiva, gansos foram retratados junto a Deuses e Deusas gauleses da guerra, inclusive, há uma representação de ganso no lintel do antigo templo druídico de Roquepertuse, na França. Assim, podemos supor que, para os celtas, o ganso representava o vigia e o guardião da tribo e do templo, simbolismo semelhante ao que os antigos romanos atribuíam a essas aves.

Acredito que a gansa tenha sido escolhida para figurar nesse jogo por representar a grande mãe, por vezes agressiva, que protege e acolhe seus filhos. É a figura feminina responsável por guiar a nossa criança interior rumo ao desenvolvimento como seres humanos completos. Mas também acredito que essa ave tenha sido escolhida devido à sua natureza migratória, que nos instiga a sair da zona de conforto em busca de algo melhor.

Foi justamente devido à esta riqueza de simbolismo presentes no Jogo da Gansa e no Caminho de Santiago que me inspirei a criar o Caminho Ogham como uma forma de trilhar o caminho de autorrealização pessoal, agregando elementos da sabedoria celta e druídica presentes no ogham.

366 SORVAL, Gérard de. *O Jogo da Amarelinha e o Jogo da Gansa: o trajeto iniciático dos sete passos do paraíso.* São Paulo: Editora Polar, 2019.

O JOGO

O Caminho Ogham (*Bealach Ogham*) é um jogo de tabuleiro composto por 33 casas, sendo 25 letras do ogham (incluindo os *forfeda*), 5 casas de gansas e 3 casas que representam os 3 reinos ou mundos, ou seja, *talam* (Terra), *domain* (Abismo) e *nem* (Céu). Ao contrário do tradicional Jogo da Gansa, no *Bealach Ogham* todas as casas possuem significados específicos.

O jogador assumirá o papel de um peregrino ou herói, que percorrerá o caminho do ogham com destino ao Céu, o lar dos Deuses, integrado ao jardim da gansa coroada (o símbolo da realização ou da glória, a Grande Rainha). Em muitos contos celtas e arturianos o herói é descrito, no início de sua jornada, como um jovem inocente e ingênuo, por vezes bobo e imaturo, e até mesmo desprovido de maldade ou malícia. Devido à sua natureza juvenil, o herói é descrito, ocasionalmente, com feições quase andrógenas. E é assim que iniciaremos nossa jornada, como crianças em busca do paraíso perdido.

Cada letra do ogham está relacionada a uma árvore, portanto, pode-se concluir que essa peregrinação atravessa a floresta sagrada, símbolo do inconsciente. Ao adentrar a floresta, o herói ou heroína penetra no corpo da Deusa, o Sagrado, desconhecido e oprimido feminino interior. A floresta negra é o símbolo do feminino sombrio e selvagem que há em todos nós, homens e mulheres. É a Soberania, que não pode ser conquistada à força, mas honrada, reconhecida e desposada. A gansa, por sua vez, representa o aspecto luminoso do feminino, é nossa fada madrinha, a Grande Mãe que nos auxilia nessa jornada de iniciação. Por serem aves migratórias, no jogo, as gansas também representam as estações do ano e suas características no simbolismo dos festivais sazonais celtas. O simbolismo do feminino presente no jogo é de suma importância, pois hoje, mais do que nunca, o Sagrado Feminino a tanto renegado, humilhado e escondido em nossa civilização patriarcal, submerge das trevas para ocupar seu lugar de direito. Em outras palavras, o jogo é um meio de reconhecer a importância da Soberania, manifestada pela figura da Deusa em nossa vida.

Apesar de ser um jogo desenvolvido para ser jogado em grupo, ele poderá ser utilizado individualmente. O Caminho Ogham não é, definitivamente, um jogo de disputa. Cada um seguirá seu ritmo, sem cobranças. O mais importante é compreender as mensagens e orientações que o oráculo aponta.

REGRAS

Antes de iniciar o jogo, cada jogador deverá separar um papel e um lápis para fazer suas anotações. O primeiro passo é anotar qual será o tema ou o objetivo da jornada, pode ser algum tema da vida, como relacionamento amoroso, saúde, realização profissional, espiritualidade, etc. Ou, algum objetivo específico, como a cura de uma doença ou a aquisição de algum bem material. No entanto, não é uma regra escolher o tema da jornada, você pode simplesmente jogar e deixar que o próprio jogo mostre o caminho. Após isso, os jogadores sortearão, cada um, uma letra do ogham que servirá como guia. É muito importante compreender que essa letra influenciará toda a jogada e será uma das chaves para atingir o objetivo. Todas essas informações deverão ser anotadas.

Se a letra sorteada for pequena o suficiente, como uma vareta, ela poderá ser utilizada como "peão", caso contrário, os jogadores poderão escolher um objeto pessoal como um anel, um pingente, um pequeno cristal ou seixo para esse fim. Como esse não é um jogo de disputa, não há necessidade de sortear uma pessoa que iniciará a partida, isso poderá ser decidido entre os participantes.

A jogabilidade é bem simples. Os jogadores devem rolar o dado apenas uma vez, salvo exceções descritas em casas específicas, e avançar de acordo com o número indicado até atingir a última casa que representa a realização. Cada casa tem seu significado e suas regras, apresentadas a seguir. É importante anotar todas as informações para futuras reflexões sobre a jornada de autoconhecimento através das letras do ogham e seu simbolismo.

Observações importantes: letras que se repetem em uma jogada, ou seja, quando o jogador regressa ou avança para a mesma casa mais de uma vez, devido à dinâmica do jogo, devem ser consideradas como desafios ou dádivas importantes e requerem atenção. Esse não é mais um jogo preditivo, é verdadeiramente uma terapia em grupo.

Não vou me estender mais sobre as regras ou como deve ser o registro da jogada, pois o ideal é que cada um siga sua intuição e faça uma autoanálise livre de preconceitos e limitações. Por fim, desejo que todos aproveitem cada minuto, pois o Caminho Ogham não é um jogo para ser jogado rapidamente, como uma jornada, cada parada é um aprendizado. Reúna seus amigos, relaxe e compartilhe bons momentos jogando.

SIGNIFICADOS

1. Começo – *beith*
Simbolismo: cervo branco
Bétula

Este é o começo da jornada, o cervo branco o desafia a segui-lo. *Beith*, a bétula nos fala de purificação, portanto, para dar início à jornada de autoconhecimento é preciso deixar sua bagagem de lado e levar apenas o essencial. Para que você prossiga é preciso deixar conceitos limitantes para trás e dar espaço ao novo. O cervo o conduzirá a uma nova etapa de sua vida, logo, saiba que enquanto não deixar o passado para trás, não conseguirá prosseguir.

2. Iluminação – *luis*
Simbolismo: chama
Sorveira-brava

Você tem a grande oportunidade de encontrar a solução para seus problemas, para isso, procure enxergar as coisas sob outros ângulos. Lance luz sobre a escuridão de sua mente, pois ainda há situações que não foram totalmente esclarecidas. Distancie-se de seus problemas e os veja de fora, como um expectador. Acenda a chama da inspiração que há em você, esse é o elo com o divino. Não se preocupe com o amanhã, tudo tem sua solução, garanta o seu sustento hoje.

3. Proteção – *fearn*
Simbolismo: escudo
Amieiro

É comum que você se depare com diversos ataques inesperados em sua jornada. Às vezes, palavras, pensamentos, preconceitos ou ações o atingem em cheio. Aprenda a se defender e a impor limites em determinadas situações. Você está na linha de frente do combate, fique atento, mantenha-se sempre em guarda e não permita que seu ponto fraco seja identificado. É preciso ser destemido para atravessar a correnteza que cruza seu caminho. A ponte (solução) pode estar mais próxima do que você imagina. Lembre-se, uma mente equilibrada é impenetrável! Busque o equilíbrio e não deixe que ataques exteriores o desviem do seu objetivo.

Esse é o momento ideal para avançar. Para atravessar a ponte é preciso ser corajoso, supere seus medos e avance para a casa 7 *húath*.

4. Sombra – *saille*
Simbolismo: lua e abelha
Salgueiro

Você adentrou em um território desconhecido, a sombria floresta da Deusa. Antes de seguir viagem pelo caminho do ogham, você precisa parar e encarar as suas sombras, ou seja, encarar todo sentimento que foi reprimido e renegado em sua vida, tudo aquilo que você julga ser vergonhoso e imoral. Renegar a sombra é renegar a si mesmo, tornando-a perigosa, pois como um animal enjaulado por muito tempo, a sombra pode vir à tona de forma tóxica e destruidora. Use sua intuição e desperte sua Bruxa interior, ela o desafia a olhar para o lago negro de si mesmo. Compreenda-se, equilibre-se e liberte-se do sentimento de culpa.

5. Paz – *nion*
Simbolismo: tear e fuso
Freixo

Finalmente chegou o momento de desfrutar a tão almejada e merecida paz. Mas não se engane, a paz é um estado de espírito, isso significa que para alcançá-la é preciso encontrar seu centro, o seu porto seguro, o eixo vertical que o liga aos Deuses e ancestrais. O que está fora é apenas um reflexo do que está acontecendo dentro de você. Tenha consciência dos seus atos e teça sua história de acordo com o que a vida lhe propõe. Faça as pazes consigo mesmo e encare os imprevistos do destino como oportunidades de autorrealização.

6. Gansa 1
***Samhain*:** outono/inverno

A primeira gansa indica um ciclo que se inicia, é a escuridão que prenuncia o nascer de um novo dia. O inverno está se aproximando e o instiga a ir em busca de novos horizontes. Partir é preciso!

Avance para a casa 12 Gansa 2.

7. Obstáculo – *húath*
Simbolismo: lobo
Espinheiro-branco

Você está diante de um obstáculo, o que irá fazer? Ficará parado ou o enfrentará? Buscará uma solução ou lamentará? Os obstáculos são oportunidades em sua vida, oportunidades de crescimento e aprendizado, portanto, não encare os problemas de sua vida como um impedimento para ser feliz. A cada batalha vencida, você sairá mais fortalecido. O seu maior inimigo é o medo, ele o paralisa e o impede de seguir em frente. Vença seus medos e inseguranças, seja senhor de si mesmo, pois a verdadeira batalha é interior.

Seja destemido como o escudo do guerreiro em batalha e retorne à casa 3 *fearn*. Aproveite para refletir sobre como superar seus obstáculos e limites interiores.

8. Força – *duir*
Simbolismo: casa
Carvalho

É preciso fincar os pés no chão, exercer o autodomínio e levar a vida com seriedade. Talvez você se sinta abalado ou enfraquecido diante dos problemas e obstáculos, mas não vacile, você é tão forte quanto o carvalho, só precisa acreditar em sua nobreza. Ser forte é ser resistente, mas não agressivo ou severo. Saiba lidar com as situações adversas firmemente e administrá-las sem hesitação, no entanto, seja justo e centrado para que essa rigidez não se volte contra você. Resista às fraquezas e erros e seja uma fortaleza em meio à confusão exterior.

9. Habilidades – *tinne*
Simbolismo: martelo e bigorna
Azevinho

Todos temos dons e habilidades, contudo, muitas vezes os negligenciamos por diversos motivos, tais como condicionamento, vergonha, ambição ou mesmo falta de conhecimento. O que você sabe fazer bem? Qual é o seu dom inato? Já deixou seus problemas de lado e procurou focar em algo que realmente lhe dá prazer em fazer? Foque naquilo que há de melhor em você e extraia o melhor que há nos outros, não exija nada, apenas aprecie e coloque em prática seus dons e habilidades.

Desperte suas habilidades, jogue o dado novamente e avance.

10. Sabedoria – *coll*
Simbolismo: avelãs
Aveleira

A sabedoria é, sem dúvida, a maior de todas as dádivas. Muitos são motivados a buscar sabedoria e conhecimento por um forte desejo egoísta. Lembre-se, os incautos, ao se aproximarem do sagrado poço de todo conhecimento, são afogados em suas águas revoltas. Seja cauteloso! Antes de deter a sabedoria para si, ou seja, antes de se tornar um sábio, você deve amá-la, tornando-se seu amante e amigo, isto é, um filósofo. É o amor à sabedoria que o impulsionará a buscar as respostas que tanto o assolam.

11. Refúgio – *quert*
Simbolismo: maçã partida
Macieira

É hora se retirar de cena, de se recolher e de procurar um lugar para se refugiar. Saia do olho do furacão, fuja dos holofotes, seja discreto, pois há a possibilidade de que suas ideias e pensamentos sejam incompreendidos e isso causará grandes transtornos em sua mente. Quanto mais estiver em evidência, mais estará vulnerável. Não se incomode com o que os outros pensam ou dizem, você conhece os seus potenciais. Lembre-se sempre de um antigo provérbio popular: "a palavra é prata, mas o silêncio é ouro".

Reflita sobre seu refúgio. Onde você se sente seguro e confortável?

Fique uma rodada sem jogar.

12. Gansa 2

***Imbolc*:** inverno/primavera

O inverno está perdendo força e a primavera dá os primeiros sinais de seu retorno. Para seguir seu caminho é preciso se purificar da energia estagnada do inverno. Liberte-se de tudo aquilo que o impede de seguir.

Avance para a casa 18 Gansa 3

13. Esforço – *muin*

Simbolismo: Caldeirão sacrificial

Videira

Parece que você carrega o mundo nas costas, como um boi que puxa o arado, sempre se esforçando para dar o melhor de si, mas o reconhecimento nunca chega. Você é reconhecido por aquilo que faz? Talvez seja preciso mudar a estratégia. Não espere o reconhecimento, lute, vá atrás de seus objetivos e, sobretudo, expresse-se, tire esse peso que há em suas costas. É preciso desabafar e esclarecer mal-entendidos. Pare agora de acumular mágoas! Não agrida ou ofenda ninguém, apenas deixe às claras e não guarde rancores para si. Para progredir em sua jornada, deixe os deveres de lado por algum tempo e seja leve.

14. Crescimento – *gort*

Simbolismo: vaca e pasto

Hera

Tudo está crescendo e se desenvolvendo constantemente, cada coisa em seu ritmo. O resultado de todas as ações aparecerá no momento certo. Não seja ansioso, o tempo da colheita se aproxima e você irá colher os frutos daquilo que foi plantado anteriormente em sua vida, nada a mais e nada a menos do que o merecido. Aproveite o momento para celebrar e agradecer por tudo aquilo que já conquistou e ainda irá conquistar.

15. Cura – *nGétal*

Simbolismo: poço da cura

Giesta

Você chegou aqui cansado, triste e ferido. É hora de se reerguer, curar as feridas do passado e regenerar sua saúde física, mental, emocional e espiritual debilitada. Quais feridas precisam ser cicatrizadas? Você sabe a resposta, basta procurar dentro de si. Encare suas cicatrizes como sinais de vitória e orgulho e não como marcas de vergonha. Mergulhe no poço da cura, só quando atingir o ponto mais fundo é que encontrará a cura.

16. Ilusão – *straif*
Simbolismo: nuvens
Espinheiro-negro

Nem tudo está claro em sua jornada, é preciso romper as amarras da ilusão para desvendar os mistérios de si mesmo. Toda jornada de autoconhecimento pode parecer confusa e tenebrosa em um primeiro momento, mas assim que você for progredindo, as brumas da confusão, da insegurança e da ilusão se dissiparão. Você sabe onde está? Qual caminho deve seguir? A vida é como um labirinto com muitos becos, mas não se preocupe, pois você tem o fio de Ariadne em suas mãos, basta saber usá-lo. Para progredir é preciso saber distinguir a fantasia da realidade e dar um passo rumo à autotransformação alquímica.

Somente o conhecimento poderá ajudá-lo nesse momento, portanto, regresse à casa 10 *coll*. Aproveite para refletir sobre como as ilusões e dúvidas o confundem e o impedem de prosseguir.

17. Tensão – *ruis*
Simbolismo: javali
Sabugueiro

Você age sem pensar? É impulsivo e agitado? Tenha cuidado, pois o excesso de excitação pode causar esgotamento, estresse, exaustão e muita confusão. Talvez você se sinta ansioso, tenso, irritado ou nervoso devido às circunstâncias da vida, mas é preciso ter paciência, calma e serenidade para solucionar seus problemas. Deixar-se levar pelas emoções será a pior das escolhas. Dome esse javali selvagem que há em você, direcione o excesso de energia para áreas da sua vida que precisam de força de vontade e garra. Não se deixe perturbar pela tensão da vida cotidiana.

Respire fundo, acalme-se, reflita sobre seu autodomínio e fique uma rodada sem jogar.

18. Gansa 3
***Beltane*:** primavera/verão

Finalmente o sol voltou a brilhar e os dias estão mais quentes e acolhedores, momento ideal para retornar ao lar, ao seu reino interior. Aproveite toda a energia acumulada para traçar a rota perfeita rumo ao seu objetivo.

Avance para a casa 24 Gansa 4

19. Nascimento – *ailm*
Simbolismo: feto
Pinheiro

Chegou a hora de conceber suas ideias, manifestá-las e finalmente concretizá-las no plano físico. A criança da promessa está prestes a nascer, ela é o seu brilho interior, a sua essência, aquela semente inocente e pura adormecida em seu interior. Essa semente é capaz de transformar o mundo inteiro, ela apenas está esperando o momento certo para romper o solo da matéria e florescer. Chega de se esconder, manifeste seu poder criativo adormecido! Faça nascer sua criança interior.

20. Movimento – *onn*
Simbolismo: cavalo
Tojo

Você se sente estagnado? Não consegue encontrar uma solução para seus problemas? Caso suas respostas sejam positivas, agora é hora de dar o primeiro passo para conquistar seus objetivos. Mova-se, saia da zona de conforto! O momento é propício para identificar e traçar metas e propósitos. Talvez você se sinta instável e desconfortável no início, mas lembre-se sempre de que é preciso manter as rédeas de sua vida bem curtas para não perder o controle das mudanças que estão por vir. Você é um campeão, portanto, aja como tal e não se deixe intimidar pela velocidade dos acontecimentos. Você está em um momento dinâmico, jogue o dado novamente e avance.

21. Morte e renascimento – *úr*
Simbolismo: túmulo
Urze

Tudo é cíclico, tudo tem começo, meio e fim. Você finalmente chegou ao fim de um longo ciclo. Talvez este período seja um tanto desafiador, afinal, nem sempre estamos preparados para encarar os términos. Mas não se desespere, a morte é apenas uma etapa na jornada, ela não significa um fim definitivo, mas uma transformação necessária em sua vida. Lembre-se, é da morte que surge a vida e o fim de um ciclo anuncia o início de outro que está por vir. Desapegue-se da matéria! E do passado, que fique apenas as boas lembranças e o aprendizado. Você chegou ao fim de um ciclo. Volte ao início e recomece sua jornada (você pode encerrar o jogo aqui ou tentar mais uma vez).

22. Parceria – *edad*
Simbolismo: cisne
Álamo-tremedor

Você nunca está sozinho na jornada da vida, sempre há companheiros e amigos que caminham ao seu lado, auxiliando-o. Você sabe quem são seus companheiros? Quem são seus irmãos de alma que compartilham o mesmo objetivo? Saiba reconhecer e valorizar quem está ao seu lado, pode ser um amigo, um parente, um irmão, o namorado ou o cônjuge, juntos vocês são mais fortes ao superar os obstáculos. Seja leal a si mesmo e a seus princípios, e como um nobre Cavaleiro, comprometa-se a ajudar quem precisa, afinal, somos todos membros de uma grande fraternidade universal.

23. Aprendizado – *idad*
Simbolismo: harpa
Teixo

A jornada se aproxima do fim, Idad é a última letra do ogham, antes das letras adicionais (*forfeda*). Mas antes de seguir para a próxima etapa, responda: o que você aprendeu ao longo desse ciclo? Quais foram seus mestres, professores e guias? Se você sabe alguma coisa, foi porque algo ou alguém lhe ensinou, portanto, seja grato aos seus mestres e ancestrais e a todos aqueles que de alguma forma contribuíram para seu desenvolvimento. Você já tem a experiência necessária para lidar com os problemas da vida, basta colocar o conhecimento adquirido em prática. Busque as respostas dentro de você, em sua memória, já está tudo lá.

24. Gansa 4
***Lughnasadh*:** verão/outono

Chegou o momento de colher aquilo que foi plantado durante todo o caminho rumo ao autoconhecimento. Avalie tudo aquilo que você aprendeu no percurso, mas saiba que o fim da jornada ainda não chegou.

Avance para a casa 30 Gansa 5

25. Superação – *ébad*
Simbolismo: salmão
Choupo/Álamo-branco

Você já sabe onde deve chegar, já sabe qual é o seu objetivo, agora é preciso arregaçar as mangas e ir à luta. O caminho não é fácil, há vários impedimentos à frente, mas você já está preparado! Como um salmão, nade contra a correnteza e acredite, o resultado vale todo o esforço. Não se esqueça de que, antes de avançar cegamente rumo às águas calmas, às vezes é preciso se deixar levar pela correnteza e identificar para onde o fluxo da vida o leva. Enfrentar os obstáculos é preciso, mas com uma estratégia em mente.

26. Valor – *óir*
Simbolismo: ouro
Evônimo-europeu

O momento é propício para reconhecer seus próprios valores. Acredite que você merece o melhor, pois este é o seu objetivo. Encare seus problemas como oportunidades para seu próprio desenvolvimento. Em algum momento, algo ou alguém fez você acreditar que não tem nenhum valor? É hora de virar o jogo e demonstrar que seu maior tesouro está dentro de você e não fora. Mostre seu brilho ao mundo, não se esconda, não tenha medo, não tenha vergonha, seja quem você realmente é.

27. Adaptação – *uilleann*
Simbolismo: espiral
Madressilva

Viver é saber se adaptar, é saber se comportar adequadamente de acordo com a situação que é apresentada. A vida exige flexibilidade! Lembre-se, ser flexível não significa aceitar qualquer coisa passivamente ou ser "mole" diante das situações, mas agir de acordo com a necessidade. Saiba analisar as situações calmamente, cada uma delas têm sua medida certa. Ao mensurar seus problemas, você saberá qual atitude deverá tomar para resolvê-los.

28. Prazer – *ifín*
Simbolismo: mel
Groselheira

Depois de percorrer um longo caminho, nada mais justo do que sentar à beira de um rio tranquilo e desfrutar de um merecido descanso. Faça uma pausa e aproveite o que a vida pode proporcionar de melhor. Aprecie o belo e o prazeroso nas pequenas atitudes e situações. Você admirou o nascer ou o pôr do sol hoje? Ou se deliciou com a sua iguaria preferida? Já tomou aquele delicioso banho de chuva numa bela tarde de verão? Vamos lá, permita-se! Você merece um momento de lazer e descontração. Deixe seus problemas de lado e faça aquilo que lhe dá prazer.

29. Lamento – *emancholl*
Simbolismo: barca dos mortos
Olmo/Faia

Finalmente você chegou ao fim de mais uma etapa de sua jornada, mas ainda há aquela sensação de que poderia ter sido melhor, poderia ter aproveitado mais ou ter feito outras escolhas. Talvez você se sinta derrotado por não ter conquistado o que queria (ou o que os outros queriam que você conquistasse). Pare agora de se lamentar! Você conquistou o que precisava conquistar e chegou onde deveria chegar, nenhum momento da sua jornada foi em vão. Para superar esta fase, será preciso ser humilde e pedir auxílio, mas nunca se coloque em situação de vítima. Sinta-se honrado e mantenha a sensação de dever cumprido.

Você precisa reconhecer todo seu esforço para chegar até aqui, fique uma rodada sem jogar e aproveite para refletir sobre suas escolhas e incertezas.

30. Gansa 5
***Samhain*:** outono/inverno

A roda girou novamente e mais um ciclo se encerra para dar espaço a outro que se inicia. Você tem a oportunidade de resgatar algumas coisas que ficaram para trás e trilhar novamente o caminho do autoconhecimento, mas agora mais maduro e experiente.

Retorne à casa 6 Gansa 1

31. Talam
Terra

Este é o domínio dos espíritos da natureza, ou seja, de nossos irmãos de penas, patas, garras, escamas, folhas e raízes. Os espíritos da natureza são todos aqueles que mantêm a roda da vida girando, são os guardiões da terra sob nossos pés e estão presentes nos quatro cantos do mundo. Honre os espíritos vegetais, minerais, animais, elementais e todos os outros, eles são seus aliados e o ajudam em sua jornada. Agradeça pelo alimento que o sustenta, agradeça principalmente por estar vivo, pois a vida é uma dádiva que deve ser aproveitada ao máximo, sempre com muita honra e respeito a tudo e a todos.

32. Domain
Submundo

Você acaba de adentrar o domínio de seus ancestrais. Todos aqueles que vieram antes são seus ancestrais, não somente os seus antepassados sanguíneos, ou seja, seus pais, avós e bisavós, mas todos aqueles que contribuíram para ser quem você é. Há os ancestrais consanguíneos, espirituais e aqueles que habitaram a terra na qual você vive hoje. Você é o resultado de cada gota de lágrima, sangue e suor de seus ancestrais. Não brigue consigo mesmo, compreenda que seu corpo, sua cultura e sua espiritualidade são importantes. Beba da fonte de todo conhecimento e agradeça seus ancestrais por tudo.

33. Nem
Céu

Parabéns, grande herói (heroína) você chegou ao fim de sua jornada e adentrou a fortaleza mística dos Deuses. A gansa coroada recebe você de asas abertas, ela é o símbolo oculto da grande Deusa da Soberania. Como um ser realizado, você atingiu o seu objetivo, ou seja, foi agraciado com o dom da Soberania, que despertou a chispa divina em seu interior. Agora você é o senhor(a) do seu destino e já sabe qual rumo tomar. Agradeça aos Deuses pela jornada, descanse, respire fundo e prepare-se, pois uma nova jornada está prestes a se iniciar em um outro momento e outro lugar.

FIDCHELL: O XADREZ OGHAM

O jogo *fidchell* (irlandês) ou *gwyddbwyll* (galês) era um antigo jogo de tabuleiro de origem celta. Seu nome, em ambas as línguas, significa algo como "sabedoria da madeira" ou "sentido da árvore" já que a palavra *fid* pode significar tanto madeira ou árvore, como uma letra do ogham[367]. Este jogo foi citado diversas vezes nos mitos irlandeses e galeses, contudo, as regras, a quantidade exata de peças e como era o tabuleiro, se perderam com o tempo. É de conhecimento que o tabuleiro do *fidchell* era quadricular ou retangular, assim como descrito no *Glossário de Cormac*, texto esse já sob influência cristã:

> *Fidchell*, ou seja, a causa-senso. Quer dizer, a causa e o sentido (são usados) para jogá-lo. Ou base e sentido. Ou ***fuath-cell***, ou seja, a forma de uma igreja, isto é, o ***fidchell*** (tabuleiro) em primeiro lugar tem quatro lados e suas linhas são retas e (existem peças) pretas e brancas sobre ele, e são pessoas diferentes que, por sua vez, sagram-se vencedoras. Também é assim a igreja em todos os seus aspectos: sustentada por quatro evangelhos nos quatro cantos da Terra (isto é, é assim que a igreja enche as respectivas quatro partes do mundo com os evangelhos); é em linha reta (ou seja, "na vertical") em julgamentos com as linhas das escrituras; quer dizer, o preto e o branco, ou seja, o bom e o ruim moram na igreja.

Esse texto sugere que o jogo era disputado por dois jogadores que possuíam peças de números iguais brancas e pretas.

Na lenda irlandesa, o *fidchell* foi criado pelo Deus Lug e jogado por seu filho Cú Chulainn. Era considerado o jogo da realeza e das divindades e possuía um caráter oracular. Na literatura galesa medieval, o *gwyddbwyll*, o equivalente galês do *fidchell* irlandês, é mencionado em o *Sonho de Rhonabwy*, onde o Rei Artur joga com Owain mab Urien. O mítico tabuleiro de Gwenddoleu ap Ceidio, possivelmente um tabuleiro de *gwyddbwyll*, é descrito nas lendas galesas como um dos treze tesouros das Ilhas Britânicas e possuía

367 Alguns estudiosos acreditam que, por esse motivo, o ogham estava ligado de alguma forma ao *fidchell* originalmente.

a capacidade mágica de movimentar as peças sem intervenção humana, algo parecido é descrito em algumas versões das histórias do ciclo do Graal.

Como há poucas informações sobre o *fidchell* e o *gwyddbwyll*, além das encontradas nos mitos e lendas, especula-se que esse jogo tenha se originado no *tafl* nórdico, contudo, o *tafl* é jogado com números desiguais de peças, o que contradiz o que sabemos sobre o *fidchell*, que era jogado com números iguais de peças para cada jogador. Essa teoria é sustentada a partir da descoberta de um tabuleiro em Ballinderry, na Irlanda. Esse tabuleiro, descoberto em 1932, datado do século 10, é ricamente decorado com a arte insular, também conhecida como arte hiberno-saxã, uma mistura de arte celta e nórdica. Apesar de ser classificado como um tabuleiro de *fidchell* por alguns estudiosos, é provável que seja um tabuleiro de *brandubh*, uma variação irlandesa do *tafl* nórdico.

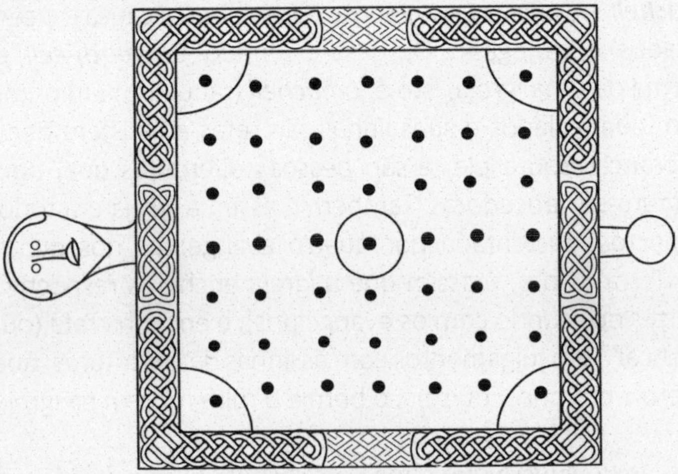

Reprodução do tabuleiro, talvez de brandubh, descoberto em Ballinderry

A teoria mais aceita hoje, sobre a origem do *fidchell*, é que esse jogo se desenvolveu a partir do jogo romano chamado *latrúnculo*[368] ou jogo dos *latrúnculos*[369]. O *latrúnculo*, conhecido como o "jogo dos mercenários" ou "jogo dos ladrões", foi amplamente jogado pelos soldados romanos e tinha como objetivo capturar as peças do adversário. Havia grande variedade de tabuleiros para esse jogo, os mais comuns são os de 8 x 8 e os de 8 x 12 e era disputado por dois jogadores que possuíam números iguais de peças.

368 Em latim: *latrunculi*.
369 Em latim: *ludus latrunculorum*.

Em 1996, foi descoberto em Colchester um túmulo da Idade do Ferro, datado entre 40 e 60 EC. Neste túmulo foram encontrados objetos que talvez fossem instrumentos cirúrgicos, um coador de chá contendo restos de plantas medicinais, diversas varas de metal que provavelmente eram utilizadas para lançar a sorte e um tabuleiro de jogo, semelhante ao *latrunculi*. Especula-se que esse túmulo pertenceu a um Druida celta, devido à grande evidência de objetos de cura e adivinhação, além do tabuleiro de jogar, que possivelmente foi utilizado como oráculo.

Como explicado anteriormente, o *fidchell* era utilizado como oráculo e sua ligação com o Ogham evidencia-se pela origem de seu nome, ou seja, "sabedoria da madeira". A palavra *fid* significa "madeira" em irlandês antigo e é sinônimo de letra no Alfabeto Ogham, portanto, especula-se que ambos os sistemas, tanto o Ogham quanto o *fidchell*, estivessem ligados por meio de práticas mágicas e oraculares, apesar da falta de evidências no âmbito histórico e arqueológico.

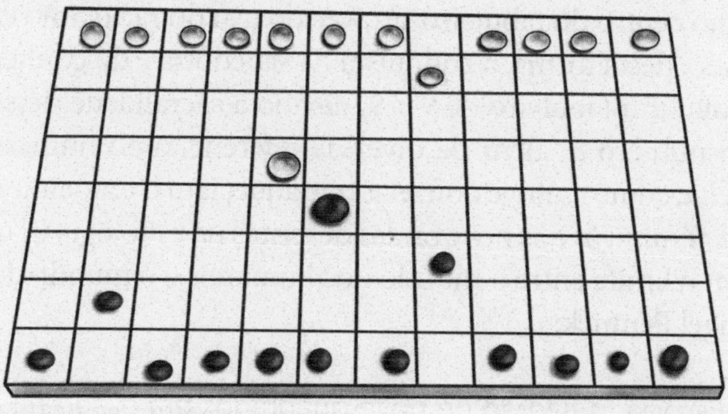

Reprodução do jogo de tabuleiro (latrunculi) encontrado no túmulo do Druida de Colchester

O JOGO

Inspirado no *fidchell/gwyddbwyll*, no *latrúnculo*, no ogham e no poema *Cad Goddeu* (*A Batalha das Árvores*) de Taliesin, desenvolvi um jogo que tem por finalidade auxiliar o estudante de Ogham, explanando seus conhecimentos de forma lúdica, oracular e didática. *A Batalha das Árvores* é um antigo poema galês obscuro e místico atribuído ao Bardo Taliesin. Esse poema narra a batalha entre Arawn, o rei do Submundo e Amaethon, o Deus agrário. A batalha é motivada pelo roubo de uma corça branca, um cão e um abibe de Arawn por Amaethon. Gwydion, o Mago, irmão de

Amaethon, anima as árvores para que lutem contra o exército monstruoso de Arawn. A batalha só teria um fim se fosse descoberto o nome secreto de um membro de cada exército. Gwydion descobre o nome secreto de Bran, pelos ramos de amieiro que havia em seu escudo, e vence a batalha. Esse poema ainda é tema de discussão por diversos estudiosos. Robert Graves sugere em seu livro *A Deusa Branca*, que as árvores invocadas no *Cad Goddeu* estão ligadas ao Ogham, mas não há base histórica ou mitológica para tal argumento.

No poema, apenas o exército de Gwydion é composto por árvores, entretanto, neste jogo, ambos os exércitos serão representados por elas, neste caso, pelas árvores do Ogham.

Ao criar esse jogo, imaginei um campo de batalha entre o exército do Submundo, liderados por Bran, o abençoado, e o exército Celestial, liderados por Gwydion, o Mago, que encantou as árvores. O tabuleiro não representa apenas um campo de batalha, mas o corpo da Deusa da Soberania da terra, que concederá ao ganhador o direito de reinar sobre sua própria vida.

Um dos objetivos do jogo é conquistar os cinco *forfeda* que se encontram no centro do tabuleiro, através do uso do raciocínio estratégico, representando, desta forma, a conquista da sabedoria e do conhecimento.

Escolhi um tabuleiro de 9 x 9, devido à sacralidade desse número, três vezes o número 3, além de diversas referências ao número nove na mitologia celta, como as nove donzelas que aqueciam o Caldeirão no poema galês *Preiddeu Annwfn* e as nove ondas descritas na mitologia irlandesa, que demarcavam o limite entre o mundo dos humanos e o mundo dos Deuses. Segundo Nigel Pennick:

> Na Escócia, o padrão de nove quadrados era usado no festival de Beltane, no bolo cerimonial de aveia, que era circular, mas apresentava o padrão inscrito nele. As fogueiras de Beltane eram acesas no quadrado central desenhado sobre a grama, apagando-se os oito quadrados restantes.

No centro do tabuleiro está o *forfid ébad*, que significa "salmão" e representa o salto que devemos dar para outro patamar de vida, ou seja, a conquista do conhecimento, pois, como vimos, o salmão simboliza a sabedoria e a longevidade na mitologia celta. No jogo, a conquista do centro é a conquista da sabedoria, o encontro com a *bile* interior, a árvore sagrada, o eixo que liga o Céu ao Submundo. Os quatro *forfeda* restantes estão dispostos ao redor do centro e representam as fortalezas do Outromundo.

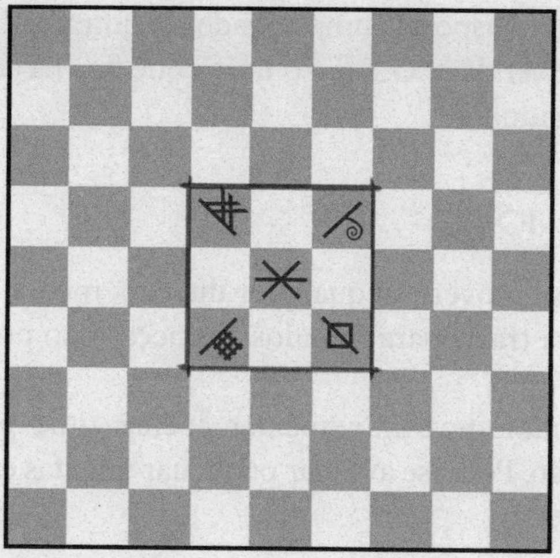

Tabuleiro 9 x 9 do jogo Fidchell Ogâmico

Cada jogador possui 10 peças, uma delas será o Rei. As peças escuras, serão compostas pelos *feda fearn, saille, húath, tinne, quert, nGétal, straif, ruis, úr* e *idad*, eles representam o exército do Submundo ou do subconsciente, liderados pelo *fid fearn*, o Amieiro, ou seja, pelo Deus Bran, o abençoado, o principal guerreiro de Arawn. As peças claras, serão compostas pelos *feda beith, luis, nion, duir, coll, muin, gort, ailm, onn* e *edad*, eles representam o exército do mundo celestial e são lideradas pelo *fid duir*, que simboliza o Deus Gwydion, o Deus estelar nascido das árvores, irmão de Amaethon.

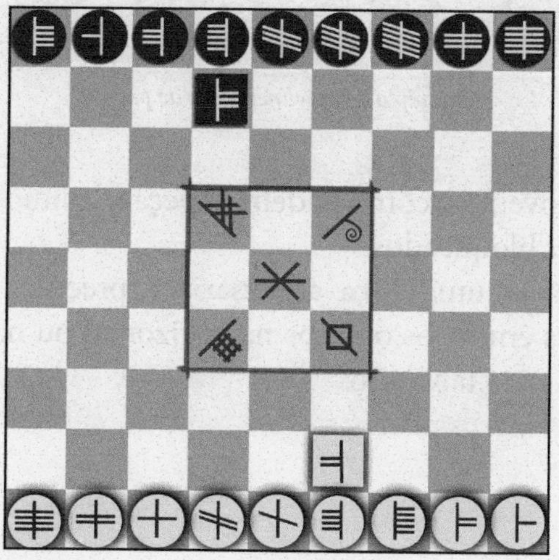

Disposição das peças

As peças são dispostas uma ao lado da outra na base do tabuleiro, em oposição ao adversário. O Rei é o único que fica na segunda fileira, do lado direito do jogador.

REGRAS DO JOGO

As peças podem se mover em qualquer direção, menos na diagonal, isto é, para frente, para trás e para os lados. As peças não podem saltar umas sobre as outras.

Cada jogador deve movimentar apenas uma peça por vez, em apenas uma direção. Pode-se avançar ou recuar quantas casas quiser, desde que estejam vagas.

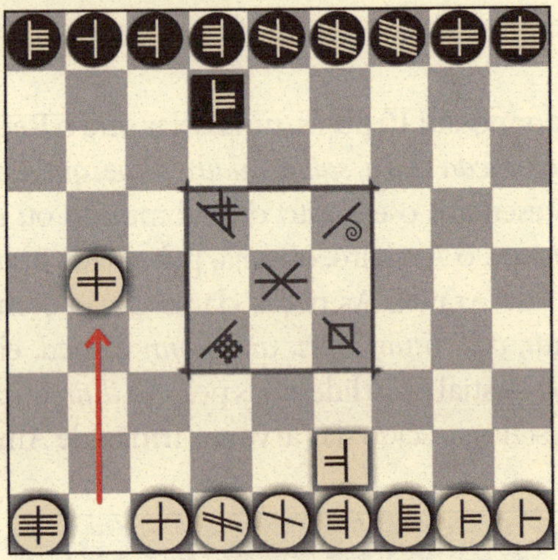

Exemplo de movimentação de peça

Os Reis movem-se como as demais peças, contudo, não podem ser capturados, apenas bloqueados.

Para capturar uma peça adversária é preciso “prendê-la” entre duas de suas peças em lados opostos na horizontal ou na vertical. A peça capturada é retirada do tabuleiro.

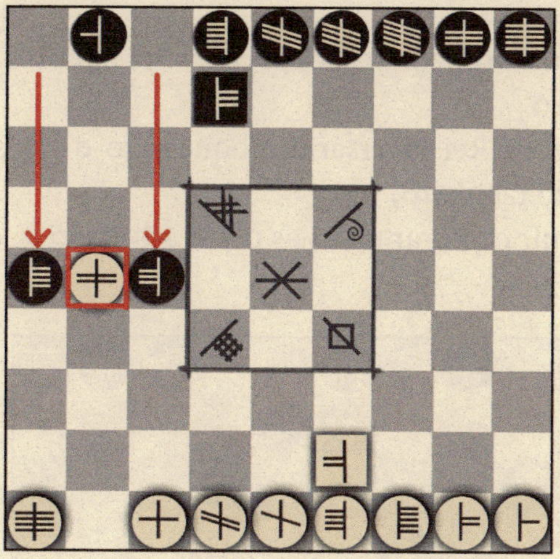

Exemplo de captura 1

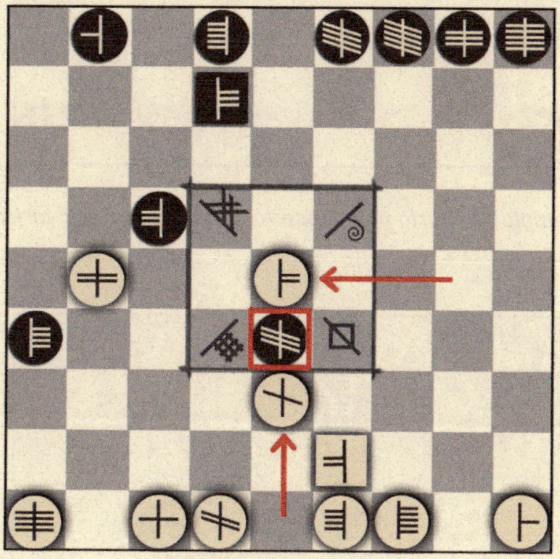

Exemplo de captura 2

Há a possibilidade de capturar uma peça adversária, caso ela esteja no canto do tabuleiro, onde será posicionado duas de suas peças nos quadrados adjacentes.

Se uma peça for movida entre duas peças adversárias voluntariamente, ela não será capturada.

Ganha quem:

1- Conseguir posicionar suas peças sobre os cinco *forfeda* no centro do tabuleiro

2- Imobilizar o Rei adversário, bloqueando-o pelos quatro lados (ou no canto do tabuleiro)

3- Conseguir capturar todas as peças adversárias, exceto o Rei

Exemplo de vitória posicionando as peças sobre os 5 forfeda

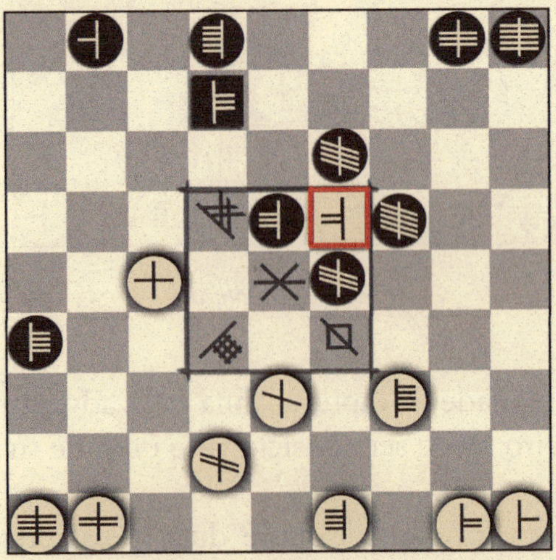

Exemplo de vitória bloqueio do Rei 1

Exemplo de vitória bloqueio do Rei 2

O ORÁCULO

O *fidchell* também pode ser utilizado como um oráculo, que atuará como um guia, conselheiro e ferramenta de autoconhecimento. O jogo oracular pode ser jogado por duas pessoas inexperientes, que utilizarão este livro como guia para consultar os significados das letras, ou pode ser conduzido por um druida experiente, que irá demonstrar ao consulente quais os pontos a desenvolver e os caminhos a seguir.

Atenção: o jogo não determinará o futuro do consulente, portanto, não há ganhadores ou perdedores! O propósito do oráculo é identificar quais dádivas e desafios devem ser trabalhados na vida dos consulentes. Lembre-se, este jogo, apesar de inspirado em um antigo jogo celta, foi desenvolvido para nos auxiliar em questões atuais. Na antiguidade, a partida de *fidchell* basicamente prenunciava quem ganharia a batalha. Hoje, nossa guerra é outra, é uma guerra interna e a batalha será travada não com quem está no lado oposto do tabuleiro, mas com nossos próprios medos e inseguranças interiores.

A primeira coisa a se fazer é determinar quem ficará com as peças escuras e quem ficará com as peças claras. Isso pode ser feito através de um sorteio simples com duas letras do ogham, *fearn* e *duir*. Quem sortear *fearn* fica com as peças escuras e quem sortear *duir*, com as peças claras. As peças claras indicam que sejam trabalhadas questões do consciente, enquanto as peças escuras, questões do subconsciente, ou, em outras palavras, as peças claras é o voltar-se para fora e as peças escuras o voltar-se para dentro.

A jogabilidade e as regras do jogo não mudam no oráculo, contudo, cada peça capturada ou perdida terá um significado específico, ou seja, a cada peça perdida, o consulente deve procurar neste livro as perguntas relacionadas ao *fid* correspondente, escolher uma e respondê-la; a pergunta irá atuar como um desafio a ser superado. Para quem capturou a peça, deve-se ler a afirmação do *fid;* essa afirmação irá atuar como uma dádiva que deve ser aceita ou desperta.

Toda vez que houver uma captura de peça, quem perdeu deve ler uma ou mais perguntas relacionadas à letra e respondê-las (desafios), e quem capturou deve ler a afirmação da mesma letra (dádiva). Isso também vale para o bloqueio do rei, ou seja, quem bloqueou lê a dádiva e quem foi bloqueado, deve ler o desafio.

Exemplo: digamos que em uma jogada eu tenha o domínio das peças claras, portanto, devo trabalhar questões do meu consciente, ou seja, é aquilo que devo mudar em mim, na minha consciência, para resolver a questão que está em jogo. Meu oponente irá trabalhar seu subconsciente, isto é, terá que confrontar seus traumas do passado ou sua sombra.

Meu oponente, então, captura minha peça correspondente à letra *muin*, a videira. Eu vou na segunda parte do livro e escolho uma das três perguntas referentes à letra *muin*. Suponhamos que eu escolha a seguinte pergunta: "o que devo renunciar e sacrificar?" Então eu reflito sobre essa pergunta: o que realmente devo renunciar em minha vida? Há algo na minha vida consciente, algo que eu sei e conheço que devo deixar para trás, que me amarra, que me prende e não permite que eu prossiga? Após essa reflexão, respondo à pergunta, como um desafio superado. Meu oponente, por sua vez, irá ler a afirmação da mesma letra: "meu sangue é o vinho da terra e meu corpo é o altar da floresta. Ofereço o que há de melhor em mim para receber as dádivas da vida." Ele deve refletir sobre como ser grato pelos seus dons e como valorizar os aspectos sagrados de sua própria vida, registrando esta letra como uma dádiva que deve ser despertada ou posta em prática. E assim deve ser feito com as demais peças do jogo.

Essas dádivas e desafios devem ser registrados em seu diário ogâmico ou em um caderno, ficha ou folha de papel, para que possam atuar como meio de reflexão no futuro sobre o autodesenvolvimento. Também é possível acelerar o jogo, encerrando a partida quando nove dádivas/desafios forem registradas. Quem tiver mais peças capturadas vence a partida.

É importante frisar, que quem "venceu" a partida, não necessariamente ganhou a "guerra", a pessoa deve trabalhar seus potenciais, por vezes negligenciados ou adormecidos, enquanto quem "perdeu" a partida deve focar em seus pontos a desenvolver e superar seus obstáculos internos.

CONSIDERAÇÕES FINAIS

Na antiguidade, acreditava-se que o destino era algo pré-determinado e imutável. Por mais que os humanos ou os Deuses se esforçassem para mudar o rumo de seus destinos, aquilo que foi determinado desde o princípio não poderia ser mudado. Era uma visão fatalista do mundo. Quando alguma catástrofe ou infortúnio acontecia, dizia-se que era a vontade dos Deuses, afinal, "eles querem assim e nos resta apenas aceitar passivamente". Parece que isso não mudou muito, quantas vezes você já ouviu alguém dizer "foi Deus que quis assim" ou "isso já estava escrito por Deus"?

Por mais que haja alguns fatores inevitáveis e imutáveis em nossa vida que estão completamente fora de nosso controle, também podemos escolher como lidar com esses mesmos fatores. Isso significa que cada pessoa irá reagir diante de seus desafios de uma maneira diferente e o resultado não terá, necessariamente, o mesmo desfecho como previsto. Este é o paradoxo do destino traçado.

Quando consulto o ogham, por exemplo, consigo prever quais são os desafios e obstáculos que estão lá na frente, no meu futuro. De fato, não há como removê-los como num passe de mágica, mas então entra outra questão muito importante, se eu sei o que pode acontecer, o que eu posso fazer para superar tais obstáculos? Ou ainda, quais caminhos devo escolher? Se eu posso escolher meu caminho, posso escolher meu destino e construí-lo de acordo com minha verdadeira vontade. Para aqueles que não têm a opção de escolha, ou não querem sair de suas "zonas de conforto" só resta realmente acreditar que tudo já estava traçado e aceitar os fatos da vida como um espectador.

Parece que os celtas já tinham conhecimento disso, uma vez que encontramos algo parecido em seus mitos e lendas sobre a Deusa da Soberania, que concedia àqueles que aceitavam seus desafios não só a realeza, mas sobretudo, a autoridade de escolherem seus próprios destinos. Perceba que a Soberania é dada àqueles que aceitaram o desafio. Aos que recusaram, resta-lhes aceitar o destino que lhes é imposto.

O que eu quero dizer, em outras palavras, é que você pode mudar sua realidade. Você pode ser o Senhor(a) e Rei/Rainha do seu destino! Se alguma coisa o incomoda, não seja uma pessoa conformada ou acomodada, lute pela mudança, nem que isso lhe custe travar algumas batalhas, interiores ou exteriores. O ogham é uma ferramenta que pode ajudar em sua vida diária através de previsões, magias, meditações, rituais e de muitas outras coisas. Você já tem a ferramenta, basta saber utilizá-la adequadamente para promover a mudança em sua consciência e resgatar a Soberania de sua vida.

Como vimos, a honra aos ancestrais é um dos principais pilares do druidismo e da atual espiritualidade celta. Muitas pessoas, no entanto, sentem-se desconfortáveis ao se depararem com o tema "ancestralidade" aplicado em sua espiritualidade diária. Isso porque, a figura de ancestralidade que temos, começa com nossos pais e avós, muitas vezes pessoas que nos limitam ou não compreendem nosso posicionamento, o que é absolutamente normal. Essa luta de gerações sempre aconteceu, desde que o mundo é mundo, honrar os ancestrais não é seguir os passos deles, mas reconhecer que o legado que nos foi deixado é importante no resultado daquilo que somos. As ideias propostas neste livro não são as mesmas que os Celtas e Druidas professavam na antiguidade, nem mesmo aquelas que aprendi com meus pais na infância, mas a minha própria visão de ogham e espiritualidade. Minha intenção não é desrespeitar a tradição, pelo contrário, quero honrá-la e trazê-la para nosso mundo moderno.

Para concluir, quero propor uma rápida reflexão. Assim como nossos ancestrais nos deixaram suas histórias de dor e vitória, seus mitos e lendas, seus oráculos e crenças espirituais, o que você, como ser humano, irá deixar para as próximas gerações? Como gostaria de ser honrado após sua partida para o Outromundo? Reflita sobre isso, dê a devida importância à sua história e compartilhe sua sabedoria.

Ao escrever este livro, minha intenção foi a de ajudar você a encontrar o seu caminho interior. Uma vez que encontrar esse caminho, que não é o meu, nem o de outra pessoa, mas exclusivo e unicamente seu, você estará em harmonia consigo mesmo, pois como disse o oráculo "conhece-te a ti mesmo e conhecerás o Universo e os Deuses".

Muito obrigado.

Osvaldo R Feres
Inverno de 2022

APÊNDICES

APÊNDICE 1

TABELA DE CORRESPONDÊNCIAS 1

Ogham	Significado do nome	Corpo humano
Beith	Bétula	Cabeça e alma
Luis	Chama ou erva	Olhos e face
Fearn	Amieiro	Pele, pelos e unhas
Saille	Salgueiro	Sangue e sistema circulatório
Nion	Forquilha ou letra	Seios e membros superiores
hÚath	Medo ou terror	Fígado e glândulas hormonais
Duir	Carvalho	Músculos e espinha dorsal
Tinne	Lingote ou barra de ferro	Medula e sistema nervoso
Coll	Aveleira	Boca e dentes
Quert	Farrapo, trapo ou arbusto	Sistema digestivo inferior
Muin	Amor, pescoço ou trapaça	Costas, pescoço e cordas vocais
Gort	Jardim, pasto ou seara	Barriga, estômago e umbigo
nGétal	Matar ou ferir	Sistema imunológico
Straif	Enxofre	Sistema excretor
Ruis	Vermelhidão ou enrubescer	Aparelho reprodutor masculino
Ailm	Talvez grito ou a letra A	Aparelho reprodutor feminino
Onn	Freixo, pedra ou fundação	Membros inferiores
Úr	Terra, solo ou argila	Ossos e o corpo físico
Edad	Talvez salmão ou teixo	Sistema respiratório
Idad	Talvez teixo	Ouvidos e orelhas
Ébad	Talvez salmão	Coração
Óir	Ouro	Beleza (estética)
Uilleann	Cotovelo	Juntas e articulações
Ifín ou Pin	Espinho, espinheiro ou pinheiro	Língua e "humores"
Eamancholl	Gêmeo da aveleira ou "C"	Órgãos ou membros em pares

Apêndice 2

Tabela de Correspondências 2

Ogham	Animais	Características humanas
Beith	Cervo (animais brancos ou sobrenaturais)	Inocente ou um parente próximo
Luis	Gado (animais domésticos)	Próspero ou visionário
Fearn	Corvo, ganso e gato	Reservado ou corajoso
Saille	Abelha e coruja	Mulher madura ou misteriosa
Nion	Aranha (animais fêmeas)	Mulher ou a consulente
hÚath	Lobo e cão de caça	Inimigo ou covarde
Duir	Águia, carriça (animais machos)	Homem ou o consulente
Tinne	Raposa	Homem maduro ou habilidoso
Coll	Salmão	Sacerdote ou um sábio
Quert	Corça (animais selvagens)	Aflito, inseguro ou doente
Muin	Touro (animais sacrificiais)	Esforçado ou responsável
Gort	Vaca	Trabalhador ou sedentário
nGétal	Serpente e sanguessuga	Médico ou curandeiro
Straif	Dragão ou monstro marinho	Misterioso ou mentiroso
Ruis	Javali e urso	Tímido ou nervoso
Ailm	Lebre e coelho	Criança, jovem ou uma mulher grávida
Onn	Cavalo e égua	Esportista ou errante
Úr	Enguia e gralha	Melancólico ou uma pessoa falecida
Edad	Cão e lontra	Amigo ou parceiro
Idad	Melro, salmão (animais velhos)	Ancestral ou pessoa idosa
Ébad	Todos os animais	Ousado ou confiante
Óir	Ovelha e águia	Pessoa bonita ou rica
Uilleann	Garça	Flexível e resiliente
Ifín ou Pin	Porcos (animais fantásticos)	Alegre e otimista
Eamancholl	Foca e animais marinhos	Arrependido ou pessimista

Apêndice 3

Tabela de Correspondências 3

Ogham	Astros[370]	Elementos esotéricos[371]	Tarô
Beith	Asteroide Hígia	Espírito do Ar	O Louco
Luis	Asteroide Vesta	Fogo do Ar	A Estrela
Fearn	Asteroide Palas	Água do Ar	A Justiça
Saille	Lua	Terra do Ar	A Sacerdotisa
Nion	Asteroide Juno	Ar do Ar	A Imperatriz
Húath	Plutão	Espírito do Fogo	A Torre
Duir	Júpiter	Fogo do Fogo	O Imperador
Tinne	Sol	Ar do Fogo	O Mago
Coll	Mercúrio	Água do Fogo	O Eremita
Quert	Asteroide Eris	Terra do Fogo	O Julgamento
Muin	Vênus	Espírito da Água	O Pendurado
Gort	Asteroide Ceres	Fogo da Água	A Roda da Fortuna
NGétal	Asteroide Quíron	Ar da Água	A Temperança
Straif	Urano	Água da Água	A Lua
Ruis	Marte	Terra da Água	A Força
Ailm	Asteroide Astreia	Espírito da Terra	O Sol
Onn	Asteroide Urania	Fogo da Terra	O Carro
Úr	Terra	Ar da Terra	A Morte
Edad	Netuno	Água da Terra	Os Enamorados
Idad	Saturno	Terra da Terra	O Sacerdote
Ébad	*	Espírito do Espírito	O Mundo
Óir	*	Fogo do Espírito	*
Uilleann	*	Ar do Espírito	*
Ifín ou Pin	*	Água do Espírito	*
Eamancholl	*	Terra do Espírito	O Diabo

370 Segundo Erynn Rowan Laurie.
371 Segundo John Michael Greer.

Apêndice 4

Tabela de Auto-Observação Ogâmica

Tabela de Auto-observação Ogâmica

Ano ....

Mês ....

Dia	1	2	3	4	5	6	7	8	9	10	11	12	13	14	15	16	17	18	19	20	21	22	23	24	25	26	27	28	29	30	31	Total
Lua																																
Ogham																																
Buscador/Buscadora																																
Cultivador/Cultivadora																																
Guerreiro/Guerreira																																
Sacerdote/Sacerdotisa																																
Rei/Rainha																																

Anotações

....

....

....

....

Excesso: ....

....

Deficiência: ....

....

BIBLIOGRAFIA

ALDHOUSE-GREEN, Miranda; HOWELL, Ray. *Celtic Wales*. Cardiff: University of Wales, 2017.

ANGWIN, Roselle. *Cavalgando o Dragão*. São Paulo: Editora Pensamento, 1996.

ASHCROFT-NOWICKI, Dolores; BRENNAN, J. H. *A Magia das Formas-Pensamento*. São Paulo: Editora Pensamento, 2009.

BARBER, Richard. *O Santo Graal*. Rio de Janeiro: Editora Record, 2007.

BUTLER, E. W. *A Magia e o Mago*. Rio de Janeiro: Bertrand Brasil, 1998.

CALDER, George (Editor). *Auraicept Na N-Éces: The Scholars' Primer*. Edinburgh: J. Grant (versão digitalizada), 1917.

CAMPBELL, Joseph. *As Transformações do Mito Através do Tempo*. São Paulo: Editora Pensamento, 2012.

____. *Deusas: Os mistérios do divino feminino*. São Paulo: Editora Palas Athena, 2016.

____. *O Herói de Mil Faces*. São Paulo: Editora Pensamento, 2013.

____. *O Poder do Mito*. São Paulo: Editora Palas Athena, 2012.

CARMICHEAL, Alexander. *Carmina Gadelica: Hymns and incantations from the gaelic*. Edinburgh: Floris Books, 1994.

CARR-GOMM, Philip. *Os Mistérios dos Druidas: Sabedoria antiga para o século XXI*. Cintra: Editora Zéfiro, 2008.

CHEVALIER, Jean; GHEERBRANT, Alain. *Dicionário de Símbolos*. Rio de Janeiro: Editora José Olympio, 2012.

COOPER, Phillip. *O Mago: o desafio da magia prática*. São Paulo: Editora Roca, 1996.

____. *Os Segredos da Visualização Criativa*. São Paulo: Editora Pensamento, 2002.

ELIADE, Mircea. *História das crenças e das ideias religiosas*: Volume 1: Da idade da pedra aos mistérios de Elêusis. Rio de Janeiro: Editora Zahar, 2010.

____. *Mito do Eterno Retorno*. São Paulo: Editora Mercuryo, 1992.

____. *Mito e Realidade*. São Paulo: Editora Perspectiva, 2019.

____. *O Sagrado e o Profano*: *A essência das religiões*. São Paulo: WMF Martins Fontes, 2010.

FERES, Osvaldo R *Ogham – O oráculo dos Druidas*. São Paulo: Editora Alfabeto, 2018.

FOREST, Danu. *Celtic Tree Magic*: *Ogham lore and druid mysteries*. Woodbury: Llewellyn Publications (Ebook edition), 2014.

FORTUNE, Dion. *Autodefesa Psíquica*. São Paulo: Editora Pensamento, 2016.

FRANZ, Marie-Louise von. *Adivinhação e Sincronicidade*: A psicologia da probabilidade significativa. São Paulo: Editora Cultrix, 1993.

FRAZER, Sir James George. *O Ramo de Ouro*. Rio de Janeiro: Editora Zahar, 1982.

FRIES, Jan. *Mágicka Visual*: *Um manual de xamanismo freestyle*. São Paulo: Editora Penumbra, 2018.

GIBSON, Clare. *Como Compreender Símbolos*. São Paulo: Editora Senac SP, 2012.

GRAVES, Robert. *A Deusa Branca*: *Uma gramática histórica do mito poético*. Rio de Janeiro: Editora Bertrand Brasil, 2003.

GREEN, Miranda. *Animals in Celtic Life and Myth*. Abingdon: Routledge, 2002.

____. *Symbol & Image in Celtic Religious Art*. Abingdon: Routledge, 1992.

____. *The Gods of the Celts*. Brimscombe Port Stroud: The History Press (Ebook edition), 2011.

GREER, John Michael. *Dicionário Enciclopédico do Pensamento Esotérico Ocidental*. São Paulo: Editora Pensamento, 2012.

____. *The Coelbren Alphabet*: The forgotten oracle of the welsh bards. Woodbury: Llewellyn Publications (Ebook edition), 2017.

____. *The Druidry Handbook*. York Beach: RedWheel/Weiser, 2006.

____. *The Druid Magic Handbook: Ritual magic rooted in the living Earth*. San Francisco: RedWheel/Weiser, 2007.

GUEST, Lady Charlotte. *The Mabinogion*. New York: Dover Thrift Editions, 1997.

GUYONVARC´H, Christian J.; ROUX, Françoise. *Les Druides*. Rennes: Ouest-France, 1986.

HUTTON, Ronald. *Blood and Mistletoe*: *The history of the druids in Britain*. New Haven and London: Yale University Press, 2009.

JUNG, Carl. *O Homem e Seus Símbolos*. Rio de Janeiro: Editora Nova Fronteira, 2008.

____. *Os Arquétipos e o Inconsciente Coletivo*. Petrópolis: Editora Vozes, 2002.

KELLY, Michael. *The Book of Ogham*. CreateSpace Independent Publishing Platform (Ebook edition), 2014.

KOCH, John T. (Editor). *Celtic Culture*: *A historical encyclopedia*. Santa Barbara: ABC-CLIO, 2006.

LARSEN, Stephen. *Imaginação Mítica*: *A busca de significado através da mitologia pessoal*. Rio de Janeiro: Editora Campus, 1991.

LAURIE, Erynn Rowan. *Ogam*: *Weaving word wisdom*. Megalithica Books (Ebook edition), 2015.

____. *A Circle of Stones*: *Journeys and meditations for modern celts*. Eschaton Productions Inc (Ebook edition), 1995.

MACCULLOCH. J. A. *The Religion of the Ancient Celts*. CreateSpace Independent Publishing Platform (Ebook edition), 2012.

MACKILLOP, James. *A Dictionary of Celtic Mythology*. Oxford: Oxford University Press, 2017.

MARKALE, Jean. *Merlim, o Mago*. São Paulo: Editora Paz e Terra, 1989.

MATTHEWS, Caitlin. *O Livro Celta dos Mortos*. São Paulo: Editora Madras, 2003.

MATTHEWS, Caitlin; MATTHEWS, John. *The Complete Arthurian Tarot*. London: Connections Book Publishing, 2015.

MATTHEWS, John. *À mesa do Santo Graal*. São Paulo: Edições Siciliano, 1989.

____. *The Celtic Shaman's Pack: Journeys on the shaman's path*. London: Connections Book Publishing, 2017.

____. *Xamanismo Celta*. São Paulo: Editora Hi-Brasil, 2002.

MATTHEWS, John; WORTHINGTON, Will. *The Spirit of Nature Oracle: Ancient wisdom from the Green Man and celtic ogam tree alphabet*. London: Eddison Books Limited, 2018.

MCMANUS, Damian. *Guide to Ogam*. Maynooth: An Sagart, 1997.

____. *Irish Letter-Names and Their Kennings*. (Ériu, Vol. 39 pp. 127-168). Dubin: Royal Irish Academy, 1988.

MONAGHAN, Patricia. *The Encyclopedia of Celtic Mythology and Folkore*. New York: Facts On File, 2004.

MÜLLER, Lutz. *O Herói: A verdadeira jornada do herói e o caminho da individuação*. São Paulo: Editora Cultrix, 2017.

MURRAY, Liz e Colin. *The Celtic Tree Oracle, a system of divination*. London: Connections Book Publishing, 2014.

ORR, Emma Restall. *Princípios do Druidismo*. São Paulo: Editora Hi-Brasil, 2000.

____. *Ritual: um guia para o amor, a vida e a inspiração.* São Paulo: Editora Hi-Brasil, 2000.

PAUL, Patrick. *O Segredo Do Graal V.1 – Perceval e a via da libertação*. São Paulo: Editora Polar, 2017.

PENNICK, Nigel. *Jogos dos Deuses*. São Paulo: Editora Mercuryo, 1992.

PLATÃO. *Timeu-Critias* (Tradução do grego, introdução, notas e índices: Rodolfo Lopes). Coimbra: CECH, 2011.

ROLLESTON, T. W. *Myths & Legends of the Celtic Race*. London: Global Grey (Ebook edition), 2013.

RUTHERFORD, Ward. *Os Druidas*. São Paulo: Editora Mercuryo, 1994.

SORVAL, Gérard de. *O Jogo da Amarelinha e o Jogo da Gansa*: O trajeto iniciático dos sete passos do paraíso. São Paulo: Editora Polar, 2019.

SQUIRE, Charles. *Mitos e Lendas Celtas*. Rio de Janeiro: Editora Record, 2003.

VARANDAS, Angélica. *Mitos e Lendas Celtas do País de Gales*. Lisboa: Clássica Editora, 2012.

WEBSITES CONSULTADOS:

eDIL. Dicionário eletrônico da Língua Irlandesa (eDIL) < http://dil.ie/>

DUNN, Joseph (tradutor). Project Gutenberg's The Ancient Irish Epic Tale Táin Bó Cúailnge. <https://www.gutenberg.org/files/16464/16464-h/16464-h.htm>

GWYNN, Edward (tradutor). The Metrical Dindshenchas. Autor: desconhecido. Publicação – CELT: Corpus of Electronic Texts: a project

of University College, Cork College Road, Cork, Ireland
<https://celt.ucc.ie/published/T106500C.html>

JONES, Mary. Jones´s Celtic Encyclopedia.
<http://www.maryjones.us/jce/jce_index.html>

KODRATOFF, Yves. The Ogam letters, their sibling trees and their kennings as given by the Auraicept and the Ogam tract following Calder and McManus edition of Middle Age texts.
<https://www.nordic-life.org/nmh/TabAurLet&KEng.htm>

MAYER, Kuno (tradutor). The Triads of Ireland. Autor: desconhecido. Publicação – CELT: Corpus of Electronic Texts: a project of University College, Cork College Road, Cork, Ireland
<https://celt.ucc.ie/published/T103006.html>

ARDANE

Esta edição foi composta pela Ardane, São Paulo, SP.
O papel utilizado foi o pólen natural, 80 g.
O texto principal foi composto em fonte Minion Pro,
12 e entrelinhamento 14,4 e os títulos em CAT Childs, 38.
Impresso no Brasil.